TRANS* WERDEN

Cultural Inquiry

EDITED BY CHRISTOPH F. E. HOLZHEY
AND MANUELE GRAGNOLATI

The series 'Cultural Inquiry' is dedicated to exploring how diverse cultures can be brought into fruitful rather than pernicious confrontation. Taking culture in a deliberately broad sense that also includes different discourses and disciplines, it aims to open up spaces of inquiry, experimentation, and intervention. Its emphasis lies in critical reflection and in identifying and highlighting contemporary issues and concerns, even in publications with a historical orientation. Following a decidedly cross-disciplinary approach, it seeks to enact and provoke transfers among the humanities, the natural and social sciences, and the arts. The series includes a plurality of methodologies and approaches, binding them through the tension of mutual confrontation and negotiation rather than through homogenization or exclusion.

Christoph F. E. Holzhey is the Founding Director of the ICI Berlin Institute for Cultural Inquiry. Manuele Gragnolati is Professor of Italian Literature at the Sorbonne Université in Paris and Associate Director of the ICI Berlin.

TRANS* WERDEN
Queere Zeitlichkeiten und Transitionen in Videoblogs

SARAH HORN

ici
BERLIN PRESS

ISBN (Hardcover): 978-3-96558-111-1
ISBN (Paperback): 978-3-96558-112-8
ISBN (PDF): 978-3-96558-113-5
ISBN (EPUB): 978-3-96558-114-2

Cultural Inquiry, 38
ISSN (Print): 2627-728X
ISSN (Online): 2627-731X

Bibliographical Information of the German National Library
The German National Library lists this publication in the Deutsche Nationalbibliografie
(German National Bibliography); detailed bibliographic information is available online at
http://dnb.d-nb.de.

Cover design: Studio Bens
Cover photograph: Claudia Peppel, *Prism*, 2025
Copy-editor: Antke A. Engel

In Europe, volumes are printed by Lightning Source UK Ltd., Milton Keynes, UK. See the
final page for further details.

Digital editions can be viewed and downloaded freely at: https://doi.org/10.37050/ci-38.

Eine erste Fassung der vorliegenden Publikation wurde als Dissertation an der Fakultät für
Philologie der Ruhr-Universität Bochum im Fach Medienwissenschaft angenommen.
Betreuung: Prof. Dr. Astrid Deuber-Mankowsky, Prof. Dr. Friedrich Balke. Datum der
Disputation: 14. Dezember 2020.

Trans Werden. Queere Zeitlichkeiten und Transitionen in Videoblogs* wurde mit freundlicher
Unterstützung der Deutschen Forschungsgemeinschaft und des Graduiertenkollegs 2132
»Das Dokumentarische. Exzess und Entzug« gedruckt.

ICI Berlin Press is an imprint of
ICI gemeinnütziges Institut für Cultural Inquiry Berlin GmbH
Christinenstr. 18/19, Haus 8
D-10119 Berlin
publishing@ici-berlin.org
www.ici-berlin.org

Inhaltsverzeichnis

Vorwort

Dieses Buch widmet sich der selbstdokumentarischen Praktik von trans* Personen, die sich entschieden haben, ihre geschlechtlichen Transitionen mit Testosteron in Videoblogs (Vlogs) auf YouTube festzuhalten und zu teilen. Es ist eine überarbeitete Fassung meiner Dissertation, die ich in den Jahren 2016 bis 2020 geschrieben habe. Schon während dieser Phase schien immer wieder die Notwendigkeit auf, meine Perspektive auf die Materialien historisch zu situieren: Da ich meine Arbeit in den frühen 2010er Jahren begonnen habe, stützen sich meine Analysen entsprechend auf Videos aus dieser Zeit. In digital-medialen Zeitrechnungen mit (aufmerksamkeits-)ökonomischen Prämissen von Aktualität und Neuerung waren einzelne Vlogs schon alt, als ich über sie zu schreiben begann. Sie waren auf einer Plattform hochgeladen worden, deren Oberfläche und Funktionen seitdem mehrfach verändert wurden. Zudem haben sich zwischenzeitlich längst weitere sogenannte Soziale Medien etabliert, von denen mindestens Instagram und TikTok eine Untersuchung in Bezug auf ihre Bedeutung für trans* Selbstdokumentationen wert wären. Warum die YouTube-Vlogs der 2010er Jahre dennoch und weiterhin große Relevanz für ein Verständnis von geschlechtlicher Transition unter digitalmedialen Bedingungen haben, erläutere ich in diesem Buch.

Am 23. April 2025, während der Arbeit an diesem Vorwort, wurde YouTube 20 Jahre alt. Viele etablierte Nachrichtensendungen nehmen dieses Jubiläum zum Anlass für eine Rückschau auf die Anfänge und Entwicklungen des Unternehmens, das bereits seit 2006 zu Google gehört. Die Beiträge verweisen dabei zum einen auf ein kulturelles Archiv besonders skurriler oder global viral gegangener Videos und leisten zum anderen Bestandsaufnahme der Plattform, die ihre immense Bedeutung für Veränderungen in der Medienlandschaft anerkennen, aber auch auf die Kritik am Medium und an medialen Veränderungen verweisen, die die Plattform seit der Gründung begleiten.[1] Erwähnungen oder Einordnungen von Desinformationskampagnen sowie rechter und faschistischer Propaganda, die auf YouTube erfolgreich zirkulieren und Radikalisierungsdynamiken entfalten können, finden sich allerdings höchstens beiläufig.

Es sind eben nicht nur die veränderten medialen Bedingungen der vergangenen zehn Jahre, die es mir notwendig erscheinen lassen, meinem Buch ein Vorwort voranzustellen. Nur wenige Tage vor dem YouTube-Jubiläum wird eine andere Meldung international in den Nachrichten aufgenommen: Der Supreme Court in London hat am 16. April 2025 entschieden, dass trans* Frauen juristisch nicht als Frauen anzuerkennen seien. Das Gericht argumentiert zwar für einen Anspruch von trans* Personen auf juristischen Schutz und Gleichbehandlung, bestärkt in der Begründung aber ein biologistisches und binäres Geschlechterverständnis, das die gelebte Vielfalt von Geschlecht und die Existenz von nicht-binären trans*, von inter* und agender Personen nicht anerkennt.[2] Die Brisanz dieser Entscheidung ist, dass sie aufgrund der Klage einer Frauenrechtsgruppe bis in die höchste Instanz des britischen Rechtssystems getragen wurde. Sie ist damit ein weiterer Kulminationspunkt der gesellschaftlichen Entwicklungen in den USA und Europa, die wir seit einigen Jahren und über unterschiedliche politische Lager hinweg beobachten können: Die offene Feindseligkeit gegenüber trans* Personen allgemein und Transmisogynie im Besonderen nimmt dramatisch zu. Sie lässt sich als Teil eines sogenannten Anti-Genderismus begreifen, der bereits seit über einem Jahrzehnt als ideologischer Kitt zwischen unterschiedlichsten Haltungen fungiert: Er verbindet Konservative mit religiös-fundamentalistischen Gruppen sowie rechten Bewegungen, aber eben auch mit Gruppierungen, die sich selbst als links und/oder feminis-

---

1   Vgl. u. a. *Video Vortex Reader: Responses to YouTube*, hg. v. Geert Lovink und Sabine Niederer (Amsterdam: Institute of Network Cultures, 2008); *The YouTube Reader*, hg. v. Pelle Snickars und Patrick Vonderau (Stockholm: National Library of Sweden, 2009).

2   Ein großer und herzlicher Dank geht an Antke A. Engel für das so sorgfältige wie anregende Lektorat des Buches. Es hat mir nicht nur an dieser Stelle ermöglicht, über kritische Anmerkungen und Hinweise meine Argumentation zu schärfen.

tisch verstehen.[3] Die politische Forderung nach trans* Rechten wird
in vorgeschobenen, gleichermaßen sexistischen wie anachronistischen
Debatten um den Schutz von (cis) Frauen und Kindern delegitimiert.
Die Existenz, die Erfahrungen und Bedarfe von trans* Personen werden abgewertet oder gar geleugnet.

Autoritäre Politiker*innen mobilisieren erfolgreich diese transfeindlichen Ressentiments der Bedrohung und betreiben mit breiter
gesellschaftlicher Unterstützung diskriminierende Politiken. In den
USA hat der aktuell amtierende Präsident am Tag seiner Vereidigung
per Dekret verfügt, dass es nur noch zwei Geschlechter gebe: männlich und weiblich. Ausweisdokumente müssen seitdem wieder dem bei
der Geburt zugewiesenen Geschlecht entsprechen. Die Lebenswirklichkeiten und Existenz von trans* und inter* Personen werden damit
negiert. Gleiches gilt in Ungarn: Dort wurde am 14. April 2025 die
Geschlechterbinarität als angeblich biologische Gewissheit ab Geburt
in der Verfassung verankert.

Zum 1. November 2024 ist in Deutschland nach langen Kämpfen
von Interessengruppen und Aktivist*innen das sogenannten Selbstbestimmungsgesetz (SBGG) in Kraft getreten, das es ermöglicht, allein über eine Erklärung im Standesamt den Vornamen und den Geschlechtseintrag offiziell ändern zu lassen, was insbesondere für trans*,
inter* und nicht-binären Menschen eine enorme Verbesserung darstellt. Bei aller notwendigen Kritik an der konkreten Ausgestaltung
dieses Gesetzes, ist das SBGG als Errungenschaft festzuhalten, die eine
große Erleichterung bedeutet angesichts der langwierigen, kostspieli-
gen und erniedrigenden Prozeduren, derer es vorher bedurfte.

Nur wenige Monate nach Inkrafttreten des SBGG wird es bereits jetzt erneut zur Debatte gestellt. In den Koalitionsgesprächen
zur Bundesregierung haben sich CDU/CSU und SPD nicht, wie von
Konservativen gefordert, auf eine direkte Abschaffung des SBGG ge-
einigt. Es soll jedoch bereits im Juli 2026, und damit nach weniger
als der Hälfte der ursprünglich geplanten Zeit von 5 Jahren, evaluiert
werden. Die knappe Erläuterung zu diesem Vorhaben zeigt bereits

---

3   Vgl. Sophie Lewis und Asa Seresin, »Fascist Feminism: A Dialogue«, *TSQ: Trans-
     gender Studies Quarterly*, 9.3 (2022), S. 463–79 <https://doi.org/10.1215/23289252-
     9836120>.

an, auf welcher diskursiven Ebenen diese Evaluation stattfinden wird: Erneut werden Kinder, Jugendliche und Frauen – gemeint sind offenbar allein cis Frauen – vorgeschoben, die es zu schützen gelte.[4] Die vorgebrachten Punkte weisen eine große Anschlussfähigkeit an Desinformations- und Hasskampagnen auf, die trans* Personen – insbesondere Frauen – immer wieder als eine Bedrohung darzustellen versuchen. Trans* Rechte werden damit erneut zur Disposition gestellt.

Diese nur schlaglichtartig angeführten jüngsten politischen und gesellschaftlichen Entwicklungen in Bezug auf trans* Rechte verstehe ich als Symptom autoritärer Politiken und Faschisierungen, die sich derzeit massiv und rasant ausbreiten und verankern.[5] Die in diesem Buch entwickelten Erkenntnisse sind insofern historisierend zu verstehen: Die Analysen liefern keine Beschreibung dessen, wie Selbstdokumentation von trans* Personen *heute* stattfindet. Während meiner damaligen Forschung zu trans* Selbstdokumentation auf YouTube galten für trans* Personen andere Bedingungen, um den Vornamen und den Geschlechtseintrag ändern zu lassen: Bis November 2024 war in Deutschland das sogenannte Transsexuellengesetz (TSG) von 1980 in Kraft. Bereits 2011 hatte das Bundesverfassungsgericht festgestellt, dass das TSG in Teilen gegen das Grundgesetz verstieße und hatte entsprechend Überarbeitungen gefordert. Auf Basis des TSG wurde jedoch weiterhin ein umfassender Dokumentationszwang für diejenigen begründet, die eine geschlechtliche Transition durchführen (lassen) wollten: Betroffene mussten zu einer gerichtlichen Anhörung erscheinen, vorab zwei psychologische Gutachten sowie ärztliche Bescheinigungen einholen und monate- oder sogar jahrelang therapeutische Beratung und Begleitung in Anspruch nehmen. Dieses Prozedere war teuer, langwierig und schon deswegen emotional extrem belastend – von zum Teil erniedrigenden Situationen in den ärztlichen oder therapeutischen Befragungen ganz zu schweigen.

---

4   Vgl. 'Verantwortung für Deutschland. Koalitionsvertrag zwischen CDU, CSU und SPD; 21. Legislaturperiode' <https://www.koalitionsvertrag2025.de/> [Zugriff: 30. Mai 2025].

5   Vgl. Judith Butler, *Who's Afraid of Gender?* (New York: Farrar, Straus and Giroux, 2024).

Unter diesen Bedingungen ist es kaum zu überschätzen, dass sich auf YouTube seit Anfang der 2000er Jahre die Möglichkeit bot, unabhängig von diesen Institutionen und ihren Vorgaben als trans* Person sichtbar zu werden und Anerkennung zu finden. Aus meiner in Deutschland angesiedelten Forschungsperspektive habe ich mich mit deutschen Vlogs und stark auch mit solchen aus Nordamerika und Großbritannien beschäftigt, da sie einflussreich waren für ein Selbst- und Community-Verständnis dessen, was es heißen und wie es aussehen konnte, trans* zu sein.

Für die Selbstverständlichkeit, heute trans* zu sein und es morgen (weiter) werden zu können, setzen sich viele trans* Aktivist*innen und Forscher*innen, Künstler*innen und Vlogger*innen unterschiedlichsten Risiken aus. In ihrer Sichtbarkeit eröffnen sie für sich und andere die vorstellbare Möglichkeit, die Gegenwart nicht nur zu überleben, sondern sie als trans* Personen zu erleben und für die eigene Existenz eine Zukunft zu imaginieren. Allein die Forschung der letzten Jahre in den Trans Studies ist so reich und vielfältig, dass es, wollte ich sie in der ihnen gebührenden Aufmerksamkeit in meinem Buch berücksichtigen, permanent ein anderes Buch werden und damit nie zu einer Druckfassung kommen würde. Hier braucht es ein vorläufiges Ende.

An vielen anderen Stellen braucht es dringend Neuanfänge, Veränderungen und zugleich die Möglichkeit, im Wandel zu bleiben – im Streben danach, dass sich, wie in den Vlogs, Trans*sein in all seinen Brüchen und Zweifel, Freuden und Unsicherheiten, in seinem Begehren und seiner Lust entfalten kann, ohne angefeindet, angegriffen oder negiert zu werden.

SARAH HORN
MAI 2025

Einleitung
Transition und queere Zeitlichkeiten

> Hello everybody, it is me, chaseypoo, and today I am so excited.
> Yes, I do this video once a year and, yes, it's getting redundant,
> but it's still *a celebration of my milestone* in my life and some-
> thing that I like to talk about and think about – so, I think it's
> important to talk about anyway [...][1]

Der Meilenstein, der mit diesem YouTube-Video gefeiert wird, markiert für den Videoblogger (kurz: Vlogger) uppercaseCHASE1 den
Tag der ersten Dosis Testosteron in Zusammenhang mit seiner geschlechtlichen Transition. Es sei für ihn wichtig und bedeutsam, erklärt er weiter, die geschlechtliche Transition mit Testosteron per
Video aufzuzeichnen und diese Selbstdokumentation auf YouTube
öffentlich zu machen. Das Video trägt den Titel *9 YEARS ON TES-
TOSTERONE | FTM TRANSGENDER*. Als er es im Juni 2019 auf
YouTube hochlädt, ist er nicht nur schon neun Jahre auf Testosteron,
sondern auch bereits neun Jahre lang mit seinem Kanal auf YouTube

---

1   uppercaseCHASE1, *9 YEARS ON TESTOSTERONE | FTM TRANSGENDER*, 16.
     Juni 2019 <https://www.youtube.com/watch?v=LdBcdQAfVyg> [Zugriff: 30. Mai
     2025], 00:00–00:21.

aktiv.[2] In dieser Zeit hat er mehr als 700 Videos produziert und dort hochgeladen, von denen die meisten implizit oder explizit trans* Geschlechtlichkeit zum Thema haben.[3] Ganz konkret widmen sich diese Videos der Dauer der Hormonbehandlung und den jeweiligen damit in Zusammenhang gebrachten körperlichen, emotionalen und sozialen Veränderungen. In genanntem Video erläutert uppercaseCHASE1 weiter:

---

2   In den Jahren vor 2010 hat er bereits einen anderen Kanal betrieben, zu dem er aufgrund technischer Probleme mit seiner E-Mail-Adresse aber keinen Zugang mehr hatte, vgl. uppercaseCHASE1, *NEW CHANNEL!! (again!)*, 13. April 2010 <https://www.youtube.com/watch?v=tMtjNDmQTM0> [Zugriff: 30. Mai 2025]. Zudem war er ab 2008 auf YouTube in Kollektiv-Kanälen wie MighTMen (mittlerweile nicht mehr verfügbar, aber manche der Videos sind auf uppercaseCHASE1 wieder hochgeladen) und Transtastic aktiv, auf dem mehrere Vlogger abwechselnd Videos hochladen, vgl. Transtastic, *Übersicht*, 15. Juni 2019 <https://www.youtube.com/user/FTMtranstastic> [Zugriff: 30. Mai 2025]; uppercaseCHASE1, *FIRST MighTMen Video! (MTM:1)*, 16. April 2010 <https://www.youtube.com/watch?v=9vNBxcuVj34> [Zugriff: 30. Mai 2025]. Die Bedeutung von mehreren Personen bespielter Kanäle im Kontext der Selbstdokumentation von geschlechtlichen Transitionen wird ausführlich in Kapitel 4 besprochen.

3   Die Schreibweise trans* mit Sternchen (Asterisk) steht u. a. für transident, transsexuell, transgender oder transgeschlechtlich; sie berücksichtigt die zahlreichen unterschiedlichen Selbstbeschreibungen von Menschen, die sich dem ihnen bei der Geburt zugewiesenen Geschlecht nicht (ganz) zugehörig fühlen, vgl. Persson Perry Baumgartinger, *Trans Studies: Historische, begriffliche und aktivistische Aspekte* (Wien: Zaglossus, 2017), S. 59–67. Wie auch der Unterstrich verweist das Sternchen auf geschlechtliche Pluralität und öffnet darüber hinaus auch einen sprachlichen Ort für Begehrensformen, die sich nicht an binäre Muster von Geschlecht und Sexualität zurückbinden lassen, vgl. Steffen K. Herrmann, »Performing the Gap: Queere Gestalten und geschlechtliche Aneignung«, *arranca!*, 28 (2003) <http://arranca.org/ausgabe/28/performing-the-gap> [Zugriff: 30. Mai 2025]; Anja Michaelsen und Sarah Horn, »Räume öffnen, Begehren erweitern: Gespräch mit Steffen Herrmann über den Unterstrich, linke Sprachpolitik, Hate Speech und queere Leiblichkeit«, *onlinejournal kultur & geschlecht*, 18 (2017), S. 1–8 <https://kulturundgeschlecht.blogs.ruhr-uni-bochum.de/wp-content/uploads/2017/02/MichaelsenHorn_GespraechSteffenHerrmann.pdf> [Zugriff: 30. Mai 2025]. Da der Asterisk aus der Computersprache kommt, erscheint er mir besonders passend, um sich mit digitalen Medien zu befassen, auch wenn ebenso gut argumentiert werden könnte, dass trans auch ohne Sternchen die damit signalisierte Offenheit bereithält, vgl. Max N. Appenroth und María do Mar Castro Varela, »Einleitung: Trans & Care: Das Recht auf eine gute Gesundheitsversorgung, Pflege und Sorgearbeit«, in *Trans & Care: Trans Personen zwischen Selbstsorge, Fürsorge und Versorgung*, hg. v. Max N. Appenroth und María do Mar Castro Varela (Bielefeld: transcript, 2019), S. 19–31, hier S. 23; zur Notwendigkeit einer Situierung des Vokabulars vgl. Tamás Jules Fütty, *Gender und Biopolitik: Normative und intersektionale Gewalt gegen Trans*Menschen* (Bielefeld: transcript, 2019), S. 44.

Today is June 16th, 2019. Alright, this means that as of today –
actually, technically, as of like I believe it was maybe like 5 pm,
5, 6 pm in the afternoon – I got my first testosterone shot. And
listen, I know, nine years later you're like >You're still obsessed
with this? You're still obsessed talking about this?< Because a
lot of people online I've seen who kind of *start the transition
online*, talk about the transition online, they kind of not make
their whole life about their transition, kind of move away from
the YouTube platform … I'm not saying I'm making my whole
life about my transition. […] But I think it's so important to
show people who are older on T, like in terms of years, to
people who are just starting out.[4]

uppercaseCHASE1 ist damit einer von vielen genderqueeren, nicht-
binären und trans* Personen, die mehr oder weniger regelmäßig
Videos auf YouTube veröffentlichen, in denen sie ihre geschlechtlichen Veränderungsprozesse thematisieren und dokumentieren.[5] Solche sogenannten Update-Videos bilden den Gegenstand dieser Arbeit.
Mein besonderes Interesse gilt den spezifischen Zeitlichkeiten, die
diese Selbstbeschreibungen, die darin thematisierten Praktiken und
die sich darum entfaltenden Diskurse hervorbringen. Transition ist, so
verdeutlichen diese Videos, eine besondere Zeiterfahrung. Im Folgenden argumentiere ich, dass es bezüglich der betrachteten Transitionen
interessant ist, geschlechtliches Werden als Prozess einer offenen, ungewissen Potenzialität zu verstehen. Diese von mir als queere oder
(un)mögliche Zukünftigkeit beschriebene Zeiterfahrung ist in den
Videos verschränkt mit konkreten Entwürfen für eine jeweilige, doch
ebenfalls (un)gewisse bzw. (un)sichere Zukunft. Anhand der Videos
frage ich, was diese beiden Dimensionen für die Vlogger und eine
jeweilige Lebbarkeit als trans* bedeutet. Dabei interessieren mich die

---

4   uppercaseCHASE1, *9 YEARS ON TESTOSTERONE | FTM TRANSGENDER*,
     00:45–01:30, Herv. sh.

5   Die Selbstbezeichnung als trans* wird mitunter sowohl synonym oder ergänzend
     als auch in Abgrenzung zu Bezeichnungen wie nicht-binär (non-binary, Kurzform:
     enby), genderqueer oder genderfluid verwendet. Es geht darum, möglichst selbstbe-
     stimmt eine geschlechtliche Positionierung einzunehmen, die sich nicht am rigiden
     Zweigeschlechtersystem orientieren muss. Die Begriffe haben je eigene Geschicht-
     lichkeiten, sind nicht scharf voneinander abgegrenzt, sondern prinzipiell offen für
     unterschiedliche und mitunter widersprüchliche Inanspruchnahmen in Bezug auf
     geschlechtliche Positionierungen.

Verbindungen dieser zeitlichen, körperlichen wie medialen Praktiken, die ich als Testo-Techniken begreife.

Der Fokus meiner Arbeit liegt auf Update-Videos von Vloggern, die trans* männlich sind und Testosteron nehmen. Es geht also um Transitionen, die – zumindest zum Zeitpunkt der Betrachtungen – als *ftm* (female-to-male, weiblich zu männlich) bezeichnet werden. Sie werden von Vloggern beschrieben, die bei der Geburt dem weiblichen Geschlecht zugewiesen worden sind (afab, assigned female at birth). Der hier verwendete Begriff Vlogger ist im Englischen geschlechtsneutral. Im Deutschen verwende ich das je im konkreten Fall passende Pronomen (also meistens >er<) bzw. kein Pronomen, wenn es sich um eine Allgemeinbezeichnung handelt.[6] Ich habe gezielt diese Videos ausgewählt, obgleich sich auf YouTube auch Update-Videos trans* weiblicher Vloggerinnen zu ihren Östrogeneinnahmen in großer Zahl finden. Meine Auswahl gründet in zwei Beobachtungen: Zum einen sind trans* Männlichkeiten im Vergleich zu trans* Weiblichkeiten lange Zeit seltener medial präsent gewesen.[7] Ihre vergleichsweise große Sichtbarkeit auf YouTube hängt, wie im Folgenden deutlich wird, spezifisch mit der Medialität dieser Plattform und den mit ihr verbundenen Praktiken zusammen. Zum anderen produzieren die Materialität und, wie sich zeigen wird, auch eine Medialität der Hormone in ihrer Verbindung mit der Praktik des Vloggens verschiedene Geschlechtlichkeiten auf je spezifische Weise. Es würde einen weiteren Analyseschwerpunkt erfordern, diese Effekte auch in und für Update-Videos von trans* Vloggerinnen zu untersuchen.[8]

---

6 Wenn ich in dieser Arbeit das Maskulinum verwende, dann nicht im reaktionären Sinne einer generischen Funktion, von der behauptet wird, sie könne Geschlecht neutralisieren oder sämtliche Geschlechter mitmeinen. Ganz im Gegenteil handelt es sich um eine sprachliche Aufmerksamkeit für Geschlecht als Selbstbezeichnung trans* männlicher Vlogger.

7 Vgl. Julia Serano, *Whipping Girl: A Transsexual Woman on Sexism and the Scapegoating of Femininity* (Emeryville, CA: Seal Press, 2007), insbesondere das Kapitel »The Media's Transgender Gap«. Zu einer leidvoll veränderten medialen Aufmerksamkeit für trans* Männlichkeiten tragen gegenwärtig in den USA, Großbritannien und auch Deutschland verstärkt trans*feindliche Positionen bei, die unter dem Vorwand vorgeblich feministischer Interessen vor einem trans* Hype warnen, vgl. den Ausblick dieser Arbeit.

8 Ausführlich dazu in Kapitel 3.

An ausgewählten Videos von trans* Vloggern wie uppercase-CHASE1, gorillashrimp, Jammidodger und itsGOTtobegroovy geht diese Arbeit außerdem der medientheoretischen Frage nach, worin sich diese Praktik der Selbstdokumentation begründet, die viele Personen, die mit Testosteron transitionieren, verfolgen. Warum ist gerade YouTube diesbezüglich anhaltend populär und das, trotz oder gerade wegen der ökonomischen und funktionalen Veränderungen, die diese 2005 als Videoportal gegründete Plattform durchlaufen hat? Welche Bedeutung nimmt in den Videos die Information darüber ein, wie lange die jeweiligen Vlogger bereits Testosteron nehmen? Und in welchem Verhältnis (ent)stehen in diesen Videos trans* Subjektivierungen, YouTube als sozial-mediale Videoplattform, das Hormon Testosteron und die Praktik der Selbstdokumentation? Die Annahme ist – dies legen die Titel der Update-Videos nahe, die stets die spezifischen Dauern der Testosteronbehandlung in Wochen, Monaten oder Jahren nennen –, dass für die Beantwortung dieser Fragen insbesondere die Untersuchung der Zeitlichkeiten in und mit diesen Videos zentral ist. Deshalb berücksichtige ich diverse zeitliche Dimensionen, die mit den Update-Videos zusammenhängen. Dies schließt den Prozess konkreter körperlicher Veränderungen mit Testosteron ebenso ein wie die erforderte Geduld im Umgang mit medizinischen Verwaltungen sowie therapeutischen und juristischen Institutionen. Es umfasst auch das Warten auf den Eintritt hormoneller Effekte und damit die Dauer von biochemischen Abläufen in einem Organismus. Statt diese verschiedenen zeitlichen Vorgänge in Verbindung mit geschlechtlichen Transitionen jedoch quantitativ zu erfassen und als zähl- oder messbare Zeitspannen zu dokumentieren und beschreibbar zu machen, eröffnet die Frage nach den Zeitlichkeiten ein differenzierteres Verständnis dieser Praktik der Selbstdokumentation via Update-Videos und deren Effekte auf Geschlecht.[9] Die Selbstdokumentation wird dabei als mediale Praktik beschreibbar, die in ihrer verschränkenden Anord-

---

9   Geffen und Howard verweisen in ihrer Kritik an gewinnorientierten Unternehmen, die
     solche Formen der Transition als planbare Selbstoptimierung vermarkten, auf trans*-
     feministische Technologieprojekte, deren Anspruch sie folgendermaßen beschreiben:
     »to enable new ways of collectively envisioning the future, recognizing transition
     as fundamentally oriented towards that which cannot be preordained, quantified, or
     expected« (Sasha Geffen und Annie Howard, »Quantifying Transition: A Suite of
     New Startups Seek to Co-opt Trans Community Care«, The Baffler, 22. März 2021

nung von Körper, Testosteron, Video und digital-medialer Plattform
eine besondere Bedeutung für trans* Lebenswirklichkeiten entfalten
kann. Sie erschöpft sich nicht in der retrospektiven Repräsentation
eines Körpers in Transition. Vielmehr ermöglichen die Vlogs die Anerkennung von geschlechtlichen Transitionen in ihren Ambivalenzen:
Sie entfalten sich als sowohl freud- wie sorgenvolle Vorgänge, deren
fragile Zeitlichkeiten insbesondere als Projektionen und Imaginationen möglicher trans* Zukünfte bedeutsam sind. Was genau bedeutet
es in diesem Zusammenhang, wenn, wie uppercaseCHASE1 beiläufig erwähnt, trans* Personen die Transition »gewissermaßen online
beginnen« (kind of start the transition online)?[10]

QUEERE ZEITLICHKEITEN VON TRANSITIONEN

Der Verlauf geschlechtlicher Transitionen wird regelmäßig – nicht
zuletzt in den Selbstdokumentationen der trans* Vlogs – als linearer Prozess erzählt: von einem spezifischen Anfangspunkt über einen
gewissen zeitlichen Verlauf bis zu einem bestimmten Ende.[11] Manche Forscher_innen der Trans Studies betonen, dass gerade eine solche Option einer vereindeutigten geschlechtlichen Fluchtlinie in eine
imaginierte Zukunft hinein als lebensnotwendig angesehen werden
könne. Sie argumentieren, dass sich in den trans* Vlogs ein Aspekt der
Selbstbestimmung realisiere, den Laura Horak als eine ermächtigende
Hormonzeit (hormone time) bezeichnet:

> [M]ost transition videos operate according to a progressive
> temporality we might call ›hormone time‹. Time begins with
> the first shot of testosterone […] and is measured against that
> date, even years afterward. […] While, like all narrative, hor-

---

<https://thebaffler.com/latest/quantifying-transition-geffen-howard> [Zugriff: 30.
Mai 2025]).

10   uppercaseCHASE1, *9 YEARS ON TESTOSTERONE | FTM TRANSGENDER*,
00:45–1:10. Soweit nicht anders vermerkt, handelt es sich um meine eigenen Über-
setzungen, die ich zum Teil durch Unterstützung mit DeepL erstellt habe.

11   Der Versuch, den Beginn einer Transition zeitlich exakt zu verankern, ist schwierig,
führt man sich vor Augen, dass eine Transition als soziale, als juristische sowie als körperliche Veränderung erfahren werden kann und diese verschiedenen Dimensionen
in unterschiedlicher, nicht determinierter Weise zusammenhängen. In den folgenden
Analysen werden diese Dimensionen als miteinander verschränkt vorausgesetzt, nicht
aber explizit unterschieden.

mone time simplifies, this insistently affirmative structure is powerfully enabling to trans youth trying to imagine a future.[12]

Horak sieht den Aspekt der Selbstbestimmung für diese Hormonzeit als elementar an und führt weiter aus: »[hormone time] appropriates the >straight< temporality of progress for radical ends—proving that trans self-determination is not only possible but viable and even joyful.«[13] Sie schließt damit an einschlägige Studien zu trans* Vlogs von Tobias Raun an, der ebenfalls auf die Selbstbestimmung der Vlogger_innen abhebt:

> Thus, representation and transformation is not something >done< to the vloggers but is part of an active process of self-determination through the vlog as an important site for working on, as well as producing and exploring, the self.[14]

Die Forscher_innen begründen die Bedeutung und Beliebtheit der Vlogs durch die Affirmation einer teleologisch ablaufenden Transition, die sich selbstbestimmt vollziehe. Hingegen sehen andere Positionen innerhalb der Trans Studies eine Determiniertheit geschlechtlicher Veränderungsprozesse und kritisieren diese.[15] Hil Malatino lehnt das Konzept der Hormonzeit ab und verwirft auch die Praktik des selbstdokumentarischen Vloggens als Ausdruck einer lediglich »palliativ

---

12 Laura Horak, »Trans on YouTube: Intimacy, Visibility, Temporality«, *TSQ: Transgender Studies Quarterly*, 1.4 (2014), S. 572–85, hier S. 579–80.

13 Ebd., S. 581.

14 Tobias Raun, *Out Online: Trans Self-Representation and Community Building on YouTube* (New York: Routledge, 2016), S. 118. Sowohl Horak als auch Raun unterscheiden in ihren Arbeiten nicht zwischen Transitionen mit Östrogenen oder Testosteron.

15 Vgl. Sandy Stone, »The Empire Strikes Back: A Posttranssexual Manifesto«, in *The Transgender Studies Reader*, hg. v. Susan Stryker und Stephen Whittle (New York: Routledge, 2006), S. 221–35; Julian Carter, »Embracing Transition, or Dancing in the Folds of Time«, in *The Transgender Studies Reader 2*, hg. v. Susan Stryker und Aren Z. Aizura (New York: Routledge, 2013), S. 130–43; C. Riley Snorton, *Black on Both Sides: A Racial History of Trans Identity* (Minneapolis: University of Minnesota Press, 2017). Eine Genealogie der Trans Studies für den deutschsprachigen Raum mit Schwerpunkt auf Österreich leistet Persson Perry Baumgartinger und betont dabei mit Verweis auf Susan Stryker, dass auch die Entstehung der Trans Studies und die Entwicklung von trans* Begrifflichkeiten keiner stringenten Chronologie folgen, sondern von Brüchen, Reibungen und unerwarteten Zusammenstößen geprägt sind, vgl. Baumgartinger, *Trans Studies*, S. 43–44.

wirksamen Vergewisserung« (palliative reassurances),[16]insofern die
trans* Vlogger_innen schlicht zu Multiplikator_innen vornehmlich
ökonomisch motivierter pharmazeutischer und medizinischer Industrien würden, die durch Hormonpräparate eine vermeintlich bessere
Zukunft in Aussicht stellten.[17] Statt der Hormonzeit zuzugestehen,
sie könne die Einlösung eines solchen Versprechens garantieren, sei
vielmehr der Modus permanenter Verzögerung (lag) maßgeblich für
Erfahrungen geschlechtlicher Transitionen:

> [T]he experience of lag structures transition at least as much
> as transition-related technologies themselves, manifesting in
> the days, months, and years before one takes steps toward
> transition and shaping the *experience of waiting* for each new
> appointment, each treatment, each follow-up visit.[18]

Dieser Eindruck einer gehemmten, verzögerten oder in permanentem
Aufschub befindlichen Zeitlichkeit einer geschlechtlichen Transition
verstärkt sich, wenn auch die Praktik des Vloggens in Verbindung
mit der Hormonbehandlung als eine der »Transitionstechnologien«
(transition-related technologies)[19] in den Blick rückt. Sie erscheint damit als beteiligt an den zeitlichen Unwägbarkeiten (oder Determiniert-
heiten). Denn wie im Folgenden aus einer Perspektive queertheoretisch informierter Gender Media Studies deutlich gemacht werden soll,
stellt sich die vermeintliche Linearität und Teleologie geschlechtlicher
Transitionen der trans* Vlogs bei genauerer Betrachtung als weniger
selbstverständlich dar. Selbst in den Update-Videos, die auf den ersten
Blick eine erfolgreiche Transition dokumentieren, insofern erwartete
und gewünschte Effekte des Testosterons festgehalten und als lineare,
teleologische Veränderung hin zu einer Vermännlichung erzählt werden, zeigen sich neben Freude und Zufriedenheit auch Momente der
Ungewissheit und des Zweifels, der Überraschung oder der Enttäu-

---

16 Hil Malatino, »Future Fatigue: Trans Intimacies and Trans Presents (or How to
    Survive the Interregnum)«, *TSQ: Transgender Studies Quarterly*, 6.4 (2019), S. 635–
    58, hier S. 637.
17 Vgl. ebd.
18 Ebd., S. 641, Herv. sh.
19 Ebd.

schung, der Ungeduld oder des Unverständnisses.[20] Während Horak
betont, dass die überlebenswichtige Bedeutung der Hormonzeit nicht
an einem queeren Potenzial gemessen werden könne,[21] argumentiere
ich, dass sich die (über)lebenswichtige Bedeutung der trans* Vlogs
gerade in der Eröffnung queerer Zeitlichkeiten begründet. Die von
Horak betonte freudvolle Lebbarkeit ergibt sich demnach nicht aus einer radikal autonomen Selbstbestimmtheit der trans* Vlogger_innen
und deren Kontrolle der zeitlichen Abläufe ihrer Transition, sondern
in der Möglichkeit, die nicht kontrollierbaren, ungewissen und unsi-
cheren Dimensionen geschlechtlichen Werdens zu affirmieren.[22]

Mit dem Begriff queerer Zeitlichkeit (*queer temporality*) wird
die Hervorbringung von chronologischer, kausaler und teleologischer
Zeitlichkeit als durchdrungen von vergeschlechtlichenden, rassifizierenden und sexualisierenden Machtverhältnissen beschreibbar und
deren Effekte als politische adressierbar.[23] Es sind die »normativen

---

20 ›Vermännlichung‹ bezieht sich vereinfachend auf die mit der Testosteronbehandlung
    erwartbaren Veränderungen körperlicher Eigenschaften, die als stereotyp männlich
    gelten, wie beispielsweise Gesichts- und Körperbehaarung, eine tiefe Stimme und ein
    kantiges Gesicht. Diese Feststellung ist keine Aussage darüber, ob die Vlogger sich als
    Männer oder Jungen identifizieren, Männlichkeit für sich in Anspruch nehmen oder
    sie ablehnen bzw. sich kritisch mit Männlichkeitskonzepten auseinandersetzen und
    ambivalent dazu verhalten.

21 »[C]riticizing hormone time for not being ›queer‹ enough misses the life-saving work
    that these vlogs do« (Horak, »Trans on YouTube«, S. 581).

22 Mit der Möglichkeit, Unsicherheit und Zweifel zu affirmieren, positioniert sich
    diese Arbeit auch gegen das transfeindliche Framing einer sogenannten *Ra-*
    pid Onset Gender Dysphoria, wonach insbesondere junge trans* Männer angeb-
    lich bereits durch das Anschauen von trans* Vlogs zu einer leichtfertigen Tran-
    sition angestiftet würden, deren nicht reversiblen körperlichen Veränderungen
    sie bald bereuten. Ich argumentiere, dass sich eine lebbare trans* Zukunft ge-
    rade aus der Anerkennung von Zweifeln, Sorgen und dem Eröffnen differen-
    ter Zeitlichkeiten und Werdensprozesse ergebe (vgl. »Ausblick«). Eine Demon-
    tage der vorgebrachten Positionen zu dieser angeblich neuen Form von sozial-
    medial induzierter oder beschleunigter Geschlechtsdysphorie nimmt unter ande-
    rem die Biologin und trans* Aktivistin Julia Serano vor, vgl. Julia Serano, »Every-
    thing You Need to Know About Rapid Onset Gender Dysphoria«, Medium,
    28. Oktober 2019 <https://medium.com/@juliaserano/everything-you-need-to-
    know-about-rapid-onset-gender-dysphoria-1940b8afdeba> [Zugriff: 30. Mai 2025].

23 Vgl. u. a. Carolyn Dinshaw, Lee Edelman, Roderick A. Ferguson, Carla Freccero,
    Elizabeth Freeman, Jack Halberstam, Annamarie Jagose, Christopher S. Nealon und
    Tan H. Nguyen, »Theorizing Queer Temporalities: A Roundtable Discussion«, *GLQ:*
    A Journal of Lesbian and Gay Studies, 13.2–3 (2007), S. 177–95; Elizabeth Freeman,
    »Introduction to special issue: Queer Temporalities«, *GLQ: A Journal of Lesbian and*
    Gay Studies, 13.2–3 (2007), S. 159–76.

gesellschaftlichen Taktungen, ihre [...] Historiografie oder biografi-
schen Entwürfe«,[24] die diese Machtverhältnisse reproduzieren. In deren Rissen wiederum könne queere Zeitlichkeit aufscheinen. Entsprechende Theorien bieten unterschiedliche Erklärungen, wie gewisse
Zeitlichkeiten spezifische Subjekte hervorbringen und welche Ausschlüsse und Verletzlichkeiten mit derartigen Subjektivierungsweisen
einhergehen. So entwerfen Queer-Theoretiker_innen in Reaktion auf
die ungleiche Verteilung von Lebensrisiken und Prekarisierungen Konzepte queerer Zeitlichkeiten, die entgegen normativer zeitlicher Ordnungen und wider die darin eingelassenen Reproduktionszusammen-
hänge nach Möglichkeiten des kollektiven und solidarischen Überlebens in diesen Strukturen suchen.[25] Ein solcher Einsatz realisiert sich
in und mit den trans* Vlogs, insofern sie (un)mögliche Zukünftigkeiten als trans* eröffnen.[26] Die Videos knüpfen ein auf eine Zukunft
ausgerichtetes Überleben gerade nicht an administrative Zwänge oder
die vermeintliche Notwendigkeit geschlechtlicher Eindeutigkeit. Stattdessen ermöglichen es die Videos, die eigene Transition als queere
Zeitlichkeit, als nicht planbaren, nicht vorhersagbaren Prozess affirmativ zu besetzen und diesen nicht *trotz*, sondern gerade *wegen* seiner
Unbestimmtheit lust- und freudvoll zu leben.[27]

Dieser Hinweis auf Freude (*trans joy*) oder sogar Euphorie (*gender
euphoria*) in Bezug auf das geschlechtliche Erleben impliziert jedoch
weder, dass geschlechtliche Transitionen allein von positiven Affekten begleitet würden, noch dass Unbestimmtheit in diesem Prozess
per se positiv konnotiert sei. Während Zukünftigkeit per so unsicher,

---

24 Natascha Frankenberg, *Queere Zeitlichkeiten in dokumentarischen Filmen: Untersuchun-
    gen an der Schnittstelle von Filmwissenschaft und Queer Studies* (Bielefeld: transcript,
    2021), S. 9.

25 Vgl. Jack Halberstam, *In a Queer Time and Place: Transgender Bodies, Subcultural
    Lives* (New York: New York University Press, 2005); Kara Keeling, »Looking for
    M—: Queer Temporality, Black Political Possibility, and Poetry from the Future«,
    GLQ: A Journal of Lesbian and Gay Studies, 15.4 (2009), S. 565–82; José E. Muñoz,
    Cruising Utopia: The Politics and Performance of Queer Futurity (New York: New York
    University Press, 2009); Kara Keeling, *Queer Times, Black Futures* (New York: New
    York University Press, 2019).

26 Allgemeiner zu einer (Un)Möglichkeit queerer Zeitlichkeit vgl. Frankenberg, *Queere
    Zeitlichkeiten in dokumentarischen Filmen*, S. 29–38.

27 Die Beschreibung einer Transition als queerer Zeitlichkeit bezieht sich nicht auf eine
    Identifizierung der trans* Vlogger selbst als queer und behauptet auch nicht, dass alle
    (vloggenden) trans* Personen queer seien.

weil ungewiss ist, verweisen die trans* Vlogs darauf, dass sich die Wahrscheinlichkeit auf ein zukünftiges Überleben oder sogar selbstbestimmtes Leben aufgrund struktureller Ungleichheiten unterschiedlich realisiert. Die queeren Zukünftigkeiten der Testo-Update-Videos sind (un)möglich, insofern die medialen Praktiken der selbstdokumentarischen Transitions-Vlogs stets auf eine mögliche Zukunft als trans* spekulieren, deren Eintritt jedoch nicht garantieren können. Die Sichtbarkeit als trans* Person in medialen Öffentlichkeiten macht in einer gesellschaftlichen Atmosphäre zunehmender Trans*feindlichkeit in besonderer Weise vulnerabel. Vermeintliche Uneindeutigkeit in Bezug auf ein binäres Geschlechterverständnis wird gesellschaftlich mit Ausschlüssen und Angriffen sanktioniert. In den sogenannten sozialen Medien zeigt sich dies über verachtende bis explizit gewaltvolle Kommentare unter Posts und Videos. Die Testo-Update-Videos enthalten potenziell sowohl eine Realisierung wie auch ein Scheitern möglicher geschlechtlicher Veränderungen. Doch selbst dann, wenn diese erhofften Veränderungen eintreten, stehen queere Zukünftigkeiten nicht allen trans* Vlogger_innen gleichermaßen offen. Die ungewisse Zukünftigkeit ist unterschiedlich mit Risiken behaftet, wenn auch rassistische, klassistische, ableistische, misogyne Angriffe befürchtet werden müssen, die das soziale und physische Überleben bedrohen. Dies nenne ich (un)gewisse oder (un)sichere Zukünfte, deren Potenziale und Risiken sich aufgrund von Hierarchien der Vergeschlechtlichung und sozialer Ordnungskategorien wie Klasse oder Ability und deren Rassifizierung strukturell ungleich verteilen. Insofern ist für eine Analyse von (trans*) Geschlechtlichkeit die konstitutive Verbindung mit sozialer Ungleichheit zu berücksichtigen, was insbesondere im Hinblick auf Race vielfach betont worden ist.[28]

---

28 Vgl. u. a. Snorton, *Black on Both Sides*; Hortense J. Spillers, »Mama's Baby, Papa's Maybe: An American Grammar Book«, *diacritics*, 17.2 (1987), S. 65–81; Kimberlé Crenshaw, »Demarginalizing the Intersection of Race and Sex: A Black Feminist Critique of Antidiscrimination Doctrine, Feminist Theory and Antiracist Politics«, *University of Chicago Legal Forum*, 1 (1989), S. 139–67 <https://chicagounbound. uchicago.edu/uclf/vol1989/iss1/8> [Zugriff: 30. Mai 2025]; bell hooks, »The Oppositional Gaze«, in bell hooks, *Black Looks: Race and Representation* (Boston: South End Press, 1992), S. 115–31.

(SELBST-)DOKUMENTATION

Trans* Personen sind noch immer in besonders gewaltvoller
Weise staatlichen Dokumentationszwängen unterworfen.[29] Diesen
dokumentarischen   Anforderungen   und   pathologisierenden
Zurichtungen widmet sich das erste Kapitel und setzt in einer
ersten explorativen Annäherung trans* Vlogs in ein Verhältnis
zu den Bedingungen geschlechtlicher Transition. Medizinische,
juristische   und   therapeutische   Institutionen   verlangen   von
trans*   Personen   umfassende   Dokumentationen   der   eigenen
Geschlechtlichkeit,   um   entsprechend   anerkannt   zu   werden.
Angesichts   des   dokumentarischen   Anspruchs,   »Wirklichkeit
zu   erfassen,   zu   repräsentieren   und   zu   kontrollieren«,[30]wobei
Authentizität als maßgebliches Kriterium für die Glaubwürdigkeit und
Legitimität des Dokumentierten vorausgesetzt wird, manifestieren
sich   für   trans*   Personen   spezifische   Diskriminierungen   und
Ausschlüsse. Trans* Personen müssen ihr Geschlecht oft in
therapeutischen Gesprächen unter Beweis stellen, dessen Echtheit
von medizinischen Gutachten beglaubigen und seine Authentizität
juristisch bestätigen lassen. Derartige Dokumentationspraktiken sind
beispielsweise Voraussetzung dafür, medizinisch autorisierten Zugang
zu Hormonpräparaten zu bekommen oder den Geschlechtseintrag in

---

29 Vgl. Fütty, *Gender und Biopolitik*. Dies gilt in durchaus unterschiedlicher, oftmals
    aber zumindest ähnlicher Weise für zahlreiche Staaten des Globalen Nordens und
    Westens, in denen der diskursive Referenzrahmen dieser Arbeit verortet ist. Die lo-
    kale Beschränkung trägt der Feststellung Rechnung, dass trans* Geschlechtlichkeit als
    Konzept sowohl historisch wie geografisch kontingent ist und der Fokus der Analysen
    auf YouTube-Videos aus eben diesen Regionen liegt. Sofern nicht anders vermerkt,
    beziehen sich nachfolgend Angaben zu staatlichen Regulierungen von Geschlecht auf
    die rechtliche Lage in Deutschland, da es das Anliegen der Arbeit ist, die Analysen
    der nordamerikanischen und britischen trans* Vlogs für einen deutschsprachigen
    Diskurs produktiv zu machen. Eine detaillierte Übersicht zur rechtlichen Lage von
    trans* Personen in Europa und Zentralasien stellt die *Trans Rights Map* jährlich zusam-
    men, vgl. TGEU, *Trans Rights Index & Map 2025: The New Trans Tipping Point and
    Europe's Struggle for Self-determination*, 13. Mai 2025 <https://www.tgeu.org/trans-
    rights-index-map-2025/> [Zugriff: 30. Mai 2025].
30 Esra Canpalat, Maren Haffke, Sarah Horn, Felix Hüttemann und Matthias Preuss,
    »Einleitung: Operationen, Foren, Interventionen – Eine Annäherung an den Begriff
    Gegen\Dokumentation«, in *Gegen\Dokumentation: Operationen – Foren – Interventio-
    nen*, hg. v. Esra Canpalat, Maren Haffke, Sarah Horn, Felix Hüttemann und Matthias
    Preuss (Bielefeld: transcript, 2020), S. 7–24, hier S. 9.

Geburtsurkunden ändern (lassen) zu können.[31] Erst dadurch, dass durch diese Vorgänge biografische Selbstauskünfte, medizinische Rezepte, Gutachten mit Diagnoseschlüsseln, Antragsformulare und Bescheide zu Dokumenten werden, sorgen sie dafür, dass wiederum andere Dokumente, z. B. Ausweispapiere wie Personalausweis, Führerschein oder auch die Krankenkassen- oder Kreditkarte, in Bezug auf Vornamen (und Geschlecht) verändert werden dürfen, ohne ihren offiziellen Status, ihre Gültigkeit als Dokument und die damit verbundene Autorität zu verlieren. Im Dokument manifestiert sich sogenannte Wirklichkeit.[32]

Auch im Kontext dieser institutionalisierten Dokumentationen spielt Zeitlichkeit eine zentrale Rolle. Denn die amtlichen Dokumente verknüpfen in ihrem Modus der Beglaubigung die »Legitimität einer Identität mit deren dauerhafter Stabilität« (legitimacy of an identity with its persistence across time).[33] Für trans* Personen bedeutet dies unter anderem, glaubhaft machen zu müssen, dass sie sich ihres Geschlechts schon seit längerer Zeit sicher sind und, wichtiger noch, dass diese Gewissheit auch in eine projizierte Zukunft hinein unerschütterlich, dieses Geschlecht mithin als ›richtiges‹ nicht mehr veränderbar sei. Als amtliche Dokumente je bestimmter Staaten betten selbige die imaginierte geschlechtliche Stabilität in die Zeitlichkeit der Nation ein.

---

31 Selbst dort, wo für die Änderung des Geschlechtseintrags nicht zwangsläufig eine externe Begutachtung vorgesehen ist, wie beispielsweise im *California Gender Recognition Act*, muss mitunter dennoch durch Selbstauskunft dokumentiert, konkret, per eidesstattlicher Erklärung beglaubigt werden, dass das beantragte Geschlecht ›echt‹ und gewiss sei [»affidavit attesting, under penalty of perjury«]. Sollte die beantragte Änderung irgendwann nicht mehr der geäußerten Geschlechtsidentität entsprechen, droht die Gefahr, wegen eidesstattlicher Falschaussage juristisch belangt zu werden. Siehe State of California, »Senate Bill No. 179: CHAPTER 853«, California Legislative Information, 16. Oktober 2017 <https://leginfo.legislature.ca.gov/faces/billTextClient. xhtml?bill_id=201720180SB179> [Zugriff: 30. Mai 2025]. Seit Inkrafttreten des sogenannten Selbstbestimmungsgesetztes in Deutschland am 1. November 2024 braucht es keine Gutachten mehr, um den Vornamen und Geschlechtseintrag amtlich ändern zu lassen. Ausführlicher dazu in Kapitel 1.

32 Vgl. dazu auch die Tagung »DOKUMENTWERDEN. Zeitlichkeit | Arbeit | Materialisierung« des DFG-Graduiertenkollegs »Das Dokumentarische. Exzess und Entzug« am 5.–7. Mai 2022 im Kunstmuseum Bochum <https://dasdokumentarische.blogs.ruhr-uni-bochum.de/dokumentwerden/dokumentwerden-call-for-papers/> [Zugriff: 30. Mai 2025].

33 Marie Draz, »Form Duration to Self-Identification?: The Temporal Politics of the California Gender Recognition Act«, *TSQ: Transgender Studies Quarterly*, 6.4 (2019), S. 593–607, hier S. 594.

Diese wiederum entwirft in einer überindividuellen zeitlichen Dimension spezifische Vorstellungen von Vergangenheit und Zukunft, welche – und das gilt mindestens für die hier berücksichtigten deutschen, britischen und US-amerikanischen Kontexte – heteronormativ sowie kolonial und rassistisch geprägt sind.[34]

Der Zwang zur Eindeutigkeit von Geschlecht verwebt sich über die Anforderungen dokumentarischer Prozesse mit einer vorgeblichen Eindeutigkeit linearer, teleologischer Zeitlichkeit. Die erwähnten Dokumentationsformen sind entsprechend problematisch, weil sie allen, die eine solche Eindeutigkeit nicht erfüllen (können), die Anerkennung – als Subjekte, als Bürger_innen, als Angehörige – verweigern und ihre Leben als unlebbar verwerfen bzw. sozial ausschließen. Würden die trans* Vlogs ebenfalls, wie bisherige Analysen argumentieren, lineare Zeitlichkeiten ausbilden, wären sie lediglich als eine Fortsetzung dieser pathologisierenden und normierenden Dokumentationen in einer anderen medialen Umgebung oder als eine selbstdokumentarische Ergänzung der Gutachten, Bescheide und Akten zu verstehen. In diesem Sinne erkennen Susan Stryker und Aren Aizura in administrativen Vorgängen biopolitische Regulierungen, die sich zudem als medizinische Normen und Normierungen ausprägen:

> we also become vulnerable to new modes of biopolitical regulation, including increasingly tight management of precisely what combination of surgical and hormonal bodily transformation are required to legally define a person's sex or transgender status.[35]

Doch sind die Vlogs in ihrer normierenden Funktion zumindest ambivalent. Denn, so würde ich argumentieren, spielen in ihnen Affekte

---

34 Vgl. ebd., S. 603. Die Betrachtung gerade dieser nationalen Umgebungen ergibt sich zum einen aus der eigenen geografischen wie wissenschaftlichen Positionierung in Deutschland und einem Interesse an den hier geführten Auseinandersetzungen um trans* Geschlechtlichkeit. US-amerikanische und britische Kontexte sind insofern von Relevanz, als in ersteren die akademische Wissensproduktion im Kontext der Trans Studies institutionalisiert wurde und weiterhin maßgeblich von dort geprägt ist. Letztere finden Eingang vor dem Hintergrund, dass die politische und journalistische Thematisierung von trans* Geschlechtlichkeit dort als Bezug und Referenz für transfeindliche Argumentationsmuster hierzulande dient, vgl. Ausblick.

35 Susan Stryker und Aren Z. Aizura, »Introduction: Transgender Studies 2.0«, in *The Transgender Studies Reader 2*, hg. v. Stryker und Aizura, S. 1–12, hier S. 7.

eine Rolle, die in den Protokollen der institutionalisierten Dokumentationsformen keinen Ort und keine Zeit haben. Diese Affekte ergeben sich aus der Erfahrung, kein dauerhaft eindeutiges oder immer eindeutig gewusstes Geschlecht zu sein. Ohne den Zwang zum Beweis eines >richtigen< Geschlechts eröffnen sie neue Formen geschlechtlichen Werdens, die auch angesichts von Uneindeutigkeiten und Ungewissheiten lustvoll sein können. Diese Möglichkeit entsteht aus der medialen Anordnung, die queere Zeitlichkeit, deren Schleifen und Wiederholungen, Brüche und Faltungen, Stauchungen, Zerdehnungen und Zerteilungen mit hervorbringt.

PROZESSUALITÄT VON MEDIEN UND GESCHLECHT

Mit einem expliziten Fokus auf queere Zeitlichkeiten der Testo-Update-Videos vertrete ich die These, dass diese Zeitlichkeiten Effekte der trans* Vlogs als spezifischer medialer Anordnung sind und sich hierbei eine konstitutive Wechselbeziehung oder gegenseitige Hervorbringung zwischen Medien und Geschlecht vollzieht. Statt Geschlecht einer medialen Repräsentation vorgängig zu verstehen, rückt diese These in den Blick, wie Medien (Vorstellungen von) Geschlecht bedingen und Geschlecht in Medien wirkt.[36] Dieser Ansatz schließt an bestehende Forschungen zu trans* Vlogs an und erweitert sie um eine Perspektive, in der sowohl Medien als auch Geschlecht als prozessual und veränderbar verstanden werden, ohne dass sie dabei gänzlich dem freien Willen unterliegen würden. Dies eröffnet einen differenzierteren Umgang mit Fragen der Sichtbarkeit und Handlungsmacht, Subjektivierung und Verletzlichkeiten von trans* Personen sowie dem »Verhältnis von Wissen/Wissenschaft und Geschlecht«[37] in den trans* Vlogs.

---

36 Vgl. Kathrin Peters und Andrea Seier, »Gender & Medien: Einleitung«, in *Gender & Medien Reader*, hg. v. Kathrin Peters und Andrea Seier (Zürich: Diaphanes, 2016), S. 9–19; Andrea Seier und Eva Warth, »Perspektivverschiebungen: Zur Geschlechterdifferenz in Film- und Medienwissenschaft«, in *Genus: Geschlechterforschung/Gender Studies in den Kultur- und Sozialwissenschaften*, hg. v. Hadumod Bußmann und Renate Hof (Stuttgart: Kröner, 2005), S. 81–111.

37 Christina von Braun und Inge Stephan, »Gender@Wissen«, in *Gender@Wissen: Ein Handbuch der Gender-Theorien*, hg. v. Christina von Braun und Inge Stephan, 3. Ausg. (Köln: Böhlau, 2013), S. 11–53, hier S. 11.

Bisher sind trans* Vlogs vornehmlich als Medien der Selbstermächtigung in den Blick genommen worden. Die Vlogger_innen dokumentieren und gestalten demnach den eigenen Körper durch den
Einsatz von Hormonen und/oder Operationen wie auch den Einsatz
von Vlogs. Tobias Raun hat die bisher einzige umfassende Studie zu
trans* Vlogs vorgelegt und charakterisiert das Verhältnis von Medien
und Vlogger_innen folgendermaßen:

> [T]he vloggers blend flesh and media, skin and screen, to *help*
> *them form* (new) identities. [...] the vloggers can be said to be
> molded and shaped by the apparatus of the vlog as well as the
> scalpels that slice and penetrate their flesh and the hormones
> that run through their blood.[38]

Raun geht davon aus, dass die Vlogs in gleichem Maße an Transitionsprozessen beteiligte Techniken sind wie Hormone und geschlechtsangleichende Operationen. Jedoch zeichnet er dabei implizit sowohl ein
autonomes Vlogging-Subjekt, das sich dieser Techniken als Werkzeuge
bedient, als er auch einen Medienbegriff vertritt, der lediglich gewollte
mediale Effekte erfassen kann.[39] Wenn mediale Effekte jedoch an die
Intention autonomer Subjekte gekoppelt werden, verstärkt dies Binarismen von Subjekt/Objekt, Körper/Wille, Natur/Kultur, Organis-
mus/Technik und reproduziert geschlechtlich konnotierte Stereotype.
Die Binarismen können, folgt man Raun, zwar miteinander verschmol-
zen werden, wären im Umkehrschluss jedoch vorher klar voneinander
abzugrenzen. Gerade diese eindeutigen Abgrenzungen und geschlechtlichen Trennungen werden jedoch, so meine These, durch die trans*
Vlogs fraglich. Auch wenn viele Vlogger eine geschlechtliche Eindeutigkeit anstreben, ergibt sich gerade in und mit den trans* Vlogs und
der Testosteronverabreichung auch eine nicht nur temporale Verunsicherung dieser Bestimmtheit: Wann ist mein Körper ein männlicher? Wann wächst mein Bart? Warum wächst er noch nicht? War
die Entscheidung für Testosteron richtig; tut sie mir gut? Will ich
die Veränderungen überhaupt? Was genau verändert sich mit dem
Hormonpräparat?

---

38   Raun, *Out Online*, S. 106, Herv. sh.
39   Vgl. ebd.; vgl. auch Horak, »Trans on YouTube«.

Mein Interesse gilt diesen Verunsicherungen, die es ermöglichen, die Praktik des selbstdokumentarischen Vloggens und ihr Verhältnis zu Testosteron, Video und YouTube genauer zu bestimmen. Ich möchte die komplexen Machtverhältnisse untersuchen, die diese Vlogs durchziehen und die Zeitlichkeiten fragiler, das Leben vulnerabler machen. Meine Herangehensweise erkennt an, »wie sehr Wahrnehmungen und Wissen, Subjektivität und Handlungsmacht von medialen Bedingungen bestimmt und von geschlechtlichen Bedeutungsebenen durchzogen sind.«[40] Das Buch widmet sich der Frage, wie sich die untersuchten Update-Videos in ihrer Bedeutung für trans* Zukünftigkeiten beschreiben lassen, ohne sie einer Bewertung als geschlechterpolitisch subversiv oder konservativ, emanzipatorisch oder repressiv zu unterziehen. Stattdessen lasse ich die medialen Praktiken und ihre sowohl diskursiven wie materiellen als auch affektiven Effekte in den Vordergrund treten. Durch diese Fokussierung der medialen Anordnung, ihrer Praktiken, Materialitäten und Zeitlichkeiten begründet sich mein Vorgehen, die Vlogger auch dann allein beim Namen ihres YouTube-Kanals zu nennen, wenn mir ihr bürgerlicher Name bekannt ist.[41] Ich arbeite in der Analyse die spezifische Medialität und Zeitlichkeit der Selbstdokumentation heraus, ohne ein gleichsam vor-mediales, eindeutig identifizierbares Subjekt hervorzuheben und ohne damit das ›Selbst‹ dieser Dokumentation in den Mittelpunkt zu stellen. Auf diese Weise ermögliche ich zudem, dass die Videos nicht allein in ihrer – nicht zuletzt strategisch bedeutsamen – identitätspolitischen Funktion erfasst, sondern darüber hinaus ihre Effekte und Affekte als politische Potenziale kollektiver Solidarisierungen beschreibbar werden, die ich als queere begreife.[42]

---

40   Peters und Seier, »Gender & Medien«, S. 9.

41   Außerdem berücksichtigt diese Vorgehensweise, dass die Vlogger möglicherweise in Zukunft *stealth* leben, d.h. in der Öffentlichkeit nicht (mehr) als trans* sichtbar sein möchten, was erschwert wäre, wenn der Account-Name mit einem Klarnamen verbunden wird. Ausnahmen mache ich bei den Vloggern, die über YouTube hinaus und in Verbindung mit ihren dortigen Accounts als trans* in Aktivismus, publizistischer Öffentlichkeit oder Forschung auftreten wie Chase Ross (uppercaseCHASE1) und Malcom René Ribot (gorillashrimp).

42   Diese Herangehensweise bedingt auch, dass ich meine Analysen nicht durch Interviews mit den Vloggern ergänzt habe. Qualitative Interviews mit trans* Vlogger_innen

Der Vlogger uppercaseCHASE1 erklärt im eingangs zitierten Video die Bedeutsamkeit seiner kontinuierlichen, neun Jahre währenden Selbstdokumentation damit, Expertise zu einer Transition mit Testosteron teilen zu können, die er selbst lange Zeit gesucht hat. Wobei diese empfundene Leerstelle nur zu einem kleinen Teil mit (damals) geringerer oder fehlender Sichtbarkeit von trans* Männern als vielmehr mit medialen Bedingungen dieser Sichtbarkeiten zusammenhängt. Bereits vor 2010, als uppercaseCHASE1 seine Testosteronbehandlung begonnen hat, haben trans* Männer oder genderqueere Personen autobiografische (oder autobiografisch informierte) Texte über ihre geschlechtlichen Transitionen mit Testosteron veröffentlicht. Mit Verweis auf die Autobiografie *The Testosterone Files* von Max Wolf Valerio merkt uppercaseCHASE1 jedoch an, dass Buchveröffentlichungen nur begrenzt nützlich und informativ seien.[43] Im Vergleich zu Update-Videos auf YouTube läge ihre Beschränkung in der fehlenden Austauschmöglichkeit mit den Autor_innen, der einzig retrospektiven Schilderung des Transitionsbeginns sowie der deutlichen Nachträglichkeit der Veröffentlichungsform.[44] Im Folgenden geht es darum herauszufinden, welche spezifischen Eigenschaften von YouTube und den mit dieser digital-medialen Plattform verbundenen Praktiken diese so passend für trans* Vlogs und letztere so einschlägig für die Dokumentation von Transitionserfahrungen mit Testosteron machen. Inwiefern befördern sie insbesondere die Berücksichtigung von Zeitlichkeit?

Zur Auseinandersetzung mit der Medialität zählt auch, die eigene Geschichtlichkeit der Medien zu berücksichtigen, die in Bezug auf gewaltvolle und hierarchisierende Dokumentationsformen nicht unschuldig sind. Auch diese historisierende Auseinandersetzung wird

---

hat Raun im Rahmen seiner umfassenden Studie durchgeführt, vgl. Raun, *Out Online*. Eine queer- und affekttheoretische Analyse von Solidarisierungsprozessen jenseits von Repräsentations- und Identitätspolitiken hat jüngst Katrin Köppert in der Auseinandersetzung mit der Fotografie Albrecht Beckers vorgelegt, vgl. Katrin Köppert, *Queer Pain: Schmerz als Solidarisierung, Fotografie als Affizierung* (Berlin: Neofelis, 2021).

43   Max W. Valerio, *The Testosterone Files: My Hormonal and Social Transformation from Female to Male* (Emeryville: Seal Press, 2006).

44   Valerio thematisiert seine Transition übrigens auch als einer der Protagonist_innen in Monika Treuts Dokumentarfilmen *Gendernauts – Eine Reise durch die Geschlechter*, Regie: Monika Treut (USA, Deutschland, 1999) und *Genderation*, Regie: Monika Treut (Deutschland, 2021).

dadurch unterstützt, dass ich davon ausgehe, dass Geschlecht und Medien jeweils prozesshaft und miteinander verbunden wirken, sodass mit vergeschlechtlichten Subjektivierungen auch »Vorstellungen von Autonomie und Prekariat, von Handlungsmacht und Verletzbarkeit, von Materialität und Wissen«[45] in den Analysen medialer Phänomene diskutiert werden. Gewaltvolle, hierarchisierende und diskriminierende Effekte finden sich durchaus auch in gegenwärtigen Medienpraktiken. So zeigen die Update-Videos nicht nur, wie ein trans* männlicher Körper aussehen *kann*. Mit den stets von Wünschen und Imaginationen durchdrungenen Repräsentationen (re)produzieren sie eben auch Bilder davon, wie er auszusehen *hat*.[46] Die Funktionsweisen von YouTube wirken ihrerseits an entsprechend normativen und normierenden Ausschlüssen und Diskriminierungen mit. In überwältigender Mehrheit erscheinen Videos junger *weißer* trans* Vlogger, wenn ich auf YouTube nach FtM-Transitionen suche. Die Videos Schwarzer Vlogger oder Vlogger of Color werden in der Liste der Ergebnisse erst aufgeführt, wenn ich die Suchbegriffe >black< oder >asian< ergänze.[47] Die vergeschlechtlichenden und rassifizierenden Effekte dokumentarischer Praktiken und medialer Technologien in ihrer Herstellung von Wissen über Körper durchziehen die selbstdokumentarischen Aufzeichnungen und ihre Bereitstellung auf YouTube. Mit einem Fokus auf Schwarze (trans*) Männlichkeit rückt das zweite Kapitel dieses Buches die Frage nach der (Un)Möglichkeit von Zukünftigkeiten unter der gewaltvollen Erfahrung von Transfeindlichkeit *und* Rassismus in den Blick. Auch hierin zeigt sich, dass das für die trans* Vlogs oftmals angenommene Versprechen einer besseren Zukunft durch eine Transition nicht garantiert ist.

---

45   Peters und Seier, »Gender & Medien«, S. 16.

46   Vgl. Tobias Raun, »Archiving the Wonders of Testosterone via YouTube«, *TSQ: Transgender Studies Quarterly*, 2.4 (2015), S. 701–09, hier S. 707.

47   Die Schreibweisen >Schwarz< und >*weiß*< nutze ich, um deutlich zu machen, dass es sich bei Ersterem um eine rassismuskritische und widerständige Selbstbezeichnung, bei Zweiterem um eine kritische Analysekategorie für rassistische Strukturen handelt, vgl. Maureen M. Eggers, Grada Kilomba, Peggy Piesche und Susan Arndt, »Konzeptionelle Überlegungen«, in *Mythen, Masken und Subjekte: Kritische Weißseinsforschung in Deutschland*, hg. v. Maureen M. Eggers, Grada Kilomba, Peggy Piesche und Susan Arndt, 4. Ausg. (Münster: Unrast, 2020), S. 11–13.

TESTOSTERON ALS MEDIUM

Zu den Materialitäten der trans* Vlogs und den Praktiken der Selbstdokumentation zählt auch Testosteron. Es wird üblicherweise als Gel
zum Auftragen auf die Haut oder als Lösung zur Injektion verschrieben oder verabreicht und muss dem Körper regelmäßig zugeführt
werden, um die geschlechtsangleichenden Effekte zu erzielen. Das
Hormon wirkt im Zusammenhang der trans* Vlogs als Zeit-Medium;
beeinflusst vom jeweiligen Präparat und der individuellen Dosierung
formen sich die täglichen, wöchentlichen oder monatlichen Rhythmen einer nächsten Dosis. Das Hormon arbeitet medial an den spezifischen Zeitlichkeiten einer vielschichtigen und vielfach gefalteten
»Transitions-Zeit« (transitional time)[48] mit. Diese sowohl körperlichen, zeitlichen wie medialen Praktiken nenne ich Testo-Techniken.[49]
Das dritte Kapitel führt die mit diesem Begriff verbundenen Überlegungen weiter aus. Wenn Testosteron hierbei als Medium verstanden
wird, meint dies nicht die gängige Beschreibung von Hormonen als
Botenstoffen, wie der Physiologe Ernest Starling bereits 1905 in einem
für das damals sich herausbildende Feld der Endokrinologie maßgeblichen Vortrag notiert – lange bevor Testosteron 1935 überhaupt zum
ersten Mal isoliert wird.[50] Auch nimmt der Begriff Testo-Techniken
nicht die metaphorische Referenz auf das biochemische Funktionieren von medialen Prozessen auf. Diese Metaphorik findet sich in
der Medienwissenschaft: So ist für Marshall McLuhan der Telegraf
ein »soziales Hormon« (social hormone).[51] Ausgehend von meiner
queertheoretisch informierten medienkulturwissenschaftlichen Perspektive ergibt sich ein anderer Zusammenhang von Hormon und
Medium, der über diese rein semantische Verknüpfung hinausreicht:
Testosteron *kommuniziert* nicht *wie* ein Medium, vielmehr betrachte
ich Testosteron im Zusammenhang der trans* Vlogs *als* dokumentari-

---

48   Carter, »Embracing Transition, or Dancing in the Folds of Time«, S. 141.
49   Vgl. Jules Gill-Peterson, »The Technical Capacities of the Body: Assembling Race,
      Technology, and Transgender«, *TSQ: Transgender Studies Quarterly*, 1.3 (2014),
      S. 402–18.
50   Vgl. Ernest H. Starling, »The Croonian Lectures on The Chemical Correlation of the
      Functions of the Body«, *The Lancet*, 166.4275 (1905), S. 339–41, hier S. 340.
51   Marshall McLuhan, *Understanding Media: The Extensions of Man* (Cambridge/MA:
      MIT Press, 1994), S. 246.

sches, soziales und queeres Medium. *Dokumentarisch* ist es beteiligt an einem spezifischen Modus materialisierter Selbstdokumentation, die sich an und mit dem Körper sowie in und mit den Videos realisiert. Als *soziales* Medium verstehe ich es, insofern es an einer zeitgenössisch spezifischen Beziehung und gegenseitigen Beeinflussung (Relationalität) von Männlichkeit und digitalen Medien mitwirkt. Als *queeres* Medium fasse ich Testosteron auf, da es sowohl lineare Zeitlichkeiten als auch die Eindeutigkeit von Geschlecht, und das umfasst cis wie trans* Geschlechtlichkeit, verunsichert und herausfordert. Auf diese – angesichts der naturalisierten Verknüpfung von Männlichkeit mit Testosteron paradox anmutende – Feststellung werde ich noch ausführlich eingehen. Um die – queertheoretisch nahegelegte – inhärente Instabilität und Ungewissheit des Testosterons besser zu verstehen, befasse ich mich mit dessen diskursiven, materiellen wie medialen Dimensionen.

Der Stellenwert von Hormonen in geschlechtlichen Transitionen ist dabei ambivalent. Trans* Aktivist_innen setzen sich dafür ein, dass hormonelle Medikation selbstverständlicher Bestandteil einer trans* informierten Gesundheitsversorgung wird. Dieser Einsatz erkennt an, welche zum Teil überlebenswichtige Bedeutung dem Zugang zu Hormonpräparaten und damit der Möglichkeit zu entsprechenden körperlichen Veränderungen zukommt. Gleichzeitig plädieren Interessengruppen und Aktivist_innen im Sinne der Selbstbestimmung dafür, den Wunsch nach Hormonbehandlungen argumentativ nicht zu einer essenziellen Bedingung für trans* Sein zu machen. In Zusammenhang mit dieser Ambivalenz wird des Weiteren reflektiert, wie die pharmazeutische und klinische Erforschung, die logistische Distribution und die medizinische Verwaltung entsprechender Präparate auf kolonialen, kapitalistischen und rassistischen Strukturen aufbaut und von entsprechend hierarchischen Ordnungen durchzogen ist.[52] Das

---

52 Vgl. Paul B. Preciado, *Testo Junkie: Sex, Drugs, and Biopolitics in the Pharmacopornographic Era*, übers. v. Bruce Benderson (New York: Feminist Press, 2013); Michelle O'Brien, »Tracing This Body: Transsexuality, Pharmaceuticals, and Capitalism«, in *The Transgender Studies Reader 2*, hg. v. Susan Stryker und Aren Z. Aizura (New York: Routledge 2013), S. 56–65; Jonah I. Garde, *Trans* Geschichten der Moderne: »Geschlechtsumwandlung« im 20. Jahrhundert und ihre kolonialen Geister* (Bielefeld: transcript, im Erscheinen). Bei Preciado und weiteren Autor_innen habe ich mich dazu entschieden, ältere Veröffentlichungen, die noch unter anderen Vornamen erschienen sind, in den Literaturangaben mit den jeweils aktuellen Vornamen zu führen.

spezifische Verhältnis von Testosteron zu Männlichkeit und/oder Maskulinität ist in diesem Zusammenhang jedoch bisher nicht detaillierter untersucht worden. Dies ist Anliegen dieser Arbeit und in Kapitel 3 gehe ich diesbezüglich genauer auf das Verhältnis von Männlichkeit zu Maskulinität sowie die dieser Unterscheidung zugrunde liegende Sex/Gender-Differenz ein. An dieser Stelle sei festgehalten, dass Männlichkeit in dieser Arbeit jedenfalls nicht exklusiv oder vorrangig für eine wie auch immer verstandene biologisch verankerte Form von Geschlecht verwendet wird. In diesem Sinne ist auch interessant, dass es sehr wohl bereits wissenschaftliche Diskussionen gibt, dass und wie Männlichkeiten unabhängig von Testosteron zu verstehen sind. Die Idee von »Maskulinitäten ohne Männer« (masculinities without men)[53] ist sowohl in der Queer Theory wie auch den Trans Studies präsent und interveniert in das Spannungsfeld von Männlichkeit und biologistisch verstandenem Mann-Sein, das sich immer auch über eine naturalisierte Verankerung in Testosteron zu legitimieren versucht.[54] Bedeutet diese Befragung im Umkehrschluss aber, dass Testosteron immer gesicherte Männlichkeiten bedingt? Ist eine Männlichkeit – cis wie trans* – mit Testosteron automatisch über jeden Zweifel an einer Gewissheit von Geschlecht erhaben?

EMPFINDUNGS-VLOGS

Unbestritten ist, dass es in den Testo-Update-Videos ein vielgestaltiges Begehren nach Männlichkeiten gibt – so kritisch oder selbstzweifelnd

---

Damit einhergehende Unstimmigkeiten nehme ich in Kauf, um die geschlechtliche Identität der Autor_innen anzuerkennen. Den Leser_innen traue ich zu, die Quellen auch anhand des Nachnamens nachvollziehen zu können. Zu Zitationsmodi als Sorgepraktik vgl. Katja Thieme und Mary A. S. Saunders, »How Do You Wish to Be Cited?: Citation Practices and a Scholarly Community of Care in Trans Studies Research Articles«, *Journal of English for Academic Purposes*, 32 (2018), S. 80–90.

53   Bobby J. Noble, *Masculinities without Men?: Female Masculinity in Twentieth-Century Fiction* (Vancouver: UBC Press, 2004); vgl. auch Jack Halberstam, *Female Masculinity* (Durham: Duke University Press, 1998).

54   Vgl. Jack Halberstam, »Transgender Butch: Butch/FTM Border Wars and the Masculine Continuum«, *GLQ: A Journal of Lesbian and Gay Studies*, 4.2 (1998), S. 287–310; Eve K. Sedgwick, »›Gosh, Boy George, You Must Be Awfully Secure in your Masculinity‹«, in *Constructing Masculinity*, hg. v. Maurice Berger, Brian Wallis und Simon Watson (New York: Routledge, 1995), S. 11–20; Antke A. Engel, »Umverteilungspolitiken: Aneignung und Umarbeitung der begrenzten Ressource Maskulinität in lesbischen und transgender Subkulturen«, *Die Philosophin*, 11.22 (2000), S. 69–84.

entworfen, unbestimmt und unsicher sie auch sein mögen. Um diese komplexe Verschränkung von Begehren und Affekten, Medien und Praktiken in den trans* Vlogs betrachten zu können, fasse ich im vierten Kapitel die trans* Vlogs als >Gefüge<. Dies greift eine queer-theoretisch informierte Lesart eines Konzepts von Gilles Deleuze und Félix Guattari auf: »Mit dem Begriff des Begehrens und des Gefüges (agencement) unterminieren Deleuze und Guattari die abstrakte Gegenüberstellung von Subjekt und Objekt und damit auch jene [...] von Technik und Natur.«[55] Der Begriff des Gefüges ermöglicht eine Situierung von trans* Erfahrungen, die nicht essenzialistisch ist und weder biologistisch noch technikdeterministisch argumentieren muss. Damit ist dieser Begriff auch besonders geeignet, die Zeitlichkeiten in und mit den Update-Videos und die mit ihnen verbundenen vielfältigen Begehren zu berücksichtigen. Für die trans* Vlogs als Gefüge ist maßgeblich, dass sie durch Begehren hervorgebracht sind und Technik in diesen Konstruktionsprozess eingebunden ist. Gefüge sind mithin Verbindungen von Begehren und Technik, wobei ersteres keine Mangelerfahrung darstellt und zweiteres kein Objekt, kein Mittel zum Zweck ist.[56] Wenn ich trans* Vlogs als Gefüge beschreibe, hebe ich vor allem darauf ab, dass weder das Format Update-Video noch das Testosteron als zweckmäßige Werkzeuge für die Durchführung einer geschlechtlichen Transition voluntaristisch eingesetzt werden können, als könnten sie dem eigenen Willen unterworfen werden. Die emanzipatorischen und handlungsmächtigen Effekte der Vlogs begründen sich gerade nicht in einem vermeintlich souveränen Umgang mit den beteiligten Medien, sondern in der Möglichkeit, die Machtlosigkeit und Unsicherheit angesichts der biochemischen, emotionalen, körperlichen und sozialen Veränderungen artikulieren und die Ungewissheit von Transitionsprozessen sanktionsfrei affirmieren zu können. Auf diese Weise richten die Testo-Update-Videos spezifische Weisen des Empfindens ein, die eine »neue Selbstverständlichkeit«[57] für trans*

---

55 Astrid Deuber-Mankowsky, *Queeres Post-Cinema: Yael Bartana, Su Friedrich, Todd Haynes, Sharon Hayes* (Berlin: August Verlag, 2017), S. 94.

56 Vgl. ebd.

57 »>Neue Selbstverständlichkeit< heißt, das Trauma zu überwinden, nicht vorgesehen zu sein. >Neue Selbstverständlichkeit< heißt, sich selbst anzuerkennen und keine Zeit damit zu vertun, sich mit Anpassung rumzuschlagen. >Neue Selbstverständlichkeit<

Leben beanspruchen. Die mit und in den Update-Videos hervorgebrachten Affekte gehen dabei über die jeweiligen Vlogger-Subjekte hinaus und kommen in ihrer Flüchtigkeit als «Empfindungsblock«[58] – oder eben als Empfindungs-Vlog – zur Aufbewahrung, und zwar ohne dabei konserviert oder stillgestellt zu werden. Im Mittelpunkt steht die Frage nach (un)möglichen Zukünftigkeiten, in die hinein das eigene trans* Sein *werden* kann. Damit verbunden ist stets auch die Suche und das Begehren nach einer möglichen Bezugnahme auf individuelle wie kollektive Vergangenheiten.

Die Zeitlichkeiten der Transitionen in und mit den Testo-Update-Videos werden im Folgenden als Effekt medialer Konstellationen untersucht, die aus den miteinander verbundenen Praktiken der Selbstdokumentation via Videoblog und der Testosteronbehandlung entstehen. Dabei macht die Analyse selbst zeitliche Prozesse durch: Die selbstdokumentarischen Praktiken der gegenwärtigen trans* Vlogs reagieren auf Veränderungen dieser Gegenwart, mit denen wiederum auch der Text rückgekoppelt ist. Die Vlogs lassen in der Dokumentation der Transitionen diese als von Wiederholungen, Schleifen und elliptischen Bewegungen geprägten Prozess allererst entstehen. In ähnlicher Weise vollzieht auch die Argumentation des Buches in ihrer Dramaturgie immer wieder argumentative Bewegungen von Verschiebungen in Wiederholungen. Während das erste Kapitel bereits auf analytische Schwerpunkte der folgenden drei verweist, werden dort wiederum immer wieder auch Thesen und Argumente aus diesem ersten aufgenommen und vertieft.

Insgesamt leistet das Buch einen Beitrag zu Debatten in queertheoretisch informierten Gender Media Studies und Trans Studies zum Verhältnis von Materialität und Zeitlichkeit, von Race, Geschlecht – insbesondere Männlichkeit – und Medien sowie dem Einsatz und Effekt von (Selbst-)Dokumentationen auf Subjektivierungsprozesse.

---

heißt, sich nicht erklären zu müssen, auch nicht, sich selbst infrage zu stellen, sondern *konstruktiv sich bis in die Zukunft hinein zu erinnern, was möglich sein muss, was denkbar ist und dort hinein die Fühler auszustrecken.«* Siehe Tucké Royale, »Neue Selbstverständlichkeit«, ruakooperative.de <https://backend.ruakooperative.de/storage/uploads/2019/11/03/5dbed23b225e4Neue-Selbstverstndlichkeit.pdf> [Zugriff: 30. Mai 2025], Herv. sh.

58   Gilles Deleuze und Félix Guattari, *Was ist Philosophie?*, übers. v. Bernd Schwibs und Joseph Vogl (Frankfurt a. M.: Suhrkamp, 2000), S. 191.

Die Analysen beteiligen sich damit an der »Vervielfältigung und Artikulation neuer Modi verkörperter Subjektivierungsweisen, neuen kulturellen Praktiken und Arten eines Weltverständnisses« (proliferation and articulation of new modes of embodied subjectivity, new cultural practices, and new ways of understanding the world).[59] Auch in diesem Sinne ist die Frage nach (un)möglichen Zukünftigkeiten in den trans* Vlogs und den damit verbundenen Vulnerabilitäten eine politische Frage.

---

59 Stryker und Aizura, »Introduction«, S. 7.

1. Zweimal durch die Pubertät – Transition auf YouTube

Im Folgenden geht es um Videos, die eine hormonell bewusst her-beigeführte Pubertät begleiten.[1] Denn als eine solche zweite Pubertät wird von vielen trans* Personen der Zeitraum erfahren, der sich über die ersten Wochen und Monate nach Beginn der Verabreichung von Hormonen erstreckt. Die Hormone sollen im Prozess einer geschlecht-lichen Transition körperliche Veränderungen auslösen und es dadurch ermöglichen, den Körper dem eigenen Geschlecht anzugleichen und im Alltag entsprechend (an)erkannt zu werden.[2] Auf YouTube fin-den sich hunderttausende Videos, die diesen Transitionsprozess zum Thema haben.[3]

---

1   Bis zur Drucklegung des Buches sind manche der von mir besprochenen Videos oder YouTube-Kanäle nicht mehr abrufbar.

2   Die individuelle Bedeutung der Hormonbehandlung ist für viele trans* Personen auf-grund eben dieser Effekte kaum zu überschätzen. Doch wird ein solcher Wunsch nach körperlicher Angleichung durch hormonelle oder chirurgische Maßnahmen von vie-len Institutionen zwar als notwendig für die bürokratische Anerkennung als trans* angeführt, darin aber eine >behandlungsbedürftige< Geschlechtsdysphorie (Affekt-störung) vorausgesetzt. Für eine Selbstidentifizierung als trans* sind aber weder rechtliche Anerkennung noch vorgebliche medizinische Störung zwangsläufige Bedin-gungen.

3   Im Laufe meiner mehrjährigen Arbeit mit den trans* Vlogs auf YouTube wurde die Oberfläche der Plattform mehrfach verändert. Mittlerweile – Stand Mai 2025 – wird die Gesamtzahl von Ergebnissen zu einer spezifischen Suche nicht mehr angezeigt. Da aber weiterhin entsprechende Videos hochgeladen werden, kann davon ausgegangen werden, dass diese Zahl möglicherweise größer, sehr wahrscheinlich aber nicht signifi-kant kleiner geworden ist. Manche der Videos, die ich berücksichtige, sind allerdings tatsächlich nicht mehr verfügbar.

Eines dieser Videos trägt den Titel *3.21.15 - 1 Year on Testosterone - FTM Transition Update - List of Changes Throughout the Past Year* und wurde von gorillashrimp am 22. März 2015 auf seinem Kanal hochgeladen.[4] Das Video ist knapp 19 Minuten lang und ohne einen sichtbaren Schnitt, also offenbar ohne Unterbrechung aufgezeichnet worden.[5] Ein junger Mann in schwarzem Muskelshirt – und, wie später zu sehen sein wird, blauer Jeans – sitzt in einem offenbar privaten Wohnraum und blickt frontal in die Kamera. In einer halbnahen Einstellung sehen und hören die Zuschauer_innen ihn darüber berichten, wie sich sein Körper in den vergangenen zwölf Monaten verändert hat. Um keine dieser Beobachtungen zu vergessen, hat er sich eine Liste angefertigt. Grundsätzlich vergnügt und teilweise euphorisch kommentiert er die Veränderungen: Die Schultern sind breiter und, wie auch der Rest des Körpers, muskulöser geworden, Hals und Kieferpartie sind markanter, die Füße sind gewachsen, seine Stimme ist tiefer, die Haare auf Armen und Beinen sind dichter und dunkler, ebenso wachsen ihm nun welche auf Bauch und Brust, nicht zuletzt hat er einen Bart bekommen und die Menstruation blieb aus. Während er berichtet, verharrt der junge Mann nicht in sitzender Position, sondern steht auf und dreht der Kamera den Rücken zu, um die markante und männlich konnotierte V-Form seines Oberkörpers demonstrieren zu können, er spannt die Arme an, sodass deutlich wird, wieviel markanter die Adern seit Beginn der Testosteronbehandlung hervortreten, er krempelt die Hose hoch, damit die Beinbehaarung begutachtet werden kann, und er führt Gesicht und Unterarm nah an die Kamera heran, um auch dort die zunehmende Behaarung zu zeigen. All diese Veränderungen sind eingetreten, seit er vor genau einem Jahr begonnen hat, Testosteron zu nehmen: »Es ist der 21. März 2015 und ich bin jetzt offiziell ein gan-

---

4   gorillashrimp, *3.21.15 - 1 Year on Testosterone - FTM Transition Update - List of Changes Throughout the Past Year*, 22. März 2015 <https://www.youtube.com/watch?v=ThGxWjmVis0 [Zugriff: 30. Mai 2025].

5   Teile der in diesem Kapitel unternommenen Analysen sind von mir bereits an anderer Stelle diskutiert worden, vgl. Sarah Horn, »Testosteron queeren: FtM trans* Vlogs auf YouTube«, in *Differenzen und Affirmationen: Queer/feministische Positionen zur Medialität*, hg. v. Julia Bee und Nicole Kandioler (Berlin: b_books, 2020), S. 37–61; Sarah Horn, »Mediated Trans Futurities«, in *Future Bodies*, hg. v. Henriette Gunkel und Heiko Stoff, *Body Politics – Zeitschrift für Körpergeschichte*, 12 (2024), S. 109–23 <https://doi.org/10.12685/bp.v12i16.1562>.

zes Jahr auf Testosteron – ja! Es ist aufregend, ein bisschen, vielleicht sehr.«[6] So eröffnet er das Video. Den Jahrestag nimmt er zum Anlass, diese körperliche Inventur vorzunehmen und die Freude über deren Ergebnis per Update-Video auf YouTube zu teilen.

Dies ist nicht das erste oder einzige Video, das er auf YouTube hochgeladen hat und das im Zusammenhang mit der Testosteronbehandlung steht. »Some guys go through puberty twice« (Einige Jungs gehen zweimal durch die Pubertät) prangt in Graffiti-Ästhetik als Header über seinem Kanal, in dem sämtliche seiner hochgeladenen Videos Trans*sein explizit oder beiläufig zum Thema haben.[7] Alle diese Videos sind entsprechend der Beschreibung von Jean Burgess und Joshua Green als Vlogs folgendermaßen charakterisiert:[8]

> Üblicherweise hauptsächlich um einen Monolog strukturiert, der direkt in die Kamera gesprochen wird, [...] typischerweise mit nichts weiter als einer Webcam und launigem Schnitt produziert. Das Themenspektrum reicht von fundierten politischen Debatten über banale Details des Alltags bis hin zu leidenschaftlichen Tiraden über YouTube selbst. Vlogging selbst ist nicht unbedingt neu oder einzigartig für YouTube, aber es ist eine emblematische Form der Teilnahme dort.[9]

---

6   gorillashrimp, 3.21.15 - 1 Year on Testosterone - FTM Transition Update - List of Changes Throughout the Past Year, 00:02–00:1, i. O.: »It's March 21st, 2015, and I'm officially one full year on testosterone – yes! I am excited, a little bit, maybe a lot.«

7   Inzwischen (Stand Mai 2025) hat der Kanal einen anderen Header. Im Juni 2016 hat gorillashrimp einen Roadtrip durch sämtliche US-amerikanische Staaten begonnen, währenddessen er an so vielen Orten wie möglich Aktivitäten und Treffen initiiert, um trans* Jungen und Männer vor Ort miteinander in Kontakt zu bringen. Seitdem überschreibt gorillashrimp seinen Kanal mit »FTM TRAVELER. connecting our community & spreading visibility« und verweist per Link auf seinen Instagram-Account, auf dem er seit Beginn der Reise regelmäßiger Inhalte hochlädt als auf YouTube, vgl. gorillashrimp, *Videos*, 17. Mai 2018 <https://www.youtube.com/user/gorillashrimp/videos> [Zugriff: 30. Mai 2025].

8   Der Begriff Vlog ist eine Zusammenführung aus Video und Blog. Blog wiederum ist eine Kurzform von Weblog, wobei *log* als Tagebuch, Logbuch, aber auch Protokoll übersetzt werden kann. In dieser Gemengelage von damit aufgerufenen unterschiedlichen Aufzeichnungs- und Dokumentationsformen klingt bereits die zentrale Bedeutung der später diskutierten selbstdokumentarischen Praktik des Vloggens an.

9   Jean Burgess und Joshua Green, »The Entrepreneurial Vlogger: Participatory Culture Beyond the Professional-Amateur Divide«, in *The YouTube Reader*, hg. v. Pelle Snickars und Patrick Vonderau (Stockholm: National Library of Sweden, 2009), S. 89–107, hier S. 94, i. O.: »[t]ypically structured primarily around a monologue delivered directly to camera, [...] characteristically produced with little more than a webcam and some witty editing. The subject matter ranges from reasoned political debate to the

Wenngleich der Vlog auch für die Nutzung durch trans*
YouTuber_innen als emblematische Form gelten kann, fasse
ich ihn anders als Burgess und Green jedoch nicht als Genre
auf.[10] Stattdessen begreife ich trans* Vlogs in erster Linie als
mediale Praktiken. Damit verschiebe ich den Fokus von formal-
ästhetischen Anforderungen an die Videos zu den mit diesen
Praktiken verbundenen dokumentarischen Ansprüchen. Diese
Verschiebung nehme ich vor, um nicht die von Burgess und Green
nahegelegte inhaltliche Gegenüberstellung von »vernünftiger
politischer Debatte« (reasoned political debate) und »banalen
Details des Alltags« (mundane details of everyday life) zu stärken,[11]
sondern stattdessen aufzuzeigen, dass trans* Vlogging gerade in der
Thematisierung von Alltag politisch ist.

Monatlich vloggt gorillashrimp in seinem ersten Jahr der Hormonbehandlung über die Erfahrungen und Gedanken, die mit der
Verabreichung von Testosteron zusammenhängen. Mit dieser Praktik ist er keineswegs allein auf der Plattform: Auf YouTube finden
sich viele Vlogs von trans* Personen, die mehr oder weniger regelmäßig Videos aufnehmen und hochladen, mit denen sie die eigene
geschlechtliche Transition begleiten. Suchbegriffe wie ›transgender‹,
›gender transition‹ oder ›ftm‹ erzeugen lange Ergebnislisten von
Videos.[12] Die Oberfläche von YouTube erlaubt den User_innen verschiedene Sortierungen der jeweils gefundenen Videos unter anderem
nach Dauer, Anzahl der Aufrufe oder Upload-Datum. In der Sortierung nach Upload-Datum ist es derzeit jedoch nicht möglich, sich die
Trefferlisten umgekehrt chronologisch anzeigen zu lassen. Demnach
lässt sich nicht exakt feststellen, wann seit der Gründung von You-
Tube 2005 die ersten Videos unter diesen und ähnlichen Schlagworten
hochgeladen wurden und sich das trans* Vloggen etabliert hat. Über-
lässt man sich bei der eigenen Recherche jedoch der plattformeigenen

---

mundane details of everyday life and impassioned rants about YouTube itself. Vlogging
itself is not necessarily new or unique to YouTube, but it is an emblematic form of
YouTube participation.«

10   Vgl. Jean Burgess und Joshua Green, *YouTube: Digital Media and Society Series* (Cam-
bridge/MA: Polity Press, 2009), S. 28.

11   Ebd.

12   FtM, Kurzform von *female to male* (weiblich zu männlich), ist eine gängige Selbstbeschreibung von sich männlich identifizierenden trans* Personen.

Logik, über algorithmische Verlinkungen und Vorschläge von einem Video auf ein nächstes zu verwiesen, stößt man immer wieder auf Kanäle, die in den Jahren 2006/2007 von trans* Menschen angemeldet wurden und auf denen sie zum Teil auch heute noch vloggen. Manche thematisieren, dass zu dieser frühen Zeit des Web 2.0 erst wenige trans* Erfahrungen auf YouTube zu finden war. Einer dieser frühen Vlogger ist charlesasher, dessen Kanal seit Mai 2006 besteht: »When I first started transitioning, it seemed like the dark ages of transition. [...] I was one of the first people on YouTube.«[13] 2008 sieht wiederum freshlycharles seinen ersten Vlog-Beitrag bereits als Teil einer FtM-Vlog-Revolution.[14] Obwohl es sich beim trans* Vloggen um ein in der Schnelllebigkeit digitaler Entwicklungen mit über 10-jähriger Geschichte vergleichsweise altes Phänomen handelt, ist es bisher kaum (medien-)wissenschaftlich erforscht worden. Es existieren vereinzelte Aufsätze und eine umfassendere Studie, die die Vlogs in erster Linie unter Aspekten der Community-Bildung und der Selbsthilfe in den Blick nehmen.[15] Demnach erwächst die Bedeutung des Vloggens für

---

13   charlesasher, *FTM 9 Years on Testosterone: 5 Things I Did Not Expect Before I Transitioned*, 17. November 2014 <https://www.youtube.com/watch?v=FvUajZ-Lfgs> [Zugriff: 30. Mai 2025], 0:04:15–0:04:31. Die ›Finsternis‹ dieses Mittelalters kann jedoch nicht als absolute digitale Dunkelheit und Isolierung verstanden werden, gab es bereits in den Jahren davor, wie auch charlesasher berichtet, Online-Plattformen wie livejournal, über die trans* Personen miteinander in Kontakt getreten und von dort zum 2005 gegründeten YouTube migriert sind.

14   Vgl. freshlycharles, *Vlog 1: Yes, I've joined the FTM Vlog revolution (Freshly Charles)*, 20. Dezember 2008 <https://www.youtube.com/watch?v=MGOYundJxN0> [Zugriff: 14. März 2019]. Das Video ist im Mai 2025 nicht mehr verfügbar.

15   Im Folgenden werden außerdem eine einschlägige Monografie sowie die wenigen existierenden Beiträge aus Zeitschriften oder Sammelbänden diskutiert. In weiteren trans*-thematischen Veröffentlichungen gibt es lediglich knappe Unterkapitel, die sich dem Thema Vloggen widmen und dabei den Fokus auf die Vernetzung innerhalb der (digitalen) Community legen. Vgl. Tobias Raun, *Out Online: Trans Self-Representation and Community Building on YouTube* (New York: Routledge, 2016); Tobias Raun, »Archiving the Wonders of Testosterone via YouTube«, *TSQ: Transgender Studies Quarterly*, 2.4 (2015), S. 701–09; Tobias Raun, »Video Blogging as a Vehicle of Transformation: Exploring the Intersection between Trans Identity and Information Technology«, *International Journal of Cultural Studies*, 18.3 (2015), S. 365–78; Laura Horak, »Trans on YouTube: Intimacy, Visibility, Temporality«, *TSQ: Transgender Studies Quarterly*, 1.4 (2014), S. 572–85; Avery Dame, »›I'm your Hero? Like Me?‹: The Role of ›Expert‹ in the Trans Male Vlog«, *JLS*, 2.1 (2013), S. 40–69; Mel Y. Chen, »Everywhere Archives: Transgendering, Trans Asians, and the Internet«, *Australian Feminist Studies*, 25.64 (2010), S. 199–208; Hil Malatino, »Future Fatigue: Trans Intimacies and Trans Presents (or How to Survive the Interregnum)«, *TSQ: Transgender*

die trans* Personen in erster Linie daraus, sich über die Videos mit anderen austauschen, die Zugehörigkeit zu einer Gruppe von Peers oder Gleichgesinnten herstellen und sich darüber des eigenen Trans*seins versichern zu können. Von diesen Erkenntnissen ausgehend erweitert die vorliegende Arbeit die Analyse um den Aspekt der Zeitlichkeit. Um verständlich zu machen, wie sich diese neue Perspektive auswirkt, sollen hier in einem ersten Schritt die bisherigen Diskurse zu trans* Vlogs nachgezeichnet werden.

FTM VLOGS UND TRANS* IM INTERNET

Neben Update-Videos wie dem von gorillashrimp, in denen das vergleichende Zeigen und Erzählen der Veränderungen im Mittelpunkt stehen, produzieren einige trans* Vlogger_innen auch Timeline- oder Time-lapse-Videos. Diese Videos zeigen in chronologischer Reihenfolge und schneller Abfolge Foto- oder Videoaufnahmen aus mehreren Monaten oder Jahren, sodass durch die zeitraffende Montage der teilweise in großen zeitlichem Abstand entstandenen Einzelaufnahmen der Effekt und das Ausmaß der körperlichen Veränderungen seit Beginn der Hormonbehandlung visuell verdeutlicht wird.[16] Zudem laden viele auch Videos hoch, die unter dem Motto *how to...* explizit darauf ausgerichtet sind, den Zuschauer_innen Strategien der Selbstsorge und praktische Tipps für trans* Belange zu vermitteln, sei es bezogen auf *passing* im Alltag, administrative Vornamens- und/ oder Personenstandsänderungen oder die Injektion von Hormonen.[17] Doch nicht nur mit und in den zuletzt genannten Formaten, deren

---

Studies Quarterly, 6.4 (2019), S. 635–58; Robin K. Saalfeld, *Transgeschlechtlichkeit und Visualität: Sichtbarkeitsordnungen in Medizin, Subkultur und Spielfilm* (Bielefeld: transcript, 2020).

16 Vgl. Horak, »Trans on YouTube«, S. 573. Horak verwendet für diesen Umgang mit Zeitraffung den Begriff Hormonzeit (hormone time), der im Folgenden ausführlicher diskutiert wird.

17 *Passing* (durchgehen) bedeutet, in sozialen Interaktionen als das gelebte Geschlecht anerkannt zu werden. Der Begriff ist durchaus gängig für diese oftmals euphorische Erfahrung von trans* Personen, gleichzeitig aber auch ein problematisches Konzept, insofern es im Modus des ›als ob‹ eine fehlende Echtheit suggeriert, die wiederum als transfeindliche Trope zum Anlass für Kriminalisierung von bzw. körperliche Gewalt gegen trans* Personen genommen wird, vgl. Talia M. Bettcher, »Evil Deceivers and Make-Believers: On Transphobic Violence and the Politics of Illusion«, *Hypatia*, 22.3 (2007), S. 43–65.

Anleitungen explizit dialogisch verfasst sind, werden trans* Personen als potenzielle Zuschauer_innen direkt adressiert.

Auch gorillashrimp führt in dem Vlog kein Selbstgespräch. Vielmehr teilt er seine Beobachtungen und seine Freude in der Aufnahme und vor allem durch den Upload des Vlogs mit denjenigen, die auch schon seine vorherigen Videos angesehen haben. So bedankt er sich am Ende des eingangs erwähnten Videos bei seinen Zuschauer_innen für die bisherige Unterstützung:

> I just want to thank you, guys, all of you, everybody, anybody who's watching this. I want to thank you for all your support, all your love, everything. Without you all, this would have been a lot more difficult, maybe, with the acceptance and everything.[18]

Er erklärt jedoch nicht, worin genau sich diese Unterstützung äußert. Vermutlich sind es ermutigende oder anerkennende öffentliche Kommentare unter den vorausgehenden Vlog-Beiträgen. Denkbar wäre auch, dass die Zahl der Abonnent_innen seines Kanals oder der Zuschauer_innen vorheriger Videos ihn bestärkt. Vielleicht sind es ebenso private Nachrichten, die er über seine im Video beworbenen Profile auf den weiteren Social-Media-Plattformen Facebook, Tumblr und Instagram erhalten hat. Damit erweitert sich der Kreis der Adressat_innen in eine digitale Sphäre, die über die Grenze der Plattform YouTube hinausweist. Ohne genau zu wissen, worin der Support besteht, lässt sich feststellen, dass gorillashrimp hier ein als offenbar ermächtigend erfahrenes Kollektiv adressiert. Dabei fällt auf, *wie* er diese Gruppe von Follower_innen imaginiert. Denn in einigen, teils beiläufigen Formulierungen, wird deutlich, dass er sich mit seinem Video an ein trans* oder zumindest trans*-informiertes Publikum wendet. Das ist insofern bemerkenswert, als die in einer Mehrzahl von cis Medienmacher_innen produzierten journalistischen oder dokumentarischen Formate trans* Erfahrungen weiterhin zumeist für ein cis Publikum erzählen.[19]

---

18 gorillashrimp, 3.21.15 - 1 Year on Testosterone - FTM Transition Update - List of Changes Throughout the Past Year, 17:06–17:23.

19 Dies äußert sich z. B. so, dass in Film- und TV-Dokumentationen Trans*sein exotisiert und als erklärungsbedürftige Geschlechtlichkeit markiert wird, wodurch trans* Personen als potenzieller Teil des imaginierten Publikums ausgeschlossen werden.

gorillashrimp hingegen schließt an seinen Bericht über arge Stimmungsschwankungen in den ersten Wochen der Hormonbehandlung die ermutigenden Worte an: »If that happens to you, just know that there is an end to it. And after all the craziness of that is over, you can breathe a lot better. [...] It gets a lot better.«[20] Er ermuntert diejenigen dazu durchzuhalten, die diese Phase gerade durchleben oder denen sie unter Umständen noch bevorsteht.[21] An anderer Stelle in dem Video freut er sich über die Veränderungen seiner Brust, die durch die Hormonbehandlung offenbar flacher geworden ist, was dazu führt, dass er sie nicht mehr permanent abbinden muss. Nicht nur verzichtet er an dieser Stelle darauf, die Praxis des Abbindens zu erklären, er fügt auch noch hinzu: »You know, I don't have to bind in layers so much either.«[22] Mit der Notwendigkeit des Abbindens kennt sich nur aus, wer darum weiß oder selbst erlebt (hat), wie eine als weiblich gelesene Brust, sofern sie sich unter der Kleidung abzeichnet, die Anerkennung durch andere als männlich erschwert oder sogar verunmöglicht. Dieses Risiko, aufgrund körperlicher Eigenschaften falsch gegendert zu werden, lässt sich durch das Tragen von Kompressionsshirts und mehrerer Schichten wenig figurbetonter Kleidung verringern. gorilla-

---

20   Ebd.

21   Gleichzeitig verweist ›it gets better‹, ob beabsichtigt oder nicht, auf ein gleichnamiges Projekt, das Dan Savage 2010 als Reaktion auf den Selbstmord eines schwulen Jugendlichen, der wegen seiner Homosexualität gemobbt wurde, initiierte. Savage stellte ein Video ins Internet, in dem er, basierend auf eigenen Erfahrungen, lgbtiq Jugendlichen Mut und die Hoffnung zusprach, dass das Leben als schwuler Erwachsener leichter werden würde. Zahlreiche Prominente folgten seinem Beispiel und *It Gets Better* wurde zu einem viralen Phänomen, das über diese Form der Resonanz, die eine scheinbar homogene LGBTQ-Community adressierte, bis in breite mediale Berichterstattung hinein Aufmerksamkeit fand. Das Projekt ist mittlerweile eine eingetragene Marke und bezeichnet sich selbst als globale Bewegung, was zumindest insofern eine berechtigte Beschreibung zu sein scheint, als global agierende Unternehmen als Partner der Organisation fungieren und auch Google dem Projekt verbunden ist, vgl. *It Gets Better Project* <https://itgetsbetter.org/about/> [Zugriff: 30. Mai 2025]. Die Haltung und Aussage des Projekts, eine stets und für alle aussichtsreiche Zukunft zu versprechen, wurde gerade innerhalb der LGBTQ-Community auch kontrovers diskutiert, vgl. Jasbir Puar, »In the Wake of It Gets Better«, *Guardian*, 16. November 2010 <https://www.theguardian.com/commentisfree/cifamerica/2010/ nov/16/wake-it-gets-better-campaign> [Zugriff: 30. Mai 2025]. Die von Puar geäußerte Kritik an einer zu eindimensional gedachten Form der Gewalt vor allem gegen (*weiße*) Schwule werde ich in der Diskussion von Männlichkeiten unter Berücksichtigung von Schwarzsein in Kapitel 2 vertiefend entfalten.

22   gorillashrimp, *3.21.15 - 1 Year on Testosterone - FTM Transition Update - List of Changes Throughout the Past Year*, 08:54–08:58.

shrimp kann mittlerweile auf das Abbinden ganz verzichten, wenn er Hemden oder mehrere Schichten Kleidung trägt. Er weist diese Erfahrung beiläufig als geteiltes Wissen aus und stellt darüber eine potenziell gemeinschaftliche trans* Zuschauer_innenschaft her.

Ein solches Wissen setzt er ebenso voraus, wenn er gleich zu Beginn des Videos, während er die Entwicklung seiner Bauch- und Brustmuskeln bespricht, kurz innehält und dann euphorisch verkündet, er habe nun seinen OP-Termin bekommen – in weniger als 8 Wochen. Auch hier geht er mit keinem weiteren Wort darauf ein, um welche Art Operation es sich handelt. Das muss er auch nicht, da er sich offenbar an Zuschauer_innen wendet, die entweder selbst trans* oder trans*-solidarisch sind und dementsprechend die Freude von gorillashrimp im Zusammenhang mit den erwähnten Brustmuskeln auf Anhieb einer bevorstehenden Mastektomie zuordnen können. Vor dem Hintergrund dieses mehrfach aufgerufenen geteilten Wissens liegt es nahe, die Gruppe der Adressierten begrifflich genauer zu fassen denn lediglich als eine nach ökonomisch relevanten Parametern definierbare Zielgruppe eines YouTube-Vloggers. Immerhin handelt es sich bei diesem Wissen um eines von größter Bedeutung für die eigene Lebensrealität. Zudem spricht gorillashrimp mit dem Video Mut zu und verweist darauf, selbst aus den Rückmeldungen Kraft geschöpft zu haben.

Ein wichtiger Effekt des Vloggens scheint somit Community-Bildung zu sein. Diesen Aspekt stellt Tobias Raun in seiner umfassenden qualitativen Studie zu trans* Vlogs als eine der zentralen Funktionen und Bedeutungen heraus.[23] Er nimmt das Konzept der Micro-Celebrity auf.[24] Mit diesem erfasst er die Rolle der Vlogger_innen als maßgeblich bestimmt von selbstbewusster Selbstrepräsentation sowie dem aktiven Austausch mit einer nicht plattformglobal sichtbaren und damit als Nische begriffenen Zuschauer_innenschaft.[25] Die Vlogs werden bei Raun zum Instrument eines internationalen trans* Online-Aktivismus, dessen Ziel eine selbstbestimmte Darstellung von trans* Personen in der breiteren Öffentlichkeit ist:

---

23 Vgl. Raun, *Out Online*, insbesondere Kapitel 6 »YouTube Is my Hood: Creating a Sense of Community«, S. 173–204.
24 Vgl. ebd., S. 185.
25 Vgl. ebd., S. 185–88.

> Computer technology becomes a powerful tool that gives trans
> people access to political visibility and the possibility of chal-
> lenging their under- or misrepresentation in traditional print
> and broadcast media. [...] the vlogs can be read as online
> global activism and mobilization, assisting in challenging the
> image of trans people as passive and pathologized subjects.[26]

Die Bedeutung der medialen Repräsentationsfunktion, die ein emanzipatives Potenzial vernetzter digitaler Kommunikation nutzt, ist gerade
für ein selbstbestimmtes Trans*sein bereits verschiedentlich betont
worden.[27] In Forschungen der Trans Studies werden trans* Vlogs auf
YouTube als Orte und Instrumente der Selbstermächtigung argumentiert. Die audiovisuelle Selbstrepräsentation ermögliche es trans* Personen, selbst als Expert_innen in Diskurse um Transgeschlechtlichkeit
einzutreten, die seit dem Beginn des 20. Jahrhunderts von medizinischen, juristischen und therapeutischen Institutionen geprägt und
dominiert worden seien.[28] Diese schlössen die Lebensrealitäten von
trans* Personen zumeist zugunsten einer normativen Wissensproduktion aus. Dem gegenüber etablierten die Vlogs, so das Argument, einen
Gegendiskurs, der nicht nur an Community-Bildung on- und offline
mitwirke, sondern Sprechpositionen ermögliche und trans* Sichtbarkeit herstelle.

Diese Funktion der Vlogs ist in ihrer Bedeutung für kritische Wissensproduktion nicht zu unterschätzen. Mein Argument untermauert
die Relevanz der Vlogs für eine kritische Intervention in hegemoniale
Wissensregime. Doch weise ich hier auf eines der zentralen Argumente
bei Raun hin, um im Unterschied dazu mein Erkenntnisinteresse an
der queeren Zeitlichkeit der Videos zu verdeutlichen. Bei Raun erfüllen die digitalen Medien als Werkzeuge eines globalen Aktivismus –
und der konkreten Transitionen, wie er ebenfalls ausführt und worauf
zurückzukommen sein wird – eine teleologische Funktion. Sie werden
zweckgebunden und zielgerichtet eingesetzt, um die Transition selbstbestimmt zu dokumentieren. In dieser Möglichkeit der eigenständigen

---

26　Ebd., S. 182.

27　Vgl. u. a. Susan Stryker, »(De)Subjugated Knowledges: An Introduction to Trans-
　　gender Studies«, in *The Transgender Studies Reader*, hg. v. Susan Stryker und Stephen
　　Whittle (New York: Routledge, 2006), S. 1–17, hier S. 6; Raun, *Out Online*, S. 175;
　　Chen, »Everywhere Archives«; Horak, »Trans on YouTube«.

28　Vgl. Dame, »›I'm your Hero? Like Me?‹«.

Produktion von Medieninhalten sieht Raun den emanzipativen Mehrwert der Vlogs gegenüber klassischen Distributionsmedien wie Print, TV und Film. Ich hingegen argumentiere, dass die Wissensproduktion in der Selbstdokumentation weitaus stärker mit der Medialität der Vlogs verbunden ist. Der von mir entworfene Fokus auf Zeitlichkeit begründet das kritische und queere Potenzial der Vlogs darin, dass sich vergeschlechtlichende und mediale Praktiken nicht vorgängig zueinander begreifen lassen und sich entsprechend einer Kontrolle durch ein Subjekt zumindest teilweise entziehen. Weder Effekte noch Affekte der Transition mit den Vlogs lassen sich folglich vorhersagen oder planen. In meiner Herangehensweise wird die repräsentationspolitische Bedeutung der Vlogs nicht verneint, tritt aber gegenüber einer erkenntnistheoretischen Reflexion der selbstdokumentarischen Praktik in den Hintergrund.

Damit baut meine Arbeit sowohl auf Erkenntnissen der Gender Media Studies und der Queer Theory als auch der Trans Studies auf. Susan Stryker formuliert für die Trans Studies, die thematisch und methodisch in gegenseitigem Bezug und relativer zeitlicher Nähe zur Queer Theory ab Anfang der 1990er Jahre entstehen, unter anderem folgende, verallgemeinerbare Ansprüche:

> to articulate and disseminate new epistemological frameworks, and new representational practices, within which variations in the sex/gender relationship can be understood as morally neutral and representationally true, and through which anti-transgender violence can be linked to other systemic forms of violence such as poverty and racism.[29]

Daran anknüpfend frage ich mich, welche Bedeutung YouTube in Bezug auf die von Stryker genannten erkenntnistheoretischen Rahmenbedingungen (epistemological frameworks) zukommt, wenn es um die Entstehung eines Wissens von (trans*) Geschlecht geht. Im Laufe dieses Buches wird sich zeigen, dass die Videosharing- und Social-Media-Plattform YouTube nicht nur zum zentralen Aushandlungsort von trans* Repräsentationen und insbesondere dem Prozess der geschlechtlichen Transition geworden ist. Vielmehr schreiben sich die der Plattform eigenen Funktionsweisen der Verschlagwortung, Such-,

---

29   Stryker, »(De)Subjugated Knowledges«, S. 10.

Sharing- und Kommentarfunktionen wie auch die Verknüpfung zu weiteren Inhalten in die hochgeladenen Videos, d.h. in die Dokumentation der Transitionen und damit in die Transitionsprozesse selbst ein. Die Plattform erhält ihre Bedeutung dabei im Zusammenspiel mit dem Testosteron, sodass diese Verschränkung von Hormon und Medium in der Untersuchung der Vlogs eine besondere Berücksichtigung erfahren muss. Zu beachten ist, dass sowohl für die Update-Videos wie auch für die Verabreichung und Wirkung des Testosterons zeitlichen Rhythmen zentrale Bedeutung zukommt. Gerade über diese Verschränkung und die daraus hervorgehenden spezifischen Zeitlichkeiten ergibt sich, so meine These, die prominente Bedeutung des Vloggens für trans* Personen. Diese reicht somit über die Selbstvergewisserung und die Vernetzung mit anderen Vloggern deutlich hinaus. Das Testosteron selbst wird, wie ich in einem weiteren Schritt zeigen werde, zu einem queeren, dokumentarischen Medium.

Bereits als Ernest Starling 1905 den Begriff Hormon für die inneren Sekretionen vorschlug, beschrieb er deren Funktionen im menschlichen Organismus als diejenigen eines »chemischen Botenstoffs« (chemical messenger).[30] Das mediale Verständnis von Testosteron geht im Folgenden jedoch über dessen Rahmung als Botenstoff hinaus, denn das Hormon übermittelt nicht einfach Informationen in Form von biochemischen Signalen: Das Testosteron wird zum »Ordnungsprinzip« (structuring principle)[31] für die Update-Videos, die stets nach den Tagen, Monaten oder Jahren ›auf Testosteron‹ benannt sind und darin gleichsam als Wegmarkierungen in dem Prozess der körperlichen Vermännlichung dienen.

Aus diesem Grunde beschränken sich die Gegenstände der vorliegenden Arbeit ausschließlich auf die Vlogs von trans* Männern. Auch viele trans* Frauen dokumentieren ihre geschlechtliche Transition auf YouTube. Ihre Videos sind jedoch deutlich seltener explizit mit einem Hormon als dem Katalysator für die Transition verbunden. Statt ausdrücklicher Verweise auf Östrogen und/oder Progesteron werden die zeitlichen Markierungen mit der vergleichsweise diffuseren An-

---

30 Ernest H. Starling, »The Croonian Lectures on The Chemical Correlation of the Functions of the Body«, *The Lancet*, 166.4275 (1905), S. 339–41, hier S. 340.

31 Raun, »Archiving the Wonders of Testosterone via YouTube«, S. 704.

gabe versehen, seit einer gewissen Anzahl von Monaten oder Jahren
>on HRT< (*hormone replacement therapy*) zu sein. Testosteron wird
hingegen mit größerer Selbstverständlichkeit als machtvoller Agent
der stattfindenden Veränderungen gerahmt. Dieser Selbstverständlichkeit soll im Folgenden mit Bezug auf das mediale Setting der Vlogs
nachgegangen werden. Für die Auswahl der Vlogs ist nicht wichtig,
ob die Vlogger sich in einem als binär gedachten Geschlechtermo-
dell als eindeutig männlich definieren. Ausschlaggebend ist, dass für
ihre geschlechtliche Identifizierung die Verabreichung von Testosteron eine signifikante Rolle spielt und sie sich in einem geschlechtlichen
Spektrum zumindest eher männlich verorten.

Die Fokussierung auf trans* Männlichkeiten geht zudem auch
aus meiner Beobachtung hervor, dass in der medialen Öffentlichkeit trans* Weiblichkeiten historisch deutlich präsenter waren.[32] Auch
wenn in den vergangenen Jahren trans* Männlichkeit häufiger zum
Thema in Dokumentationen, Serien oder Filmen wird, sind bislang
doch überwiegend Filme und Serien mit trans* weiblichen Figuren
veröffentlicht und breit rezipiert worden.[33] Eine zunehmende trans*
männliche Sichtbarkeit ist erfreulich. Noch interessanter ist es jedoch, auf die mediale Beschaffenheit dieser Präsenz einzugehen und
genauer zu fragen, warum welche Sichtbarkeit wo entsteht, unter
welchen Umständen, mit welchen auch medialen Einsätzen Männlichkeiten und Weiblichkeiten jeweils hervorgebracht werden. Zwar
vloggen auch viele trans* Frauen auf YouTube und dokumentieren

---

32 Diese Feststellung soll nicht zu dem Fehlschluss führen, dass Sichtbarkeit per se gut
    (gewesen) wäre, insofern sie oftmals mit einem erhöhten Risiko einhergeht, transfeind-
    lich angegriffen zu werden. Die Ambivalenz von Sichtbarkeit wird noch diskutiert, vgl.
    Kapitel 2; vgl. auch Johanna Schaffer, *Ambivalenzen der Sichtbarkeit: Über die visuellen
    Strukturen der Anerkennung* (Bielefeld: transcript, 2008).

33 Populäre Beispiele für Spielfilme und fiktionale Serien mit trans* Protagonistinnen
    sind u. a. *Eine neue Freundin*, Regie: François Ozon (F, 2014); *Laurence Anyways*, Re-
    gie: Xavier Dolan (CDN/F, 2012); *Dallas Buyers Club*, Regie: Jean-Marc Vallée (USA,
    2013); *The Danish Girl*, Regie: Tom Hooper (GB/US/D/DK/B, 2015); *Transparent*,
    Creator: Jill Soloway (Amazon, 2014–2019); *Orange Is The New Black*, Creator: Jenji
    Kohan und Liz Friedman (Netflix, 2013–2019); *Pose*, Creator: Ryan Murphy (FX,
    2018–2021). Trans* männliche Figuren sind mittlerweile zunehmend prominent in
    Nebenrollen zu sehen, so in den Serien *Transparent*, Creator: Jill Soloway (Amazon,
    2014–2019), *The OA*, Creator: Zal Batmanglij und Brit Marling (Netflix, 2016–2019)
    oder *Tales of the City*, Creator: Lauren Morelli (Netflix, 2019), seltener in Hauptrollen
    wie in den Spielfilmen *Romeos*, Regie: Sabine Bernardi (D, 2011) und *52 Tuesdays*,
    Regie: Sophie Hyde (AU, 2013).

ihre mittels Operationen und/oder Hormonersatzbehandlungen vorgenommenen Transitionen, doch ist ist es spezifisch die funktionale Bedeutung des Testosterons, die mich bezüglich einer gegenseitigen Herstellung von Medien und Geschlecht, konkret von YouTube als sozial-medialer Plattform und Männlichkeiten, interessiert.

Oberflächlich entsteht in den Vlogs oft der Eindruck, Männlichkeit sei über die Verabreichung von Hormonen nach idealen und normativen Vorstellungen (re)produzierbar. Hingegen sind es vielmehr mediale Subjektivierungsprozesse, die über Wiederholungen, Rituale und permanente Reflexionen als Effekt verschiedener Techniken und Technologien an der Herstellung von Männlichkeiten mitwirken und sie bedingen. Die geschlechtliche Transition, die Vermännlichung, beruht in diesem Sinne auf Handlungen, die permanent wiederholt und eingeübt werden. Zu lernen, wie man sich selbst Testosteron verabreicht und ggfs. injiziert, ist ein Teil dessen. Darüber hinaus geht es aber vor allem um die Verschränkung und Durchdringung der Hormonzufuhr und des Vloggens, wobei beide Praktiken zentral durch Zeitlichkeit bestimmt sind: Sie sind abhängig von Regelmäßigkeit, Rhythmen und Zyklen, und bringen eben gerade in diesen Wiederholungen auch Unterbrechungen, Abweichungen und Verschiebungen hervor.

Testosteron wird, so eine meiner Thesen, in und mit den trans* Vlogs selbst zum Medium, da es in der Verschränkung mit Webcam, Videotechnologie und YouTube als sozial-medialer Plattform einen Modus der Selbstdokumentation ermöglicht, der unter den bisher angebrachten Analyseperspektiven nicht untersucht wurde. Entscheidend ist, dass der Einsatz von Testosteron die Transition nicht determiniert, wie es auf den ersten Blick nahezuliegen scheint. In der genaueren Betrachtung erweist sich das teleologische Narrativ der Vlogs stattdessen als Effekt einer Verschränkung, in der das Testosteron als ein queeres bzw. queerendes Medium wirkt. Neben der oft aufgerufenen und demonstrierten Gelingenslogik der Hormonbehandlung schreibt sich gleichzeitig auch stets – und das wird bisher übersehen – ein mögliches Scheitern in die Videos ein, das jedoch das Trans*sein keinesfalls in Frage stellt oder aberkennt.[34] Die zeitanalytische Perspektive er-

---

34 Queer beschreibt dabei den Anspruch oder Effekt, bestehende hierarchische und zumeist binäre Ordnungen als solche sichtbar und adressierbar zu machen und auf-

öffnet eine differenziertere Beschreibung der selbstdokumentarischen Praktik in und mit den trans* Vlogs. Hieraus erwächst die mögliche Anerkennung spezifischer Vulnerabilitäten von trans* Personen. Dafür muss das mediale Gefüge mit all seinen vergeschlechtlichenden und – wie zu berücksichtigen sein wird – rassifizierenden Effekten in den Blick genommen werden.

Vorerst möchte ich mich aber gorillashrimp und seiner Freude über die Unterstützung widmen, die er von seinen Follower_innen erfahren hat. Dies erlaubt mir, noch einmal grundlegender auf den Zusammenhang von trans* Subjektivierungen und digitalen Medien einzugehen. Bemerkenswert ist, dass gorillashrimp sich ausschließlich bei der online Community für die Rückmeldungen, aufbauenden Worte oder auch hilfreichen Tipps bedankt. Die Zuschauer_innen erfahren dabei nicht, ob auch Personen oder Orte jenseits dieses virtuellen Resonanzraums von Bedeutung für sein Wohlbefinden oder die von ihm affirmierten körperlichen und emotionalen Veränderungen sind. Familie oder Freund_innen erwähnt er jedenfalls nicht. Die online Community ist im Zusammenhang der Transition und ihrer selbstdokumentarischen Aufzeichnung der wichtigste Bezugspunkt. Warum gerade für trans* Personen das Internet und die darin stattfindende

---

zuzeigen, wie diese Ordnungen binär vergeschlechtliche Subjekte hervorbringen und sowohl Geschlecht als auch Begehren in vermeintlicher Kongruenz zu Sexualität normieren. Subjektivierungen werden dabei nicht isoliert oder individualisiert verstanden, sondern in politisierten Zusammenhängen – Familie, Gemeinschaft, Nation – eingebunden. Queer verweist nicht nur auf diese umfassenderen Durchdringungen, vielmehr setzen queere Perspektiven dazu an, den Überschuss der vor allem auf die Regelung von Sexualität, Geschlecht und Begehren bedachten Ordnungen und die damit in ihnen selbst angelegten Unruhen zu beschreiben und zu politisieren. Diese Wendung des Begriffs queer von einem Schimpfwort für Homosexuelle und weitere vor allem geschlechtlich und/oder sexuell als deviant markierte Personen zu einer affirmierten Selbstbeschreibung vollziehen Aktivist_innen während der AIDS-Krise in den USA in den 1980er Jahren. ›Queer‹ ermöglichte es, sich im Kampf um Anerkennung und medizinische Versorgung solidarisch dem Kollektiv der Stigmatisierten, Ausgeschlossenen und von staatlicher Unterstützung Vernachlässigten anschließen zu können – und zwar über Identitätspolitiken in Bezug auf Geschlecht oder Sexualität und auch Race hinaus. Queerer Aktivismus und queere Theorie bedingen sich seit Anfang der 1990er gegenseitig in ihrem Entstehen und sind auch heute noch miteinander verknüpft. Auch in den ebenfalls um 1990 und in reibungsvollem Dialog mit Queer Theory und feministischen Theorien sich herausbildenden Trans Studies sind Inhalte und methodologische Ansprüche eng mit trans* Aktivismus verbunden; vgl. Persson Perry Baumgartinger, *Trans Studies: Historische, begriffliche und aktivistische Aspekte* (Wien: Zaglossus, 2017).

Form der empathisch unterstützenden Vernetzung eine herausragende Rolle für die Herstellung von Community spielt, wird mit Verweis auf die historische Dimension von Emanzipationsbewegungen deutlich.[35]

Lesbische und schwule Communities haben sich in den USA und Westeuropa mit Selbsthilfegruppen, kulturellen Veranstaltungen und Parties spätestens seit den Befreiungskämpfen der 1960er Jahre in städtischen Zentren gebildet. Obwohl trans* Menschen in den emanzipativen gesellschaftlichen Auseinandersetzungen dieser Zeit stets präsent und aktiv beteiligt waren, wurden ihre Selbstidentifizierungen und ihre Anliegen in einer breiteren gesellschaftlichen Öffentlichkeit nur selten sicht- oder hörbar.[36] Ihre Existenz wurde nicht als intelligible Lebensweise wahrgenommen. Auf ignorante oder zumindest gleichgültige Weise verwechselte die heteronormative Mehrheitsgesellschaft das damals noch nicht so benannte Trans*sein mit Cross-Dressing, Travestie-Stars, Tunten, Drag Queens oder Homosexuellen; trans* Lebensweisen wurden meist nur diffus als deviant wahrgenommen. Ein Grund für die verbreiteten Unschärfen in Bezug auf sexuelles Begehren einerseits und geschlechtliche Identifizierung andererseits mag darin liegen, dass Homosexualität Ende des 19. Jahrhunderts als eine Art geschlechtlicher Inversion verstanden wurde, eine Vorstellung, auf die auch heute noch gelegentlich angespielt wird. Ein homosexueller

---

35 Weil mich insbesondere der Unterstützungsgedanke interessiert, veranschlage ich einen engeren Community-Begriff als er für die Gesamtheit aller auf YouTube Aktiven verwendet wird, vgl. u. a. Burgess und Green, »The Entrepreneurial Vlogger«, S. 94. Als gemeinsames Interesse ließe sich für die breite Teilnehmer_innenschaft zwar die Produktion und/oder Distribution von Videomaterial benennen und möglicherweise wäre auch eine verbreitete Identifizierung als YouTuber_in gegeben. Dennoch bleibt YouTube in erster Linie eine marktlogisch agierende Plattform mit einer unüberschaubaren Heterogenität an Themen, Positionen, Inhalten, Formaten, Absichten und Akteur_innen, zu denen neben Privatpersonen vermehrt auch klassische Mediendistributeur_innen wie Fernsehsender oder Produktionsfirmen gehören.

36 Die von den *Stonewall Riots* im Sommer 1969 ausgehende Emanzipationserzählung ist ein prägnantes Beispiel für diese historische Unsichtbarkeit. Obwohl am damaligen Aufstand maßgeblich nicht-*weiße* trans* Personen beteiligt waren und den Protest sogar initiiert haben, gilt Stonewall als Inbegriff des Beginns einer explizit schwulen Befreiungsbewegung. Vor diesem Hintergrund verdeutlichen sich Wunsch und Notwendigkeit, eigene Archive und historische Erzählungen aufzubauen und zu entwickeln. Kapitel 4 wird sich diesem Begehren nach dem Archiv und trans* Geschichtlichkeiten ausführlich widmen. Eine filmische Aneignung der Genealogie von Befreiungsbewegungen unternehmen u. a. Susan Stryker und Victor Silverman mit *Screaming Queens: The Riot at Compton's Cafeteria* (US, 2005).

Mann sei demnach eine weibliche Seele in einem männlichen Körper, eine homosexuelle Frau entsprechend eine männliche Seele in einem weiblichen Körper.[37] Auch das gängige Narrativ eines Coming-out als trans* wiederholt die Vorstellung, >im falschen Körper gefangen< (gewesen) zu sein.

Die spezifische, zumal öffentliche, Artikulation von trans* Geschlechtlichkeit ist noch vergleichsweise jung. Erst mit der Verbreitung des Internets Mitte der 1990er Jahre entsteht auch im europäischen Raum eine trans* Bewegung, die sich national und international weit verzweigt und vernetzt.[38] Angelehnt an den Slogan *Out of the closet, into the streets!* der schwullesbischen Befreiungsbewegung und in Anspielung auf die noch immer prägende Pathologisierung von trans* Personen, stellt Susan Stryker fest: »>Transgender< moved from the clinics to the streets over the course of that decade [1995-2005, Anm. sh], and from representation to reality.«[39] Eine größere Sichtbarkeit in aktivistischen Zusammenhängen und Organisationen sorgt(e) zunehmend auch für Interventionen in akademische Diskurse der Psychologie, des Rechts und der Soziologie.[40] Zwar gab es auch in den 1980er und frühen 1990er Jahren vereinzelt Schriften und auch universitäre Veranstaltungen, die sich emanzipativ mit trans* Geschlechtlichkeit auseinandersetzten und auch die Trans Studies bildeten sich – ebenso wie die Queer Theory – ungefähr zu dieser Zeit heraus.[41]

---

37 Vgl. Karl H. Ulrichs, *Forschungen über das Räthsel der mannmännlichen Liebe* i–v, hg. v. Hubert Kennedy (Berlin: Rosa Winkel, 1994 [1864]). Karl Heinrich Ulrichs bezeichnete so verstandene männliche Homosexuelle als Urninge und erklärte, selbst »auf dem Uranus wohnen zu wollen«, Ulrichs zit. n. Paul B. Preciado, *Ein Apartment auf dem Uranus: Chroniken eines Übergangs*, übers. v. Stefan Lorenzer (Frankfurt a. M.: Suhrkamp, 2020), S. 26. Der Queertheoretiker Paul B. Preciado schließt kursorisch an Ulrichs Sexualitätsverständnis an, bricht aber dessen Dichotomie auf und wünscht sich vor dem Hintergrund vielfältiger und eben auch geschlechtlicher Transitionserfahrungen ein >Apartment auf dem Uranus<.

38 Eine Übersicht zu Forschungen über den Zusammenhang von digitaler Vernetzung und Entstehung von trans* Communities liefert auch Raun, *Out Online*, S. 173–77.

39 Stryker, »(De)Subjugated Knowledges«, S. 2.

40 Baumgartinger vollzieht für die Entstehung der Trans Studies in Österreich die Bewegung »Vom Aktivismus in die Akademia (und zurück?)« nach (Baumgartinger, *Trans Studies*, S. 131–97).

41 Queer Theory wie auch die Trans Studies entstehen sowohl in starkem Bezug zu politischem Aktivismus als auch zu feministischer Theorie. Sie verweisen in ihren Genealogien sowohl aufeinander als auch auf feministische Theoriebildung, welche wiederum durch Impulse aus diesen jüngeren Feldern vorangetrieben und erweitert

Eine breitere Institutionalisierung des Forschungsbereichs ist jedoch erst um bzw. nach 2000 erfolgt – und damit nicht nur genau in dem von Stryker als bedeutend für trans* Sichtbarkeit hervorgehobenen Zeitrahmen, sondern vor allem zur gleichen Zeit wie die Entwicklung des sogenannten Web 2.0 und dem Ausbau dessen materieller Infrastruktur.[42]

In internetbasierter Kommunikation des globalen Nordens vollzog sich die Vernetzung und zunehmende Sichtbarkeit anfangs durch von Privatpersonen gestaltete Homepages mit Erfahrungsberichten zur geschlechtlichen Transition, zu Operations- und Behandlungser-

---

wird. Dabei produzieren diese gegenseitigen Referenzen sowie thematischen und theoretischen Überlappungen durchaus Reibungen bzw. bringen in ihrer Heterogenität und teilweisen Widersprüchlichkeit auch starke Oppositionen hervor. So gibt es mitunter deutliche Abgrenzungsbewegungen der Trans Studies gegenüber queerer Theoriebildung, wobei die Bedeutung des Körpers und allgemeiner das Verhältnis von Materialität und Sprache hervorgehoben wird, vgl. u. a. Jay Prosser, *Second Skins: The Body Narratives of Transsexuality* (New York: Columbia University Press, 1998); Viviane Namaste, »Undoing Theory: The ›Transgender Question‹ and the Epistemic Violence of Anglo-American Feminist Theory«, *Hypatia*, 24.3 (2009), S. 11–29.

42 Bereits in den 1970er und 1980er Jahren sind für die Trans Studies einschlägige Texte zu Geschlecht als Wissenskategorie entstanden und fortdauernde Diskussionen angestoßen wurden – vgl. u. a. Sandy Stone, »The Empire Strikes Back: A Posttranssexual Manifesto«, in *The Transgender Studies Reader*, hg. v. Susan Stryker und Stephen Whittle (New York: Routledge, 2006), S. 221–35; Leslie Feinberg, *Transgender Warriors: Making History from Joan of Arc to Dennis Rodman* (Boston: Beacon Press, 1997); Leslie Feinberg, *Transgender Liberation: A Movement Whose Time Has Come* (New York: World View Forum, 1992); Kate Bornstein, *Gender Outlaw: On Men, Women and the Rest of Us* (New York: Routledge, 1994). Für den deutschsprachigen Raum vgl. Gesa Lindemann, *Das paradoxe Geschlecht: Transsexualität im Spannungsfeld von Körper, Leib und Gefühl* (Frankfurt a. M.: Fischer, 1993); Stefan Hirschauer, *Die soziale Konstruktion der Transsexualität: Über die Medizin und den Geschlechtswechsel* (Frankfurt a. M.: Suhrkamp, 1993). In den USA ist eine institutionelle Etablierung in den USA seit ca. 2000 zu beobachten, unter anderem mit der Veröffentlichung von wissenschaftlichen Readern (*The Transgender Studies Reader*, hg. v. Stryker und Whittle; *The Transgender Studies Reader 2*, hg. v. Susan Stryker und Aren Z. Aizura (New York: Routledge 2013)) sowie der Etablierung eines wissenschaftlichen Schwerpunkt-Journals: *Transgender Studies Quarterly*, seit 2014. Für den deutschsprachigen Raum sind Forschungszusammenhänge wie das Inter_Trans_Wissenschaftsnetzwerk und dessen Tagungen sowie daraus hervorgegangene Veröffentlichungen zu nennen, vgl. *Transfer und Interaktion: Wissenschaft und Aktivismus an den Grenzen heteronormativer Zweigeschlechtlichkeit*, hg. v. Josch Hoenes und Michael_a Koch, Oldenburger Beiträge zur Geschlechterforschung, 15 (Oldenburg: BIS-Verlag der Carl von Ossietzky Universität, 2017); *Trans* und Inter*Studien: Aktuelle Forschungsbeiträge aus dem deutschsprachigen Raum*, hg. v. Esto Mader, Joris A. Gregor, Robin K. Saalfeld, René_Rain Hornstein, Paulena Müller, Marie C. Grasmeier und Toni Schadow, Forum Frauen- und Geschlechterforschung, 51 (Münster: Westfälisches Dampfboot, 2021).

gebnissen, mit Kontaktdaten für die Treffen von Interessengruppen sowie Adressen von behandelnden Ärzt_innen und Therapeut_innen. Diese Entwicklung intensivierte sich noch mit der Verbreitung des Web 2.0. Zudem haben sich nach und nach die Organisationstrukturen verändert. Digitale Angebote wie Foren und Blogs sind nicht gänzlich verschwunden, haben sich aber hauptsächlich auf verschiedene digital-mediale Plattformen verlagert.[43] YouTube hat darin bereits sehr bald nach seiner Gründung im Jahr 2005 eine prominente Stellung eingenommen. Dies erklärt sich damit, dass das Videoformat besonders gut geeignet ist, eine für die gegenseitige Sorge und Unterstützung notwendige intime und enge Verbindung zwischen Vlogger_innen und Zuschauer_innen aufzubauen.[44] Dieser Eindruck persönlicher Nähe und der Teilhabe an Erfahrungen und Erlebnissen der anderen ist für die Herstellung eines Gemeinschaftsgefühls nicht unerheblich. Er entsteht, so Raun, über die körperliche Präsenz der Vlogger in den Videos und den Gesprächscharakter der Vlogs, die sowohl die Zuschauer_innen adressieren und zu Reaktionen aufrufen als auch auf die Videos anderer Bezug nehmen. So erzeugten die Vlogs ein Gefühl von Vertrauen, um vergleichsweise intime Details des eigenen Lebens und Empfindens preiszugeben.

Das Vloggen erhält damit, auch dies stellt Raun in der Analyse ausgewählter Vlogs überzeugend heraus, teilweise sogar den Status einer »Do it yourself-Therapie« (DIY therapy).[45] Ähnlich einer Selbsthilfegruppe arbeiten die trans* Vlogger_innen miteinander an der Sammlung von Informationen, die ihnen institutionalisiertes Wissen allein nicht liefern kann, zumal dieses oft auch aufgrund der mit den institutionellen Protokollen einhergehenden Pathologisierungen abgelehnt wird. Die Informationen sollen anderen helfen, mit trans* bezogenen Problemen im Alltag besser umgehen zu können.[46] YouTube wird da-

---

43 Auch offline verstärkt sich die aktivistische Vernetzung und der akademische Austausch. Im deutschsprachigen und europäischen Raum werden eingetragene Vereine und Verbände ins Leben gerufen, die Beratungsfunktionen übernehmen, politische Forderungen bündeln oder auch Kämpfe um rechtliche Anerkennung austragen, z.B. Transgender Europe (TGEU), Dritte Option, TransInterQueer e.V. (TrIQ).

44 Vgl. dazu Raun, *Out Online*, S. 177–81.

45 Ebd., S. 149.

46 Vgl. ebd., S. 152–54. Dabei ist nicht das Trans*sein problematisch, sondern die Herausforderungen des Alltags für trans* Personen in einer cis-normativen Gesellschaft.

mit zur zentralen Online-Anlaufstelle für Fragen zum Thema trans*,
die man sich aus erster Hand beantwortet wünscht. Damit ersetzt
die Plattform im Zweifel vergleichbaren Austausch offline, sofern entsprechende Treffen von Interessengruppen oder Beratungsstellen z.B.
aus Gründen räumlicher Distanz nicht besucht werden können.[47]
Gleichzeitig funktioniert YouTube nur bedingt als Selbsthilfegruppe,
da ein zentrales Charakteristikum vergleichbarer Treffen in privateren
physikalischen Räumen nicht erfüllt werden kann: YouTube ist kein
Schutzraum. Die trans* Vlogger_innen haben, sobald sie ihren Kanal bzw. ihre Videos öffentlich zugänglich machen, keine Kontrolle
darüber, wer ihre Videos sieht, kommentiert oder verbreitet. In einer cis-normativen Gesellschaft als trans* Person sichtbar zu werden
bedeutet schmerzhafterweise auch, dem Risiko ausgesetzt zu sein, ver-
unglimpft, beschimpft oder angegriffen zu werden.[48] Zudem kann die
Entscheidung, öffentlich über die eigene Transition zu vloggen, einem

---

47   Raun verweist auf strukturelle Ähnlichkeiten zwischen der Funktion der Vlogs und
      feministischen Selbsthilfepraktiken in den 1970er Jahren wie den *consciousness raising
      groups*, vgl. ebd., S. 147. Ein affirmativer Bezug auf feministischen Aktivismus auch
      damals ist nicht selbstverständlich. Radikalfeministische Positionen formulieren die
      feindliche Behauptung, trans* Frauen seien aufgrund einer bei Geburt männlichen
      Körperlichkeit nicht in der Lage, Weiblichkeit zu (er)leben, sodass sie als Spione des
      Patriarchats stigmatisiert und ihnen deshalb der Zugang zu und die Teilhabe an als
      weiblich deklarierten Räumen verweigert werden müsse. Für eine Kritik daran vgl.
      Stone, »The Empire Strikes Back«. Ebenso wird Trans*sein mitunter auch als Verrat
      an vermeintlich feministischen Idealen verunglimpft, wenn »weibliche Maskulinität«
      (female masculinity) (Jack Halberstam, *Female Masculinity* (Durham: Duke Univer-
      sity Press, 1998)) nicht über (lesbische) Geschlechtsidentitäten wie *butch* und *dyke*
      hergestellt, sondern die Körper mit Hormonen und/oder chirurgischen Eingriffen
      vermännlichend modifiziert werden. Die Anerkennung als (trans*) Mann entzöge der
      lesbischen Kultur an Vielfalt an und ihr Spiel mit maskulinen Geschlechtsidentitä-
      ten und stelle überdies eine Anpassung an die heteronormative Begehrensstruktur
      sowie ein uneingeschränktes Nutznießertum männlicher Privilegien dar. Für eine
      Einordnung dieser »Grenzkonflikte« (border wars), vgl. Raun, *Out Online*, S. 141–74.
48   Gerade in den letzten Jahren haben trans* Personen, die Ziel von Online-Attacken
      durch Hassreden wurden, diese Fälle öffentlich gemacht, um trans*feindliche bzw.
      trans*misogyne Hassrede im Internet als gesellschaftliches und politisches Thema zu
      problematisieren. Für eine fundierte Auseinandersetzung mit dem Phänomen *hate
      speech* unter besonderer Berücksichtigung von Geschlecht und der gegenseitigen
      Durchdringung und Hervorbringung von (Medien-)Technologie und Subjektivitäten,
      vgl. Jennifer Eickelmann, ›Hate Speech‹ *und Verletzbarkeit im digitalen Zeitalter: Phä-
      nomene mediatisierter Missachtung aus Perspektive der Gender Media Studies* (Bielefeld:
      transcript, 2017). Das Risiko der Sichtbarkeit ist jedoch nicht auf den Raum digital-
      medialer Plattformen begrenzt. Während der erneuten Arbeit an diesem Manuskript
      werden innerhalb weniger Tage zwei gewaltvolle Übergriffe gegen trans* Personen in
      Münster und Bremen öffentlich. 2022 wurde Malte P. in Münster so schwer verletzt,

möglichen Wunsch entgegenstehen, in einer unbestimmten Zukunft *stealth* zu leben.[49] Dennoch hat die Zahl der Vlogs seit den ersten Videos im Jahr 2006 stetig zugenommen.[50] Als Praktik von Transitionen hat sich das Vloggen bereits soweit etabliert, dass es Eingang in fiktionale und dokumentarische Filme gefunden hat und darüber Bestandteil einer über das Internet hinausgehenden audiovisuellen Kultur geworden ist.[51]

In den Trans Studies ist unbestritten, dass das Internet mit seinen vielfältigen Kommunikations- und Vernetzungsangeboten an der Entstehung einer Trans*-Community mitgewirkt hat, die über ihre Verortung in aktivistischen Zusammenhängen und wissenschaftlichen Diskursen hinaus an Sichtbarkeit auch in der breiteren Öffentlichkeit gewonnen hat. Diese Entwicklung sieht Stryker als Ergebnis gesellschaftspolitischer Umbrüche, aktivistischer Anstrengungen wie auch technologischer Neuerungen:

> >Transgender studies< emerged at this historic juncture [gemeint sind das Ende des Kalten Krieges und damit der Bruch der Ost-West-Dichotomie einerseits sowie die Milleniumseuphorie andererseits, sh] as one practice for collectively thinking our way into the brave new world of the twenty-first century, with all its threats and promises of unimaginable transformation through *new forms of biomedical and commmunicational technologies.*[52]

Obwohl die Bedeutung von Kommunikationstechnologie – gemeint sind damit zumeist digitale Medien – immer wieder betont wird und Stryker selbst an anderer Stelle auch den Stellenwert der körperlichen Materialität in Verbindung mit Technologien hervorhebt, zielt

---

dass er den Angriff nicht überlebte. Er starb an den Verletzungen wenige Tage nach der Tat.

49 *Stealth* lebt, wer die eigene trans* Erfahrung nicht (mehr) öffentlich macht oder als einen prägenden Bestandteil der eigenen Biografie markiert. Dies wird erschwert, solange Dokumente – seien es Papiere oder Videos – auf den Prozess der Transition selbst oder auf das bei der Geburt zugewiesene Geschlecht bzw. den ehemals zugehörigen Namen verweisen und damit immer wieder Rechtfertigungszwänge ob der vermeintlichen Inkongruenzen ausüben.

50 Vgl. Raun, *Out Online*, S. 1.

51 Entsprechende Szenen finden sich unter anderem in *Romeos*, Regie: Sabine Bernardi (D, 2011); *In the Turn*, Regie: Erica Tremblay (US/CDN, 2014) und *52 Tuesdays*, Regie: Sophie Hyde (AU, 2013).

52 Stryker, »(De)Subjugated Knowledges«, S. 8, Herv. sh.

Strykers Bewertung der technologischen Funktion im Allgemeinen wie auch der Vlogs im Konkreten, vor allem auf die Möglichkeit zur Selbstrepräsentation, zur Selbstbildung über Informationsgewinnung und somit einer steigenden Handlungsmacht in trans* Belangen.[53] Das Internet, seine Infrastrukturen und sozial-medialen Plattformen werden wiederum vornehmlich als Instrumente betrachtet, derer man sich bedienen kann, um Informationen zu sammeln oder zu teilen, andere Menschen kennenzulernen, sich über gemeinsame Anliegen und Erfahrungen auszutauschen und darüber schließlich als mehr oder weniger homogene Gruppe gesellschaftliche Sichtbarkeit zu gewinnen und politische Forderungen zu formulieren.[54]

Eine Neuperspektivierung dieses Zusammenhangs verdeutlicht, dass digitale Medien über diese instrumentelle Funktion hinaus an der Herausbildung von trans* als kollektiver wie individueller Geschlecht-lichkeit, Lebens- und Subjektivierungsweise beteiligt waren und sind. Schon der Begriff transgender selbst und die damit einhergehende Möglichkeit der Selbstbenennung hat sich durch das Internet etabliert: »The astonishingly rapid rise of the term ›transgender‹ seems to have increased exponentially around 1995 (fueled *in part* by the simul-taneous, and even more astonishing, expansion of the World Wide Web).«[55] Es wird sich zeigen, dass Strykers Beobachtung richtig, die Bedeutung des von ihr beobachteten Zusammenhangs für trans* Ak-tivismus jedoch noch deutlich fundamentaler zu beschreiben ist: Der

---

53 Raun trägt eine sehr umfassende Übersicht entsprechender sozialwissenschaftlicher Studien zur Bedeutung und Funktion von online trans* Communities zusammen, vgl. Raun, *Out Online*, 173–204.

54 An anderer Stelle betont Stryker die auch technologische Dimension materieller Kör-perlichkeit und das Potenzial neuer (trans*) Subjektivierungen durch insbesondere digitale Kommunikationsformen, vgl. Susan Stryker, »Transsexuality: The Postmod-ern Body and/as Technology«, in *The Cybercultures Reader*, hg. v. David Bell und Barbara M. Kennedy (London: Routledge, 2000), S. 588–97. Die Erwartung einer emanzipativen Teilhabe an sozialen Begegnungen in virtuellen Räumen teilt sie in den 1990er Jahren – der Text ist 1995 zum ersten Mal veröffentlicht worden – mit feministischen Positionen. Doch diese Erwartung hat sich nicht erfüllt. Zudem lassen die dazu angestellten Überlegungen auch offen, wie in solchen Räumen verschiedene Vulnerabilitäten anerkannt werden könnten, vgl. auch Sandy Stone, »Würde sich der wirkliche Körper bitte erheben? Grenzgeschichten über virtuelle Kulturen«, in *Gender & Medien Reader*, hg. v. Kathrin Peters und Andrea Seier (Zürich: Diaphanes, 2016), S. 225–47.

55 Stryker, »(De)Subjugated Knowledges«, S. 6, Herv. sh.

Einfluss internetbasierter Medien war und ist nicht nur, wie sie fest-stellt, *teilweise* an der Entstehung von Transgender als Subjektposition beteiligt. Heutige trans* Subjektivierungen sind, wie mit der Analyse der Vlogs deutlich wird, ganz maßgeblich mit den Strukturen, Logi-ken, Potenzialen und Affekten des Internets in seiner zeitgenössischen, durch digital-mediale Plattformen dominierten Form verknüpft und durch selbige geprägt. Ein erstes Beispiel dafür ist die auch in diesem Text verwendete Schreibweise von trans* mit Sternchen. Sie eignet sich eine Funktion der Suchlogiken digitaler Datenbanken an, insofern das Sternchen dort als sogenanntes *wildcard* die Funktion eines Platz-halters für beliebig viele Zeichen einnimmt und somit Ergebnisse für Schlagworte wie transgender und transident, aber auch zum Beispiel translation liefert. Diese Platzhalterfunktion eröffnet im Kontext von trans* Geschlechtlichkeit demnach vielfältige, unwahrscheinliche oder auch unvorhergesehene Anschlussmöglichkeiten für unterschiedliche Selbstbezeichnungen, denen damit Rechnung getragen werden soll. Für ein Verständnis von trans* Subjektivierungen mit und in trans* Vlogs schließen sich auch weitergehende Überlegungen zum Zusam-menhang dieser Schreibweise mit digitalen Suchfunktionen, archivari-schen Methoden sowie grundsätzlich der zweifelhaften Notwendigkeit eindeutiger Benennung und Adressierbarkeit (im Netz) an.

Zunächst aber ist es notwendig zu verstehen, warum sich so viele trans* Personen zum Vloggen entschließen und welche Bedeutung die bereits erwähnten digitalen Beratungs- und Vernetzungsformen haben, die aus der Community kommen und sich an die Community richten. Dies lässt sich nachvollziehen, wenn man sich vor Augen führt, in wel-che komplexen, macht- und gewaltvollen juristischen, medizinischen und administrativen Prozesse trans* Subjektivierungen eingewoben sind.

TRANS* AUF PAPIER – VERWALTUNGSAKTE IN DEN 2010ER
JAHREN

Wer trans* ist und aus diesem Grund den Vornamen und/oder Personenstand ändern sowie durch medizinische Maßnahmen den eigenen
Körper geschlechtlich angleichen (lassen) möchte, muss sich nicht
allein den eigenen Zweifeln und möglichen Widerständen aus dem
sozialen Umfeld stellen. Mit der Bewusstwerdung und Formulierung
dieser Wünsche wird schmerzlich erfahrbar, wie fundamental die administrative Anerkennung von Geschlecht, gerade wenn es nicht dem
bei der Geburt zugewiesenem Geschlecht entspricht, mit medizini-
schem Wissen, juristischen Vorschriften und diagnostischen Kriterien
verknüpft ist.

Umfang und Ausmaß der buchstäblichen Verwaltung von Geschlecht hängt maßgeblich von jeweiligen nationalen Rechtsgrundla-
gen und medizinischen Leitlinien ab, die die administrativen Vorgänge
begründen bzw. mögliche Behandlungsmaßnahmen vorgeben. Sie unterscheiden sich allein im europäischen Kontext stark.[56] Im Folgenden
beziehe ich mich auf die Situation in Deutschland in den 2010 Jahren
und deren juristischer Verankerung im sogenannten Transsexuellengesetz (TSG).[57] Mit Inkrafttreten des Gesetzes über die Selbstbestimmung in Bezug auf den Geschlechtseintrag, kurz: Selbstbestimmungsgesetz (SBGG) zum 1. November 2024 haben sich die Vorgaben für
eine Vornamens- und Personenstandsänderung in Deutschland grundlegend verändert und in vielerlei Hinsicht vereinfacht.[58] Für die in

---

56   Vgl. TGEU, *Trans Rights Index & Map 2025: The New Trans Tipping Point and Europe's
     Struggle for Self-determination*, 13. Mai 2025 <https://www.tgeu.org/trans-rights-
     index-map-2025/> [Zugriff: 30. Mai 2025].

57   Mit vollem Titel handelte es sich dabei um das »Gesetz über die Änderung
     der Vornamen und die Feststellung der Geschlechtszugehörigkeit *in besonde-
     ren Fällen* (Transsexuellengesetz – TSG)«, vgl. Bundesministerium der Justiz
     und für Verbraucherschutz, *Bundesgesetzblatt: Online-Archiv 1949–2022*, 16. Sep-
     tember 1980 <http://www.bgbl.de/xaver/bgbl/start.xav?startbk=Bundesanzeiger_
     BGBl&jumpTo=bgbl180s1654.pdf> [Zugriff: 30. Mai 2025], Herv. sh.

58   Diese Änderung wurde nach langen politischen Kämpfen von Interessengruppen
     und Aktivist*innen errungen und entsprechend begrüßt, allerdings in der konkreten
     Ausgestaltung auch als erneut diskriminierend z.B. gegenüber inter* Personen und
     Personen ohne deutsche Staatsbürgerschaft und ohne unbefristete oder verlängerbare
     Aufenthaltserlaubnis kritisiert, vgl. Bundesverband Trans* e.V., »Das Selbstbestim-
     mungsgesetz ist verabschiedet!«, 12. April 2024 <https://www.bundesverband-trans.
     de/sbgg-verabschiedet/> [Zugriff: 30. Mai 2025]; Bundesverband Trans* e.V., »Be-

diesem Buch angestellten Analysen der trans* Vlogs ist jedoch die Bezugnahme auf die damaligen Umstände bedeutsam. Sie markieren historisch die dokumentarischen und damit medialen Bedingungen, in denen die Vlogs aus eben dieser Zeit trans* als Subjektivierungsweise hervorbringen.[59]

Das TSG trat 1981 in der Bundesrepublik Deutschland in Kraft und galt bis 2024.[60] Es erkannte einerseits die Veränderbarkeit von Geschlecht juristisch an, setzte für diese Anerkennung jedoch medizinische Beglaubigungen voraus und damit eine marginalisierende Pathologisierung von trans* Personen fort. Zudem war in der lange Jahre geltenden Fassung vorgeschrieben, dass Personen, die nicht nur den Vornamen (sog. >kleine Lösung<), sondern auch den Personenstand ändern lassen wollten (sog. >große Lösung<), nicht verheiratet sein durften, gegebenenfalls geschieden wurden, und sich geschlechtsangleichenden Operationen unterziehen sowie dauerhaft fortpflanzungsunfähig sein mussten.[61]

Dieses Gesetz verband juristische und medizinische Diskurse und produzierte darin wiederum ein spezifisches Wissen von trans* Geschlechtlichkeit. Voraussetzung ihrer juristischen Anerkennung war die Aufrechterhaltung heteronormativer Zweigeschlechtlichkeit.[62] Feministische Theoriebildung betont seit Langem, dass auch biologische, medizinische und juristische Wissensproduktionen an Subjektivierun-

---

stehende Kritik am Selbstbestimmungsgesetz« <https://sbgg.info/kritik/> [Zugriff: 30. Mai 2025].

59 In meinen Analysen nehme ich auch starken Bezug auf Vlogs aus Nordamerika und Großbritannien, da sie als kulturelle und digitalmediale Phänomene über nationalstaatliche Grenzen hinweg einflussreich waren für ein Selbst- und Communityverständnis dessen, was es heißen und wie es aussehen konnte, trans* zu sein.

60 Adrian de Silva vollzieht die juristische Genese des TSG und seine Veränderungen bis 2014 aus Erkenntnissen sexualwissenschaftlicher Forschung, politischen Auseinandersetzungen und trans* Bewegungsgeschichte detailliert nach, vgl. Adrian de Silva, *Negotiating the Borders of the Gender Regime: Developments and Debates on Trans(sexuality) in the Federal Republic of Germany* (Bielefeld: transcript, 2018).

61 Vgl. Bundesministerium der Justiz und für Verbraucherschutz, »Transsexuellengesetz«. Erst 2011 hat das Bundesverfassungsgericht festgestellt, dass diese Regelungen mit dem Grundgesetz unvereinbar waren und somit nicht mehr angewendet werden durften, vgl. Bundesverfassungsgericht, »Voraussetzungen für die rechtliche Anerkennung von Transsexuellen nach § 8 Abs. 1 Nr. 3 und 4 Transsexuellengesetz verfassungswidrig«, 28. Januar 2011 <https://www.bundesverfassungsgericht.de/SharedDocs/Pressemitteilungen/DE/2011/bvg11-007.html> [Zugriff: 30. Mai 2025].

62 Vgl. Silva, *Negotiating the Borders of the Gender Regime*.

gen grundsätzlich mitwirken. Trans* Personen sind damit jedoch in
besonderem Maß konfrontiert. Ihr Geschlecht muss sich in erster Linie über diagnostische Schlüssel und entsprechende Dokumente, die
diese Diagnosen festhalten, beweisen (lassen), um anerkannt zu werden. Gleichzeitig sind es Ausweisdokumente, die – wenn auch nur
vermeintlich – Auskunft über das jeweilige Geschlecht geben und entsprechend geändert werden müssen, sofern die Angaben dort nicht
(mehr) mit dem geschlechtlichen Sein übereinstimmen. Dies kann
nicht nur auf Reisen zu Problemen bei Grenzübertritten führen, sondern vor allem zu großer Frustration in alltäglichen Situationen wie
dem Einkauf mit Geld- bzw. Kreditkarte, einem Bankgeschäft oder der
Fahrkartenkontrolle in der Bahn; denn der Verweis auf das Geschlecht
erfolgt implizit über den Vornamen sowie das oft daneben befindliche
Foto – auf dem Personalausweis, dem Führerschein, der Versicher-
tenkarte – oder ganz explizit, wenn im deutschen Reisepass unter
>5. Geschlecht/Sex/Sexe< ein >F< für *female* oder ein >M< für *male*
eingetragen ist.[63] Was passiert, wenn in einer der geschilderten Situationen vergeschlechtlichter Körper, Vorname, Geschlechtseintrag und
Foto von einem Gegenüber nicht auf Anhieb zur Übereinstimmung
gebracht werden können, beschreibt Paul B. Preciado als einen

> Systemfehler, eine Störung der Rechts- und Verwaltungskon-
> ventionen, auf die sich unsere politischen Fiktionen gründen.
> Der soziale Apparat der Identitätsproduktion sackt wie in Zeit-
> lupe in sich zusammen, seine Techniken (Fotos, Ausweise,
> Äußerungen) fallen eine nach dem anderen aus wie in einem

---

63 So vermeintlich einfach und klar sieht es zumindest eine Bürokratie vor, die
    innerhalb eines (binären) Geschlechtersystems keine Zweifel oder Uneindeutig-
    keiten kennt, geschweige denn zulassen oder verarbeiten kann. Seit Dezember
    2018 ist das Personenstandsgesetz in Deutschland zwar um einen dritten Ge-
    schlechtseintrag >divers< erweitert, nachdem das Bundesverfassungsgericht (BVerfG)
    im Oktober 2017 beschlossen hat, dass ein positiver Geschlechtseintrag neben
    >weiblich< oder >männlich< nötig sei, vgl. Bundesverfassungsgericht, »Personen-
    standsrecht muss weiteren positiven Geschlechtseintrag zulassen«, 8. November
    2017 <https://www.bundesverfassungsgericht.de/SharedDocs/Pressemitteilungen/
    DE/2017/bvg17-095.html> [Zugriff: 30. Mai 2025]. Bereits Mitte des gleichen Jahres
    wurde gesetzlich die mögliche Streichung des Geschlechtseintrags in der Geburtsur-
    kunde erstritten. Eine solche >Leerstelle< genügt aber nach Ansicht des BVerfG nicht,
    um der Menschenwürde und dem ebenfalls grundgesetzlich verankerten Diskrimi-
    nierungsverbot gerecht zu werden.

Videospiel, in dem plötzlich ein grelles *Game Over* auf dem Bildschirm blinkt.[64]

Das Game Over gilt der Person, der im Zweifel die Einreise verweigert, deren Zahlung nicht angenommen, der das Apartment nicht vermietet wird. Die politische Fiktion der Zweigeschlechtlichkeit muss also aufrechterhalten werden, um nicht aufgrund eines Scheiterns an ihr damit konfrontiert zu sein, »die Grenzen der sozialen Erkennbarkeit überschritten zu haben« und damit auch »aus der Sprache geworfen zu sein«.[65] Unter geltendem Recht geht für trans* Personen die Dokumentation des eigenen Geschlechts zwangsläufig mit einer Pathologisierung einher.[66] Da der Personenstand sowie der Vorname als Teil des Personenstands dem Staat gegenüber die persönliche und insbesondere familienrechtliche Stellung einer Person innerhalb einer binärgeschlechtlichen Rechtsordnung feststellt, behielt sich der Staat im Kontext des TSG einen strengen Maßnahmenkatalog vor, der im Sinne dieser Zweigeschlechtlichkeit zu erfüllen war, sollte eine Änderung an diesen Eintragungen vorgenommen werden wollen.[67] In diesem Zusammenhang verbanden sich Recht und Medizin, denn der personenstandsrechtliche Geschlechtsbegriff wird nach wie vor als biologisch fundiert angesehen und es waren Mediziner_innen, genauer:

---

64   Preciado, *Ein Apartment auf dem Uranus*, S. 225.

65   Ebd.

66   Seit 2024 gilt dies in Deutschland zwar nicht mehr für das Personenstandsrecht, aber durchaus weiterhin für die trans* und TIN*-Gesundheitsversorgung, insofern die gesetzlichen Krankenkassen üblicherweise die Kosten für Gesundheitsleistungen nur übernehmen, wenn eine Indikation nachgewiesen werden kann. Entsprechende Leitlinien stellen somit die medizinische Autorität als verwaltungsrechtliche Grundlage des Zugangs zu Gesundheitsleistungen dar, vgl. Jennifer Grafe, »Rechtliche Rahmenbedingungen der Gesundheitsfürsorge von Trans*-Personen«, Gesundheitsrecht.blog, 11. April 2023 <http://www.gesundheitsrecht.blog/rechtliche-rahmenbedingungen-der-gesundheitsfuersorge-von-trans-personen/> [Zugriff: 30. Mai 2025].

67   Die im Kontext von trans* wirksamen biopolitischen Strategien manifestieren sich in Institutionen wie dem ICD (*International Classification of Diseases*), ein von der WHO herausgegebenes und in allen Mitgliedstaaten anerkanntes, damit auch für das deutsche Gesundheitssystem maßgebliches Diagnoseklassifikationssystem oder dem DSM (*Diagnostic and Statistical Manual of Mental Disorders*, US-amerikanischer Behandlungsstandard), welche Vorgaben zu Behandlungsvorschriften und Diagnoseleitfäden enthalten, vgl. Katharina Jacke, »Medizinische Trans Konzepte im Wandel: Ambivalenzen von Entpathologisierung und Liberalisierung«, in *Trans & Care: Trans Personen zwischen Selbstsorge, Fürsorge und Versorgung*, hg. v. Max N. Appenroth und María do Mar Castro Varela (Bielefeld: transcript, 2019), S. 55–74.

Psychiater_innen/Psychotherapeut_innen, denen die Autorität der Beurteilung zugesprochen wurde. Der Wunsch, den Geschlechtseintrag ändern zu lassen, musste, als könnte er nach Kategorien von richtig oder falsch, echt oder unecht entschieden werden, mehrere schriftliche Beglaubigungen durch offizielle Stellen erfahren. Für eine Vornamens- und Personenstandsänderung bestellte in Deutschland das zuständige Amtsgericht in Anwendung des TSG zwei unabhängige Gutachten.[68] Diese galten als notwendige Bedingung für die positive Entscheidung über einen entsprechenden Änderungsantrag. Die Gutachten wurden von Sachverständigen angefertigt, die, so die Formulierung, »auf Grund ihrer Ausbildung und ihrer beruflichen Erfahrung mit den besonderen Problemen des Transsexualismus ausreichend vertraut sind«.[69] Zudem war und ist eine mehrmonatige psychotherapeutische oder psychiatrische Behandlung Voraussetzung für die Indikation von Hormonen und/oder operativen Eingriffen.[70] Im Rahmen dieser therapeutischen Begleitung mussten und müssen nicht selten sogenannte trans* Biografien verfasst werden, in denen der Lebenslauf entlang vermeintlich typischer Entwicklungserfahrungen entworfen wird, um die eigene trans* Identität als dauerhaften Zustand gleichsam belegen zu können. Dazu gehören auch Auskünfte über sehr intime Details wie das Erleben der Pubertät, sexuelle Erfahrungen, Fantasien und Wünsche wie auch die Aufforderung, sämtliche bisherigen romantischen Beziehungen, ihren Verlauf, Gründe ihrer Beendigung usw. darzustellen. Neben dem juristischen und therapeu-

---

68   So festgeschrieben in §4 Abs. 3 TSG.

69   Ebd.

70   Vgl. Medizinischer Dienst des Spitzenverbandes Bund der Krankenkassen e.V., *Geschlechtsangleichende Maßnahmen bei Transsexualismus (ICD-10, F64.0)*, 31. August 2020 <https://md-bund.de/fileadmin/dokumente/Publikationen/GKV/ Begutachtungsgrundlagen_GKV/BGA_Transsexualismus_201113.pdf> [Zugriff: 30. Mai 2025]. Den Anspruch auf eine ganzheitliche trans* Gesundheitsversorgung in Deutschland und eine Orientierung von Behandlungspraktiken an den Bedarfen der jeweiligen Person formuliert eine von Interessenverbänden mit erarbeitete Leitlinie 2018, die mittlerweile (Stand: Mai 2025) in Überarbeitung ist, vgl. Arbeitsgemeinschaft der Wissenschaftlichen Medizinischen Fachgesellschaften (AWMF), *Geschlechtsinkongruenz, Geschlechtsdysphorie und Trans-Gesundheit: S3-Leitlinie zur Diagnostik, Beratung und Behandlung*, AWMF online, 9. Oktober 2018 <https://register.awmf.org/assets/guidelines/138-001l_S3_Geschlechtsdysphorie- Diagnostik-Beratung-Behandlung_2014-07-abgelaufen.pdf> [Zugriff: 30. Mai 2025].

tischen Apparat schaltet sich auch das Versicherungssystem in die Do-
kumentationsprozesse ein. Wie oben bereits erwähnt, erstellen Sachverständige des Medizinischen Dienstes der Krankenversicherungen
sozialmedizinische Gutachten für die Kostenübernahme somatischer
Behandlungsmaßnahmen durch die gesetzlichen Krankenkassen.[71]

Die offizielle Anerkennung von Trans*sein realisiert sich folglich
allein über Unterlagen und Papiere, die als gerichtliche Dokumente
oder medizinische Patient_innenakten angefertigt, gestempelt, unter-
schrieben, versendet, geprüft und verwaltet werden müssen, um voll-
umfänglich und eindeutig zu belegen, dass die betreffende Person
die juristischen und medizinischen Kriterienkataloge erfüllt. Solange
noch der ICD10 in Deutschland geltendes Recht war, hieß dies, sich als
trans* Person der Diagnose Transsexualismus zu unterwerfen, um die
gewünschten Maßnahmen in Anspruch nehmen zu können.[72] Hierbei
kamen Begriffe der Geschlechtsidentität bzw. des Geschlechtsempfin-
dens zum Einsatz, die mit einem temporalen Kriterium verbunden
sind, nämlich, dass die Person sich »nicht mehr dem in ihrem Geburts-
eintrag angegebenen Geschlecht, sondern *dem anderen* Geschlecht als
zugehörig empfindet« und sich dieses Zugehörigkeitsempfinden als
dauerhaft darstelle.[73] Geschlechtsidentität sollte sich demnach als im
binären System eindeutig und über eine gewisse zeitliche Dauer stabil,
d.h. sowohl für die Vergangenheit als auch in eine Zukunftsprojektion
hinein als gewiss *ausweisen* können.

---

71   Vgl. Medizinischer Dienst des Spitzenverbandes Bund der Krankenkassen e.V., *Ge-
      schlechtsangleichende Maßnahmen bei Transsexualismus.*

72   In diesem Zusammenhang spreche ich bewusst von trans* Identität, auch wenn der
      Begriff problematisch ist, da er voraussetzt, »daß Identitäten selbstidentisch sind, d.h.
      in der Zeit als selbe, einheitlich und innerlich kohärent fortbestehen«. Siehe Judith
      Butler, *Das Unbehagen der Geschlechter*, übers. v. Kathrina Menke (Frankfurt a. M.:
      Suhrkamp, 1991), S. 37. Die hier besprochenen Verwaltungsabläufe sind konstitu-
      tiv mit einem solchen Verständnis von Identität verwoben und wirken entsprechend
      daran mit, eine derart stimmige trans* Identität hervorzubringen. Eine dermaßen
      verwaltete Identität kann aufgrund ihrer rigiden Rahmungen trans* Lebensrealitäten
      nicht erfassen. Für eine weitere macht- und kapitalismuskritische Perspektive auf Iden-
      tität in Verbindung mit körperlicher Integrität vgl. Susan Stryker und Nikki Sullivan,
      »King's Member, Queen's Body: Transsexual Surgery, Self-Demand Amputation and
      the Somatechnics of Sovereign Power«, in *Somatechnics: Queering the Technologisa-
      tion of Bodies*, hg. v. Nikki Sullivan und Samantha Murray (Farnham: Ashgate, 2009),
      S. 49–63.

73   §1 Abs. 1, Satz 1 TSG.

Der Aspekt der zeitlichen Dauer bringt trans* Personen oftmals in einen expliziten Legitimationszwang, sind sie doch aufgefordert, die eigene, vorgeblich wahre Identität immer oder zumindest sehr lange schon gewusst, als echt empfunden und als Gegensatz zum bei der Geburt zugewiesenen Geschlecht erfahren zu haben. Geschlechtliche Identität wird damit – für alle, aber für trans* Menschen eben in besonders prekärer Weise – unhinterfragt als vorgebliche Passgenauigkeit, also »>Kohärenz< und >Kontinuität< der >Person<« konstruiert.[74] Judith Butler sieht darin »gesellschaftlich instituierte und aufrechterhaltene Normen der Intelligibilität«,[75] die ganz bestimmte, nämlich kontinuierliche und kohärente, sich gegenseitig bestätigende Beziehungen zwischen Geschlecht, sexueller Praxis und Begehren erfordern, um ein sozial verständliches (intelligibles) Leben leben zu können.[76] Der Geschlechterdiskurs und seine Ausprägung in Verwaltungsakten verlangen entsprechend von trans* Personen in besonderer Weise die Berufung auf eine derart kontinuierliche und kohärente Kernidentität, um so eine trans* Subjektivierungsweise als Konflikt zwischen bei der Geburt zugewiesenem Geschlecht und tatsächlicher Geschlechtszugehörigkeit glaubhaft machen zu können. Der im Trans*sein ausgedrückte und gelebte Anspruch auf (geschlechtliche) Selbstbestimmung wird somit diskursiv auf ein naturalisiertes Verständnis von Geschlecht zurückgeführt und beschränkt, das auf die Entstehung der modernen Wissenschaften im 18. Jahrhundert zurückgeht. Michel Foucault hat sich entsprechenden administrativen Regulierungen und dem, was er die Hervorbringung des Sex nennt, in seinen umfassenden Arbeiten zu *Sexualität und Wahrheit*, aber auch in der Herausgabe der Memoiren von Herculine Barbin gewidmet.[77] Barbin war eine Person, die im 19. Jahrhundert in Frankreich lebte und deren geschlechtliches Erleben von Autoritäten in ihrer Umgebung als Herausforderung für die geschlechtliche Ordnung angesehen wurde:

---

74 Butler, *Das Unbehagen der Geschlechter*, S. 38.
75 Ebd.
76 Vgl. ebd.
77 Vgl. Michel Foucault, *Der Wille zum Wissen: Sexualität und Wahrheit 1*, übers. v. Ulrich Raulff (Frankfurt a. M., 1977); Michel Foucault, *Über Hermaphrodismus: Der Fall Barbin*, übers. v. Eva Erdmann und Annette Wunschel, hg. v. Wolfgang Schäffner und Joseph Vogl (Frankfurt a. M.: Suhrkamp, 1998).

> Biologische Sexualtheorien, juristische Bestimmungen des In-
> dividuums und Formen administrativer Kontrolle haben seit
> dem 18. Jahrhundert in den modernen Staaten nach und
> nach dazu geführt, die Idee einer Vermischung der beiden
> Geschlechter in einem einzigen Körper abzulehnen und infol-
> gedessen die freie Entscheidung der zweifelhaften Individuen
> zu beschränken. Fortan jedem ein Geschlecht, und *nur ein*
> *einziges.*[78]

Auch wenn Foucault in seinen Ausführungen keine trans* Erfahrungen
berücksichtigt, gilt auch heute: Nur wer seine geschlechtliche Identität in Erfüllung juristischer Bestimmungen und unter administrativer
Kontrolle als klar bestimmt und tiefgründig glaubhaft machen kann,
wird offiziell, d.h. therapeutisch, juristisch und medizinisch anerkannt.
Unter welchen Begrifflichkeiten eine solche offizielle Anerkennung
erfolgt, unterliegt historischem Wandel, wird aber in der Regel nicht
von den Subjekten selbst bestimmt.[79] Die Akten, Protokolle, Gutachten und Test-Ergebnisse, die diese vorgebliche Gewissheit beglaubigen
sollen, bringen selbige durch diese Ein- und Anforderungen allererst
hervor. Auch wenn sich die Dokumente als unbeteiligte Aufzeich-
nungsmodi institutioneller Einrichtungen ausgeben, sind sie folglich
elementar an der Herstellung dieses Wissens von Geschlecht beteiligt. Gleichzeitig erhalten sie selbst überhaupt erst den Status eines
Dokuments, indem ihnen die Autorität verliehen wird, dieses Wissen
festhalten und darüber Auskunft geben zu können.

Geschlechtliche Identität wird folglich durch die Vorschriften und
Kanalisierungen seitens verschiedener Institutionen zu einem administrativen Akt. Im Rahmen der institutionalisierten Dokumentation
treten Jurist_innen, Endokrinolog_innen, Therapeut_innen und Sachverständige als *Gatekeeper* auf, die den Zugang zu Ressourcen und
damit die offizielle Anerkennung als trans* den Vorgaben medizinischer Diagnostiken und gesetzlicher Vorschriften entsprechend re-

---

78 Foucault, *Über Hermaphrodismus*, S. 8–9, Herv. sh. Die Apparate, die, wie Foucault
    ironisch ausführt, eine Wahrheit und Eindeutigkeit von Geschlecht einfordern, produ-
    zieren für Barbin mit dieser Anforderung ernsthafte Folgen, nämlich die zwangsweise
    Einpassung in >das< männliche Geschlecht und letztlich einen Selbstmord. Butlers
    Lektüre der Memoiren betont den Aspekt des Leidens an der geschlechtlichen und se-
    xuellen Zwangsordnung gegenüber einer von Foucault vollzogenen »romantische[n]
    Aneignung« des Textes (Butler, *Das Unbehagen der Geschlechter*, S. 143).
79 Vielen Dank an Antke A. Engel für diese so präzise wie aufmerksame Formulierung.

gulieren. Dieser Prozess ist nicht nur mühsam. Er greift in intimste
Bereiche des Lebens ein. Zudem kostet er neben Geld – Gerichts-
und Gutachtenkosten von mehreren tausend Euro werden den Antrag-
stellenden nur in Härtefallen erstattet – auch Zeit: Wer für sich das
Trans*sein realisiert hat und entsprechende Schritte einleiten möchte,
dem wird viel Geduld abverlangt. Auf einen Therapieplatz muss man,
je nach Wohnort oder Mobilität, einige Wochen oder Monate warten.
Ohne Therapie gibt es aber kaum Aussicht auf Zugang zu hormonellen Behandlungen oder auf einen erfolgreichen juristischen Antrag
auf Änderungen des Vornamens- und Personenstands.[80] Der entsprechende gerichtliche Vorgang nimmt weitere Wochen Bearbeitungszeit
in Anspruch, ebenso die jeweiligen Anträge bei den Krankenkassen.

Während dieser Monate haben viele damit zu kämpfen, dass das
Trans*sein permanent durch andere infrage gestellt oder sogar komplett negiert wird. Dies liegt nicht zuletzt daran, dass die Geschlechtsidentität immer wieder an eine Beglaubigung in Ausweisdokumenten
zurückgebunden ist: Wie bewirbt man sich mit einem Zeugnis, auf
dem der Geburtsname steht, wenn man schon längst unter einem
anderen Namen lebt? Wie unterschreibt man einen Miet- oder Ar-
beitsvertrag, wenn aufgrund von altem Vornamen und Foto auf dem
Personalausweis angezweifelt wird, dass es der eigene ist? Ein Leben
mit dem gewählten Namen entsprechend dem geschlechtlichen Sein
ist schließlich eine Voraussetzung für eine als gelungen betrachtete therapeutische Begleitung. Jedes Bewerbungsgespräch, jeder Kontakt mit
der Hochschule – von der Immatrikulation über die Leistungsverwal-
tung bis zur Anwesenheitsüberprüfung in einzelnen Kursen – bedeutet
in diesem Zustand der dokumentbasierten geschlechtlichen Unstim-
migkeit (Inkongruenz), das eigene Trans*sein zwangsweise sichtbar
machen und es schlimmstenfalls sogar rechtfertigen zu müssen. Bei der
Post wird möglicherweise eine Sendung nicht ausgehändigt, weil das
Erscheinungsbild und die Stimme durch eine bereits begonnene Hor-

---

80 >Therapie< nimmt begrifflich Bezug auf die vermeintlich notwendige Medikalisierung oder Psychologisierung von trans* Geschlechtlichkeit und wird entsprechend
nur in diesem Kontext verwendet. Um die Pathologisierung auch im Diskurs nicht
zu reproduzieren, ist in Bezug auf die Testosteronzufuhr in Kontext der Vlogs von
Hormonbehandlung die Rede. Zwar ist >Behandlung< mitunter ebenfalls medizinisch
konnotiert, meint wertneutral jedoch auch den Umgang mit etwas oder jemandem.

monbehandlung eher männlich sind, der Personalausweis aber noch einen weiblichen Namen anzeigt und zudem das neben dem Namen befindlichen Passfoto keine signifikante Ähnlichkeit mehr mit der Person vor dem Schalter aufweist. Solche und ähnliche Situationen bei Grenzübertritten, in Krankenhäusern oder bei Flugreisen sind eine immense Belastung und bedeuten wenigstens Anstrengung, wenn nicht sogar das Risiko verbaler oder physischer Übergriffe.

Die *Deutsche Gesellschaft für Transidentität und Intersexualität* e.V. (dgti) bietet die Möglichkeit an, einen dgti-Ergänzungsausweis zu beantragen.[81] Dieser enthält neben einem Passfoto und der Ausweisnummer des amtlichen Personalausweises den selbstgewählten Namen und – auf Deutsch, Englisch und Französisch – die geschlechtliche Verortung sowie die in der Anrede der betreffenden Person zu verwendenden Pronomen. Die Angaben zu Geschlecht sowie Pronomen sind allerdings optional und können auch frei gelassen oder mit einem x oder / in der Angabe zum Geschlecht sowie mit dem Vornamen in der Kategorie Pronomen ersetzt werden. Dieses Angebot ist vergleichsweise niedrigschwellig, da es mit nur ca. 20 Euro im Vergleich zum mehrere tausend Euro teuren juristischen Verfahren günstig ist und, viel wichtiger, keiner weiteren Nachweise oder Auskünfte bedarf. Es muss lediglich ein Online-Formular mit den für den Ausweis selbst benötigten Angaben ausgefüllt werden. Diese Ausweismöglichkeit kann bereits eine große Erleichterung im Alltag darstellen. Allerdings verweist auch der dgti-Ausweis für die Rechtsgültigkeit zwangsläufig noch immer auf den amtlichen (und zumeist noch nicht geänderten) Ausweis. Und die Ausstellung dieses Ausweises dauert zwar nicht viele Monate oder Jahre, wie es beim amtlichen Ausweis und vorausgesetzten Therapien der Fall ist, dennoch ist mit einer Bearbeitungszeit von 6 bis 8 Wochen zu rechnen. Auch hier braucht es also eine gewisse Geduld.

---

81 Die dgti wurde 1998 als gemeinnütziger Verein gegründet, der es sich zur Aufgabe macht, »die Akzeptanz von trans*-, inter*geschlechtlichen, nicht-binären und agender (TINA*) Menschen innerhalb der Gesellschaft auf allen Ebenen zu fördern«. Siehe Deutsche Gesellschaft für Transidentität und Intersexualität e.V., 19. August 2021 <https://dgti.org/2021/08/19/die-dgti/> [Zugriff: 30. Mai 2025]. Mit diesem Ziel hat der Verein eine erste Version des dgti-Ergänzungsausweises bereits 2004 dem Bundesministerium des Innern vorlegt, das keine Bedenken gegen dessen Verwendung in dieser bzw. der im Jahr 2016 aktualisierten Form hat/te.

Auf YouTube kann hingegen jede Person jederzeit mit einem
Vlog *als* trans* Person sichtbar werden, sofern sie über die technischen Voraussetzungen – Digitalkamera oder Webcam, Breitband-
Internetzugang, evtl. Videoschnittprogramm – sowie Kenntnisse im
Umgang mit diesen Technologien verfügt. Die Plattform fordert weder
eine Verifizierung des Geschlechts noch den Nachweis eines Unbehagens mit selbigem, um Teil der trans* Vlogger_innen-Community
zu werden. Trans* ist, wer sich dort als trans* positioniert. Die entsprechende Markierung des Videos in dessen Titel, in der Videobe-
schreibung oder über die mit dem Video verknüpften Schlagwörter
(*tags*), die vor allem für die Suchfunktion ausschlaggebend sind, genügt, um als trans* Vlogger gefunden und entsprechend adressiert zu
werden. Zudem ist der Name, den ein neu erstellter Kanal oder ein
Profil bei YouTube trägt, frei wählbar.[82] Viele trans* Vlogger nutzen
dafür den Namen, den sie auch als bürgerlichen bereits nutzen oder in
Zukunft möglicherweise nutzen wollen. Die Sichtbarkeit und Anerkennung des eigenen geschlechtlichen Seins mit dem gewählten Namen
kann mit YouTube also der staatlich institutionalisierten Anerkennung
vorausgehen und erste positive Erfahrungen im Umgang mit diesem
generieren.[83] Auch kann die Verwendung eines anderen Namens als
ein versuchsweiser Umgang mit dieser neuen Situation verstanden
werden.

Nun ist gorillashrimp, der Name des eingangs vorgestellten Vlog-
gers, kein bürgerlicher Name, aber er übt einen spielerischen Umgang
mit Benennung, Identifizierung und Zuordnung ein: gorilla-shrimp.
Die nominale Zusammensetzung der beiden Tierarten Gorilla und
Garnele ruft das Feld der Biologie auf, das sich durch Zuordnung und
Klassifizierung von Lebewesen charakterisiert und den evolutionären
Entwicklungen entsprechend die Sortierung in Ordnungen, (Über-
und Unter-)Familien, Gattungen und Arten kennt. Der Gorilla als
Menschenaffe und die Garnele als Sammelbegriff für zumeist nicht

---

82 Als Tochterunternehmen von Google sieht die Infrastruktur von YouTube es jedoch
    vor, dass ein YouTube-Konto mit einem Google-Konto verknüpft ist. Ein neu angeleg-
    ter YouTube-Kanal bezieht dabei Profilbild und Namensinformationen aus eben jenem
    Google-Konto. Möchte man einen davon abweichenden Namen für den Kanal wählen,
    muss dieser als *Brand*, also als Unternehmen oder Marke, angelegt werden.

83 Ich schreibe ›kann‹, da der Vorname nicht zwangsläufig oder eindeutig auf ein Ge-
    schlecht verweist.

weiter spezifizierte Krebstierarten haben – zumindest für mich als
Laiin – nicht viel miteinander gemein. Letztere leben im Wasser, tragen eine dünne Schale, sind nur wenige Zentimeter groß, lediglich
einige Gramm schwer und eher am unteren Ende der maritimen Nah-
rungskette verortet. Der Gorilla hingegen ist als größter Primat eine
stattliche Erscheinung, bis zu 200 Kilogramm schwer, stark behaart
und sozial organisiert. Diese Tierarten in der eigenen Profilbezeich-
nung zumindest sprachlich miteinander zu verbinden, liest sich als
souveräne Reaktion auf biologistisch argumentierte Anfeindungen gegen trans* Personen, wonach nur die Person ein Mann sei, die über
XY-Chromosomen und einen Penis, auf jeden Fall aber weder über Va-
gina, noch Eierstöcke oder Gebärmutter verfüge. Auch kann es als ein
humorvoller Umgang mit der noch immer gängigen Trans*-Erzählung
gelten, in einem so genannt falschen Körper gefangen zu sein: Das
dieser Trope zu Grunde liegende Empfinden des Unbehagens mit dem
eigenen Körper, der Geschlechtsdysphorie, wie psychologische Diagnostiken sie für ein trans* Erleben voraussetzen, wird mit einem Au-
genzwinkern aufgenommen – man stelle sich einen großen, haarigen,
muskulösen Gorilla im Körper einer winzigen, zarten, nicht-behaarten
Garnele vor – und affirmativ umgedeutet.[84] Neben den Videos selbst
ergeben sich also auch durch die rahmenden Gestaltungsmöglichkei-
ten – Profilnamen, Videotitel, Tags und Videobeschreibungen – auf
YouTube Möglichkeiten, das eigene körperliche trans* Erleben erfahrbar und artikulierbar zu machen. Dies ist eine Weise, sich den Diskurs
über Trans*sein selbstbestimmt anzueignen.

Durch die pathologisierenden und paternalistischen Dokumentationsformen werden trans* Personen staatlicherseits permanent dazu
angehalten, sich selbst zu erzählen und über diese Erzählung zu au-
thentifizieren. Sie müssen sich als glaubhaft und eindeutig in einer
klar umrissenen Identität ausweisen. Besonders deutlich wird dies an
der sogenannten Trans*-Biografie, die in der Regel Teil der therapeutischen Begleitung ist. In dieser Biografie soll die betreffende Person
die eigene trans* Geschlechtlichkeit schriftlich erzählen und dadurch

---

84   Dies ist ein Bild, dessen selbstironische Komponente deutlich wird, wenn man weiß,
     dass der Vlogger mit 1,55 m Körpergröße von eher kleiner Statur ist. Die Körpergröße
     spielt für ihn dann eine Rolle, wenn er beispielsweise Oberhemden kaufen möchte.

beglaubigen, dass die gemäß medizinischer Klassifizierung geforderten Standards – eindeutiges Gefühl der Zugehörigkeit zum *anderen*
Geschlecht sowie die Dauerhaftigkeit des Wunsches nach Geschlechtsangleichung – erfüllt werden.[85] Die Selbsterzählungen, im falschen
Körper gefangen zu sein oder schon als junges Mädchen lieber mit
Autos bzw. als kleiner Junge gerne mit Puppen gespielt zu haben,
sind gängige Narrative der trans* Identifizierung, ungeachtet dessen,
ob dieses Empfindungen und Erlebnisse nun wahrhaftig sind – wie
auch immer sich das beurteilen ließe – oder nicht. Selbst wer das er-
zählerische Reproduzieren einer Vorstellung von Geschlecht als stabil
und eindeutig innerhalb eines exklusiv binären Geschlechtersystems
kritisch betrachtet und/oder das Aufrufen geschlechtsspezifischer Stereotype für sich selbst als unstimmig ansieht, nimmt solche und ähnliche Erzählungen zumeist in Kauf.[86] Sie stellen regelmäßig die einzige
Möglichkeit dar, das Unbehagen mit dem bei der Geburt zugewiesenen Geschlecht offiziell anerkennen zu lassen und damit Zugang zu
medizinischen und juristischen Änderungsmaßnahmen zu erhalten.[87]

---

85   Vgl. Deutsches Institut für Medizinische Dokumentation und Information, *ICD-10-
     GM: Systematisches Verzeichnis Internationale statistische Klassifikation der Krankheiten
     und verwandter Gesundheitsprobleme*, 10. Revision, German Modification <http://www.
     icd-code.de/icd/code/F64.-.html> [Zugriff: 30. Mai 2025].

86   Dieser Normalisierungseffekt ist einem Zirkelschluss von Erwartung und Erfüllung
     geschuldet. Er sorgte dafür, dass aus Angst vor Ablehnung die Kriterien lange Zeit
     nicht hinterfragt wurden. Problematisiert haben dies bereits Hirschauer, *Die soziale
     Konstruktion der Transsexualität* sowie aus aktivistischer Perspektive auch Alexander
     Regh, »Transgender in Deutschland zwischen Transsexuellen-Selbsthilfe und Kritik
     an der Zweigeschlechterordnung: Quo Vadis, Trans(wasauchimmer)?«, in *(K)ein
     Geschlecht oder viele?: Transgender in politischer Perspektive*, hg. v. polymorph (Berlin:
     Querverlag, 2002), S. 185–203.

87   Zur ermächtigenden Funktion von literarischen im Vergleich zu therapeutischen trans*
     Autobiografien siehe Prosser, *Second Skins*. Ohne die therapeutischen Zwänge und
     Kriterien ermögliche die Narrativierung des eigenen Trans*seins eine den somati-
     schen Veränderungen ähnlich bedeutsame Umformung des allgemeinen Diskurses:
     »[T]ranssexual agency: that is, the subject's capacity not only to initiate and effect his/
     her own somatic transition but to inform and redefine the medical narrative of transse-
     xuality« (ebd., S. 8). Kadji Amin wiederum beurteilt die emanzipatorischen Effekte
     von trans* Autobiografien weniger eindeutig: »Prosser does not consider the fact that
     if the retrospective construction of a coherent transsexual plot narrative proves healing
     to some, it is at the expense of episodes, or even fleeting moments, that would fracture
     or exceed it. To transsexual or transgender people for whom such episodes are critical
     and thus impossible to excise or reinterpret without doing violence to experience, the
     generic and temporal conventions of autobiography may prove singularly confining
     and distorting, and the genre itself may replicate, rather than heal, the coercions of

Aus der expliziten Notwendigkeit, diese Vorgaben zu erfüllen, ergibt sich die Zwangslage, ihre vermeintliche Richtigkeit und Angemessenheit zu bekräftigen. Wie der trans* Aktivist und Rechtswissenschaftler Dean Spade gemeinsam mit Sel Wahng herausstellt, verfestigt dies eben diese Bedingungen:

> As we trans people have been forced to mold our personal narratives to match the conservative and gender-norm-producing institutional medical narratives about us in order to access the medical interventions we seek for our bodies, we have often been accused of constructing those medical narratives and propping up conservative notions of gender. As a community, we have been trapped in the bind that if we do not convince our doctors (often over the course of years of therapy) that we believe in normative binary gender and that we seek to pass as norm-abiding nontrans men and women, we are denied access to the technologies of body modification that we desire. At the same time, when these legitimizing narratives are propped up, trans people are widely accused of defending normative and oppressive constructions of gender.[88]

Viele trans* Personen sind während einer solchen Therapie entsprechend vorsichtig im Umgang mit den Informationen, die sie von sich preisgeben. Zweifel oder Unsicherheiten zu äußern, könnte dazu führen, dass die zweckmäßig angestrebte Diagnose nicht gestellt und das geschlechtliche Unbehagen stattdessen von Therapeut_innen auf andere psychopathologisierte Zustände zurückgeführt wird. Dies hätte den Effekt, dass geschlechtsangleichende Maßnahmen nicht verordnet und damit entweder gar nicht zugänglich oder aufgrund fehlender Kostenübernahme durch Krankenkasse nur mit ausreichenden finanziellen Mitteln zu bekommen wären.[89] Der therapeutische Kontext ist somit ein stark reglementierter und nicht, wie man meinen möchte, notwendigerweise einer, in dem die Person auf eigenen Wunsch Rat und

---

the medical demand for ›proper‹ transsexual narrativization.« Siehe Kadji Amin, »Temporality«, *TSQ: Transgender Studies Quarterly*, 1.1–2 (2014), S. 219–22, hier S. 220.

88 Dean Spade und Sel Wahng, »Transecting the Academy«, *GLQ: A Journal of Lesbian and Gay Studies*, 10.2 (2004), S. 240–53, hier S. 248.

89 Zumindest in den Ländern, in denen das Gesundheitssystem die Kosten von geschlechtsangleichenden Maßnahmen bei Verschreibung übernimmt.

Hilfe in komplexen und möglicherweise auch verunsichernden Momenten suchen könnte. Letztlich zählt, welches diagnostische Kürzel auf der Akte steht, damit das Trans*sein anerkannt und in gewünschte körperliche und bürokratische Maßnahmen übersetzt werden kann.

UNSICHERHEITEN DOKUMENTIEREN IM UPDATE-VIDEO

Die Vlogs können als Gegenentwurf zu der durch staatliche Institutionen, juristische Vorgaben und therapeutische Anforderungen organisierten Dokumentation des Selbst angesehen werden. Verschiedene Studien und Analysen verstehen die Vlogs auf YouTube als einen ermächtigenden Modus der Selbstdokumentation.[90] Anstatt der zuvor genannten *Gatekeeper* treten mit der Praktik des Vloggens trans* Personen selbst als Expert_innen in den Diskurs ein. Sie erzählen die Transition nicht zwangsläufig nach Maßgabe eines durch beruflich professionalisierte Sachverständige ermittelten Katalogs, sondern entlang persönlicher Erfahrungen sowie alltäglicher (Selbst-)Beobachtungen und Empfindungen.

Ein solcher Prozess der Aneignung von Deutungshoheit, der sich in Form von geschlechtlicher und/oder sexueller Selbstbestimmung in und durch Medien zeigt, beschränkt sich nicht spezifisch oder exklusiv in trans* Aktivismen. Für homosexuelle Kultur sind private Bilder von Medienamateur_innen als Selbstentwürfe beschrieben worden, die »sich pathologisierenden Fremdentwürfen von Homosexualität durch Institutionen der heteronormativen westeuropäischen Mehrheitsgesellschaft scharf entgegenstell[en]«.[91] Mit solchen medialen Selbstentwürfen entgegen eines institutionalisiert hervorgebrachten Wissens geht eine politische Ermächtigung einher, insofern dieses Wissen herausgefordert und eine selbstbestimmte Sprechposition sowie die Anerkennung der eigenen Lebensweise eingefordert wird. In diese Beobachtung findet sich der feministische Anspruch, nach dem auch das Private politisch sei, eingetragen. Der Status des Amateur_innenhaften auf YouTube ist allerdings schon lange unscharf,

---

90   Vgl. Raun, *Out Online*; Horak, »Trans on YouTube«; Dame, »›I'm your Hero? Like Me?‹«; Chen, »Everywhere Archives«.

91   Susanne Regener und Katrin Köppert, »Medienamateure in der homosexuellen Kultur«, in *privat / öffentlich: Mediale Selbstentwürfe von Homosexualität*, hg. v. Susanne Regener und Katrin Köppert (Wien: Turia + Kant 2013), S. 7–17, hier S. 11.

da sowohl eine Amateur_innenästhetik als authentifizierendes Merkmal für Inhalte von Konzernen eingesetzt wird als auch in der trans* Vlogger-Szene eine ästhetische wie ökonomische Professionalisierung zu beobachten ist.[92] Zudem könnte diskutiert werden, inwiefern Vlog-Beiträge, die auf öffentlich zugänglichen YouTube-Kanälen online sind und damit ohne eine Art von Zugriffsbeschränkung angeschaut, geteilt und kommentiert werden können, private Dokumente darstellen. In jedem Falle sind sie jedoch intime Dokumente, da ihre Themen und Settings als Selbstdokumentation in einem häuslichen Raum und aus diesem heraus präsentiert werden. Zugleich beanspruchen sie eine Form von Öffentlichkeit, wie sie Lauren Berlant und Michael Warner als bedeutsam für queere Kultur betonen.[93] Hieraus entsteht eine Infragestellung der Trennung von öffentlich und privat bzw. intim, in der das Potenzial einer Politisierung liegt.[94]

In diesem Sinne begreift auch Laura Horak die Vlogs explizit als politische Instrumente: »Trans vlogs are also a form of political action, in that they allow trans youth to *author* their bodies and selves.«[95] Das Selbst wird unabhängig von der professionalisierten Begutachtung nach eigenen Kriterien und damit freier erzählbar und selbstbestimmt(er) verfasst. Im selbstgewählten Medium können Zweifel und Unsicherheiten geäußert werden, ohne eine Sanktionierung in Form von nicht gewährten oder negativ beschiedenen Empfehlungsschreiben fürchten zu müssen. Außerdem ist der Körper während des Erzählens nicht unkontrolliert fremden Blicken und damit der Bewertung ausgesetzt, denn die Vlogger_innen können im Prozess der Videoaufnahme und deren späterer Bearbeitung eigenständig entscheiden, welche Körperpartien im Bild zu sehen sind und wie sie diese zeigen wollen. Über die entsprechende Auswahl des Bildausschnitts kann beispielsweise die als vergleichsweise breit und damit weiblich konno-

---

92 Vgl. Burgess und Green, »The Entrepreneurial Vlogger«, S. 90.

93 Vgl. Lauren Berlant und Michael Warner, »Sex in Public«, in *Queer Studies: An Interdisciplinary Reader*, hg. v. Robert J. Corber und Stephen Valocchi (Malden: Wiley 2003), S. 170–83.

94 Die vorliegende Analyse kommt mithin zu einem anderen Schluss als Arbeiten, die Videoblogging allgemein unter dem Aspekt von Selbstoptimierung und darin als entpolitisiert betrachten, vgl. Hanna Surma, »Broadcast your Self!: Videoblogs als mediale Symptome kultureller Transformationsprozesse«, *Spiel*, 26.2 (2007), S. 231–44.

95 Horak, »Trans on YouTube«, S. 574, Herv. sh.

tierte Hüfte einfach ausgespart oder andere körperliche Rundungen in der Positionierung des Körpers zur Kamera kaschiert werden. So wird das Selbst nicht nur sprachlich hergestellt, sondern auch über filmische Mittel gestaltet. Tobias Raun unterstreicht den darin angelegten performativen Gestus des Vloggens: »The vlog [...] allows the vlogger and the viewer to witness the process (the documenting effects) while also staging *what* should be witnessed and *how* it should be witnessed (the performative effects).«[96]

gorillashrimp geht in seinem Video zum 1-jährigen Jubiläum der Testosteronbehandlung die Liste der an sich selbst beobachteten Veränderungen durch. Hierbei vollzieht sich die von Raun benannte performative Wirkung. Schon allein die Zusammenstellung der Liste selbst dient als Anhaltspunkt für die performativen Effekte, insofern bereits durch die Auswahl der Merkmale selbige als bedeutsam für die geschlechtliche Identifizierung hergestellt werden. Die Auswahl bringt mit hervor, *was* bezeugt werden soll. Darüber hinaus kommentiert gorillashrimp bestimmte Merkmale verbal und gestisch. Er weist durch Zeigen auf die gerade im Fokus stehende Körperpartie, streicht über die Haare auf seinem Bauch oder Bein, führt sein Gesicht ganz nah an die Kamera, damit der Bartwuchs besser zu erkennen ist und fährt mit dem Finger an seinem Gesicht entlang, um ergänzend hervorzuheben, was dem Blick der Kamera möglicherweise entgeht: »I've got all these like random little hairs that you probably also can't see in the video, but there's a bunch of random hairs in there.«[97] Er dirigiert den Blick der Zuschauer_innen über die Aufstellung der Kamera, der Positionierung seines Körpers zur Kamera und über Gesten auf die Körperpartien, die ihm für das eigene männliche Selbstbild besonders wichtig sind und bringt diese Partien in ihrer Bedeutung gleichsam im

---

96   Raun, *Out Online*, S. 120, Herv. sh.

97   gorillashrimp, *3.21.15 - 1 Year on Testosterone - FTM Transition Update - List of Changes Throughout the Past Year*, 06:22–06:28. Die hier bereits anklingende Mangelhaftigkeit der Technik, einzelne körperliche Eigenschaften auch für die Betrachtung durch Zuschauer_innen adäquat aufzeichnen und sichtbar machen, sie entsprechend hervorbringen zu können, werde ich in Kapitel 2 unter besonderer Berücksichtigung von Lichtverhältnissen und digitaler Sensortechnik ausführlicher analysieren. Dabei wird (retrospektiv) deutlich, dass die Praktik des Vloggens trotz der oder auch mit den von gorillashrimp bemerkten technischen Unzulänglichkeiten vornehmlich explizit *weiße* Männlichkeiten herstellt.

Zeigen und Positionieren erst hervor. Das auf diese Weise, im Zeigen und vor der Kamera durch Posen entworfene Bild seiner selbst und die entsprechenden geschlechtlichen Körperpraktiken, lösen Reaktionen auf Seiten der Zuschauer_innen aus. Deren zumeist anerkennenden Kommentare zu den Videos stellen quasi einen Alltagstest dar. Loben andere das Aussehen oder die Kleidung oder geben Tipps, wie eine >männliche< Erscheinung noch zuverlässiger gelingen könnte, ermöglicht dies einen verstärkten Modus der Selbstkontrolle, oder wie Raun festhält: »[O]ne learns to master one's appearance.«[98]

Die Vlogs werden damit, und das ist ein weiteres zentrales Ergebnis von Rauns Analysen, zu einem Medium der Transition, das in Kombination mit Testosteron und operativen Eingriffen von trans* Vloggern gezielt eingesetzt wird, um den eigenen Körper und insbesondere den Oberkörper zu formen:

> [...] the massive preoccupation with the firm, muscular (upper) body in the videos convey willful, disciplined *male self-creation*. The built body involves pain and bodily suffering; it is an achieved body, worked on, and planned – *the literal triumph of mind over matter*. The built body is not the body one is born with, it is the body made possible by the application of *thought and planning*, just like the medically modified trans body itself.[99]

Auch von gorillashrimp sieht man in seinem Video vor allem seinen Oberkörper, dessen männlich konnotierte V-Form er ebenso stolz vorführt wie die Muskeln in Schultern und Armen. In diesem Modus der Selbstrepräsentation und Selbstvergewisserung, so führt Raun weiter aus, erfüllen die Vlogs eine ähnliche Funktion wie die literarische Autobiografie.[100] Das Selbst erzähle sich dabei zwar entsprechend der jeweiligen medialen und genretypischen Rahmungen und den durch sie vorgegebenen Regeln, entwirft sich innerhalb dieses Settings jedoch nach eigenen Vorstellungen und Idealen – und nicht, wie in der therapeutisch geforderten Biografie, nach Behandlungsmaßstäben des ICD-10.

---

98   Raun, *Out Online*, S. 105.
99   Ebd., S. 68–69, Herv. sh.
100 Vgl. ebd., 126–32.

Trans* Vlogs entfalten demnach ein erhebliches emanzipatorisches Potenzial: Sie ermöglichen die Herstellung von und den Eintritt in eine zunächst digitale, dann aber über den virtuellen Raum hinausreichende Community. Innerhalb der YouTube-Architektur erschaffen die Vlogger_innen eine Sichtbarkeit und zumindest nischenhafte Öffentlichkeit. In dieser Öffentlichkeit werden sie nicht pathologisiert, sondern durch positive Kommentare anderer User_innen, durch Likes und Verlinkungen von anderen trans* Vloggern bestärkt.

Den Vlogs selbst kommt in Rauns Untersuchungen eine Rolle als Werkzeug zu, dessen Einsatz eine selbstbewusste Auseinandersetzung mit dem eigenen geschlechtlichen Sein sowie eine handlungsmächtige Positionierung im trans* Diskurs ermöglichen. Den Darstellungen folgend erlauben sie in dieser Funktion Gegenentwürfe zu den während des Prozesses der Transition erfahrenen institutionalisierten und pathologisierenden Dokumentationsformen via Gutachten, Akten, Protokollen und Bescheinigungen. Die Webcam, YouTube als sozial-mediale Plattform und das Testosteronpräparat werden in Rauns Studien zum trans* Vloggen als Mittel der Transition beschrieben, die zielgerichtet eingesetzt werden, um Veränderungen des Körpers aktiv herbeiführen und letztlich eine Geschlechtsangleichung erreichen zu können:

> [...] the vlog is employed as a digital technology of the self among other transitioning technologies. Thus, representation and transformation is not something >done< to the vloggers but is part of an *active process of self-determination* through the vlog as an important site for working on, was well as producing and exploring, the self.[101]

Im und am vergeschlechtlichten Körper laufen zahlreiche persönliche Ansprüche, gesellschaftliche Vorstellungen und kulturelle Bilder zusammen. Welche Bedeutung die Aneignung des eigenen Körpers sowie des Diskurses für die Herstellung ebenso wie die Beschreibung der trans* Vlogs als emanzipative Dokumentationsform hat, kann daher nicht überschätzt werden. Laut Raun steht bei den Vlogs die Sichtbarkeit und die Anerkennung von trans* als lebbarer Geschlechtlichkeit auf dem Spiel.

---

101 Ebd., S. 118, Herv. sh.

Ohne diese Funktion der Vlogs in Abrede stellen oder die bereits beschriebenen Effekte bagatellisieren zu wollen, werden die folgenden Analysen einen anderen Blick auf trans* Vlogs ermöglichen. Ich füge den bisherigen Betrachtungen eine weitere Perspektive hinzu, die sich der Rolle des Testosterons und der Frage der Zeitlichkeiten in den Vlogs widmet. Meiner Ansicht nach lassen sich die trans* Vlogs angesichts der Komplexität der sich in ihnen überlagernden Diskurse, Materialitäten und Techniken unter den bisherigen Zugriffen noch nicht in ihrer medialen Spezifik erfassen. So können Einsatz und Bedeutung der Vlogs bisher lediglich als identitäts- und repräsentationspolitische Strategien argumentiert werden. Zudem hat die spezifische Medialität der trans* Vlogs als digitalem Medium in ihren Eigenschaften, Funktionsweisen und Effekten wenig Aufmerksamkeit erfahren. Zwar bildet YouTube als prominenteste Vlogging-Plattform im bisherigen Diskurs einen Rahmen für die Untersuchung von Community-Bildung online wie offline und wird zum Kommunikationsmittel (inter)nationaler Vernetzung sowie zum Resonanzraum der individuellen performativen Selbstherstellung. Zudem kann dieser Prozess über den Austausch mit anderen trans* Personen einen Modus der D.I.Y. Selbst- oder Gruppentherapeutik erzeugen. Doch die spezifischen ästhetischen Eigenschaften der Videos und die Effekte der Infrastrukturen von YouTube bleiben unberücksichtigt. Darüber hinaus ist auch die Rolle des Testosterons in trans* Vlogs erst oberflächlich beschrieben worden. Anhaltspunkte für die Notwendigkeit einer Analyse, die sich genauer sowohl dem Hormon(präparat) wie auch der Medialität, insbesondere der Zeitlichkeiten der Vlogs widmet, liefern die Vlogs selbst. Denn deren Effekte und Funktionen erweisen sich als keineswegs so eindeutig und kontrollierbar, wie die bisherigen, auf Selbstrepräsentation und -ermächtigung fokussierten Beschreibungen vermuten lassen.

Das eingangs beschriebene Video von gorillashrimp erscheint in der Tat wie eine transitionelle Erfolgsgeschichte nach den von Raun und Horak entworfenen Parametern der geglückten Selbstherstellung: Der Vlogger ist sichtlich zufrieden mit den durch das Testosteron herbeigeführten Veränderungen seines Körpers und seiner Psyche. Er fühle sich unvergleichlich viel wohler in seiner Haut, sei zufriedener mit sich selbst und freue sich über seine zunehmend männlichere Erscheinung. Nach nur einem Jahr hat sich sein Körper mit der Verabreichung von Testosteron nicht nur so verändert, wie er es sich vorgestellt hatte, sondern die Effekte sind an einigen Partien seines Körpers sogar deutlicher und stärker hervorgetreten, als er erwartet hatte. »I have an Adam's apple, which I didn't think was gonna happen but it did.«[102] Der Einsatz des Hormonpräparats scheint seine Wirkung zielgenau zu entfalten und die Tatsache, dass einzelne Veränderungen die Erwartungen sogar übertreffen, liest sich als ein Beleg für die besondere Eignung dieses Körpers, männlicher erscheinen und in der Hinsicht optimiert werden zu können.

Gleichzeitig fallen aber beiläufige Kommentare des Vloggers auf, die sich in dieses Bild der erfolgreichen Selbstgestaltung nicht kongruent einfügen wollen. gorillashrimp beschreibt, wie die hormonelle Umstellung bei ihm Akne auslöst, mit der er im Gesicht, auf Brust und Rücken zu kämpfen hat. Ein erwartbarer, aber keineswegs gewünschter Effekt der Hormonbehandlung, von dem er nicht abschätzen kann, wie lange er sich damit noch wird auseinandersetzen müssen. Ähnliche Unbestimmtheit scheint auf, wenn er den Muskelzuwachs und die Veränderung seiner Statur in den Blick nimmt:

> [...] things *became* more defined. So, that's interesting. I didn't expect that to happen. [...] I didn't expect for the leaning out to happen but that's happened relatively recently, like the last month or so or two or so – sounds interesting.[103]

Er beobachtet seinen Körper interessiert und aufmerksam, kann aber nicht genau sagen, wann manche Veränderungen begonnen haben – oder ob sie bereits abgeschlossen sind. Bemerkenswert ist dabei die Verwendung der passivischen Form: Diese deutet an, dass allein dem auf nicht gänzlich nachvollziehbare Weise wirksamen Testosteron das Potenzial zugeschrieben wird, die spezifische Ausprägung der Muskeln verändern zu können. Diese Formulierung ist vor allem interessant, weil gorillashrimp im weiteren Verlauf des Videos in einem Nebensatz erwähnt, dass er regelmäßig ins Fitnessstudio geht, er diese Tätigkeit aber in der Aufzählung der körperlichen Veränderungen nicht mit sei-

---

102 gorillashrimp, *3.21.15 - 1 Year on Testosterone - FTM Transition Update - List of Changes Throughout the Past Year*, 01:25–01:29.
103 Ebd., Herv. sh.

nem Muskelaufbau in Verbindung bringt.[104] Vielmehr bezeichnet er den Muskelaufbau als eine Veränderung, die er selbst ›interessant‹ findet. Ebenso wie den Haarwuchs an seinen Beinen, den er als nicht besonders ausgeprägt feststellt und dazu bemerkt: »[…] it's been kind of like just creeping« – währenddessen führt er seine Hände über seinem Oberschenkel in Beschreibung des Haarwuchses zusammen und kommentiert: »it's still not completely there, it's still not. And I've got some *weird* bald spots on my legs, too. But, I think that'll eventually fill in.«[105] In der beschriebenen *weirdness* drückt sich eine irritierte Erwartung bezüglich der Wirkungen des Testosterons und dessen am Körper sichtbaren Resultate aus – inklusive der an einigen Stellen unerklärlicherweise ausbleibenden Effekte. Die Haare an den Beinen scheinen sogar eine Art Eigenleben zu führen, wenn sie sich – das englische *creeping* als kriechen oder ranken übersetzt – ausbreiten oder fortbewegen. In dieser Metaphorik scheinen sie wie eigenständige Organismen zu agieren oder jedenfalls nicht einem Protokoll gehorchend zu wachsen.

In der Unsicherheit darüber, was durch das Testosteron mit dem Körper geschieht oder auch nicht geschieht oder ob gewisse Effekte eintreten oder nicht, macht sich bemerkbar, dass die Formung des Körpers möglicherweise nicht so eindeutig und zielgerichtet funktioniert, wie die Narrativierung der Vlogs und ihre bisherige Diskursivierung es nahelegen. Vielmehr sind es nicht nachvollziehbare und mitunter sogar unheimliche Veränderungen des Körpers, die die Praktik des Vloggens prägen und die gleichzeitig auch mit dem Vloggen hervorgebracht werden. *Creep*ing *hair* ist im Modus der Selbstdokumentation gleichzeitig auch *creepy hair* – merkwürdig und unheimlich.

Dabei sind die pharmazeutischen wie kulturell perpetuierten Versprechen des Testosterons klar benennbar – und in dieser Eindeutigkeit verheißungsvoll: Ein Bart wird wachsen, die Körperbehaarung zunehmen, Stimmbruch wird einsetzen, die Muskelmasse wird zunehmen und die Gesichts- und Körperformen werden sich verändern, wenn auch die Dosierung durchaus eine Rolle spielt. Hinzu kom-

---

104 Ein Detail bildet auch das im Hintergrund dieses Videos erkennbare Fahrrad, das im Sinne einer Mise en Scène, wenn nicht als spezifisch drapierte, so doch als zumindest hingenommene Requisite, als Hinweis auf eher sportlichen Lebensstil verstanden werden kann.

105 Ebd., Herv. sh.

men in den Vlogs geäußerte Erfahrungen, wonach Selbstbewusstsein, Tatendrang und Zufriedenheit mit der Injektion oder dem Auftragen von entsprechenden Präparaten gesteigert würden. Die biochemisch ausgelösten Reaktionen des Hormons im jeweiligen Körper können selbigen damit jedoch zuerst noch einmal in pubertäre Veränderungsprozesse mit all ihren unkalkulierbaren Nebeneffekten katapultieren. Dazu gehören eben auch Stimmungsschwankungen, Aggressivität, Heißhunger, Müdigkeit, Unruhe und die bereits erwähnte Akne. Diese Phänomene werden in den Vlogs oft als zu ertragende Übel thematisiert: man gibt sich gegenseitig Tipps, damit umzugehen oder fragt nach Einschätzungen aufgrund der Erfahrungswerte anderer, ob die dementsprechend an sich beobachteten Veränderungen üblich oder Anzeichen für ungeeignete Dosierungen des Hormons sind. Hinzu kommt, dass mit den veränderten Hormonspiegeln (*hormone levels*) im Körper auch Prozesse in Gang gesetzt werden, die die meisten, wenn sie könnten, gerne unterbinden würden. So nimmt der Haarwuchs auch an Körperstellen wie den Schultern, dem Rücken oder dem Hintern zu, dafür droht auf dem Kopf unter Umständen teilweise oder umfänglich Haarausfall. Diese Effekte können weder vorausgesehen noch geplant oder aufgehalten werden.[106]

All diese Unsicherheiten angesichts unerwünschter oder nicht eintretender Veränderungen sorgen jedoch nicht dafür, dass gorillashrimp besorgt wäre oder seine Transition negativ betrachten würde. Ganz im Gegenteil: Mehrfach scheint gorillashrimp während der Aufnahme des Videos von den an sich selbst beobachteten Veränderungen freudig überwältigt. Immer wieder lacht er erfreut über die soeben ge-

---

106 Manche Vlogger reduzieren die Dosis der Testosteronpräparate in der Absicht, die körperlichen Veränderungsprozesse gezielter gestalten zu können. Die – zumeist ärztlich abgestimmte – Entscheidung über eine mildere Dosierung eines Präparats suggeriert zwar eine gewisse Kontrolle über die möglicherweise eintretenden Effekte, insofern Veränderungsprozesse unter Umständen langsamer ablaufen und unerwünschte Wirkungen gegebenenfalls frühzeitig erkannt werden, aber auch dann lassen sich die Reaktionen des Körpers auf das verabreichte Testosteron nicht steuern. Die Behandlung kann jedoch unterbrochen oder abgebrochen werden, bevor sich die nicht gewollten Veränderungen intensivieren. »Even if you can't pick and choose what happens, it's ok, like you'll figure it out. Like the moodiness, I figured out. There are a lot of trial and errors [...]«. Siehe megemiko, *Trans*/Non-Binary: Low Dose Testosterone for ~1 Year!*, 20. Juli 2019 <https://www.youtube.com/watch?v=qe4VAvr35mY> [Zugriff: 30. Mai 2025], 0:11:31–0:11:39. megemiko hat nicht nur dieses eine Video zu niedrig dosiertem Testosteron erstellt, das Thema bestimmt den gesamten Kanal.

schilderten Eigenschaften seines Körpers, als hätte er sie just in diesem Moment zum ersten Mal entdeckt. Er grinst, wenn er verspielt die Haare auf seinem Bauch krault, flüstert beinahe zärtlich, wie sehr er die Ausprägung seiner Kieferpartie mag, während er mit dem Zeigefinger daran entlangfährt und als er über seinen Bart spricht, ruft er aus: »Facial hair, that's exciting! I love my facial hair.«[107] Als Moment größter freudiger Überwältigung fällt eine Szene gegen Ende des Videos auf, als gorillashrimp resümiert, wie die Transition ihn persönlich verändert hat: »I can just be myself and it's amazing. I love that I can just be myself, so great. And I just... I'm really happy and it's...«[108] Hier bricht er ab, die nächsten Sekunden bekommt er nur ein Stottern und ein *yeah* über die Lippen, begleitet von einem kurzen Lachen und einer Verlegenheitsgeste – er kratzt sich am Kopf. Es ist die Vielzahl solch freudiger Ausbrüche in der digital hergestellten Selbstbeobachtung bei gorillashrimp, die es angebracht erscheinen lassen, die Praktik des trans* Vloggens auch als einen Moment der sozial-medialen Spiegelung zu betrachten.

Der Moment, in dem eine trans* Person das eigene Spiegelbild betrachtet, ist paradigmatischer Bestandteil konventioneller Erzählungen von oder über trans* Erfahrungen.[109] Entsprechende Szenen finden sich dabei in literarischen Autobiografien ebenso wie in Spiel- oder Dokumentarfilmen.[110] Für deren zumeist strengere lineare Narration bildet die Spiegelszene als Genre-Konvention eine Art narrativen Umschlagspunkt: Im Anblick des eigenen Spiegelbilds wird das Aus-

---

107 gorillashrimp, *3.21.15 - 1 Year on Testosterone - FTM Transition Update - List of Changes Throughout the Past Year*, 06:03–06:06.

108 Ebd.

109 Vgl. Saalfeld, *Transgeschlechtlichkeit und Visualität*, S. 282–95; Prosser, *Second Skins*, S. 99–134.

110 Im australischen Spielfilm *52 Tuesdays*, Regie: Sophie Hyde (AU, 2013) ist die Spiegelszene sogar vervielfacht, wenn der trans* Protagonist James seiner Tochter ein Video von sich zeigt, in dem er vor einem Spiegel und gleichzeitig für die Kamera posiert. Auch wenn dieses Video im Film nicht explizit als (YouTube-)Vlog markiert ist, bringt James es mit Bildern anderer trans* Männer, die er aus dem Internet hat, in Verbindung. Zudem orientiert sich sein Video sehr deutlich an der trans* Vlog-Ästhetik, wie wir sie bei gorillashrimp kennengelernt haben: James nimmt ähnliche Posen ein, spannt die Arme an, hält sein Kinn nah an die Kameralinse und übernimmt das verbreitete Ritual, die Stimmveränderung mit Testosteron über das wiederkehrende Aufsagen des immer gleichen Satzes optimal vergleichen zu können: »This is my voice on testosterone – one week« (*52 Tuesdays*).

einanderfallen des gelebten Geschlechts mit der am vergeschlechtlichten Körper verankerten Geschlechtszuschreibung thematisiert, um zu einem chronologisch späteren Zeitpunkt – meist post-operativ und/oder nach Beginn einer Hormonbehandlung – über die erneute optische Spiegelung in literarisch oder filmisch erzählter Reflexion wieder zu einem kongruenten Selbst zusammengefügt zu werden.[111] Diese Kongruenz wird dabei dem eigenen Handeln bzw. den selbst getroffenen Entscheidungen zugeschrieben: Die Entscheidung, den Namen zu ändern, sich operieren zu lassen, Hormone zu nehmen, Gesten zu erlernen, Kleidungsstile zu verändern.

Während die filmischen und literarischen Aufzeichnungen sich sowohl an konkreten Spiegelsituationen entfalten als sie auch in ihrer Nachträglichkeit eine Spiegelfunktion erfüllen, leistet der hochgeladene Vlog und bereits die Videoaufnahme selbst eine doppelte Spiegelung mit einer anderen Zeitlichkeit: Das von der digitalen Kamera aufgenommene Bild wird zeitgleich auf einem Bildschirm angezeigt, sodass die Vlogger_innen schon zum Zeitpunkt der Aufnahme überprüfen können, wie sie sich selbst dokumentieren und damit präsentieren. Gorillashrimp sucht auch unter Zuhilfenahme seines digitalen Spiegelbilds nach Merkmalen an seinem Körper, die er den Zuschauer_innen und nicht zuletzt sich selbst vorführen möchte: Er tastet den eigenen Oberarm mit seiner Hand und seinen Blicken ab, um einen Körperbereich zu finden, an dem er demonstrieren kann, wie viel aderiger sein Körper geworden ist, und kontrolliert dabei gleichzeitig, ob dieses (Selbst-)Bild sich in der Videoaufnahme bzw. auf seinem Bildschirm wiederfindet.

Die Kamera übernimmt hier in doppelter Form eine Spiegelfunktion: Neben der Bildausgabe auf dem Bildschirm des Vloggers selbst sorgt die Kamera dafür, dass zu einem späteren Zeitpunkt ein Video hochgeladen und auf den Bildschirmen der Zuschauer_innen betrachtet werden kann. Über die Kameraaufnahme und die Plattformarchitektur von YouTube verlängert sich der Spiegel gleichsam ins soziale Medium hinein und fordert die anderen Betrachter_innen dazu auf, sich zu diesem Bild zu verhalten: Über die Kommentare geben sie Rückmeldungen zum gelungenen oder zu verbessernden

---

111 Vgl. Prosser, *Second Skins*, S. 102.

passing, bewundern die bereits erreichten Veränderungen, sprechen Mut und Durchhaltevermögen zu oder bringen ihre Mitfreude zum Ausdruck. An diese Beobachtungen und die bereits beschriebenen Ermächtigungsstrategien anschließend fasst Raun, der sich ebenfalls mit der Spiegelfunktion befasst, die Funktion von Vlogs folgendermaßen zusammen:

> The vlog as a medium becomes a multifaceted mirror, enabling *self-creation* and self-labeling, while also establishing contact and interaction with likeminded others who can encourage and support one's (transitioned) self-recognition. YouTube as a platform becomes a site for identification, for trying out and assuming various identities and for seeing one's own experiences and thoughts reflected in others.[112]

Raun bezieht den Moment der Spiegelung vor allem auf den in Lacanscher Psychoanalyse zentralen Prozess der Identifizierung. Jacques Lacan macht das Spiegelstadium als eine Entwicklungsstufe des menschlichen Kleinkinds im Alter von sechs bis achtzehn Monaten aus, in der es das gespiegelte Gegenüber als sich selbst wahrnimmt. In »jubilatorischer Aufnahme seines Spiegelbilds« erfährt sich das Kleinkind als unterschieden von anderen Objekten und dem mütterlichen Körper sowie gleichzeitig als einheitliches Ganzes.[113] Entgegen der visuell wahrgenommenen Einheit des Körpers und dem souveränen Zugang zum Bild, besteht jedoch eine mangelnde Souveränität im Umgang mit dem eigenen Körper und eine grundlegende Abhängigkeit von anderen. Von daher verläuft die Ausbildung des Ichs über die Identifikation mit dem Spiegelbild laut Lacan entlang einer Verkennung der (noch und dauerhaft) fehlenden Integrität des Körpers und der Verfügungsgewalt über selbigen.

Auf diesen Moment der Verkennung geht Raun allerdings nicht ein, wenn er den Vlog als Medium bezeichnet, der es allererst ermöglicht, eigenmächtig ein ideales Spiegel-Ich zu entwerfen, um es schließlich verkörpern zu können: »[…] the mirroring vlog can be

---

112 Raun, *Out Online*, S. 108, Herv. sh.

113 Jacques Lacan, »Das Spiegelstadium als Bildner der Ichfunktion, wie sie uns in der psychoanalytischen Erfahrung erscheint: Bericht für den 16. Internationalen Kongreß für Psychoanalyse in Zürich am 17. Juli 1949«, übers. v. Peter Stehlin, in Jacques Lacan, *Schriften 1*, hg. v. Norbert Haas (Frankfurt a. M.: Suhrkamp, 1975), S. 61–70, hier S. 64.

considered a medium through which one can *master* one's identity, trying out and incorparating the ideal reflection of the ego.«[114] Über die Auswahl des Bildausschnitts, der selbstgewählten Positionierung zum Aufnahmegerät und bewusst platzierter Beleuchtung haben die Vlogger_innen eine gewisse Kontrolle über das per Kamera auf den eigenen Bildschirm sowie per Upload und anschließendem Stream auf die Screens der anderen User_innen übertragene Bild. Sie können in einem gewissen Maß beeinflussen, dass sie zumindest in den Videos so gesehen werden, wie sie auch im Alltag gesehen werden wollen.

Unter den bereits beschriebenen Bedingungen von Pathologisierung und Fremdbestimmung ist es einerseits einleuchtend, trans* Vlogs als notwendige und mögliche Form visueller Selbstrepräsentation zu betrachten, die für persönliche wie kollektive Identifizierung bedeutsam ist, um »Transgeschlechtlichkeit als Subjektivtät« (transsexuality as subjectivity)[115] beanspruchen zu können. Andererseits hat sich gezeigt, dass allein die Perspektive der Ermächtigung dem medialen Phänomen nicht umfassend gerecht werden kann. Raun erwähnt dies beiläufig, wenn er auf die Ambivalenz der Spiegelbilder verweist, die schließlich immer auch die Gefahr bergen, ein Bild zu zeigen, das mit der eigenen Empfindung nicht übereinstimmt, was eine »Dis-Identifikation« (disidentification)[116] produziere. Selbst und Bild fallen auseinander, wenn die visuelle Spiegelung des Körpers geschlechtliche Zuordnungen aufruft, die als nicht passend erlebend werden. Das Spiegelbild geht folglich auch mit dem Risiko immenser Frustration oder gar Bedrohung einher. Aufgrund der körperlichen Erscheinung mit unpassenden Pronomen oder Anreden adressiert zu

---

114 Raun, *Out Online*, S. 114, Herv. sh.
115 Ebd., S. 115.
116 Vgl. ebd. Raun wie auch Prosser, auf den er sich an dieser Stelle bezieht, verstehen Disidentifikation als individuell schmerzhaftes Moment, das im Prozess der Transition überwunden werden und in Identifikation mit dem Spiegelbild überführt werden kann. Der Queertheoretiker José E. Muñoz hingegen beschreibt ›Disidentifikationen‹ – im Plural – als kollektiven politischen Akt der Auseinandersetzung mit hegemonialen Identifikationsangeboten, der gerade nicht auf eine Versöhnung zielt und stattdessen die entstehenden Widersprüche und Reibungen beschreibbar macht, vgl. José E. Muñoz, *Disidentifications: Queers of Color and the Performance of Politics* (Minneapolis: University of Minnesota Press, 1999). Nicht vorrangig identitätspolitisch argumentierend eröffnet Muñoz' Perspektive eine Ausdifferenzierung komplexer Begehren, in denen Geschlecht und Sexualität unter der Berücksichtigung von Race artikulierbar werden.

werden, ist eine schmerzhafte und deprimierende Erfahrung, die sich
über den Blick in den Spiegel wiederholen kann. Trotz dieses Aus-
einanderfallens überführt Raun das Vloggen als eine »Abfolge von
Spiegelstadien« (series of mirror stages)[117] letztlich in die Entstehung
einer befriedigenden Kohärenzerzählung:

> As far as I perceive it, the vlogs seem to both expose and
> connect any contingent split of transsexual life. The split be-
> tween a self before and a self after (medical) transition seems
> to be emphasized verbally as well as visually, manifesting the
> fact that change is happening and has happened. Yet the vlog
> also becomes a site for connecting the parts, creating a coher-
> ent narrative, and storing in one archive different looks and
> appearances.[118]

Rauns Schlussfolgerung legt nicht nur eine teleologische Zeitlichkeit der Vlogs zugrunde, vielmehr nimmt die von Lacan inspirierte
Betrachtung auch eine Repathologisierung zumindest in Kauf: Die
Vlogger werden schließlich in ihrer Tätigkeit des Vloggens tendenziell
infantilisiert, sofern der Modus der Spiegelung als Faszination mit dem
kleinkindlichen Spiegelstadium erklärt wird. So wäre es möglich, die
trans* Vlogger als in ihrer spezifischen Entwicklung und Reife in ein
gewisses Stadium zurückgeworfen zu verstehen, die damit nicht als
mündige Subjekte anzuerkennen wären.[119]

Vor diesem Hintergrund schlage ich eine Untersuchung der Vlogs
vor, die den Aspekt der Ungewissheit in der Spiegelung stärkt, statt ihn
aufzulösen. Ich betrachte Spiegelung weniger unter dem Aspekt der
Selbstrepräsentation und vor allem nicht als Moment des Auseinander-
fallens von »Körperbild (vorgestelltes Selbst) und Bild des Körpers
(reflektiertes Selbst)« (body image (projected self) and the image

---

117 Raun, *Out Online*, S. 115.
118 Ebd.
119 Für eine aus Perspektive der Trans Studies kritische Auseinandersetzung mit einer
   Lesart queerer Zeitlichkeit, die auf ein Verharren in Adoleszenz, also der Verweige-
   rung heteronormativer Zeitlichkeit des Erwachsenendaseins, baut, vgl. Julian Carter,
   »Embracing Transition, or Dancing in the Folds of Time«, in *The Transgender Studies
   Reader 2*, hg. v. Susan Stryker und Aren Z. Aizura (New York: Routledge, 2013),
   S. 130–43.

of the body (reflected self)),[120] was dann zwangsläufig das Zusammenführen dieser beiden Bilder erfordern würde. Vielmehr fokussiert die von mir vorgeschlagene Perspektive die Brüche, Unsicherheiten und Zweifel, die im Modus der Selbstdokumentation per Vlog sowohl hervortreten als sie sich darin auch herstellen. Diese setze ich zum affirmativen Gestus der Vlogs in Beziehung, der nicht *trotz*, sondern gerade *wegen* dieser Ungewissheiten von den Vloggern vollzogen werden kann.

Hierbei geht es mir darum, eine ganz bestimmte Vorstellung der Zeitlichkeit des Selbst, die sich in Rauns Interpretation findet, zu überwinden. Laut Raun seien die aufgenommenen Bewegtbilder gleichermaßen Ziel wie Ausdruck von Selbstverwirklichung in einem. Das transitionierende Selbst ist dabei sowohl bereits vor der Kamera existent, als es sich auch mit ihrer Hilfe auf eine nahe Zukunft hin noch (weiter) entwirft. Somit sei der Vlog neben geschlechtsangleichenden Operationen und Hormonbehandlungen ein weiteres Instrument, dessen sich die Vlogger bedienen können, um das eigene geschlechtliche Sein zu entwerfen und zu realisieren.[121] Doch die so verstandene Selbstbestimmung setzt voraus, dass die Vlogger zum einen sehr genau wissen, wie sie sich – um in diesem technischen Vokabular zu bleiben – produzieren wollen, d.h. welche körperlichen Effekte die Ziele ihrer Anstrengungen bilden, und zum anderen, mit welchen Mitteln sie dies erreichen können. Die Transition wird zu einem scheinbar geradlinig verlaufenden Projekt nach kontrolliert veränderbaren Parametern. Führt man diese Beobachtung konsequent fort, sind allerdings nur die Vlogs politische Instrumente gelungener Selbstidentifikation, in denen sich über die Dauer des Vloggens das Paradox von trans* Erfahrungen vollzieht, die Person zu *werden*, die man *immer schon* gewesen ist bzw. sein soll.

Mit dieser Erwartung, in zielstrebiger Vorgehensweise eine kohärente, stabile Identität zu entwickeln, die sich auch körperlich eindeutig ausprägt, unterscheiden sich die Vlogs dann jedoch kaum von

---

120 Prosser, *Second Skins*, S. 100. Prosser bindet dieses Auseinanderfallen argumentativ an eine explizite Differenz von Sex und Gender. Eine Problematisierung dieser strikten Trennung, insbesondere für die Frage nach einem Anspruch auf Männlichkeiten in den trans* Vlogs, erfolgt in Kapitel 3.

121 Vgl. Raun, *Out Online*, S. 118.

den bereits beschriebenen pathologisierenden Anforderungen und dokumentarischen Praktiken, mit denen die juristischen, medizinischen und therapeutischen Institutionen trans* Personen konfrontieren. Auch dort wird das Trans*sein erst anerkannt, wenn dieses sich in überzeugend dargelegter Gewissheit, biografischer Dauer und dem dringlichen Wunsch der körperlichen Veränderungen ausweist. Das Vloggen wäre damit eine Fortsetzung des staatlichen Dokumentationszwangs auf lediglich einer anderen Plattform und mit anderen Medien. Der Grad der relativen Freiheit in der Selbstrepräsentation wäre gegenüber den pathologisierenden Kriterienkatalogen von Gericht und Medizin nur geringfügig verändert. Ist das emanzipative Potenzial von trans* Vlogs folglich nur ein auf sie projizierter Wunsch? Wird auch dort lediglich die Regulierung von Geschlecht fortgesetzt, wie sie mit endokrinologischen Mittelwerten, normierenden Verhaltenstherapien und nach binärgeschlechtlicher Ordnung angelegten Dokumentationsmodi bereits vollzogen wird – von den geforderten Alltagspraktiken der binären Vergeschlechtlichung einmal ganz abgesehen? Die Vlogs selbst geben Anlass, unter anderen Vorzeichen als denen der Kohärenz, Sicherheit und Eindeutigkeit über ihre Bedeutung und Funktion in dem Dokumentationsprozess, den eine geschlechtliche Transition bedeutet, nachzudenken. Die Zeitlichkeiten der Vlogs sind deutlich komplexer, ungewisser und unbeständiger als die Realisation eines planbaren Projekts.

Dies wird am Video von gorillashrimp besonders deutlich, dessen Heiterkeit das gesamte Video von knapp 19 Minuten Länge prägt. Er lacht und ist vergnügt auch angesichts aller Umstände, mit denen er konfrontiert ist: der Akne, der seltsam ausbleibenden Behaarung an seinem Bein, der Überwältigung, der er sich angesichts der massiven Veränderungen in seinem Leben ergibt. Die Glücksmomente sind nicht allein an die nach Behandlungskatalog als erfolgreich zu beurteilenden körperlichen und emotionalen Veränderungen seit Beginn der Hormonbehandlung geknüpft, sondern erwachsen auch aus den unvorhergesehenen oder ungewissen Effekten. Seine Begeisterung zeugt davon, dass er nicht *trotz*, sondern auch *mit* diesen Unwägbarkeiten vergnügt ist. Hingegen bestünde in einem ärztlichen oder therapeutischen Setting die Gefahr, dass die Zufriedenheit der behandelten Person auch mit nicht-normativen Veränderungen oder einem Ausbleiben von Effekten als (Selbst-)Zweifel am Trans*sein verstanden werden könnte. Doch gorillashrimp kann sich im Vlog auch angesichts des partiellen Scheiterns der Testosteronbehandlung oder deren Ungewissheit freuen, ohne dass diese Affirmation sein Trans*sein in Zweifel zieht.

Die Vlogs entfalten ein emanzipatives Potenzial gerade dort, wo die körperliche Entwicklung möglicherweise auch dem selbstentworfenen und gewünschten Idealbild widerspricht. Das Glück besteht darin, nicht allein die von den Präparaten und deren laut Packungsbeilage wahrscheinlichen Behandlungseffekte dokumentieren zu können, sondern auch das befreiende Moment zu erfahren, sich nicht nach diesen Maßstäben beweisen zu müssen. Bereitwillig teilt gorillashrimp die Erfahrung des teilweisen Scheiterns mit anderen. Sein wiederholtes Grinsen und Lachen unterbricht nicht nur seinen Redefluss und die Aufzählung der körperlichen Veränderungen, die er zur Vorbereitung der Videoaufnahme sorgfältig notiert hat. Es unterbricht auch die vermutete oder erwartete Erfolgsgeschichte seiner Transition. Dabei entsteht allerdings nicht der Effekt, dass sie als gesamter Prozess in ihrer Berechtigung, Ernsthaftigkeit oder Notwendigkeit fragwürdig würde. Im Gegenteil, die Vlogs ermöglichen es, dass auch die Unterbrechung, das Außerplanmäßige nicht als zu verhindernde Störung angesehen und zugunsten einer vermeintlichen (geschlechtlichen) Eindeutigkeit in einer gewissen Weise korrigiert werden müsste. Vielmehr kann gorillashrimp die Freude darüber teilen, sich in all diesen Umständen wohlzufühlen. Wie ich auch an weiteren Beispielen ausführen werde, entfalten Vlogs somit das Potenzial, andere Möglichkeiten von Trans*sein sicht- und damit lebbar zu machen. Wenn sich trans* Subjektivierungen somit nicht notwendig entlang diagnostischer Verfahren und therapeutischer Methoden vollziehen, werden mögliche Zukünfte offener und potenziell vielfältiger.

Dieses Potenzial hängt grundlegend mit der Medialität des Vloggens zusammen. Allerdings ist der Einsatz der Webcam oder Digitalkamera, des Smartphones, die Behandlung mit Testosteron, das Nutzen von YouTube und die Vernetzung auf dieser Plattform nicht deswegen den staatlichen Dokumentationsformen entgegengesetzt, weil sich hier ein souveränes Subjekt dieser Techniken bedient, um zielgerichtet und aktiv eine Selbstgestaltung vorzunehmen und diese in audiovisuelle Repräsentation zu überführen. Stattdessen entsteht eine emanzipative Form der Selbstdokumentation von Ungewissheit, Unkontrollierbarem, Unvollendetem und Nicht-Determiniertem. Denn nicht nur entzieht sich die algorithmische Funktionsweise der Videoplattform und damit die zeitliche Anordnung der Videos sowie ihre nachträgliche Auffindbarkeit – ich komme später darauf zurück – einer Kontrolle des Vloggers. Auch das Testosteron, dessen Einsatz, in Übereinstimmung mit den pharmazeutischen und kulturellen Versprechen von Durchsetzungs-, Willens- und Muskelkraft, nicht selten als *die* zentrale Technologie der Transition angepriesen wird, ist kein Garant für die erhofften und erwünschten körperlichen Veränderungen.

Der menschliche Organismus ist so komplex, dass die Auswirkungen einer Hormontherapie zwar in einem gewissen Spektrum erwartbar, niemals jedoch exakt vorhersagbar oder determiniert sind. Dies liegt unter anderem daran, dass das Hormonsystem auch mit dem Nerven- und nicht zuletzt mit dem Immunsystem verknüpft ist und gewisse Hormone beispielsweise auch als Informationsträger in neuronalen Prozessen mitwirken.[122] Dennoch gibt es die Erwartung, mit Hormonen sehr gezielt Änderungen am Körper hervorbringen zu können. So schreibt auch der ICD-10 für die Behandlungspraxis von trans* Personen vor: Wer seinen Vornamen und/oder Personenstand ändern (lassen) möchte, muss den eigenen Körper mit »chirurgischer und hormoneller Behandlung [...] dem bevorzugten Geschlecht soweit wie möglich« angleichen wollen.[123] Auch wenn die Formulierung des ›soweit wie möglich‹ eine Ungewissheit impliziert, dominiert doch die Annahme einer grundsätzlichen Veränderbarkeit von Geschlecht durch die Zuführung von Hormonen zu einem Körper.

An dieser Vorgabe zeichnet sich noch immer ab, was bereits in den Anfängen der Endokrinologie, der Lehre von den Hormonen, um 1900 die Motivation für zahlreiche Versuche mit inneren Sekretionen, Transplantationen von Keimdrüsen und später der Verabreichung von

---

122 Vgl. Clemens Marischler, *Endokrinologie* (München: Urban & Fischer, 2007), S. 1.

123 Deutsches Institut für Medizinische Dokumentation und Information, *ICD-10-GM*, S. 215 <https://www.icd-code.de/icd/code/F64.-.html> [Zugriff: 30. Mai 2025]. Im Januar 2022 trat der ICD-11 in Kraft, ist in Deutschland 2025 zwar gültig, aber nicht implementiert. Darin wird trans* bezogene Geschlechtsinkongruenz nicht mehr als psychische Störung aufgeführt, sondern der Rubrik ›sexuelle Gesundheit‹ [sexual health] zugeordnet, vgl. Jacke, *Medizinische Trans Konzepte im Wandel*, S. 60.

biologisch gewonnenen oder synthetisch hergestellten hormonellen Präparaten war: Hormone wurden und werden als Instrumente der Steuerung, Regulierung und Normalisierung begriffen. Sie sollen der (Wieder-)Herstellung vermeintlich eindeutig männlicher oder weiblicher Körper dienen, deren Geschlecht und geschlechtliche Eindeutigkeit vor allem darüber definiert ist, dass sie entweder als weibliche in erster Linie reproduktionsfähig oder als cis-männliche vor allem leistungs- und zeugungsfähig, jugendlich und kraftvoll sein sollten.[124] Dass die Produktion des Wissens um Hormone und ihre Wirkungen selbst eine Vielzahl an Experimenten und Versuchsanordnungen hervorgebracht hat, die sich – wie manche Misserfolge in ihrem heutigen Einsatz – ebenfalls als eine Geschichte des Scheiterns erzählen ließen, sei hier nur am Rande erwähnt.[125] Mit der zu Beginn des 20. Jahrhunderts gewonnenen Erkenntnis, dass der menschliche Körper nicht allein durch die Übertragung elektrischer Impulse, sondern ebenfalls durch die Zirkulation von Drüsensekreten lebensfähig ist und diese Le-

---

124 Neben der Herstellung eindeutiger Geschlechter wurde historisch auch daran geforscht, mittels Hormonen die sexuelle Neigung zugunsten einer heteronormativen Sexualität zu beeinflussen, um Homosexualität zu >heilen<. Der Mathematiker Alan Turing, dessen Denkmodell der Turing-Maschine als Grundlage für algorithmische Arbeitsweisen heutiger Computer gilt, wurde noch 1952 wegen seiner in Großbritannien als >Unzucht< unter Strafe stehenden Homosexualität verurteilt und erhielt statt Gefängnisstrafe eine sogenannte >chemische Kastration<. Die Verabreichung von Östrogenen sollte zu einer Unterbindung des (homo)sexuellen Begehrens führen. Zwei Jahre nach diesem Urteil nimmt Turing sich, schwer depressiv, das Leben. Während ein entsprechender Einfluss der Östrogene auf Turings psychischen Zustand nur vermutet werden kann, ist bemerkenswert, wie selbstverständlich ein kausaler Zusammenhang zwischen Hormongabe, Depression und Suizid hergestellt wird. Ausgeblendet wird in dieser Erklärung, dass auch die Stigmatisierung als (verurteilter) Homosexueller selbst eine Rolle für die Entwicklung seiner Depression spielen könnte. Eine solche Nicht-Thematisierung struktureller Diskriminierungen betrifft auch trans* Personen, für die eine im Vergleich zu cis Personen erhöhte Suizidrate vor allem im Trans*sein selbst, nicht aber in den gewaltvollen Ausschluss- und Diskriminierungsmechanismen einer heteronormativen Mehrheitsgesellschaft begründet wird. Turing wird erst 2013 posthum rehabilitiert.

125 Siehe dafür die von Sengoopta sehr umfangreich aufgearbeitete Geschichte der Endokrinologie und ihrer disziplinären Vorläufer_innen sowie den Umständen und Absichten der Wissensproduktion bezüglich einer hormonell induzierten Entstehung von Geschlecht beim Menschen, vgl. Chandak Sengoopta, *The Most Secret Quintessence of Life: Sex, Glands, and Hormones, 1850–1950* (Chicago: University of Chicago Press, 2006). Eine Auseinandersetzung mit endokrinologischen Experimenten und deren ganz konkrete Bedeutung für trans* Geschichte(n) leistet Jonah I. Garde, *Trans* Geschichten der Moderne: »Geschlechtsumwandlung« im 20. Jahrhundert und ihre kolonialen Geister* (Bielefeld: transcript, im Erscheinen).

bensfähigkeit darüber auch reguliert wird, schien der Traum realisierbar, die Körper und insbesondere die Geschlechter über Hinzufügung oder Entnahme dieser Flüssigkeiten präzise und gleichzeitig unendlich vielfältig verändern zu können: »The humoral body was always potentially malleable, offering unlimited possibilities for what one may call physiological engineering.«[126] Abgesehen davon, dass diese Vielfalt sich zumindest nicht in der Anerkennung einer geschlechtlichen Vielfalt niedergeschlagen hat, sondern im Gegenteil eine Restabilisierung der binären Geschlechterordnung angestrebt wurde, hält sich außerdem das Versprechen eines physiologischen Ingenieurswesens, der Möglichkeit einer körperlichen Veränderung nach Plan.

Viele trans* Vlogger fiebern dem Start ihrer Hormonbehandlung aus nachvollziehbaren Gründen entgegen, um dann unmittelbar ab der ersten Dosis gespannt auf den Eintritt erster Veränderungen zu warten. Viele Vlogs, die in diesen ersten Monaten mit Testosteron entstehen, sind geprägt von ungeduldigen, bangen, an sich selbst wie auch die Zuschauer_innen adressierten Fragen und Hoffnungen, wann denn nun der Flaum auf der Oberlippe sichtbar und die Stimme hörbar tiefer wird. Das leichte Kratzen im Hals, das Jucken auf der Haut – jede noch so beiläufige körperliche Irritation wird als Zeichen einer beginnenden Wirkung des Testosterons gelesen. An diesen Erwartungshaltungen zeigt sich, wie mit dem jeweiligen Präparat ein Gelingensversprechen verbunden ist, in das wiederum Ideale von stereotyper, im Sinne von tatkräftiger, aktiver, gestaltender Männlichkeit eingeschrieben sind.

Andererseits machen diese Fragen, die mitschwingenden Unsicherheiten und Ungewissheiten und auch die offenbare Notwendigkeit, diese Videos zu erstellen und hochzuladen, deutlich, dass das Testosteron im gleichen Maße eben jene Logik des scheinbar selbstverständlichen Erfolgs infrage stellt. Testosteron ist kein Wundermittel. Sein Einsatz kann scheitern in dem Sinne, dass es keine oder nicht die erwarteten Effekte auslöst. Möglicherweise reagiert der Körper auch in einer Form auf die Verabreichung, dass die Behandlung aus gesundheitlichen Gründen abgebrochen werden muss. Manche Körper können die Wirkstoffe der Präparate nicht in die körpereigenen biochemischen Prozesse integrieren. Und selbst dort, wo dies gelingt,

---

126 Sengoopta, *The Most Secret Quintessence of Life*, S. 2.

produziert das Testosteron mitunter auch geschlechtliche Unsicherheiten, wenn die Körper sich in einer Weise verändern, dass sie optisch
nicht (auf Anhieb) in einem binären Geschlechtersystem zu verorten
sind. Dabei zeigt sich dieses Scheitern in den Vlogs nicht als Katastro-
phe, die den Prozess beenden oder zum Stillstand bringen oder zur
trans* Lebensunfähigkeit führen würde. Stattdessen eröffnet die in den
Vlogs mögliche Affirmation unerwarteter Ereignisse und überraschen-
der Effekte ein *Werden* in mögliche trans* Zukünfte hinein.

Das emanzipative Potenzial von trans* Vlogs besteht folglich darin, auch das Nicht-Gelingen einer hormonellen Transition oder einen
außerplanmäßigen Verlauf und vor allem die Zufriedenheit damit auf
YouTube teilen zu können. Wobei deutlich zu sagen ist, dass die unsichere und verunsichernde Zukünftigkeit in besonderer Weise auch
eine Vulnerabilität bedeutet. Uneindeutigkeit und Ambiguität sind
an dieser Stelle nicht Selbstzweck, sondern als durchaus risikoreiche
Effekte ernst zu nehmen, die sich der Kontrolle entziehen. Sie sind
gefährdend, aber eben auch ermöglichend.

Die Potenziale der Vlogs entfalten sich nicht allein auf repräsen-
tativer, sondern auch auf medialer Ebene einer neuen, anderen, weil
ermächtigten trans* Sichtbarkeit in und durch die von trans* Vloggern
erstellten Videos. Es stellt sich die Frage, warum ausgerechnet You-
Tube als Videosharing-Plattform gegenwärtig zu *dem* zentralen Aushandlungsort von trans* Erfahrungen und insbesondere dem Prozess
der geschlechtlichen Transition mit Testosteron geworden ist. Diese
Entwicklung ist zum einen mit der niedrigschwelligen Möglichkeit der
Teilhabe und Mitgestaltung audiovisueller Repräsentation von trans*
Personen zu begründen. Des Weiteren zeigt sich, dass die Rhythmen
der digitalen Videoblogs auf YouTube in Verbindung mit der regelmäßigen Verabreichung von Testosteron aus einer medialen Anordnung
heraus entstehen, die besondere Zeitlichkeiten eröffnet.

QUEERE ZEITLICHKEITEN DER TRANSITIONEN

Zeit spielt für die Produktion, Gestaltung und Effekte von trans* Vlogs
eine elementare Rolle. Grundsätzlich kann ein Prozess von Veränderungen nur über einen zeitlichen Verlauf wahrgenommen werden.
Geschlechtliche Transitionen sind, sehr allgemein formuliert, genau

das: Veränderungen. Veränderungen, die oftmals (auch) mittels Hormone herbeigeführt werden sollen. Die körperliche Wirkung von Testosteron entfaltet sich dabei nicht momenthaft, sondern nimmt Zeitspannen in Anspruch.

Wenn ich >ftm transition< in die Suchleiste bei YouTube eingebe, kann die Plattform dazu angeblich »etwa 82.700 Ergebnisse«,[127] also hochgeladene Videos, finden. Scrolle ich mich durch die ersten ca. 100 der mir als Suchergebnis präsentierten Videos, fällt auf, dass eine Vielzahl der Clips Titel tragen, die direkt auf die Dauer der bisherigen Hormonbehandlung Bezug nehmen.[128] Die Zeitspannen variieren dabei stark und so finden sich Titel wie *5 Years on Testosterone, 10 MONTHS ON T, One year on testosterone* oder auch *testosterone day 1*. All diesen Zeitangaben gemeinsam ist dabei, dass der Beginn der Verabreichung von Testosteron als Referenz und Fixpunkt eine individuell neue Zeitrechnung markiert. Das Testosteron wird damit zum »Ordnungsprinzip« (structuring principle)[129] für die folgenden und teilweise sogar auch die vorangegangenen Videos, die mit Titel wie *vor Testosteron* oder *pre-T* entstehen. Letztere projizieren den genannten Fixpunkt bereits in eine erwartete oder erhoffte Zukunft >auf Testosteron<. Einige der Vlogger zelebrieren den Tag der ersten Hormondosis auch als neuen oder weiteren Geburtstag.[130] Die jeweiligen Jahrestage dieses ersten Mals sind innerhalb der Videos jeweils Anlass zu einer Rekapitulation des bis dahin Erreichten, der eingetre-

---

127 YouTube <https://www.youtube.com/results?search_query=ftm+transition> [Zugriff: 8. März 2018]. Im Oktober 2018 gibt es die Information zur Anzahl der Ergebnisse auf der Oberfläche der Seite bereits nicht mehr. Zudem werden die Suchergebnisse nun nicht mehr seitenweise angezeigt, sondern in einer scheinbar endlosen Liste immer weiterer relevanter Videos präsentiert. Das macht die Orientierung im Fundus schwieriger, zumal auch die Videos selbst in dieser Auflistung nicht nummeriert sind. Zum Effekt dieser Plattformstruktur auf die archivarische Funktion der trans* Vlogs siehe Kapitel 4.

128 Hier verwende ich bewusst die erste Person, da die Auswahl der Suchergebnisse auch von meinem sonstigen Verhalten im Netz, meinen vorangegangenen Suchen, den von mir angeschauten Videos, meinen Suchanfragen auf Google, etc. abhängt. Oder genauer: Es hängt auch von dem mit meinem Google-Profil verknüpften Such- und Surfverhalten ab.

129 Raun, »Archiving the Wonders of Testosterone via YouTube«, S. 704.

130 Raun spricht angesichts der gegenseitigen Hervorbringung von trans* Identität und den Vlogs als Medien der Transition von einer »Bildschirmgeburt« (screen birth), Raun, *Out Online*, S. 102–08.

tenen Veränderungen, der erfüllten oder zerschlagenen Erwartungen und Hoffnungen sowie der weiteren persönlichen Ziele und Wünsche. Auch gorillashrimps Video entsteht zu einem solchen Jubiläum und er beginnt es mit den Worten: »It's March 21st, 2015, and I'm *officially one full year on testosterone* – yes!«[131]

Wenn auch nur beiläufig erwähnt und nicht weiter ausgeführt, verweist die Feststellung, seit einem Jahr ›offiziell‹ Testosteron zu bekommen, auf den staatlich reglementierten Zugang zu diesem Hormon. Das entsprechende Hormonpräparat, oder besser: dessen Indikation wird lange herbeigesehnt, weil dieses nicht nur Teil der Behandlung ist, sondern darin die Anerkennung des Trans*seins liegt. Zeit bedeutet in diesen Phasen vor allem Warten, Geduld und Ausdauer. Vor diesem Hintergrund ist es nicht verwunderlich, dass das Testosteron auch wie eine Art Trophäe inszeniert wird, eine Belohnung für das Durchstehen der vorangegangenen persönlichen wie institutionellen Hürden und Anforderungen. Entsprechend der Metapher des Weges oder der Reise, mit der die geschlechtliche Transition oft beschrieben wird, werden so auch die mit den Vlogs hervorgebrachten monatlichen oder jährlichen Zeitabschnitte, die bereits unter der Medikation von Testosteron erlebt wurden, als erreichte Meilensteine gesetzt. Nicht nur das erste, auch alle weiteren eingelösten Rezepte und die angewandten Behandlungen scheinen damit einen persönlichen Erfolg oder eine Errungenschaft zu markieren.[132] Die Transition schreitet demnach nicht einfach voran; sie wird medial und hormonell moduliert. Dies möchte ich am Video eines anderen Vloggers verdeutlichen. Dessen Selbstdokumentation scheint auf den ersten Blick den selbstverständlichen Automatismus von Testosteronwirkungen auf den Körper zu illustrieren. Berücksichtigt man aber die Ästhetik des Videos, wird deutlich, wie es sich selbst in den Prozess der Transition einschreibt.

Jammidodger hat für seinen Kanal einige mehrminütige Videos erstellt, für die er in chronologischer Reihenfolge Fotos von sich mon-

---

131 gorillashrimp, *3.21.15 - 1 Year on Testosterone - FTM Transition Update - List of Changes Throughout the Past Year*, 00:02–00:11, Herv. sh.

132 Im offiziellen Transitionsprozess sind Hormone in Deutschland verschreibungspflichtig. Die bedeutet allerdings nicht, dass der offizielle Weg der einzige Zugang zu den entsprechenden Präparaten ist. Zudem ist in anderen Ländern der Zugang weniger durch den Staat als den Markt reguliert.

tiert, die er vom Tag seiner ersten Testosterondosis an täglich von sich gemacht hat. Die Version mit dem Titel *FTM Transgender: Photo a Day 5 Years on Testosterone* setzt sich aus mehreren hundert Bildern zusammen, die – so rahmt es der schlichte Texteinschub zu Beginn des Videos – zwischen dem 25. Januar 2012 und dem 25. Januar 2017 aufgenommen wurden.[133] Auffällig ist, dass Jammidodgers Pose vom ersten Foto an immer die gleiche ist: sein Gesicht ist mittig im Bild, er blickt mit unbeteiligtem bis freundlichem Gesichtsausdruck frontal in die Kamera, sein Körper ist bis zur Schulter im Bild und der linke Arm ist so ausgestreckt, dass in der linken Hand die Kamera vermutet werden kann. »I took a photo of my face every day for 5 years on Testosterone to show how it changed« ist als Beschreibung unter dem Video zu lesen. Diese Veränderungen können offenbar dann besonders gut – oder sogar nur dann? – gezeigt und an sich selbst wie von anderen beobachtet werden, wenn ein solch strenger formaler Rahmen beiläufige, d.h. nicht mit Effekten von Testosteron in Verbindung gebrachte Variationen wie Gesichtsausdrücke oder Körperhaltungen weitestgehend unterdrückt, sodass eine möglichst gute Vergleichbarkeit zwischen den einzelnen Fotos hergestellt werden kann. Die Art der visuellen Gestaltung beinhaltet eine nicht ausgesprochene Anleitung für die Betrachtenden, wie sie beobachten sollen und integriert diese in den dargestellten Zeitverlauf.

Über die in der Montage der Bilder prozessual und erst allmählich sich abzeichnenden Veränderungen der Gesichtszüge, der Haarlinie und nicht zuletzt des Bartwuchses erhalten die Fotos einen beglaubigenden Charakter: Die Fotos zeigen nicht verschiedene Personen, sondern die körperlichen Veränderungen einer einzigen. Der dabei eingesetzte ästhetische Modus des Zeitraffers, wie er in zahlreichen trans* Vlogs zu finden ist, erzeuge dabei, wie Laura Horak feststellt, den Eindruck einer strikt linearen und auf beinahe wundersame Weise aus sich selbst heraus stattfindenden Entwicklung hin zu einem ›Zielgeschlecht‹: »[T]rans Körper verwandeln sich wie von Zauberhand, unaufhaltsam zu ihrem gefühlten Geschlecht hingezogen.«[134] Die

---

133 Jammidodger, *FTM Transgender: Photo a Day 5 Years on Testosterone*, 25. Januar 2017 <https://www.youtube.com/watch?v=3Mjb6pxlELs> [Zugriff: 30. Mai 2025].

134 Horak, »Trans on YouTube«, S. 578, i. O.: »[T]rans bodies morph as if by magic, drawn inexorably toward their felt gender«.

Akribie, mit der Jammidodger sein Bildmaterial herstellt und montiert, ist außergewöhnlich, die Art der zeitraffenden Montage von Fotos, die bis in die eigene Kindheit und Jugend zurückreichen, allerdings ein gängiges Format auf trans* Vlogs. Horak zufolge entwerfen diese Videos eine spezifische Art von Zeitlichkeit, die sie Hormonzeit nennt und als »linear und teleologisch« beschreibt, »ausgerichtet auf das Ziel, umfassend im angestrebten Geschlecht zu leben«.[135] Die bildliche Gestaltung der Videos entwerfe dabei eine stringente geschlechtliche Selbstverwirklichung.

Horak bekräftigt dabei wie Raun, auf dessen Studien sie sich bezieht, vor allem das auf Selbstrepräsentation abhebende emanzipative Potenzial von trans* Vlogs. Die Vlogger werden über die Produktion von Medieninhalten zu Subjekten einer Repräsentation.[136] Mehr noch, die in diesen Zeitraffer-Videos eingenommene Haltung einer retrospektiven Erzählung der erfolgreichen Transition eröffnet anderen trans* Zuschauer_innen, die ihre Transition noch nicht oder gerade erst begonnen haben, die Möglichkeit einer Identifikation und darüber auch die Imagination einer eigenen Zukunft als trans*.[137]

Horak betont diese Bedeutung von Zukünftigkeit und argumentiert, dass sie sich nur unter Zurückweisung einer queeren Zeitlichkeit realisieren könne:

> Hormone time itself is not queer. Rather, it appropriates the >straight< temporality of progress for radical ends — proving that trans self-determination is not only possible but viable and even joyful. Unlike >straight< time, the goal is not children or the future of the nation but expansive trans subjects and communities.[138]

Horak betont die *straightness* der mit den Videos produzierten Zeitlichkeit, um eine zukünftige Lebbarkeit von Trans*sein und das als Support funktionierende Netzwerk der digitalen trans* Community unterstreichen zu können. Dass die Vlogs bzw. deren Ausrichtung an der Hormonzeit, wie sie schreibt, nicht queer sind, stellt für Horak kein

---

135 Ebd., S. 580, i. O.: »linear and teleological, directed toward the end of living full time in the desired gender«.
136 Vgl. ebd., S. 576.
137 Vgl. ebd., S. 580.
138 Ebd., S. 581.

Problem dar. Vielmehr sind die Vlogs durch ihre straighte Zeitlichkeit sogar lebensrettend. Sie zeigen eine individuelle wie kollektive trans* Zukunft nicht nur als mögliche, sondern sogar als eine lustvolle und freudige Option auf, die sich tatsächlich realisieren lässt und nicht als utopische Zukünftigkeit verfasst ist.[139]

Die Vorstellung einer utopischen Zukünftigkeit einerseits und einer in naher Zukunft freudigen und lebbaren Realität andererseits führt Horak in expliziter Abgrenzung zu Theorien von queerer Zeitlichkeit und dabei explizit zu Positionen von José E. Muñoz und Lee Edelman aus. Beide Queertheoretiker entwerfen in den 2000er Jahren aufeinander bezogene, in zentralen Punkten aber gegensätzliche Konzepte von Zeitlichkeit aus queerer Perspektive.

Lee Edelman weist in seiner Polemik *No Future: Queer Theory and the Death Drive* eine Ausrichtung queerer Politiken an einer Hoffnung auf Zukunft zurück. Zukunft, selbst eine utopische, könne strukturell niemals einen Platz für Queers bereithalten, da diese Zeitlichkeit stets vom symbolischen KIND als Versprechen (heteronormativer) Reproduktion gespeist sei. In diesem Sinne streiche eine Ausrichtung auf »reproduktive Zukünftigkeit« (reproductive futurism) Queerness als dessen ›negative‹ Form per se aus.[140] Anders herum formuliert, könne es keine queere Politik geben, da Queerness nicht für Zukunft stehen könne:

> We might like to believe that with patience, with work, with generous contributions to lobbying groups or generous participation in activist groups or generous doses of legal savvy and electoral sophistication, the future will hold a place for us – a place at the political table that won't have to come at the cost of the places we seek in the bed or the bar or the baths. But there are no queers in that future as there can be no future for queers, *chosen as they are to bear the bad tidings that there can be no future at all* [...].[141]

Entsprechend schlussfolgert Edelman: Statt um bürgerlich-liberale Anerkennung zu kämpfen, die letztlich die Einpassung allen queeren

---

139 Vgl. ebd.

140 Lee Edelman, *No Future: Queer Theory and the Death Drive* (Durham: Duke University Press, 2004), S. 3.

141 Ebd., S. 29–30, Herv. sh.

Begehrens in heteronormative Verhältnisse und reproduktive Zukünftigkeit erfordere, was queere Lebensrealität verunmögliche, sollten queere Personen ihre marginalisierte gesellschaftliche Position in Ausübung einer radikalen Negativität affirmieren.[142] Edelman formuliert damit eine Absage an schwul-lesbische Bürgerlichkeit, an Anerkennung durch staatliche oder juristische Institutionen und an Familien- wie Lebensentwürfe, die an die Realisierung zwanghafter heteronormativer Idealvorstellungen von monogamem Begehren, reproduktivem Sex und stabiler wie eindeutiger Geschlechtlichkeit und Sexualität gebunden sind. Politik sei nur in der Hegemonie dieser Parameter denkbar und damit für Queers weder erstrebenswert noch zugänglich.

Diese sogenannte »antisoziale These« (anti-social thesis)[143] hat wiederum Muñoz bei aller Anerkennung für die scharfe Kritik an einer Vereinnahmung von Queerness in Assimilationspolitiken explizit kritisiert. Sein zentrales Argument ist, dass nur wer über eine konkrete Zukunft grundsätzlich verfüge, Zukünftigkeit so vehement ablehnen und ausschlagen könne. Die Möglichkeiten der Zukünftigkeit zugunsten einer radikalen Negativität ausschlagen, könnten nur jene, denen ein Überleben in und für eine gewisse Zukunft überhaupt in Aussicht steht. Für Schwarze Queers, Queers of Color, illegalisierte, finanziell prekär lebende und/oder trans* Personen ist das eigene Überleben strukturell vulnerabler, Zukunft damit ungewisser oder gar unverfügbar und Zukünftigkeit keine leere Utopie, sondern eine ermächtigende Imagination.

Muñoz sieht die Notwendigkeit, über die Umdeutung und ermächtigende Neu-Erzählung von Vergangenheit sowie durch kultu-

---

142 Ausführlicher zu queerer Zeitlichkeit und der Debatte um einen antisozialen oder antirelationalen Turn in der Queer Theory in Kapitel 3.

143 Edelman und Muñoz sind nur zwei der Autor_innen, die sich an der unter dem Schlagwort der antisozialen These geführten queertheoretischen Debatte um die Notwendigkeit oder Verunmöglichung von Zukunft beteiligen, siehe einführend dazu Robert L. Caserio, Lee Edelman, Jack Halberstam, José E. Muñoz und Tim Dean, »The Antisocial Thesis in Queer Theory«, *PMLA*, 121.3 (2006), S. 819–28; vgl. auch Jack Halberstam, *In a Queer Time and Place: Transgender Bodies, Subcultural Lives* (New York: New York University Press, 2005). Einschlägig für den Entwurf der antisozialen These ist Leo Bersanis *Homos*, in dem er Errungenschaften der Schwulenbewegung und ihre Narrativierung als zweifelsfreien Gewinn für schwules Leben und insbesondere schwule Sexualität infrage stellt, vgl. Leo Bersani, *Homos* (Cambridge/MA: Harvard University Press, 1995).

relle Erzeugnisse und Praktiken eine utopische queere Zukunft zu entwerfen. Dass diese nie erreichbar sei, sondern als leuchtender Schein
am Horizont verbleibe, stellt für Muñoz kein Problem dar.[144] In Ge-
dichten, Bühnenstücken und Kunstwerken kündige sie sich als ein
Surplus an, »etwas, das *noch nicht ganz da* ist« (something that is *not
quite here*),[145] aber eine queere Relationalität und Hoffnung auf Zukunft ermöglicht. Für Muñoz liegt im Konzept der Utopie ein Ausweg
aus der Sackgasse, in das die gegenwärtige bürgerrechtlich ambitio-
nierte Schwulen- und Lesbenbewegung sich mit der Anpassung an
heteronormative Gesellschaftsideale manövriert habe, indem sie sich
allein auf realpolitische Ziele wie die Möglichkeit zur Eheschließung
und das Erstreiten von Adoptionsrechte konzentriere und damit heteronormative Machtverhältnisse reproduziere: »My investment in
utopia and hope is my response to queer thinking that embraces a
politics of *the here and now* that is underlined by what I consider to be
today's hamstrung pragmatic gay agenda.«[146] Während der Kampf um
Anerkennung von und durch bürgerliche Institutionen vor allem die
Ausschlüsse wiederhole oder bestenfalls verschiebe, die ihnen konstitutiv zugrunde liegen, fordert Muñoz eine Berücksichtigung auch der
Belange von nicht-*weißen* Schwulen, Lesben und Queers. Dies sei nur
zu erreichen, wenn sich emanzipatorische Bestrebungen von der Fixierung auf kurzfristige Errungenschaften des Hier und Jetzt lösten und
stattdessen »zugunsten einer neuen Zukünftigkeit« (in the service of
a new futurity) agierten.[147]

Horak wiederum verwirft in ihren Analysen von trans* Vlogs
sowohl Edelmans als auch Muñoz' Perspektiven. Sie seien keine ad-
äquate Beschreibung der identitätsstiftenden Funktion, die Trans*sein
Zukunft und Lebensperspektive verleihe, sondern versage dies als un-
erreichbares Ziel, das am stets fernen Horizont verbleibe.[148] Trans*

---

144 Vgl. José E. Muñoz, *Cruising Utopia: The Politics and Performance of Queer Futurity*
     (New York: New York University Press 2009).
145 Ebd., S. 7, Herv. sh.
146 Ebd., S. 10, Herv. sh.
147 Ebd., S. 16.
148 In Horaks Beitrag scheint eine grundsätzlichere Reibung zwischen Queer Theory und
     Trans Studies auf, wie sie in zahlreichen Beiträgen der Trans Studies mitschwingt
     oder explizit artikuliert wird. Gegen queere Perspektiven auf trans* Erfahrungen wird
     vielfach der Vorwurf erhoben, sie nehme trans* Geschlechtlichkeit lediglich als Ve-

Vlogger würden mit und in ihren Videos jedoch gerade zeigen, dass das Ziel, im passenden Geschlecht leben und damit zu einem Ende der Transition zu kommen, durchaus erreichbar und ein auch positiv erlebbarer Prozess sei. Die konventionelle Rahmung dieser Videos mit ihren stets ähnlichen visuellen Settings und narrativen Elementen, die Horak in ihrer Konventionalität zwar als ›not queer enough‹ identifiziert, seien angesichts der ermächtigenden Bedeutung zu vernachlässigen.

Unbestritten haben die Update-Videos immense Bedeutung für Community-Bildung und sind auf Grund ihrer Empowerment-Funktion einer der Gründe für die zunehmend selbstbestimmte Sichtbarkeit von trans* Personen, die oft erst dank der Vlogs die Möglichkeit erfahren, das Erleben der eigenen Geschlechtlichkeit mit dem Begriff trans fassen und positiv besetzen zu können. Meine Einwände gegen Horaks und Rauns Analysen sollen somit weder die Bedeutung medialer Selbstrepräsentation infrage stellen noch den Vlogs konventionelle Gestaltung vorwerfen. Ich stimme Horak zu: »[C]riticizing hormone time for not being ›queer‹ enough misses the life-saving work that these vlogs do.«[149] Dennoch erscheint es mir wichtig, genauer zu erklären, warum diese Vlogs trotz ihrer ästhetischen Konventionalität queer sind und es möglich ist, eine queertheoretische Perspektive auf trans* Vlogs einzunehmen. Mir geht es darum, unter der besonderen Berücksichtigung von Zeitlichkeit eine Analyse dieser Videos zu leisten, die eine bisher noch nicht beachtete emanzipatorische Dynamik in der Praktik des Vloggens zu beschreiben vermag. Gerade

---

hikel zur Erforschung einer gesellschaftlichen, kulturellen oder auch biologischen Norm in den Blick, um entweder diese Normen in affirmativen Bestrebungen von trans* Personen bestätigt zu finden oder um die Geschlechternormen in Zweifel ziehen und subvertieren zu können. Beide Absichten vernachlässigten dabei die alltäglichen Lebensrealitäten von trans* Personen und sorgten dafür, dass deren Existenz in dieser Vernachlässigung wiederholend exotisiert und minorisiert werde; explizit bei Namaste, »Undoing Theory«; für einen Überblick über diese Konflikte vgl. a. Stryker, »(De)Subjugated Knowledges« sowie für die Auseinandersetzung im deutschsprachigen Raum Baumgartinger, *Trans Studies*. In den folgenden Analysen wird deutlich werden, dass sich trans* Erfahrungen, Materialitäten und Geschlechtlichkeiten auch mit queertheoretischen Perspektiven, insbesondere queeren Zeitlichkeiten, präzise beschreiben lassen.

149   Horak, »Trans on YouTube«, S. 581.

die für viele trans* Personen derzeit so ambivalent wirksamen normierenden Prozesse der staatlichen, medizinischen, juristischen und medizinisch-therapeutischen Institutionen, die geschlechtliche Transition überhaupt ermöglichen, dabei aber gleichzeitig auch deren Voraussetzungen und Verlauf massiv beschränken, lassen sich damit genauer in den Blick nehmen. Der Prozess der institutionellen Anerkennung wie auch der der Hormonbehandlung mit Testosteron sind zeitlich strukturierte Prozesse, sofern sie Veränderungen dokumentieren und dafür vor allem Geduld erfordern: beim Warten auf Ergebnisse von Untersuchungen, auf juristische Bescheide, ärztliche Termine, therapeutische Sitzungen, Erklärungen, Gutachten, Rezepte und Anhörungen. Abgesehen davon sind es aber insbesondere die Vlogs selbst, die in Verschränkung mit dem Testosteron sehr wohl Zeitlichkeiten und Ästhetiken entwickeln, deren Eigenheiten und Potenziale im Zusammenhang dieser vielfältigen Dokumentationsformen am besten mit einer queertheoretischen Perspektive zu fassen sind.

Viele trans* Personen vergleichen die eigenen körperlichen Veränderungen mit Erfahrungen anderer und beschreiben das Ausbleiben von hormonellen Effekten mit dem zeitlichen Vorzeichen eines >jetzt erst< oder >noch nicht<. Deren >noch nicht< unterscheidet sich jedoch von der von Muñoz im stetigen Aufschub entworfenen queeren Zukünftigkeit eines >noch nicht< – und knüpft doch an diese an. Muñoz >noch nicht< ist als utopischer Entwurf permanent an einen unerreichbaren Horizont verschoben; in den Transitions-Vlogs ist genau dieser anhaltende Aufschub suspendiert. Dennoch bleibt der Status des Wünschens und Begehrens als (nicht erreichbare) Utopie oder doch bald eintretender Veränderung unklar. Diese Ungewissheit lässt sich nicht allein als Pause oder kurze Unterbrechung eines ansonsten dennoch linear verlaufenden Prozesses beschreiben. Vielmehr verändern sich aufgrund dieser Konfiguration des Ungewissen die zeitlichen Parameter selbst, in denen und mit denen die Vlogs und das Testosteron (nicht) wirken und (nicht) funktionieren.

Vor diesem Hintergrund erweisen sich die als selbstverständlich ausgegebenen Effekte der hormonellen Transition und deren deutliche Erfahrbarkeit am entsprechenden Körper als teleologisches Narrativ, das eine lineare Zeitlichkeit selbst entwirft und projiziert statt

ihr lediglich zu folgen. Damit blendet es aber gleichzeitig die mit
dem Testosteron verbundenen Unsicherheit und Unabwägbarkeiten
aus und wird somit der alltäglichen Erfahrung einer Behandlung nach
dem oftmals notwendigen Trial-and-Error-Prinzip (Wie wirkt diese
Dosierung auf meinen Körper? Ist jenes Präparat für mich verträglich?
Warum bemerke ich (noch) keine Veränderungen?) nicht gerecht. Testosteron ist nicht ausschließlich, aber besonders im Kontext von trans*
Diskursen mehr als nur ein biochemischer Bestandteil des Körpers.
Testosteron, das sind auch Bilder, Ideale, Vorstellungen, Ängste, Geschlechterverhältnisse und -stereotype, es verspricht Kontrolle, Leistungsfähigkeit, Jugendlichkeit.

Es sind genau diese zeitlichen, materiellen, diskursiven und affektiven Überschüsse, die für ein Verständnis von trans* Vlogs zentral
sind und sich mit queertheoretischen Zeitlichkeitskonzepten beschreiben lassen. Die am Beispiel von gorillashrimps Freude beschriebene
Zufriedenheit nicht *trotz* des Zweifels, sondern *mit* dem Wohlfüh-
len in diesem vermeintlichen Scheitern lässt sich so nachvollziehen.
Wenn ich bei diesen Beobachtungen die affektive Dimension dieser
Glücksmomente sowie die Freude an Performance und Ausprobieren
miteinbeziehe, weisen diese Zusammenhänge über die Bedeutung der
trans* Vlogs »als mediatisierte affektive Ausdrücke von Offenlegung,
Coming-out und Bezeugung« hinaus.[150] Sie sind anderes als bloß digital medialisierter Ausdruck einer bereits bestehenden Empfindung.
Vielmehr ermöglichen die Vlogs die Entstehung neuer Äußerungsfor-
men und damit eines Wissens, das nicht oder weniger pathologisch,
medizinisch oder juristisch diskursiviert ist und damit eine Offenheit
für unterschiedliche Lebensrealitäten herstellt.[151] Jack Halberstam erkennt die Entstehung und den Wert eines solchen »Wissens von
unten« (knowledge from below)[152] als Effekt eines Scheiterns an, das
sich auch in trans* Vlogs wahrnehmen lässt. Ein Scheitern, welches
nicht verzweifelte oder hoffnungslose Kapitulation bedeutet, sondern
ein Unterlaufen der Hoheit institutionalisierten Wissens und diszipli-
närer Grenzen – eine »queere Kunst des Scheiterns« (queer art of

---

150 Raun, *Out Online*, S. 142, i. O.: »as mediated *affective expressions* of disclosure, coming
     out, and testimony«, Herv. sh.
151 Vgl. Jack Halberstam, *The Queer Art of Failure* (Durham: Duke University Press, 2011).
152 Ebd., S. 11.

failure),[153] die in den Vlogs ästhetische und emanzipatorische Effekte entfaltet.

Das bereits erwähnte Video von Jammidodger, bestehend aus chronologisch montierten Selbstporträts, eröffnet eine spezifische Form von Zeitlichkeit, die in diesem Zusammenhang als queer zu beschreiben ist. Die gängigen Annahmen zu den körperlichen Effekten, die eine Verabreichung von Testosteron auslösen, beziehen sich zumeist auf folgende Aspekte: Deine Stimme wird tiefer, dir wachsen mehr und schneller Muskeln sowie ein Bart und intensivere Körperbehaarung. So weit, so vermeintlich stringent und linear. Genau diese Entwicklung ist es, die die Zuschauer_innen im Video *FTM Transgender: Photo a Day 5 Years on Testosterone* von Jammidodger scheinbar präsentiert bekommen.[154] Doch was bedeutet es, dass das Testosteron im Titel des Videos als Marker für die Veränderungen gesetzt wird, selbst aber in den Bildern nicht auftaucht? Denkbar wären Fotos von dem Präparat oder dem Vorgang der Injektion oder des Auftragens. Stattdessen scheint sich in den vielen hundert Einzelbildern, in denen lediglich Jammidodgers Gesicht zu sehen ist, selbiges wie von Zauberhand in teleologischer Linearität in Richtung Vermännlichung des Aussehens zu verändern. Auffällig ist dabei, dass er akribisch stets die gleiche Pose einzunehmen versucht. Der Prozess der *Veränderung* kommt vor allem über die *Stillstellung* der Pose zur Dokumentation. Die Erfahrung der Transition dokumentiert sich in Momentaufnahmen des Gesichts, während der sich wandelnde räumliche Hintergrund darauf verweist, dass diese Veränderungen nicht losgelöst von Umgebungen stattfinden und auch emotionale, soziale Verschiebungen bedeuten, die sich einer Kontrolle ebenso entziehen. Diese Dimensionen sind jedoch nicht explizit in den Bildern aufgenommen. Jeden Tag nimmt Jammidodger ein weiteres Foto auf, immer in der gleichen Pose, mit dem gleichen unbeteiligten Gesichtsausdruck und ohne Hinweise darauf, ob er an sich selbst mit diesem Foto körperliche Entwicklungen feststellt, die er dem Testosteron zurechnen würde.

---

153 Ebd.
154 Vgl. Jammidodger, *FTM Transgender: Photo a Day 5 Years on Testosterone*.

Auch die fotografischen Aufnahmen selbst suggerieren in der Anordnung als Video zwar eine lineare Zeitlichkeit. In der Wiederholung der Pose zwischen Stasis und Veränderung wirft es aber gerade die Frage danach auf, was genau sich im einzelnen Bild, am Körper eigentlich jeweils verändert und was gleichbleibt. So verbindet es sich mit der paradoxen Anrufung an trans* Menschen, die Person *werden* zu wollen, die man *immer* schon *war*. In diesem Modus der zeitraffenden Montage von Einzelbildern entsteht somit ein Potenzial queerer Zeitlichkeit, insofern die Aufmerksamkeit nicht darauf liegt, eine bestimmte Körperlichkeit – es wächst Bart oder ist Bart gewachsen – festzustellen oder zu bestätigen. Stattdessen erzeugt das Video im Zeitraffermodus Uneindeutigkeiten: Wann, mit welchem Bild fängt der Prozess der körperlichen Transition an? Hat sich das Gesicht schon verändert oder war es nur ein Schatten?

Dieser Eindruck von Uneindeutigkeiten des Transitionsprozesses verstärkt sich noch, wenn neben dem in den Fotografien abgebildeten Körper auch der Rest des Bildes mit in Betracht gezogen wird. Jammidodger fotografiert sich stets in offenbar privaten Räumen, positioniert sich nicht vor einer Leinwand und retuschiert den Hintergrund auch nicht zu einer neutralen oder einheitlichen Fläche. Trotz der hohen Geschwindigkeit, mit der die einzelnen Bilder jeweils nur für Sekundenbruchteile angezeigt werden, fällt auf, dass sich die Räumlichkeiten verändern, nachdem die Bilder der ersten 50 Sekunden scheinbar alle im gleichen Raum und unter einem ähnlichen Winkel aufgenommen wurden. Danach verändert sich der Hintergrund und nach einer weiteren Serie von Bildern, die an einem zweiten Ort, aber schon unter verschiedenen Aufnahmewinkeln gemacht wurden, verändert der Vlogger die Orte der Aufnahmen oder zumindest seine Positionierung in den Räumen stark und in hoher Frequenz. Dabei sind jedoch immer wieder auch die gleichen Räume zu erkennen – Jammidodger scheint also nicht umgezogen und deswegen einen festgelegten neuen Raum für seine täglichen Aufnahmen gewählt zu haben. Während ein Umzug einer linearen Bewegung von einem Ort zum anderen entsprochen hätte, findet sich sein Körper wiederkehrend in den gleichen Räumen ein und scheint sich, aufgrund der optischen Illusion der in so schneller Abfolge gezeigten Bilder, sogar wie in Stop-Motion-Animation durch diese Räume zu bewegen. Dabei kehrt er jedoch stets an gewisse Orte zurück statt von einem zum anderen fortzuschreiten. Die Bewegungen des Körpers durch die Räume und ihre Positionen in ihnen vollziehen sich nicht linear von einem Ausgangspunkt zu einem Ziel, sondern in Schleifen, Wiederholungen und Sprüngen. Im Anschluss daran lässt sich auch in Bezug auf die körperlichen Veränderungen und ihre Dokumentation in den Videos fragen, wo eigentlich das Ziel einer Transition liegen und wie es sich definieren könnte.

Diese Frage drängt sich umso mehr in den Vlogs auf, die eine nichtstringente Verabreichung von Testosteron zum Thema haben. Denn – und diesen Aspekt explizieren die bisherigen Studien zu trans* Vlogs nicht – die planmäßige Behandlung von trans* Personen mit Testosteron sollte periodisch stattfinden und unterliegt je nach Präparat und Dosierung täglichen, wöchentlichen oder monatlichen Rhythmen des Auftragens oder der Injektion. Dieser Wille zu Regelmäßigkeit wird von Seiten der an einer Bewilligung beteiligten Institutionen pauschal angenommen, sogar erwartet und auch in den bisher vorliegenden Studien der trans* Vlogs unkommentiert vorausgesetzt. Die (implizite) Erwartung einer Kontinuität von Hormongaben im Verlauf einer geschlechtlichen Transition reproduziert dabei die Logik des heteronormativen Geschlechtersystems, wonach Geschlecht binär und in dieser Binarität zeitlich stabil sei. Einmal Testosteron verschrieben bekommen zu wollen, bedeutet diesem Geschlechterverständnis nach, dem Körper zukünftig *immer* Testosteron zuführen zu wollen. Damit wäre – nach einer Übergangsphase, der zweiten Pubertät – eine möglichst eindeutige und stabile binäre Vergeschlechtlichung wahrscheinlich.

Wenngleich die Dauerhaftigkeit erwartet und vielleicht die Regel ist, gibt es doch verschiedene Gründe oder Anlässe, die Behandlung mit Testosteron zu unterbrechen und dann möglicherweise *3 years on/off/on/off/on T* zu sein, wie freshlycharles in seinem Video mit eben diesem Titel dokumentiert. [155] Diese Gründe reichen von finanziellen Engpässen – je nach jeweiligem nationalen Versicherungssystem müssen die Kosten (zumindest teilweise) selbst getragen werden –, von denen Ashton Colby beispielsweise berichtet, über die Beeinträchti-

---

155 freshlycharles, *3 Years on/off/on/off/on T*, 28. März 2012 <https://www.youtube.com/watch?v=QVm4AWm9OYo> [Zugriff: 14. März 2019]. Dieses Video ist im Mai 2025 nicht mehr verfügbar.

gung des psychischen oder physischen Zustands wie Leo Mateus sie
erfährt, bis hin zur bewussten Entscheidung, dem Körper keine zusätzlichen Hormone mehr zuführen zu wollen.[156] Einige Vlogger legen,
ob freiwillig oder gezwungenermaßen, mehrere solcher Testosteron-
Pausen ein, für andere ist das eine – zum Zeitpunkt der jeweiligen
Dokumentation im Vlog – einmalige Unterbrechung, wieder andere
stellen die Medikation komplett ein und manche begreifen diesen Prozess für sich als Detransition.[157] Zudem legen es nicht alle trans* Vlog-
ger_innen, die Testosteron nehmen, darauf an, möglichst schnelle
körperliche Veränderungen zu erleben, um möglichst eindeutig und
zuverlässig als Mann adressiert zu werden – auch dies ein Aspekt, der
in bisherigen Analysen der Vlogs nicht berücksichtigt worden ist. Viele
äußern in den Vlogs auch ein Unbehagen, das sie angesichts einer
männliche(re)n Erscheinung empfinden oder sie hadern mit einer binär eindeutigen geschlechtlichen Selbstzuschreibung, weil sie sich als
nicht-binär (*non-binary*) verstehen. Manche dokumentieren im Verlauf des Vloggens auch eine Veränderung ihres Geschlechts. Einige
experimentieren vor diesem Hintergrund sehr bewusst und spielerisch
mit den Dosierungen ihrer Präparate, mit der Absicht oder zumindest
in der Hoffnung, physische Veränderungen verlangsamen oder unerwünschte Effekte sogar ganz umgehen zu können.[158] Andere Vlog-
ger_innen beginnen die Behandlung mit der konkreten Vorstellung,
Testosteron nur über die Dauer einer begrenzten Zeit, z.B. eines Jahres,
zu nehmen oder beginnen die Hormonbehandlung mit einer Ungewissheit darüber, wie lange diese dauern soll – was bemerkenswert ist,
da die lineare Projektion einer gleichmäßig verlaufenden und sich in
einem >Zielgeschlecht< stabilisierenden Transition eine lebenslange
Hormonbehandlung vorsieht.[159]

---

156 Vgl. Leo Mateus, *Testosterone Complications | FTM*, 11. März 2016 <https://www.
youtube.com/watch?v=24pE6Xtiw4Q> [Zugriff: 14. März 2019]; Ashton Colby, *Off
Testosterone for 6 months After 3.5 Years | FTM Transition | Ashton Colby*, 14. Juni 2016
<https://www.youtube.com/watch?v=bb9tvVoJUN8> [Zugriff: 30. Mai 2025]. Das
Video von Mateus ist im Mai 2025 nur noch privat verfügbar.

157 Ausführlicher dazu im Ausblick.

158 Vgl. Circle A Tattoo, *NB Transition: Changes on Low-Dose Testosterone*, 24. September 2015 <https://www.youtube.com/watch?v=mKhO85ONjek> [Zugriff: 30. Mai
2025]; freshlycharles, *Vlog 1: Yes, I've joined the FTM Vlog revolution (Freshly Charles)*.

159 Auch die Einstelllungen zu einer Testosteronbehandlung ändern sich bei einigen mit
der Zeit, wie z.B. bei uppercaseCHASE1, der in einem Video von 2011 verkündet,

Die von Horak vorgeschlagene Lesart dieser zeitlichen Erfahrung, die sich im Begriff Hormonzeit verdichtet, kann nur vermeintliche Erfolgsstories einer Transition berücksichtigen. Scheitern, Abbruch oder auch nur die Unterbrechung von Hormonbehandlungen bleiben unbedacht. Wie ich mit gorillashrimps Video zeigen konnte, sind auch die auf den ersten Blick als Dokumentationen einer erfolgreich verlaufenden Transition beschreibbaren Vlogs nicht frei von Rückschlägen, Zweifeln und Unsicherheiten. Horak geht dennoch soweit, die gelungene Transition als dem christlichen Erlösungsszenario ähnlich zu beschreiben. Die Behandlung mit Hormonen führe zu einer eschatologischen Vollendung des Einzelnen, die sich in diesem konkreten Kontext der Transition auf die erfolgreiche geschlechtliche Identifizierung beziehe:

> It [hormone time, sh] borrows a Christian temporal structure — time begins with moment [sic] of rupture and points in a particular direction. Just as the alleged birth of Christ launches the Gregorian calendar, the first medical intervention launches the vlog's dating system. Likewise, Christian millennialism argues that time is teleological, marching forward toward a future paradise on Earth. While hormone time is not as grandiose, it also points toward a utopian future, in which the subject experiences harmony between the felt and perceived body.[160]

Sind denn damit aber Videos wie das von Ashton Colby, in dem er davon berichtet, wie er aufgrund fehlender Krankenversicherung ein halbes Jahr lang kein Testosteron nehmen kann, weniger emanzipativ, weniger hoffnungsvoll, weniger trans*? Oder auch das von uppercase-CHASE1, der die Behandlung bewusst beendet, um das Risiko von Haarausfall zu verringern, und weil er mit seinem Körper, vor allem sei-

---

dass er Testosteron absetze, weil er es sowieso nie länger als ein Jahr habe nehmen wollen und mit den bisherigen körperlichen Veränderungen soweit auch zufrieden sei. In weiteren Videos aber – die er aufnimmt, während er seinem Körper das Hormon seit einigen Jahren wieder zuführt – sieh er rückblickend andere Motivationen für die Unterbrechung, vgl. uppercaseCHASE1, *why i stopped t.*, 5. Juli 2011 <https://www.youtube.com/watch?v=FSAqVa-NltQ> [Zugriff: 30. Mai 2025]; uppercaseCHASE1, *WHY I STOPPED T*, 21. Mai 2016 <https://www.youtube.com/watch?v=zmCEbI9IpSA> [Zugriff: 30. Mai 2025]. Vgl. auch Jamie Richards, *1 year on T || nonbinary*, 18. Oktober 2016 <https://www.youtube.com/watch?v=O4IPuHa2rAc> [Zugriff: 30. Mai 2025].

160 Horak, »Trans on YouTube«, S. 580.

ner Gesichtsform, bis zu diesem Zeitpunkt der Behandlung sehr zufrieden ist – um sich dann nach 10-monatiger Testosteronpause doch für
eine Fortsetzung zu entscheiden? Was für Zeitlichkeiten entstehen in
diesen und ähnlichen Videos in dem Zusammenspiel von Vlog und Testosteron, von Medien und Geschlecht? Unterscheiden sie sich von denen, in denen durchgängig Testosteronpräparate wirken? In welchem
Zusammenhang stehen also die Zeitlichkeiten der Hormonbehandlung und die spezifischen Zeitlichen der sozial-medialen Plattform?
Welche Wünsche und Begehren zirkulieren in diesen Zeitlichkeiten?
Und wie wird Geschlecht darin erfahrbar, vorstellbar, lebbar?

    Unter dem Stichwort queerer Zeitlichkeit (*queer temporality*) ent-
wickeln sich seit den frühen 2000er Jahren Ansätze innerhalb der
Queer Theory, die die Zeitdimension herausfordern und darauf aus
sind, Zeitlichkeit zu queeren.[161] Im Mittelpunkt steht dabei das Interesse, Zeit als eine Ordnungsstruktur erkennbar zu machen, die
in eben dieser Funktion auch und vor allem Geschlecht und Sexualität, individuelle Biografien und kollektive Geschichte(n), familiäre
Reproduktion und Herstellung von Nation(alität) heteronormativ organisiert, wobei alle diese Felder sich überlagern und gegenseitig mit
herstellen. Queere Zeitlichkeit zeigt zum einen auf, wie normative
Zeitlichkeiten spezifische Subjektivierungen hervorbringt und welche
Ausschlüsse wiederum mit diesen Subjektivierungsweisen einhergehen. Zum anderen ist es der Versuch, Zeit zu queeren, d.h. so zu
entwerfen, dass mit diesen Subjektivierungen einhergehende Eindeutigkeit hinterfragt, Komplexitäten sichtbar und vielfältige Differenzen
adressierbar gemacht sowie Ausschlüsse als strukturelle politisiert werden können. Diese Herangehensweise stellt auch das Verhältnis von
Vergangenheit, Gegenwart und Zukunft als konsekutive Abfolge von

---

161 Vgl. u. a. Carolyn Dinshaw, Lee Edelman, Roderick A. Ferguson, Carla Freccero,
     Elizabeth Freeman, Jack Halberstam, Annamarie Jagose, Christopher S. Nealon
     und Tan H. Nguyen, »Theorizing Queer Temporalities: A Roundtable Discus-
     sion«, *GLQ: A Journal of Lesbian and Gay Studies*, 13.2–3 (2007), S. 177–
     95; Elizabeth Freeman, *Time Binds: Queer Temporalities, Queer Histories* (Dur-
     ham: Duke University Press, 2010). Halberstam, *In a Queer Time and Place*;
     Muñoz, *Cruising Utopia*; Edelman, *No Future*; Antke A. Engel, »Queer Tem-
     poralities and the Chronopolitics of Transtemporal Drag«, *e-flux journal*, 28
     (2011) <https://www.e-flux.com/journal/28/68031/queer-temporalities-and-the-
     chronopolitics-of-transtemporal-drag> [Zugriff: 30. Mai 2025]; Kara Keeling,
     »Looking for M—: Queer Temporality, Black Political Possibility, and Poetry from
     the Future«, *GLQ: A Journal of Lesbian and Gay Studies*, 15.4 (2009), S. 565–82.

Ereignissen auf die Probe. Gefragt wird: Wie wird kollektive oder individuelle Vergangenheit denkbar, wenn es keine anerkannten Zeugnisse, keine Dokumente davon gibt? Wie lassen sich Zukünfte entwerfen, wenn ein Bezug zur Vergangenheit nicht möglich, sehr schmerzhaft oder mit negativen Affekten verbunden ist? Was steht mit der Frage nach Zeitlichkeiten auf dem Spiel?[162] Bezugnahmen auf Vergangenheiten und Zukünfte werfen dabei stets Fragen nach ihrer Vermittlung, ihrer Medialität auf.

Die Update-Videos dienen dabei nicht allein dazu, die jeweiligen körperlichen Zustände zu bestimmten Zeitpunkten zu Erinnerungszwecken festhalten zu wollen. Die Videos werden zwar in gewissen Abständen aufgezeichnet und hochgeladen, jedoch *bringen* sie im Vergleich des im Video sicht- und hörbaren Körpers die Veränderungen erst *hervor*. Diesen Aspekt haben bisherige Analysen von trans* Vlogs durchaus bereits hervorgehoben: Die Vlogs gelten als ein weiteres Instrument, mittels dessen der transitionierende Körper entworfen, hervorgebracht und gestaltet wird. Was dabei in vielen verschiedenen Vlogs als ein innerlicher, linearer und zielgerichteter Verlauf narrativiert wird, ist jedoch ein Prozess, der nicht nur durch äußere Anstrengung gelingt, sondern der regelmäßigen Rückversicherung durch die audiovisuelle Aufzeichnung bedarf. Dass dieser Prozess konstitutiv ist, also seine Effekte durch die mediale Form hervorbringt,[163] stellt Raun sehr eindrücklich dar:

> [T]he vloggers blend flesh and media, skin and screen, to help them form (new) identities. […] the vloggers can be said to be molded and shaped by the apparatus of the vlog as well as the scalpels that slice and penetrate their flesh and the hormones that run through their blood.[164]

---

162 Vgl. u. a. Heather Love, *Feeling Backward: Loss and the Politics of Queer History* (Cambridge/MA: Harvard University Press, 2007); Garde, *Trans* Geschichten der Moderne*.

163 Emil kann sich in seinem Video für den kollektiv von mehreren Vloggern betriebenen Kanal MrThink Queer zum Beispiel erst über seine Beinbehaarung freuen, als er beim Betrachten eines alten Videos von sich feststellt, dass sie tatsächlich stärker geworden ist, vgl. MrThink Queer, *Emil | Haar update :-)*, 6. Dezember 2016 <https://www.youtube.com/watch?v=r11eZaW6_r0> [Zugriff: 30. Mai 2025]. Auf die spezifisch dokumentarische Praktik dieses Vlogger-Kollektivs MrThink Queer werde ich in Kapitel 4 ausführlicher eingehen.

164 Raun, *Out Online*, S. 106.

Den Vorgang der Transition beschreibt Raun daran anschließend und
in konsequenter Fortsetzung der Selbstherstellung als »Bildschirm-
Geburt« (screen birth).[165] Er rechnet ihn auch einer alternativen
Zeitlichkeit zu, insofern ein neuer Zeitrahmen eröffnet wird und sich
dieser von den Vloggern selbst rückwirkend über verschiedene mediale Arrangements der Erinnerung performativ in die Vergangenheit
verlagert findet:

> He [the vlogger Skylar, sh] is not just the creation of his
> parents, he is also *his own creation*, having initiated his own
> physical (re)birth and his screen birth. [...] the trans vloggers
> use the medium of the vlog to performatively document this
> »backward birthing« and sideways growth, trying to create for
> themselves a kind of »baby memory book« not unlike the one
> that parents make for their newborn.[166]

Die Vlogs werden zu einem Instrument der Transition, das es ermöglicht, das gegenwärtige Selbst auf ein zukünftiges hin selbstbestimmt
zu gestalten, es hervorzubringen und aus dieser Perspektive ebenso
eine Vergangenheit zu erschaffen, die ihren Anfang bei der Bildschirm-
Geburt nimmt. An dieser Stelle deutet Raun zwar mit Verweis auf
Kathryn Bond Stocktons Konzept des »seitwärts Wachsens« (growing sideways)[167] eine andere Wachstumsrichtung und damit eine
Irritation von fortschrittsorientierter Zeitlichkeit in trans* Vlogs an,
fügt diese letztlich aber doch wieder in den Vektor einer linearen geschlechtlichen Selbstverwirklichung ein.[168] Oder wie Horak explizit
und in Bezug auf die Slideshow-Videos bemerkt, in denen zumeist
Fotos oder auch kurze Videoclips zur Dokumentation der eigenen
Veränderung montiert sind: »[T]he author *controls* the pacing and
order of time unfolding. *Time only ever moves forward* and the subject only ever becomes more and more his or her ›true self‹.«[169]
Den trans* Vloggern schreiben beide Theoretiker_innen damit eine
beinahe allmächtige Schöpferrolle zu, aus der heraus sie sich selbst her-

---

165 Ebd., S. 102.
166 Ebd., S. 107, Herv. sh.
167 Kathryn B. Stockton, *The Queer Child: or Growing Sideways in the Twentieth Century*
     (Durham: Duke University Press, 2009), S. 11.
168 Vgl. Raun, *Out Online*, S. 106–08.
169 Horak, »Trans on YouTube«, S. 580, Herv. sh.

vorbringen und biografische Zeitverläufe auf ein kohärentes Selbst hin rückwirkend und in die Zukunft gerichtet modellieren. Die Möglichkeit queerer Zeitlichkeiten in den Vlogs und damit anderer als linearer, binärer Transitionserfahrungen scheint erst auf, wenn auch das Verhältnis von Medien und Subjekten und ihr jeweiliges Verständnis als vermeintlich kohärenter, stabiler Entitäten einer kritischen Befragung unterzogen wird.

Raun und Horak gehen weder auf queere Zeitlichkeiten von Vlogs noch auf das in den trans* Vlogs aufscheinende Zweifelhafte, die Unsicherheiten, Inkohärenzen und Ungewissheiten in Zusammenhang mit Geschlecht, mit der Transition und vor allem der Verabreichung von Testosteron ein. Darüber hinaus setzt deren Betrachtungsweise, und auch das möchte ich aus der Perspektive einer queertheoretisch informierten Medienwissenschaft problematisieren, ein autonomes und handlungsmächtiges Subjekt voraus, das sich eigenmächtig des Einsatzes von Medien bedient, um eine zielgerichtete und aktive Selbstgestaltung vorzunehmen. Unter dieser Prämisse lassen sich die trans* Vlogs zwar als selbstdokumentarische und befreiende Praktik lesen, die von den Vloggern *gegen* die staatlichen, medizinischen und juristischen Dokumentationszwänge genutzt wird. Gleichzeitig verunmöglicht gerade ein solch starker Subjektbegriff, eben diese Zwänge genauer in den Blick nehmen, sie kritisieren oder auch politisieren zu können. Die auf diese Weise betonte und bestärkte Handlungsmächtigkeit (agency) von trans* Personen ist nur um den Preis eines starken Subjektbegriffs zu haben, der die Tradition des modernen westlichen, als männlich, *weiß* und heterosexuell imaginierten Subjekts mit sich trägt. Feministische und queere Theorien sowie Theorien der Critical Race Studies kritisieren diesen Subjektbegriff, weil dieser (binär-)vergeschlechtlichte, rassifizierte und klassistische Ausschlüsse produziert. Nicht-*weiße*, nicht-männliche und nicht-heterosexuelle Subjekte sind in diesem Vorstellungshorizont immer nur als Verneinung, als vermeintlich deviantes Anderes denkbar.

Für trans* Personen ist im Kontext der institutionalisierten Begleitung des Transitionsprozesses von großer Bedeutung, dass sie die Frage nach (geschlechtlicher) Identität so beantworten können, dass sie als kohärent, zeitlich stabil und durch einen wesenhaften, ›wahren‹ Kern bestimmt erscheint. Auch in den Institutionen ist Trans*sein

an die Vorstellung des modernen Subjekts geknüpft. Anstatt meine
Analysen der trans* Vlogs ebenfalls auf ein solch stabiles und autonomes Subjekt zu gründen, stelle ich mit Donna J. Haraway den
politischen Einsatz feministischer Subjektkritik in den Vordergrund,
welche Widersprüchlichkeiten und Differenzialität des Subjektstatus
hervorhebt:

> Feminist deconstructions of the ›subject‹ have been funda-
> mental, and they are not nostalgic for masterful coherence.
> Instead, necessarily political accounts of constructed embodi-
> ments, like feminist theories of gendered racial subjectivities,
> have to take affirmative and critical account of emergent, differ-
> entiating, self-representing, contradictory social subjectivities,
> with their claims on action, knowledge, and belief.[170]

Im Sinne einer solch affirmativen *und* zugleich kritischen Herangehensweise erweisen sich die Vlogs gerade nicht als souveräne Produkte
oder Herstellungsprozesse eines kohärenten Subjekts. Vielmehr realisieren sich trans* Subjektivierungsweisen in den medial spezifischen
Zeitlichkeiten der Vlogs. Indem ich den Fokus auf die mediale Anordnung von sowohl Vlog wie auch Testosterongabe lege, gelingt es mir,
die Beschreibung des trans* Vloggens auf YouTube auf die Machtpraktiken zu verschieben, die mit diesen Formen der Selbstdokumentation
– in ihrer Verschiedenheit – zusammenhängen. Die Machtpraktiken
in ihrer Ambivalenz beschreibbar zu machen, ohne dabei einerseits
hinter bereits bestehende Kritik am Subjektbegriff zurückzufallen oder
andererseits die Verletzlichkeit von trans* Leben aus den Augen zu
verlieren, ist mein Anliegen. Dazu bedarf es, die Medialität geschlechtlicher Transitionen zu berücksichtigen.

Dem Aspekt der Zeitlichkeit kommt diesbezüglich zentrale Bedeutung in der Produktion, Distribution und Ästhetik der trans* Vlogs
wie auch der hormonell induzierten geschlechtlichen Transition zu:
auf Rezepte, Indikationen und Gutachten warten, gewisse Therapie-
dauern nachweisen, wiederholt zu ärztlichen Terminen erscheinen,
Geduld aufbringen gegenüber der Verwaltung von Krankenkassen

---

170 Donna J. Haraway, »›Gender‹ for a Marxist Dictionary: The Sexual Politics of a
Word«, in Haraway, *Simians, Cyborgs, and Women: The Reinvention of Nature* (London:
Free Association Books, 1991), S. 127–48, hier S. 147.

und Gerichten, regelmäßig die Hormone einnehmen, in ähnlicher Regelmäßigkeit Videos produzieren und diese auf YouTube hochladen. Auch wenn es auf den ersten Blick so scheint, als wären dies teleologisch ausgerichtete Abläufe und feste Protokolle, entzieht sich die Vielfalt der damit entstehenden Lebenswirklichkeiten einer linear entworfenen Zeitlichkeit. Die Handlungsgewissheit und relative Autonomie des von Raun und Horak beschworenen trans* Subjekts wird durch Unvorhersehbarkeiten, Ungewissheiten, emotionale sowie technologische und medizinische Risiken, finanzielle Abhängigkeiten und besondere Verletzlichkeiten unterlaufen. Trans*sein erscheint als permanentes trans* *Werden*, sodass die Vorstellung einer trans* Identität immer vorläufig bleiben muss. Sie verwirklicht sich gerade nicht in linear verlaufenden und endokrinologisch planbaren Zurichtungen des Körpers, sondern durchkreuzt diese Erwartungen und verunsichert den Ausgang.

Das Potenzial einer queertheoretisch angelegten, medienwissenschaftlichen Frageperspektive liegt auch darin, die für die trans* Vlogs so zentrale Dimension von Zeit als ästhetische Größe beschreibbar zu machen. Für die folgenden Analysen stellt sich somit die Frage, wie Begehren, Wünsche und Hoffnungen ebenso wie Enttäuschungen, Unzufriedenheit und Unbehagen in den Vlogs ästhetische Formen annehmen und wie diese Formen durch das zeitbasierte Medium Video beeinflusst sind. Die Körper werden hierbei über die jeweiligen medialen Praktiken in spezifischer Weise mit hervorgebracht. Diese Praktiken reichen von den unterschiedlichen Vlog-Formaten des Update- oder Zeitraffervideos bis zu den darin sich reproduzierenden Gesten und Posen. Diese sollen einerseits die körperlichen Veränderungen lediglich dokumentieren, sind aber andererseits daran beteiligt, die Veränderungen überhaupt erst wahrnehmbar werden zu lassen. Statt Geschlecht zu stabilisieren und vereindeutigen, lassen sie vielmehr die Ungewissheiten über den Prozess einer Transition und ihrer Zeitlichkeit aufscheinen.

Indem die medienästhetische Erfahrung des Vloggens in Verschränkung mit der Testosteronbehandlung, die damit eröffneten queeren Zeitlichkeiten und die nicht abschließend kontrollierbaren materiellen wie diskursiven Effekte dieser Praktiken in den Fokus rücken, wird es möglich, trans* Vlogs als kollektive und politische

Äußerungen zu verstehen. Statt auf eine Identitäts- und Repräsentationspolitik zu zielen, vervielfältigen sie die Verhältnisse von Subjektivierung und Kollektiv, Nation und Geschlecht und eröffnen darüber
ein Potenzial für anderes Wissen, anderes Begehren und neue Formen
des Widerstands gegen vergeschlechtlichende Zwänge.[171]

EXPERIMENTELLE TESTO-TECHNIKEN

Auf den ersten Blick wirkt es kontraintuitiv, die Effekte von Hormonbehandlungen als queer zu beschreiben, zumal dann, wenn die
Behandlungen als Therapien deklariert und entlang normativer Unterscheidungen von >gesund< und >krank< organisiert sind. Die entsprechenden Behandlungen sind anhand pathologisierender Kataloge als
medizinische Notwendigkeiten konzipiert. Sie vollziehen sich entlang
institutionell ritualisierter Vorgänge der Untersuchung, Diagnose und
Verabreichung bzw. Verschreibung, um den als Patient_in hervorgebrachten Körper mit dem Ziel einer scheinbar klaren und eindeutigen
Entwicklung zu beeinflussen. Das gilt nicht nur für trans* Personen,
sondern grundsätzlich für die medizinische Verabreichung von Hormonen: Von einem als mangelhaft oder >krank< festgestellten Zustand
ausgehend führt die Hormonbehandlung zur (Wieder-)Herstellung
von Gesundheit und (reproduktiver) Funktionsfähigkeit. Ein jeweiliges Zuviel oder Zuwenig von in einem Organismus nachweisbaren
und wirksamen Androgenen und Östrogenen hängt dabei allein davon
ab, ob selbiger als männlich oder weiblich gilt. Als »Technologien
der >Geschlechteridentität<« (technologies of >gender identity<)[172]
dienen diese Hormone seit Beginn der endokrinologischen Wissensproduktion ab dem frühen 20. Jahrhundert ebenso zur Bestimmung
von Geschlecht, wie sie selbiges hervorbringen und nach Maßgabe
einer binären Geschlechtlichkeit zu stabilisieren suchen.[173]

---

171 Vgl. Astrid Deuber-Mankowsky, *Queeres Post-Cinema: Yael Bartana, Su Friedrich, Todd
     Haynes, Sharon Hayes* (Berlin: August Verlag, 2017), S. 60–70. Für eine ausführli-
     chere Analyse dieser insbesondere auch in ihrer affektiven Dimension bedeutsamen
     Werdensprozesse siehe Kapitel 4.

172 Haraway, »>Gender< for a Marxist Dictionary«, S. 133.

173 Eine detailliertere Auseinandersetzung mit dem Verhältnis von Geschlecht und Hor-
     monen sowie der Wissensproduktion sowohl über Geschlecht wie über Hormone
     findet in Kapitel 3 statt.

Was heißt es, vor diesem Hintergrund und insbesondere im Kontext von trans* Lebenswirklichkeiten über Testosteron nachzudenken? Testosteron, also fein säuberlich in Laboren und unter Mikroskopen separierte Kohlen-Wasserstoffketten, ist Produkt und Ergebnis erst experimenteller, später wissenschaftlich institutionalisierter Wissensproduktion, die mit kulturell hervorgebrachten Vorstellungen von Geschlecht in Wechselwirkung steht und insofern über unsere Körper hinaus auch in den massenmedialen Bildern zirkuliert. Schon allein sprachlich sind Bilder in das Hormon Testosteron eingelassen, da der Begriff aus der Zusammenführung von *testes* (Hoden) und Steroid gebildet wurde.[174] Testosteron beeinflusst Veränderungen des Sex im Sinne von körperlichem Geschlecht ebenso wie Sex als Praktik und Begehren. Feministische Wissenschaftskritik hat bereits seit den 1990er Jahren diese entsprechend komplexen Herstellungsprozesse der sogenannten Geschlechtshormone in der Wissensproduktion methodisch nachvollzogen.[175]

Der Queer-Theoretiker und Philosoph Paul B. Preciado schließt an diese Wissenschaftskritik an und arbeitet die zumeist vernachlässigte kulturelle Komplexität von Geschlechtshormonen in konstitutiver Verbindung zu gegenwärtigen digital-medialen Kommunikations- und Lebensweisen heraus. In seiner Studie *Testo Junkie: Sex, Drugs, and Biopolitics in the Pharmacopornographic Era* dokumentiert er tagebuchartig sein Selbstexperiment mit der (nicht medizinisch überwachten) Testosteronbehandlung und bindet dies in queerfeministische Analysen der Entwicklung und des Einsatzes von synthetischen Hormonpräparaten, allen voran der Verhütungsmethode >die Pille<, ein.[176] Dabei stellt Preciado fest:

---

174 Vgl. Anne Fausto-Sterling, *Sexing the Body: Gender Politics and the Construction of Sexuality* (New York: Basic Books, 2000), S. 187–90.

175 Zwar sind Androgene und Östrogene maßgeblich an der Ausbildung vergeschlechtlichter körperlicher Merkmale beteiligt. Darüber hinaus haben sie jedoch ebenso immense Bedeutung für Knochenwachstum, Fett- und Kohlenhydratverbrennung und die Herzfunktion – und dies unabhängig vom Geschlecht, weswegen die Biologin und Gender-Theoretikerin Anne Fausto-Sterling den Vorschlag macht, von >Wachstumshormonen< zu sprechen; vgl. ebd., S. 147; Heinz-Jürgen Voß, *Geschlecht: Wider die Natürlichkeit* (Stuttgart: Schmetterling, 2011), S. 138. Ausführlicher zu einer (queer)feministischen Wissenschaftskritik der Wissensproduktion zu Testosteron in Kapitel 3.

176 Vgl. Paul B. Preciado, *Testo Junkie: Sex, Drugs, and Biopolitics in the Pharmacopornographic Era*, übers. v. Bruce Benderson (New York: Feminist Press, 2013).

> Hormone wie Östrogen und Progesteron – später dann Testos-
> teron – werden erst als Moleküle betrachtet und dann als *Phar-
> makon*, aus der stillen Kohlenstoffkette werden biopolitische
> Entitäten, die auf legale, institutionelle und intentionale Weise
> in einen menschlichen Körper eingeführt werden können. Hor-
> mone werden bio-Artefakte, gemacht aus Kohlenstoffketten,
> Sprache, Bildern, Kapital und kollektiven Wünschen.[177]

Als bio-Artefakte haben diese Hormone sowohl körperliche als auch
diskursive Dimensionen und funktionieren, wie Preciado mit Bezug
auf Donna Haraway weiter ausführt, »als semiotisch-materielles Element, das sich als Molekül und als Diskurs, als Maschine und organische Substanz verkörpert. Es bewegt sich in der hegemonialen
ethnischen und sexuellen Grammatik westlicher Kultur, die [...] von
der Verunreinigung der Abstammung, der rassischen Reinheit, der
Trennung der Geschlechter und der Kontrolle der Sexualität besessen
ist«.[178]

Was Preciado an dieser Stelle explizit mit Blick auf die Pille feststellt, muss für den von ihm beobachteten Einsatz von Testosteron
erweitert werden. Auch Testosteronpräparate funktionieren in einem
sich überlappenden Grenzbereich von semiotischen und materiellen
Bezügen und kommen biopolitisch zum Einsatz. Auf dem pharmazeutischen Markt sollten sie ursprünglich allein für cis Männer verschrieben werden, wobei ihr Anwendungsbereich auf eine (Wieder-)
Herstellung von stereotyper Männlichkeit zugeschnitten ist: Steigerung der Libido und Potenz, Haarwuchs, jugendliches Aussehen und
(reproduktive) Leistungsfähigkeit. Die binärgeschlechtliche Zuwei-
sung von Testosteron an den männlichen Körper ist dabei offenbar so
wichtig, dass auf dem Beipackzettel des Präparats, welches Preciado
unautorisiert dem eigenen Körper verabreicht und das neben Nebido®
eines der gängigsten Präparate auf dem Markt für die trans* männliche Geschlechtsangleichung ist, gewarnt wird: »Dieses Medikament
wird empfohlen bei Beschwerden, die durch einen Mangel an Testos-

---

177 Paul B. Preciado, *Testo Junkie: Sex, Drogen und Biopolitik in der Ära der Pharmapornographie*, übers. v. Stephan Geene (Berlin: b_books, 2022), S. 172, Herv. i. O. Für die
Veröffentlichung meines Buches habe ich Verweise auf die englische Fassung durch die
entsprechenden Passagen aus der deutschen Übersetzung ersetzt.

178 Ebd., S. 192–93.

teron verursacht werden. [...] Vorsicht: TESTOGEL sollte nicht von Frauen eingenommen werden.«[179]

Preciado hat nicht nur kein Rezept für das Testosteronpräparat, welches er auf die Haut aufträgt. Er ist als weibliche Person sozialisiert, trägt zur Zeit dieses Selbstexperiments noch einen weiblichen Vornamen und wäre entsprechend konventionalisierter Annahmen von Geschlecht damals als Frau gelesen und eben dieser Gruppe von Menschen zugeordnet worden, für die das Testosteron laut Warnung auf dem Beipackzettel einer Bedrohung oder Gefahr gleichkommt. Wirkungen des Präparats, die für die als cis Männer gedachten Adressaten als erwünschte Ziele einer Behandlung präsentiert werden, stellen für Frauen demnach ein Risiko dar. Letzteres scheint allein darin zu bestehen – denn gesundheitsgefährdende Aspekte werden nicht angeführt –, dass stereotype körperliche Weiblichkeitsmerkmale verändert oder aufgehoben werden, Geschlecht also uneindeutig(er) werden könnte. Preciado verdeutlicht, dass sich die darin beschworene Gefahr allein für diejenigen darstellt, denen die vermeintliche Gewissheit geschlechtlicher Eindeutigkeit auch eine sichere Einordnung ihres eigenen (hetero-)normativen sexuellen Begehrens und damit die Stabilität einer sozialen Ordnung suggeriert.[180]

Biopolitisch bedeutsam wird Testosteron auch in dem Sinne, als dass über die Definition behandlungsbedürftiger Phänomene ein spezifisches Verständnis von gesundheitlicher Norm und pathologisierter Abweichung bezüglich binärer Geschlechtlichkeit hervorgebracht wird.[181] Zudem ist es allein diese Logik, die es trans* männlichen Personen ermöglicht, Testosteron verschrieben zu bekommen. Denn dies

---

179 Ebd., S. 60–61.
180 Vgl. Preciado, *Testo Junkie*, S. 73–83.
181 In direktem Zusammenhang damit reproduziert das Hormonpräparat auch eine heteronormative Lebenswirklichkeit, wenn im Beipackzettel auch Vorkehrungen zu einer ungewollten Übertragung des Gels durch Hautkontakt mit anderen Personen beschrieben werden, und zwar bezogen auf die »Sicherheit der weiblichen Partnerin« (to guarantee the safety of one's female partner) (Preciado, *Testo Junkie* (engl.), S. 59). Der vom Pharmakonzern vorgesehene Konsument von Testogel® ist also nicht nur selbstverständlich cis männlich, sondern auch heterosexuell (›female partner‹) und zumindest seriell monogam (›partner‹ im Singular). In der deutschen Übersetzung wird weniger geschlechtsspezifisch vor einem Risiko der Übertragung auf »andere Personen« gewarnt, aber auch hier sind damit explizit nur »Frau oder Kind« gemeint, vgl. Preciado, *Testo Junkie* (dt.), S. 61.

kann erst geschehen, nachdem sie von Therapeut_innen als männlich
und entsprechend behandlungsbedürftig anerkannt wurden, da ihre
Körper keine dem Durchschnitt cis männlicher Körper entsprechende
Testosteronproduktion aufweisen.[182] Konsequenterweise finden sich
im Beipackzettel von Testogel® keine Hinweise auf dessen Verwendung im Zusammenhang mit einer geschlechtlichen Transition, wor-
aus Preciado schließt:

> Synthetisches Testosteron ist nur zu erhalten, wenn man auf-
> hört, sich als Frau zu definieren. Bevor die Wirkungen des
> Testosterons sich in meinem Körper bemerkbar machen, liegt
> die Bedingung der Möglichkeit, das Molekül anwenden zu kön-
> nen, darin, auf meine feminine Identität zu verzichten. Was für
> eine großartige politische Tautologie. Wie die Depression oder
> die Schizophrenie sind auch Männlichkeit und Weiblichkeit
> medizinische Fiktionen, die retroaktiv definiert [sic] werden
> und das in Bezug auf die Moleküle, mit denen man sie behan-
> delt.[183]

Vor diesem Hintergrund der politisch-pharmazeutischen Zurichtung
leuchtet es ein, dass Preciado Jacques Derridas Begriff des Pharmakons
nutzt, um Testosteron zu beschreiben: Damit hebt er die Ambivalenz
des Hormons hervor, sowohl als Gift wie auch als Gabe zu wirken.
Realisiere sich die Gabe in der Option gewollter körperlicher Veränderungen, materialisierten sich im Präparat ebenso geschlechtliche

---

182 Wie wenig aussagekräftig diese als Durchschnitt präsentierten Werte sind, die sowohl
     orientierende Normierungen als auch in gewisser Weise ihr eigenes Scheitern pro-
     duzieren, wird besonders daran deutlich, dass unterschiedliche Labore verschiedene
     Werte als Normbereiche definieren. Dies lässt sich u. a. darauf zurückführen, dass
     die Vergleichswerte mit unterschiedlichen Methoden erstellt und u. a. tageszeit- und
     altersabhängig sind. Darüber hinaus sagt die Konzentration eines Hormons im Blut
     noch nichts darüber aus, mit welcher Intensität und mit welchen Effekten es im Kör-
     per wirkt. Auch international variieren die angelegten Standards. Für eine historische
     Perspektive auf die Quantifizierung von Hormonen in – den ihnen zugrundliegenden
     Tierexperimenten entsprechend – »rat units« oder auch »mouse units« genannten
     Einheiten, siehe Sengoopta, *The Most Secret Quintessence of Life*, S. 162. Eine feministi-
     sche Perspektive auf die Herstellung von Weiblichkeit und Männlichkeit mittels dieser
     tierischen Einheiten und die ihnen zugrunde liegenden Tests liefert Nelly Oudshoorn,
     vgl. Nelly Oudshoorn, »On Measuring Sex Hormones: The Role of Biological Assays
     in Sexualizing Chemical Substances«, *Bulletin of the History of Medicine*, 64.2 (1990),
     S. 243–61, hier S. 251–54.
183 Preciado, *Testo Junkie*, S. 62–63.

Kontrollfunktionen.[184] Die Bezugnahme auf Derrida ist für die weiteren Untersuchungen der vorliegenden Arbeit auch deshalb interessant, weil es bereits die Verbindung des Hormons zu medientheoretischen Überlegungen eröffnet.[185] Wie schon erwähnt, hat der Physiologe Ernest Starling Hormone bereits 1905 als chemischen Botenstoff beschrieben;[186] Marshall McLuhan hat diesen Vergleich in den 1960er Jahren umgedreht und den Telegrafen als soziales Hormon charakterisiert.[187] Preciado erweitert nun die Übertragungsmetapher und stellt eine Theorie der Durchdringung von technisch-medialen und biochemisch-körperlichen Kommunikationsprozessen auf:

> Die telekinematische Theorie des Hormons ist Medientheorie, eine Theorie der Kommunikation, in der der Körper nicht mehr einfach ein Mittel ist, durch das Information ausgesendet, verbreitet und empfangen wird, sondern selbst die *materielle Wirkung* dieser semio-technologischen Tauschoperation.[188]

An diesen Anspruch einer telekinematischen Theorie knüpft meine Annahme an, dass sich Medien und Körper in und mit der Praktik des trans* Vloggens in spezifische Durchdringungs- und Herstellungsverhältnisse begeben. Zugleich frage ich mich, ob nicht auch Preciados Theorie den Eindruck vermittelt, dass sich die materiellen Effekte

---

184 Für eine kritische Analyse des Zwangs zur u. a. mit Hormonen herbeigeführten binären Vereindeutigung und Normierung von Geschlecht siehe Judith Butlers Analyse der vom Psychoendokrinologen John Money durchgeführten Behandlungen an David Reimer. Durch einen Operationsfehler an den Genitalien verstümmelt, soll dieser als Mädchen sozialisiert und erzogen werden. Nach vielen Jahren weiterer übergriffiger und gewaltvoller Behandlungen nimmt er sich als Erwachsener das Leben. Butler beschreibt sein Schicksal als Ausdruck der rigiden Formen geschlechtlicher Intelligibilität in einem binären Geschlechtersystem, vgl. Judith Butler, »Doing Justice to Someone: Sex Reassignment and Allegories of Transsexuality«, in Judith Butler, *Undoing Gender* (New York: Routledge, 2004), S. 57–74.

185 In medienphilologischer Herangehensweise geht Friedrich Balke den Effekten der Droge – und auch über Testosteron als Droge ließe sich diskutieren – als »paradoxe[m] Medium« nach, dessen Wirkungen sich sowohl in den Körpern der Schreibenden entfalteten als auch den Körper der geschriebenen Schrift physiologisch werden ließen, vgl. Friedrich Balke, »›Allotechniken‹: Zur Medienphilologie der Droge am Beispiel Henri Michaux'«, *ZS: Sprache und Literatur*, 113.1 (2014), S. 61–76. Im Kapitel 3 werde ich ausführen, wie Testosteron mit den Vlogs selbst zum Medium wird.

186 Starling, »The Croonian Lectures on The Chemical Correlation of the Functions of the Body«.

187 Vgl. McLuhan, *Understanding Media*, S. 246.

188 Preciado, *Testo Junkie*, S. 168, Herv. i. O.

auf den Körper mit dem und durch das Testosteron als Bestandteil dieses semiotisch-technischen Austauschs gezielt herbeiführen
ließen. Preciado entwirft seinen Testosteronkonsum als illegalisiertes
gender hacking mit dem Ziel einer Veränderung des körpergeschlecht-
lichen Codes und damit letztlich einer geschlechtlichen, sexuellen,
bio-technologischen Revolution:[189]

> Sich selbst mit Testosteron zu impfen, kann eine Technik des
> Widerstands sein für Körper, denen der Status einer cis-Frau
> zugeschrieben wurde. Um eine bestimmte politische gender-
> Immunität zu erreichen, um besoffen zu sein von Männlich-
> keit, um zu wissen, dass es möglich ist, wie das herrschende
> Geschlecht auszusehen.[190]

Für Preciado scheint hier völlig klar und damit nicht weiter erwähnenswert zu sein, was genau es heißt, eine Ähnlichkeit zum Aussehen
geschlechtlicher Hegemonie herstellen zu können. Auch ist die Möglichkeit dieser Veränderung – wie auch immer sie nun aussehen möge
– als Wissen abgesichert und damit stabilisiert. Wie aber lässt sich
Preciados widerständige Charakterisierung des Testosterons in Einklang bringen mit dem Erwarten, Hoffen, Wünschen, das sich in den
Testo-Update-Videos materialisiert? Im weiteren Verlauf der Analysen von trans* Vlogs und Testosteronbehandlung verdeutliche ich,
dass bei den eingesetzten Techniken durchaus von Techniken des
Widerstands gesprochen werden kann, insofern sie hegemoniale Ge-
schlechterfigurationen herausfordern. Zugleich entfaltet sich dieses
Potenzial aber über eine Widerständigkeit der Techniken, die sich einem gezielten Einsatz zum Erreichen spezifischer Effekte entziehen.
Entsprechend kann auch das von Preciado als subversiv bezeichnete
gender hacking nicht gezielt genutzt werden, um geschlechtlich unein-
deutige(re) Körper zu produzieren. Doch es kann Zeitlichkeiten eröffnen, in denen ein anderes Wissen von Körper, Geschlecht, Sexualität
und Technologie entsteht und zu Anerkennung kommt.

 Preciados Ausführungen sind für die Untersuchung von trans*
Vlogs sowohl bezüglich der Argumente zur Technologisierung
von Testosteron interessant als auch aufgrund der Formen des

---

189 Vgl. ebd., S. 57 und 388–92.
190 Ebd., S. 390.

Selbstexperiments und dessen Dokumentation, die Preciado wählt. Indem Preciado die dokumentarischen Praktiken sowohl zum Ausgangspunkt wie auch Gegenstand seiner Analysen macht, schreibt er sich in die Geschichte der Endokrinologie ein. Deren Herausbildung als wissenschaftliches Feld geht nicht zuletzt auf die – wenn auch gescheiterten, aber dennoch einschlägigen – Selbstversuche des Physiologen Charles Édouard Brown-Séquard Ende des 19. Jahrhunderts zurück. Brown-Séquard injiziert sich Extrakte aus den Hoden von Meerschweinchen und Hunden und berichtet vor Fachpublikum von körperlichen und geistigen Kräftigungseffekten dieser Kur.[191] Das Wissen um vergeschlechtlichte Hormone und vor allem um Testosteron ist – und zwar bereits bevor Testosteron zum ersten Mal isoliert wird – mit selbstdokumentarischen Praktiken verknüpft. Diese Beobachtung wirft auch bezüglich der trans* Vlogs die Frage auf: Wie wirken die an den entsprechenden Selbstdokumentationen beteiligten Medien auf das jeweilige Wissen und Erleben ein und umgekehrt?

Das sich dokumentierende Selbst begreife ich dabei in Anschluss an dekonstruktivistische feministische Theorien nicht in radikaler Differenz zu medialen Techniken, d. h. nicht als sich autonom ver-wirklichendes Subjekt.[192] Mir geht es entsprechend nicht darum zu

---

191 Vgl. Nelly Oudshoorn *Beyond the Natural Body: An Archeology of Sex Hormones* (London: Routledge, 1994), S. 17. Seine Selbstmedikationen, deren Wirkungen sich letztlich als autosuggestiv herausstellen, werden belächelt oder als Gefährdung wissenschaftlicher Praxis verworfen, bringen aber trotz der Fehlschlüsse die Forschung der damaligen Organotherapie voran, die neben der Biologie und Physiologie als maßgeblich für die Herausbildung der Endokrinologie gilt.

192 Haraway entwirft die Figur der Cyborg, die es erlaubt, Technik und die technische Veränderung des (weiblichen) Körpers zu affirmieren, ohne dabei technikeuphorisch oder technikdeterministisch zu argumentieren. Auch für Haraway geht es nicht darum, zu entscheiden, ob *von* oder *durch* Technik Kontrolle ausgeübt wird. Vielmehr setzt die Figur der Cyborg die oft als eindeutig und strikt behaupteten Grenzen zwischen Technik und Mensch wie auch zwischen Mensch und Tier in Bewegung. Hierbei ist das Cyborg-Werden kein utopisches Ideal souveräner Aneignung von Technik. Die Cyborg entsteht aus der historischen Notwendigkeit, sich mit Technik zu arrangieren und über dieses Arrangement die bis dato von der Technik abgegrenzten Bereiche (Mensch, Tier, Natur) in ihrer naturalisierten Selbstverständlichkeit zu befragen. Haraway politisiert die darin eingezogenen Hierarchien, um ein anderes Denken und somit ein anderes Sein in der Welt zu ermöglichen; vgl. Donna J. Haraway, »A Cyborg Manifesto: Science, Technology, and Socialist-Feminism in the Late Twentieth Century«, in Haraway, *Simians, Cyborgs, and Women*, S. 149–81.

entscheiden, ob trans* Lebensweisen einem Technikdeterminismus
unterliegen oder umgekehrt trans* Personen sich mediale Techniken
aneignen (müssen), um sie für den Prozess einer geschlechtlichen
Transition selbstbestimmt und handlungsmächtig einsetzen zu können.[193] Stattdessen zielt der Einsatz meiner Arbeit darauf, die »in der
Technik materialisierten Wissenspraktiken«,[194] und das meint insbesondere das Wissen um Geschlecht und Race, für eine Untersuchung
der trans* Vlogs in den Blick rücken, um die Beteiligung der Medien am Prozess der geschlechtlichen Transitionen genauer fassen zu
können. Erst darüber werden die Zeitlichkeiten der Transitionen als
vielfältige und sowohl handlungsermächtigende wie vulnerable und
prekäre verständlich. Indem ich Geschlecht nicht als stabil und eindeutig oder eindeutig gewusst begreife, können auf diese Weise die in den
medialen Praktiken des trans* Vloggens aufscheinenden Brüche und
Differenzen erstmalig überhaupt adressiert und – wie Haraway mit
Bezug auf Judith Butler schreibt – für Umdeutungen geöffnet werden:

> The task is to ›disqualify‹ the analytic categories, like sex or
> nature, that lead to univocity. This move would expose the illu-
> sion of an interior organizing gender core and produce a field
> of race and gender difference open to resignification. Many

---

193 Die Arbeit positioniert sich damit ausdrücklich auch gegen einen Technikdetermi-
nismus, wie ihn beispielsweise Bernice Hausman vertritt, wenn sie ausführt, trans*
Lebensweisen seien konstitutiv von medizinisch-technischen Errungenschaften abhängig und erst durch die Wissensproduktion und technologischen Entwicklungen der
Endokrinologie und plastischen Chirurgie hervorgebracht, vgl. Bernice L. Hausman,
Changing Sex: Transsexualism, Technology, and the Idea of Gender (Durham: Duke
University Press, 1995), S. 7. Wenn ich trans* Erfahrungen als elementar mit selbstdokumentarischen Praktiken der Vlogs auf YouTube als digital-medialer Plattform
verbunden untersuche, geschieht das in der Annahme, dass Geschlecht und Medien
sich wechselseitig bedingen, wobei weder vergeschlechtlichtes Subjekt noch Technik
als gegeben vorausgesetzt werden. Zudem verstehe ich die trans* Erfahrungen in und
mit den Vlogs als im sozial-medialen Gefüge situiert, womit trans* Erfahrungen eben
gerade nicht ›repräsentativ‹ erfasst würden.

194 Astrid Deuber-Mankowsky, »Eine Frage des Wissens: Gender als epistemisches
Ding«, in *Gender goes Life: Die Lebenswissenschaften als Herausforderung für die Gender Studies*, hg. v. Marie-Luise Angerer und Christiane König (Bielefeld: transcript,
2008), S. 137–61, hier S. 147. Deuber-Mankowsky stellt unter Rückgriff auf Donna
J. Haraway und Hans-Jörg Rheinberger heraus, dass es die Betrachtung von ›Gender
als epistemisches Ding‹ nicht nur ermögliche, kritisch über Repräsentationspolitiken
nachzudenken, sondern darüber hinaus die gegenseitige Hervorbringung von Wissen,
Geschlecht und Technik sowie die darüber hergestellten gesellschaftlichen Realitäten
zu erfassen, was nicht zuletzt durch Wiederholungen und Verfehlungen erfolge.

> feminists have resisted moves like those Butler recommends, for fear of losing a concept of agency for women as the concept of the subject withers under the attack on core identities and their constitutive fictions. Butler, however, argued that agency is an instituted practice in a field of enabling constraints. A concept of a coherent inner self, achieved (cultural) or innate (biological), is a regulatory fiction that is unnecessary - indeed, inhibitory - for feminist projects of producing and affirming complex agency and responsibility.[195]

Im Anschluss an Haraways Ausführungen interessieren mich dementsprechend die Potenziale, Begehren und Differenzen, die sich der regulatorischen Fiktion (regulatory fiction) eines die eingesetzten Techniken kontrollierendes Subjekt zumindest teilweise entziehen, und ob sich gerade über diesen Entzug Handlungsmächtigkeit (agency) und lebbare Zukünfte eröffnen, dass Kategorien möglicherweise umgedeutet und angeeignet werden können.

Im Folgenden wird sich zeigen, dass die trans* Vlogs für verschiedene Vlogger ein unterschiedliches Potenzial lebbarer Zukünfte bereithält. Während Muñoz in der Auseinandersetzung um die politische Funktion queerer Zukünftigkeit die besondere Bedeutung von Utopien für Schwarze Queers und Queers of Color unterstreicht, wird auch in den trans* Vlogs deutlich, dass Zukunft darin für verschiedene Vlogger in unterschiedlicher Weise auf dem Spiel steht, da in das Testosteron nicht allein vergeschlechtlichende, sondern damit einhergehend rassifizierende Effekte eingetragen sind. Die besonderen Zeitlichkeiten der trans* Vlogs erweisen sich infolgedessen nicht als stets potenziell mögliche, sondern, so mein Vorschlag, als *(un)mögliche Zukünftigkeiten*, deren Realisierung auf komplexe Weise ungewiss ist. Diese Ungewissheit verstärkt sich für all diejenigen, deren Überleben aufgrund rassistischer Gewalt und Diskriminierung strukturell prekärer ist, also für Schwarze Vlogger und Vlogger of Color.

Preciado verweist auf diese Verstrickung von Hormonen mit sowohl Geschlecht als auch Race, wenn er die These aufstellt, dass sie als semiotisch-materielle Knoten an der Hegemonie einer geschlechtlichen *und* rassifizierten Grammatik westlicher Kultur mitwirken.[196]

---

195 Haraway, »›Gender‹ for a Marxist Dictionary«, S. 135.
196 Vgl. Preciado, *Testo Junkie*, S. 192–93.

In seinen Analysen bezieht er diese Erkenntnis jedoch lediglich auf seine wissensgeschichtliche und historische Einordnung der Pille, deren Verhütungsfunktion zuerst an Frauen of Color in Puerto Rico getestet wurde, bevor eine Zulassung für den US-amerikanischen – und damit als *weiß* imaginierten Markt – erfolgte. Für sein Selbstexperiment mit Testosteron reflektiert er die Rassifizierung von Geschlecht und Geschlechtertechnologien nicht. Seine Erfahrungen und sein Erleben von Männlichkeit, seine Transition und auch seine Sozialisation in einem stark akademisch geprägten Umfeld finden keine Reflexion, wenn er seinen Testosteronkonsum als widerständigen Akt eines »gender hackers« charakterisiert.[197] Die bereits für die Betrachtung der trans* Vlogs problematisierte Annahme, dass der Umgang mit den Testo-Techniken auf ein souverän agierendes Subjekt zurückzuführen sei, findet bei Preciado ebenso wenig Berücksichtigung wie die damit verbundene Herstellung einer *weißen*, als solcher aber unmarkierten Männlichkeit.[198]

Im Unterschied dazu werden im nächsten Kapitel geschlechtliche Transitionen, der Einsatz von Testosteron und die Dokumentation dieser Prozesse gezielt im Hinblick auf Unterscheidungen entlang von Race, Klasse, Dis_Ability (Be-/Enthinderung) betrachtet, um zu verstehen, wie diese sich in die Medien und Techniken einschreiben, mit welchen Zeitlichkeiten sie einhergehen und wie sie Leben unterschiedlich prekär werden lassen. Auch die Frage nach der medialen Herstellung von Männlichkeit stellt sich neu, wenn man berücksichtigt, dass die Männlichkeit, wie sie bisher mit den trans* Vlogs diskutiert, vorgestellt und besprochen wurde, unkommentiert als *weiße* Männlichkeit angenommen wird.

---

197 Ebd., S. 57.
198 An anderer Stelle zieht er den trans* Körper argumentativ mit dem migrantischen Körper zusammen. Dies erschwert eine Betrachtung der spezifisch rassistischen Ausschlussmechanismen, die sich an den jeweiligen Körpern entfalten, vgl. Paul B. Preciado, »Mein Körper existiert nicht«, in *Der documenta 14 Reader*, hg. v. Quinn Latimer und Adam Szymcyk (München: Prestel, 2017), S. 117–34, hier S. 125; vgl. a. Sarah Horn, »Männlichkeiten queeren mit Paul B. Preciado«, *onlinejournal kultur & geschlecht*, 26 (2021), S. 1–18 <https://kulturundgeschlecht.blogs.ruhr-uni-bochum.de/wp-content/uploads/2021/02/Horn-Ma%cc%88nnlichkeiten-queeren.pdf> [Zugriff: 30. Mai 2025].

2. Testo-Transitionen differenzieren – trans* Geschlechtlichkeit und Rassifizierungen

Gebe ich >ftm<, >transition< oder ähnliche Begriffe in das Suchfeld auf YouTube ein, werden mir als Ergebnis die Videos *weißer* Vlogger angezeigt und auch die Verlinkungen weiterer Videos über die Autoplay-Funktion oder die Anzeige möglicher nächster Videos am rechten Bildrand beziehen ausschließlich *weiße* Vlogger ein.[1] Als Teil einer hegemonial *weißen* Medienkultur produziert auch YouTube die Repräsentation *weißer* Menschen als unkommentierte, unmarkierte und darüber universalisierte Sichtbarkeit und wirkt folglich an der Stabilisierung dieser rassistischen Hierarchie mit.[2] Die in der Suche nach

---

[1] Dies lässt sich auch darauf zurückführen, dass trans* Diskurse maßgeblich durch einen hegemonial *weißen* anglo-amerikanischen Sprachraum geprägt sind und ich mit eben diesen Begriffen der Selbstbeschreibung, deren Abkürzungen und weiteren Schlagwörtern suche. Obwohl die Diskurssprache damit eine gewisse Internationalität für sich zu beanspruchen scheint, werden die Suchergebnislisten von englischsprachigen Vloggern, zumeist aus den USA oder Kanada, dominiert. Möchte ich hingegen spezifisch deutschsprachige Vlogs finden, füge ich den Suchbegriffen z. B. >Transmann< hinzu. Doch auch bezüglich Vlogs aus dem deutschsprachigen Raum wiederholt sich die Beobachtung einer deutlichen Mehrheit von Videos *weißer* Vlogger in den Ergebnislisten der Suche.

[2] Für Richard Dyer sind es insbesondere die (analogen) Medien Fotografie und Film, die maßgeblich an dieser Konstruktion von *Weißsein* als Qualität des Menschlichen mitwirkten, vgl. Richard Dyer, *White: Essays on Race and Culture* (London: Routledge, 1997).

den trans* Vlogs gemachte Beobachtung könnte damit lediglich als ein
weiteres Beispiel für die rassistischen und diskriminierenden Effekte
von Algorithmen und digitalbasierten Such- und Darstellungsfunktio-
nen im Allgemeinen dienen.[3] Konkret auf den Gegenstand der trans*
Vlogs bezogen lässt sich anhand dieser Feststellung jedoch die bereits
erläuterte Kritik am Transitionsnarrativ auf eine weitere Art problematisieren: Die gängige Beschreibung der trans* Vlogs als einem Prozess
souveräner Selbstgestaltung blendet aus, dass nicht nur Geschlecht,
sondern auch Race, und damit eben auch *Weiß*sein (whiteness), andau-
ernd performativ hergestellt wird.[4] Mit Blick auf das bisher analysierte
Verhältnis von Vlog, Testosteron und dokumentarischer Praktik gilt
es also, das Subjekt und dessen vermeintliche Souveränität in diesen
Anordnungen feiner justiert zu analysieren. Im Folgenden berücksichtige ich deshalb explizit die gegenseitigen Durchdringungen von
Gender und Race, um die in den Praktiken des Vloggens und der Testosteronbehandlung sich entfaltenden Zeitlichkeiten und die damit
zusammenhängenden Begehren und Wünsche, aber auch Sorgen und
Ängste, differenzierter beschreiben zu können. Zeitlichkeiten im Plural verstehe ich dabei nicht als bestimmbare Größen, die sich aus einer
empirisch belegbaren Anzahl kategorialer und additiver Überkreuzun-

---

3   Analysen des Zusammenhangs von (digitalen) Technologien und Race sind aus Per-
     spektiven der Critical Race und Black Studies zu finden u. a. bei Safiya Umoja Noble,
     Algorithms of Oppression: How Search Engines Reinforce Racism (New York: New York
     University Press, 2018); Wendy Hui Kyong Chun, »Introduction: Race and/as Tech-
     nology; or, How to Do Things to Race«, *Camera Obscura*, 70.24 (2009), S. 7–35; Ruha
     Benjamin, *Race after Technology: Abolitionist Tools for the New Jim Code* (Cambridge:
     Polity Press, 2019); Lisa Nakamura, *Digitizing Race: Visual Cultures of the Internet*
     (Minneapolis: University of Minnesota Press, 2008).

4   Gleichzeitig werde auch ich in der Verarbeitung der Suchanfrage als *weißes*, mitteleuro-
     päisches User_innen-Subjekt hervorgebracht, denn es ist zumindest anzunehmen, dass
     die implizite Vorauswahl der Ergebnisse bezüglich Race dabei von meinem weiteren
     Nutzungsverhalten im Internet beeinflusst und die Hierarchisierung der Ergebnisse
     nicht statisch in der Architektur der Plattform selbst angelegt ist. Auffällig ist, dass
     die Suche nach ›ftm+transition‹ mit einem Browser, der die User_innen vor einer
     Analyse ihres Nutzungsverhaltens schützen soll, vergleichsweise diversere Resultate
     erzeugt, wobei auch hier unter vielen hundert Ergebnissen beinahe alle Video-Titel
     auf Englisch sind und keiner davon Race bzw. eine diesbezügliche Positioniertheit
     explizit benennt. Wohl aber tauchen in dieser user_innen-unabhängigeren Ergebnis-
     liste vereinzelt Videos z. B. auf Spanisch oder Französisch, mit kyrillischen Titeln
     oder mit Verweis auf nationalstaatliche Zugehörigkeit (z. B. ›from india‹, ›FTM
     Czech‹) auf, vgl. YouTube <https://www.youtube.com/results?search_query=ftm+
     transition> [Zugriff: 6. November 2018, über Tor Browser].

gen von Geschlecht, Race, Klasse und Sexualität ableiten ließen. Stattdessen lege ich ein Verständnis von Intersektionalität zugrunde, das die permanente und konstitutive Durchdringung dieser Differenzen artikuliert.

Der Einsatz einer solchen von gegenseitiger Durchdringung geprägten Differenzierung und damit eine Problematisierung und Politisierung von differenziellen Ausschlüssen lässt sich ganz konkret an bzw. in Abgrenzung zu einer YouTube-Suche verdeutlichen: Erst wenn ich >black< zu den Suchbegriffen hinzufüge, bekomme ich Videos von Schwarzen trans* Vloggern als Ergebnis präsentiert.[5] Die URL der Seite mit den Suchergebnissen endet dabei auf »search_query=ftm+transition+black«.[6] Entsprechend der üblichen Funktionsweise von Suchmaschinen signalisieren die Additionszeichen eine Durchforstung der Datenbanken nach Datensätzen, die alle und nicht nur einzelne der eingegebenen Begriffe beinhalten. Sprachlich handelt es sich damit um ein additives Verständnis identitätspolitischer Positionen. Im Gegensatz dazu schließe ich in dieser Arbeit an machtkritische Analyseperspektiven an, die soziale Positionalitäten in ihrer Komplexität berücksichtigen kann.

Bereits in den 1980er Jahren formulieren Schwarze feministische Theoretiker_innen Einwände gegen das Kollektivsubjekt Frau, das in seinem universalistischen Anspruch lediglich einen *weißen* Mittelstandsfeminismus repräsentiere und darin die Anliegen Schwarzer Frauen oder Frauen of Color und damit tendenziell auch finanziell prekärer lebenden Frauen nicht berücksichtigen könne.[7] Das in diesem Kontext entwickelte Konzept der Intersektionalität birgt jedoch das

---

5   Entsprechend verändern sich auch die Ergebnisse, wenn ich >latino< oder >asian< anstatt >black< als Suchbegriffe ergänze. Bemerkenswert ist zudem, dass mir, klicke ich eines der Videos eines Schwarzen Vloggers an, als weitere Vorschläge für vermeintlich passende Videos am Seitenrand nicht wie bei den Vlogs *weißer* Vlogger weitere Transitions-Videos, sondern welche zu Gesundheit/Krankheit und Gewalttätigkeit angezeigt werden, in denen Schwarze Personen oder People of Color auf den Thumbnails zu sehen sind. Hier wird also Race und nicht trans* Geschlechtlichkeit zum bestimmenden Merkmal für Ähnlichkeit (Stand Februar 2019).

6   YouTube <https://www.youtube.com/results?search_query=ftm+transition+black> [Zugriff: 1. Oktober 2018].

7   Vgl. bell hooks, *Ain't I a Woman: Black Women and Feminism* (London: Pluto Press, 1990); Angela Davis, *Women, Race, and Class* (New York: Vintage Books, 1983);

Risiko, wiederum stabile Differenzkategorien hervorzubringen, wenn
es verwendet wird, um Marginalisierungen entlang von verschiedenen
Machtachsen zu denken, die sich lediglich überkreuzen. Für queerfeministische Perspektiven sind Schwarze feministische Theorien insofern bedeutsam, als Queer Theory den Anspruch hat, gerade nicht
durch Addieren machtvoller Differenzen entlang einzelner Ordnungs-
und Wissenskategorien zählbare Identitäten zu vervielfältigen und
diese ihrer Kohärenz und Konsistenz zu versichern. Vielmehr zielt
sie darauf, die *gegenseitige* und *gemeinsame* Hervorbringung von Differenzierungen anhand von Geschlecht, Race, sexuellem Begehren,
dis_ability, Klasse, etc. zu beleuchten.[8] Sie muss sich entsprechend
daran messen lassen, komplexe Machthierarchien zu adressieren, in denen sich Identitätsmerkmale nicht mehr voneinander trennen lassen.

Statt die Logik der Addition von Suchbegriffen, nach der die
YouTube-Suche unter anderem funktioniert, und damit die Überlagerung vielfältiger, aber letztlich stabiler und voneinander trennbarer
(Einzel-)Identifizierungen auch als Prämisse für die Analyse anzunehmen, werde ich die Bedeutung dieser permanent in Durchdringung
sich vollziehenden Hierarchisierungen für eine differenziertere Beschreibung der medialen Praktiken des trans* Vloggens produktiv
machen. Gender und Race sind demnach Wissenskategorien, die in
ihren Wirkungen und ihrer Produktivität nicht unabhängig voneinander analysiert werden können. Damit schließe ich an Überlegungen
des Schwarzen Feminismus, der Critical Race sowie der Black Queer
Studies an, wonach schon die Herstellung und Tradierung eines Wissens um Geschlecht und Sexualität von rassistischen Vorannahmen
geprägt ist, sodass Diskurse um vergeschlechtliche und sexualisierte
zugleich als Diskurse rassifizierter Körper fungieren.[9] Unter Berück-

---

Kimberlé Crenshaw, »Mapping the Margins: Intersectionality, Identity Politics, and
Violence against Women of Color«, *Stanford Law Review*, 43.6 (1991), S. 1241–99.

8   Vgl. Isabell Lorey, »Kritik und Kategorie: Zur Begrenzung politischer Praxis durch
neuere Theoreme der Intersektionalität, Interdependenz und Kritischen Weißseinsforschung«, transversal 10 (2008) <http://eipcp.net/transversal/0806/lorey/de>
[Zugriff: 30. Mai 2025].

9   Vgl. u. a. C. Riley Snorton, *Black on Both Sides: A Racial History of Trans Identity*
(Minneapolis: University of Minnesota Press, 2017); Hortense J. Spillers, »Mama's
Baby, Papa's Maybe: An American Grammar Book«, *diacritics*, 17.2 (1987), S. 65–
81; Kimberlé Crenshaw, »Demarginalizing the Intersection of Race and Sex: A

sichtigung dieser Durchdringung lassen sich Selbstverständlichkeiten und vermeintliche Gewissheiten hinterfragen, wie sie auch die Verabreichung von Testosteron für eine geschlechtliche Transition und nicht zuletzt die Hervorbringung des Hormons selbst als biochemisches Präparat, endokrinologisches Wissensobjekt und als populärkulturell zirkulierendes Vorzeichen von Männlichkeit begleiten. Erst vor diesem Hintergrund kann die Funktion von Testosteron als Transitionsmedium und seine Rolle in der medialen Herstellung von rassifiziertem Geschlecht erfasst werden.

Obwohl Testosteron als ein Mittel geschlechtlicher – und eben rassifizierter – Normalisierung eingesetzt wurde und wird, hat die vorliegende Untersuchung der trans* Vlogs auch das queere Potenzial des Hormons bereits erkennen lassen. Im ersten Kapitel habe ich gezeigt, dass die teleologische Beschreibung geschlechtlicher Transitionen entlang therapeutischer Behandlungen, juristischer Routinen und medizinischer Kataloge durchkreuzt wird durch die Ungewissheit der in diesem Gefüge in Erscheinung tretenden Effekte. Die normativen Ideale linearer Zeitlichkeit und einer stringenten Entwicklung von einem stabilen Zustand zu einem anderen sind nicht aufrecht zu erhalten. Stattdessen prägen Rekursionen, Unterbrechungen und Aufschübe die Testosteronbehandlung sowie das Vloggen und bestimmen ein queeres Verständnis von Transition. Es gilt jedoch noch genauer hinzuschauen, um mit der Beschreibung der in diesen Schnörkeln und Windungen sich eröffnenden (nicht-linearen; nicht-reproduktiven) Zeitlichkeiten von trans* Geschlechtlichkeit nicht gleichzeitig neue Ausschlüsse zu produzieren. Edelmans queerer Einwand gegen den Imperativ einer heteronormativen »reproduktiven Zukünftigkeit« (reproductive futurism)[10] ist berechtigterweise dafür kritisiert worden, dass die von ihm affirmierte Negativität, die *No Future*-Perspektive nur für diejeni-

---

Black Feminist Critique of Antidiscrimination Doctrine, Feminist Theory and Antiracist Politics«, *University of Chicago Legal Forum*, 1 (1989), S. 139–67 <https://chicagounbound.uchicago.edu/uclf/vol1989/iss1/8> [Zugriff: 30. Mai 2025]; *No Tea, No Shade: New Writings in Black Queer Studies*, hg. v. E. Patrick Johnson (Durham: Duke University Press, 2016); Treva Ellison, Kai M. Green, Matt Richardson und C. Riley Snorton, »We Got Issues: Toward a Black Trans*/Studies«, *TSQ: Transgender Studies Quarterly*, 4.2 (2017), S. 162–69.

10 Lee Edelman, *No Future: Queer Theory and the Death Drive* (Durham: Duke University Press, 2004), S. 3.

gen eine Option darstellt, die zumindest potenziell über eine Zukunft verfügen.[11] Angesichts anhaltender physischer und struktureller, oft tödlicher Gewalt gegen afro-amerikanische US-Bürger_innen und außereuropäische Migrant_innen, kann jedoch nicht ignoriert werden, »dass sich rassifizierte Körper unterschiedlich im Kontext von Zeit bewegen und konstituieren«.[12]

Wie also entstehen trans* Geschlechtlichkeit und Race miteinander und wie verändert eine rassismuskritische Perspektive Konzepte von Männlichkeit? Wie konfiguiert Testosteron diese Konzepte, wenn das Hormon nicht erst mit seinem Gebrauch, sondern schon in seiner Erforschung und Synthetisierung dazu beitrug und -trägt, rassisierte Geschlechterhierarchien zu stabilisieren? Und wie wirkt sich dies wiederum auf das mediale Gefüge, auf die trans* Vlogs und die darin sich entfaltenden Zeitlichkeiten, auf die Analysen von Testosteron als Medium und die Beschreibung des digitalen Mediums YouTube aus?

TRANS*SEIN GLEICH *WEISS* SEIN?

Trans*sein und Race werden bisher vor allem ins Verhältnis gesetzt, um die (lebens-)bedrohliche Prekarisierung von Schwarzen und trans* Weiblichkeiten of Color adressieren zu können.[13] In sozialen Medien ist es gängige Praxis, die in bedrückender Regelmäßigkeit auftauchenden Namen der durch Hassverbrechen oder Suizid zu Tode gekommenen trans* Personen zu nennen, zu teilen und ihre Leben zu erinnern. Dabei wird der einzelne Todesfall auch zu einer Anzahl der bereits zu beklagenden Toten des laufenden Jahres addiert. C. Riley Snorton sieht in dieser Praxis kapitalistische – und damit rassistische – Logiken der Akkumulation wirken, denen gemäß sich der Wert von Schwarzem (oder) trans* Leben lediglich nach »staatlicher Grammatik des Defizits und der Verschuldung« (states' grammar of deficit and debt) bemisst.[14] Um eine solche nekropolitische Wertlogik

---

11 Für eine ausführliche Auseinandersetzung der Möglichkeiten und Grenzen unterschiedlicher Konzepte von queerer Zeitlichkeit, innerhalb derer auch Edelmans reproduktive Zukünftigkeit sich positioniert vgl. Kapitel 1 und 3.

12 Henriette Gunkel, »Rückwärts in Richtung queerer Zukunft«, in *Queer Cinema*, hg. v. Dagmar Brunow und Simon Dickel (Mainz: Ventil, 2018), S. 68–81, hier S. 70.

13 Vgl. Ellison, Green, Richardson und Snorton, »We Got Issues«.

14 Snorton, *Black on Both Sides*, S. viii.

zu durchbrechen, schlägt er mit Frantz Fanon vor, diese strukturell prekäre Situation von Schwarzen trans* Personen (*emergency*) prozessual zu erfassen. Snorton beschreibt sie als »Zeitlichkeiten der Emergenz« (temporalities of emergence),[15] da dies Interpretationsweisen oder auch Handlungsmöglichkeiten eröffne, die Zukunft lebbar oder zumindest denkbar machten. Seine Theorie macht das aktivistisch informierte Angebot, die »*Bedingungen der Emergenz* von Dingen und Seinsweisen zu verstehen, die es vielleicht noch nicht gibt«.[16]

Snortons Vorschlag einer spezifischen Zeitlichkeit von Schwarzem (und) trans* Leben könnte an dieser Stelle durch seine bio- und nekropolitischen Analysen vertieft werden.[17] Ich möchte hier jedoch vielmehr seiner Formulierung des »noch nicht« (not yet) als einem Verweis auf den bereits beschriebenen Entwurf einer utopischen queeren Zukünftigkeit nachgehen, die José Muñoz zufolge »noch nicht ganz da« (not quite here)[18] ist. Während Muñoz damit eine Kritik an queerer Theoriebildung formuliert, um das Of-color-Sein in das Verständnis von schwulem Leben einzuarbeiten, nimmt Snorton aus der Perspektive einer Critical Race Theory trans* Geschlechtlichkeit auf, um insbesondere die Prozesse einer rassifizierten Hervorbringung von trans* Körpern und das – sich auch historisch verändernde – Risiko ihrer Sichtbarkeit adressieren und untersuchen zu können. Wenn ich beide Texte von Snorton und von Muñoz hier in Beziehung setze, erlaubt mir dies zu unterstreichen, dass die Frage der Zeitlichkeit von entscheidender Bedeutung für emanzipatorische und machtkritische Interventionen der Queer Theory und auch der Critical Race

---

15 Ebd., S. xiv.

16 Ebd., i. O.: »to understand *the conditions of emergence* of things and beings that may not yet exist«, Herv. sh.

17 In den Trans Studies besteht großes Interesse, biopolitische Zurichtungen und Prekarisierungen von trans* Körpern zu verstehen: »Biopower constitutes transgender as a category that it surveils, splits, and sorts in order to move some trans bodies toward emergent possibilities for transgender normativity and citizenship while consigning others to decreased chances for life«. Siehe Susan Stryker, »Biopolitics«, *TSQ: Transgender Studies Quarterly*, 1.1–2 (2014), S. 38–42, hier S. 41; vgl. a. Dean Spade, *Normal Life: Administrative Violence, Critical Trans Politics, and the Limits of Law* (Durham: Duke University Press, 2011); Toby Beauchamp, »Artful Concealment and Strategic Visibility: Transgender Bodies and the U.S. State Surveillance after 9/11«, *Surveillance & Society*, 6.4 (2009), S. 356–66.

18 José E. Muñoz, *Cruising Utopia: The Politics and Performance of Queer Futurity* (New York: New York University Press, 2009), S. 7.

Theory ist. Beide Bereiche – auch in ihren gegenseitigen Bezügen aufeinander – werden im Folgenden Berücksichtigung finden, wenn es um die Analyse der Vlogs (nicht nur) Schwarzer trans* Männer geht. Transness und Blackness sind hierbei, so meine Überzeugung, jeweils und gemeinsam grundsätzlich aus Perspektive von Zeitlichkeit zu untersuchen. Das bedeutet, die Überdehnung, die Verzerrungen und Auflösungen einer vermeintlich teleologischen Zeitlichkeit von geschlechtlichem Sein und Werden ebenso zu berücksichtigen wie die traumatisierenden Effekte insbesondere des transatlantischen Sklavenhandels, welcher historische wie familiäre Stringenzen und Genealogien kappt.[19] Oder wie Frantz Fanon pointiert formuliert: »Das hier erörterte Problem liegt in der Zeitlichkeit.«[20]

Für die Analyse der trans* Vlogs möchte ich in Anlehnung an die von Snorton vorgeschlagenen ›Bedingungen der Emergenz‹ den Blick auf die Umstände, hier verstanden als die *Praktiken*, richten, die eine solche Emergenz ermöglichen. Dies beinhaltet, nicht zuletzt auch die medialen Einsätze zu erfassen, als die ich die Vlogs und das Testosteron bisher entwickelt habe. Die Untersuchung von Testosteron im Zusammenhang rassifizierter Vergeschlechtlichung und vergeschlechtlichter Rassifizierung ist vor allem interessant, weil bisher erst wenige Studien oder Beiträge innerhalb der Trans Studies der Betrachtung von trans* Männlichkeiten unter dem Aspekt von Race Aufmerksamkeit geschenkt haben. Wenn dies der Fall war, dann in erster Linie unter repräsentationspolitischer Perspektive, mit der Frage nach Sichtbarkeit von trans* Männern of Color in verschiedenen medialen Öffentlichkeiten.[21] Außen vor bleibt bisher, wie auch *Weißsein*

---

19 Vgl. Spillers, »Mama's Baby, Papa's Maybe«.

20 Frantz Fanon, *Schwarze Haut, weiße Masken*, übers. v. Eva Moldenhauer (Wien: Turia + Kant, 2016), S. 191. Für die Publikation meines Buches habe ich die wörtlichen Zitate der englischen Fassung durch die entsprechenden deutschsprachigen Passagen ersetzt.

21 Vgl. Tobias Raun, *Out Online: Trans Self-Representation and Community Building on YouTube* (New York: Routledge, 2016), S. 90–95; Mel Y. Chen, »Everywhere Archives: Transgendering, Trans Asians, and the Internet«, *Australian Feminist Studies*, 25.64 (2010), S. 199–208; Susan Stryker, »(De)Subjugated Knowledges: An Introduction to Transgender Studies«, in *The Transgender Studies Reader*, hg. v. Susan Stryker und Stephen Whittle (New York: Routledge, 2006), S. 1–17; Laura Horak, »Trans on YouTube: Intimacy, Visibility, Temporality«, *TSQ: Transgender Studies Quarterly*, 1.4 (2014), S. 572–85. Die Herausgeber_innen der Sonderausgabe *Trans-in-Asia, Asia-in-Trans* des TSQ beispielsweise bedauern allgemein die Randständigkeit der Forschung

in medialen trans* Praktiken hergestellt wird. Meine Analysen zum Video von gorillashrimp sind ein erster Vorschlag zu Untersuchungen in diese Richtung.

Wenn im Folgenden die mediale Umgebung der Transitions-Videos von Schwarzen trans* Vloggern explizit auf ihre herstellende Funktion im Zusammenhang von Geschlecht und Race untersucht wird, ist ein Nachdenken über die gegenseitige und gemeinsame Herstellung beider Differenzfelder auch anhand von Testosteron als einem Medium der geschlechtlichen Transition notwendig, um seine buchstäblich wie auch metaphorisch subkutane Wirksamkeit präziser analysieren zu können. Die naturalisierte Verknüpfung von Testosteron mit Männlichkeit auf deren rassifizierte Implikationen zu befragen, rückt es als Gegenstand in den Blick, dessen Herstellung und Distribution durch und innerhalb endokrinologischer, pharmazeutischer, ökonomischer, politischer und medialer Diskurse Effekte zeitigt, die weit über seine biochemischen Definitionen und Wirksamkeiten hinausweisen. Testosteron erscheint dann nicht nur als soziales Medium, das es erlaubt, die trans* Vlogs aus queerer Perspektive zu beschreiben. Gleichzeitig wird Testosteron zu einem sozialen Medium, dessen Eigenschaften und Effekte durch die verschiedenen Diskurse auf You-Tube und darüber hinaus in permanenten Zirkulationen innerhalb wie zwischen Körpern bewertet, zugeschrieben und produziert werden.

Sozial meint in diesem Zusammenhang u. a., dass der diskursive Einsatz von »Testosterone Rex«[22] – Testosteron als königlichem und damit souveränsten, also wirkmächtigsten unter den Hormonen – und die Bewertung seiner materiellen Effekte neben der Versicherung von

---

nicht-normativer Körperlichkeit in Asienstudien und umgekehrt die Zentrierung von trans* und Queer Studies auf den globalen und anglofonen Norden, vgl. Howard Chiang, Todd A. Henry und Helen Hok-Sze Leung, »Trans-in-Asia, Asia-in-Trans: An Introduction«, *TSQ: Transgender Studies Quarterly*, 5.3 (2018), S. 298–310, hier S. 298–300.

22 Der Titel des gleichnamigen Buchs der Wissenschaftshistorikerin Cordelia Fine spielt mit dem lateinischen *rex* auf männliche Souveränität und gleichzeitig auf den Tyrannosaurus Rex an, der zwar als gefährlichster Dinosaurier gilt, aber bekanntermaßen ausgestorben ist – ein Zustand, in den Fine auch das Konzept des Mythos Testosteron als Essenz von Männlichkeit und damit biologisch-essentialistischem Unterschied von Männern und Frauen versetzen möchte, vgl. Cordelia Fine, *Testosterone Rex: Myths of Sex, Science, and Society* (New York: Norton, 2017).

Männlichkeit sogar der Stabilisierung von staatlichen Grenzen dient.[23] Die Strategie besteht darin, nationales Zugehörigkeitsgefühl unter Formierung einer kollektiven *weißen* Bürger_innenschaft mit staatlicher Kontrolle von Testosteron (-handel wie -konsum) zu verknüpfen. Dies spielt sich gegenwärtig maßgeblich in Debatten zum Schutz sportlicher Wettbewerbe ab, die auf rassifizierte Geschlechterstereotype und normative Sexualitätsideale zurückgreifen und entsprechende Hierarchien wieder einschreiben.[24]

---

23   Vgl. Toby Beauchamp, »The Substance of Borders: Transgender Politics, Mobility, and US State Regulation of Testosterone«, *GLQ: A Journal of Lesbian and Gay Studies*, 19.1 (2013), S. 57–78.

24   Während Toby Beauchamp den US-amerikanischen *Steroid Trafficking Act of 1990* analysiert, veranlassen auch gegenwärtige Entscheidungen zur Regulation von Testosteron in den Körpern von Athlet_innen zu kritischen race- und gendersensiblen Befragungen. Der Weltleichtathletikverband (IAAF) hat mit Wirkung zum 1. November 2018 beschlossen, dass Athlet_innen in ausgewählten Wettkämpfen nicht mehr in der Frauenwertung antreten dürfen, wenn der Testosterongehalt in ihrem Blut 5nm pro Liter übersteigt und sie nicht ab wenigstens 6 Monate vor einem Wettkampf diesen Wert über die Einnahme von Hormonpräparaten senken. Das Vorgehen war im Rahmen einer Klage der Läuferin Caster Semenya als zwar diskriminierend, aber »notwendig, angemessen und verhältnismäßig« (necessary, reasonable and proportionate) bestätigt worden, TAS / CAS, »Caster Semenya, Athletics South Africa (ASA) and International Association of Athletics Federations (IAAF): Decision«, 1. Mai 2019 <https://www.tas-cas.org/fileadmin/user_upload/ Media_Release_Semenya_ASA_IAAF_decision.pdf> [Zugriff: 30. Mai 2025]. Die Entscheidung basiert auf Studien zum Einfluss von ›erhöhtem‹ Testosteron auf verbesserten Muskelaufbau und höhere Hämoglobinwerte als Marker für bessere Leistungen, wodurch ein unfairer Wettbewerbsvorteil entstünde. Unfair deswegen, weil, so das Argument, die Zugehörigkeit zur Wettkampfkategorie ›Frauen‹ über den für Frauen überdurchschnittlich hohen Testosterongehalt in Zweifel gezogen und damit die Aufteilung der Wettkämpfe nach Geschlecht in Rücksicht auf ›Chancengleichheit‹ grundsätzlich unterlaufen würde. Die Bluttests reproduzieren dabei sowohl ein stabiles Zweigeschlechterverhältnis als auch ein rassistisches *Othering*, in dem der Schwarze Körper als ›deviant‹ ausgestellt wird, wie Henriette Gunkel bereits für den sogenannten *sex verification test* festhält, der in historischer Genese über mehrere Jahrzehnte dem Bluttest vorausging, vgl. Henriette Gunkel, »Queer Times Indeed?: Südafrikas Reaktionen auf die mediale Inszenierung der 800-Meter-Läuferin Caster Semenya«, *Feministische Studien*, 30.1 (2012), S. 44–52. Für die Debatten um den Rassismus der aktuellen Regelung vgl. Katrina Karkazis und Rebecca M. Jordan-Young, »The Powers of Testosterone: Obscuring Race and Regional Bias in the Regulation of Women Athletes«, *Feminist Formations*, 30.2 (2018), S. 1–39; Andy Bull, »IAAF Accused of 'Blatant Racism' over New Testosterone Level Regulations«, *Guardian*, 27. April 2018 <https: //www.theguardian.com/sport/2018/apr/27/iaaf-accused-blatant-racism-over- new-testosterone-regulations-caster-semenya> [Zugriff: 30. Mai 2025]. Bereits auf die vorherige Aufhebung einer auf Hormonwerten basierenden Zulassung zu internationalen Wettkämpfen hat Ulrike Bergermann reagiert, vgl. Ulrike Bergermann,

Wie eng die an Hormonen orientierten geschlechtlichen Normen mit der Herstellung von *weißen* nationalen Kollektiven verbunden sind, wird insbesondere auch in Diskursen über trans* Weiblichkeiten deutlich.[25] In seinen Analysen historischer Berichterstattung über Schwarze trans* und trans* of Color Personen in den USA des 20. Jahrhunderts stellt Snorton heraus, dass Christine Jorgensen als erste *weiße* trans* Frau in der Öffentlichkeit deswegen respektabel behandelt wird, weil ihre stereotype *weiße* Weiblichkeit durch die Inanspruchnahme chirurgischer Maßnahmen und hormoneller Behandlungen ein Versprechen von persönlicher Freiheit und wissenschaftlichem Fortschritt verkörpert. Für alle nicht-*weißen* Personen bleibt die Erfüllung der entsprechenden Ideale jedoch »ein illusorisches Versprechen von Freiheit innerhalb einer Umgebung von struktureller, sprachlicher wie physischer Gewalt unterschiedlichen Ausmaßes«.[26] Emily Skidmore erläutert, dass die öffentliche Anerkennung von trans* als Subjektposition gerade dadurch möglich wird, dass Ideale *weißer* Weiblichkeit (Heterosexualität, Häuslichkeit, Anständigkeit) und damit die (sym-

---

»Hyperandrogenes Testen: Hormone brechen olympische Rekorde«, *Zeitschrift für Medienwissenschaft, ZfM Online, GAAAP_The Blog*, 18. August 2016 <https://zfmedienwissenschaft.de/online/hyperandrogenes-testen-hormone-brechen-olympische-rekorde> [Zugriff: 30. Mai 2025]; für eine genaue Analyse der in der Berichterstattung über Semenya aufgerufenen und stabilisierten Geschlechter- und Race-Hierarchien vgl. Jennifer Doyle, »Capturing Semenya«, *The Sport Spectacle*, 16. August 2016 <https://thesportspectacle.com/2016/08/16/capturing-semenya/> [Zugriff: 30. Mai 2025].

25 Aren Z. Aizura vollzieht anhand von trans* Autobiografien nach, »wie das klassische transsexuelle Subjekt als weißes markiert ist und […] wie diese Narrative im Bemühen darum, Transsexualität intelligibel zu machen, *Weiß*sein und rassifizierte Hierarchien verstärken«, i. O.: »how the classical transsexual subject is marked by whiteness and […] how these narratives shore up whiteness and racial hierarchies in their quest to make transsexuality legible«, Aren Z. Aizura, *Mobile Subjects: Transnational Imaginaries of Gender Reassignment* (Durham: Duke University Press, 2018), S. 70.

26 Snorton, *Black on Both Sides*, S. 141, i. O.: »an illusory promise of freedom within a landscape of structural, textual, and physical violence of varying scales«. Snorton holt für sein Argument historisch noch etwas weiter aus: Mit Blick auf die Anfänge der Gynäkologie in den USA, vornehmlich die Versuche des Arztes James Marion Sims, zeigt er, wie bereits durch die Untersuchung und Behandlung versklavter Schwarzer Frauen normative Binärgeschlechtlichkeit exklusiv als *weiß* produziert wurde. Vorgeblich wissenschaftliche Ergebnisse haben Schwarzen Körpern ›minderwertig‹ ausgebildete Geschlechtsorgane attestiert, wodurch sie, wie Snorton mit Verweis auf Spillers ausführt, als ›geschlechtsloses Fleisch‹ (ungendered flesh) entwertet wurden. In einem emanzipativen Gestus deutet Snorton dies als Möglichkeit der Flucht aus Geschlechterrollen und damit teilweise auch aus unmittelbaren Versklavungsverhältnissen um.

bolischen) Voraussetzungen der Reproduktion (der Nation) erfüllt werden. Entsprechend plausibel erscheint es, dass ausgerechnet die *weiße* Sportlerin Caitlyn Jenner 2015 als erste trans* Frau auf dem Cover eines der größten Lifestyle-Magazine posieren durfte und nicht etwa die Schwarze Schauspielerin Laverne Cox, die bereits zwei Jahre zuvor für ihre Rolle in der Netflix-Serie ORANGE IS THE NEW BLACK für einen Emmy nominiert wurde und entsprechend prominent war.[27] Zudem feierte Jenner vor ihrer Transition olympische Erfolge; die bereits erwähnte Christine Jorgensen wiederum war vor den geschlechtsangleichenden Operationen beim Militär – beides Bereiche maximal ausgestellter Nationalstaatlichkeit, deren Repräsentationsfunktion auf den Erhalt und die Prosperität der Nation ausgerichtet ist.[28]

Ein Foto von Laverne Cox ziert zwar bereits 2014, also ein Jahr zuvor, das Cover des *Time Magazine*. Doch obgleich auch der Leitartikel jener Ausgabe unter dem Titel »America's Transition«[29] (Trans)Geschlechtlichkeit rhetorisch an Nation bindet, beschreibt der Cover-Titel die zunehmende Sichtbarkeit von trans* Personen als einen »transgender Kipppunkt« (transgender tipping point). Damit ruft der Titel eine Trendwende aus und suggeriert eine Art Sättigung der Mehrheitsgesellschaft durch Transness.[30] Dieses Zuviel wird

---

27 Vgl. Emily Skidmore, »Constructing the ›Good Transsexual‹: Christine Jorgensen, Whiteness, and Heteronormativity in the Mid-Twentieth-Century Press«, *Feminist Studies*, 37.2 (2011), S. 270–300, hier S. 271. Wie Beauchamp verortet Skidmore die Formierung populärkultureller trans* Diskurse in den 1950er und 1960er Jahren nachdrücklich auch geopolitisch und nationalstaatlich in Rückgriff auf entsprechende (US-amerikanische) Geschlechter- und Familienbilder konkret in Zeiten des Kalten Krieges, währenddessen »geschlechtliche und sexuelle Abweichung oft mit politischer Subversion gleichgesetzt wurden« (gender and sexual deviancy were often equated with political subversion), ebd., S. 273; vgl. auch Susan Stryker, »Kaming Mga Talyada (We Who Are Sexy): The Transsexual Whiteness of Christine Jorgensen in the (Post)colonial Philippines«, in *The Transgender Studies Reader 2*, hg. v. Susan Stryker und Aren Z. Aizura (New York: Routledge, 2013), S. 543–53.

28 Henriette Gunkel vollzieht anhand der Etablierung sogenannter Tests zur Geschlechtsbestätigung [*sex verification tests*] während des Kalten Krieges nach, wie Sport zum »Träger und Instrument eines Weltbildes [wurde], das ein Verständnis von konkurrierenden politischen Systemen mit nationaler Ehre verband« (Gunkel, »Queer Times Indeed?«, S. 45).

29 Katy Steinmetz, »America's Transition«, *TIME*, 183.22, 9. Juni 2014, S. 38–46.

30 Jian Neo Chen stellt in Bezug auf die Verschränkung von Trans*sein und Nation fest: »Time's transgender issue reveals not only the technical administering of civil rights to deactivate social movements but also the managed harnessing of civil rights to advance the internal and external frontiers of American empire«. Siehe Jian N. Chen,

durch die Wahl von Cox als Cover-Model visuell mit ihrem Schwarzen trans* Körper verknüpft und verstärkt damit implizit das Narrativ, dass akzeptables Trans*sein *weiß* sei.[31] Jian Neo Chen bemerkt dazu:

> [w]e can view the magazine cover's insistence on capturing the full image of Laverne Cox from head to toe, in contrast to *Time's* usual close-up cover portraits, as exploiting the overwritten hyper-visibility of Black trans embodiment to mark American civil progress [...][32]

Gleichzeitig aber erfüllt Cox, wie im Übrigen auch Jenner, optisch nicht nur typisch weibliche Körperideale wie elegantes Make-up, figurbetonte Kleidung, sportliches Aussehen, sondern speziell *weiße*: Ihr glattes (!) Haar ist lang und blond. Die auf den Magazin-Covern abgebildeten Körper sind damit bezüglich ihres Trans*seins und bei Cox auch ihres Schwarzseins als rassifiziert geschlechtliche sowohl exponiert als auch eingehegt. Die Normierungen vollziehen sich dabei nicht entlang vergeschlechtlichter *und* rassifizierter Merkmale – der kurze Vergleich der beiden Cover-Bilder und ihrer sprachlichen Rahmungen zeigt, dass die vergeschlechtlichende Ordnung stets und *konstitutiv* über rassifizierte Implikationen verläuft.

Auch die algorithmisch produzierte erhöhte Sichtbarkeit von *weißen* trans* Vlogger_innen auf YouTube wirkt indirekt an entsprechenden Normierungen mit, wobei »*Weiß*sein als Bezugspunkt für trans* Subjektivität verstärkt wird« (reinforcing whiteness as a referent for trans subjectivity).[33] Deshalb gilt es Trans*sein auf die unkommentierte Voraussetzung des *Weiß*seins zu befragen und sich umgekehrt damit zu befassen, wie Schwarzsein durch vergeschlechtliche Stereotype im trans* Diskurs neu konfiguriert wird. Die Erfahrung rassifizierter Sichtbarkeit unterscheidet sich strukturell, je nachdem, ob man als weiblich oder männlich anerkannt wird. Nachdem ich die Transitionen mit Vlogs und Testosteron bereits als zeitlichen Prozess eines un-

---

Trans Exploits: Trans of Color Cultures and Technologies in Movement (Durham: Duke University Press, 2019), S. 3.

31   Vgl. Katy Steinmetz, »The Transgender Tipping Point: America's Next Civil Rights Frontier«, *TIME*, 183.22, 9. Juni 2014 <http://time.com/magazine/us/135460/june-9th-2014-vol-183-no-22-u-s/>.

32   Chen, *Trans Exploits*, S. 3.

33   Raun, *Out Online*, S. 203.

bestimmten Werdens beschrieben habe, muss dieses geschlechtliche Werden in den Analysen auch als ein rassifiziertes verstanden werden. Aus dieser Differenzierung zeitlicher Vorgänge ergibt sich zwangsläufig die Frage, welche Potenziale dieses Werden in eine unbestimmte Zukunft hinein bereithält oder wo eben die Möglichkeit eines Werdens unter Umständen auch verneint wird. Wenn ich mich also erneut der Frage der Zeitlichkeiten von Vlog und Testosteron widme, dann um ein komplexeres Bild der mit und in den Vlogs dokumentierten sowie hervorgebrachten Machtverhältnisse und Ausschlüsse, aber auch Begehren und Wünsche zu zeichnen und die materiellen wie diskursiven Eigenschaften von Testosteron in seiner Funktion innerhalb der trans* Vlogs, die mit ihm zirkulierenden Bilder, Normen und Ideale bezüglich Geschlecht neu zu befragen.

Aus dieser Perspektive vervielfältigen sich die von und in den trans* Vlogs ermöglichten oder auch verunmöglichten Zeitlichkeiten. In den folgenden Untersuchungen zweier Vlog-Beiträge des Schwarzen Vloggers itsGOTtobegroovy verdeutliche ich, was mit und im Prozess der Transition auf dem Spiel steht, wenn sich die eigene Männlichkeit nicht nur als Einlösung einer lange herbeigesehnten körper-geschlechtlichen Veränderung realisiert, sondern gleichzeitig als Marker einer rassifizierten Bedrohung hervorgebracht wird.

UPDATE-VIDEOS ÜBER RASSISMUSERFAHRUNGEN

Auf den ersten Blick unterscheidet sich das Video *Week 40 on T: Racism as a Black FTM* von itsGOTtobegroovy nicht von den bereits besprochenen Update-Videos anderer trans* Vlogger:[34] Im Bild zu sehen ist der Vlogger selbst in einem als privat anzunehmenden Setting, der Bildausschnitt zeigt Kopf und Schultern.[35] Er adressiert den Bericht über die Veränderungen, die er in den vergangenen Monaten auf Testosteron an sich selbst beobachtete, an ein Publikum, das ähnliche Erfahrungen gemacht haben könnte. Damit verweist er, wie auch

---

34   itsGOTtobegroovy, *Week 40 on T: Racism as a Black FTM*, 30. Oktober 2010 <https://www.youtube.com/watch?v=XUJIsKYyaKY&> [Zugriff: 30. Mai 2025].

35   Teile der folgenden Analysen habe ich bereits an anderer Stelle veröffentlicht, vgl. Sarah Horn, »Mediated Trans Futurities«, in *Future Bodies*, hg. v. Henriette Gunkel und Heiko Stoff, *Body Politics – Zeitschrift für Körpergeschichte*, 12 (2024), S. 109–23 <https://doi.org/10.12685/bp.v12i16.1562>.

gorillashrimp, implizit auf eine Sorge und Unterstützung bietende online trans* Community, während er sie per Adressierung gleichzeitig performativ herstellt. Gegenseitige Bestärkung und Selbstsorge sind für itsGOTtobegroovy bestimmende Inhalte seiner Vlogs. Diese Verbindung von persönlichen Transitionserfahrungen, Tipps und Hilfestellungen für den Alltag als trans* Person sowie die Bestärkung von Selbstwert und Solidarität konnte ich auch an den Videos von gorillashrimp und Jammidodger nachvollziehen.[36] Neben inhaltlichen Ähnlichkeiten ist auch die Betitelung des Videos für ein Transitions-Update konventionell, denn mit der Angabe >Week 40 on T< wird die Zeitspanne seit Beginn der Hormonbehandlung mit Testosteron angegeben und die geschilderten Veränderungen somit im teleologisch imaginierten Zeitverlauf der körperlichen Transition verortet.

Doch über die zeitliche Kennzeichnung hinaus versieht itsGOTtobegroovy die Update-Videos auf seinem YouTube-Kanal jeweils auch mit einem Untertitel. Zumeist verweisen diese auf im Kontext von trans* Erfahrungen erwartbare Themen wie Coming-out, Operationserfahrungen, Anerkennung des Trans*seins in verschiedenen sozialen Situationen wie der Familie und im Arbeitsalltag. Der Vlog-Beitrag zu seinen 40 Wochen auf Testosteron unterscheidet sich aber von den bereits besprochenen der anderen Vlogger durch den Untertitel >Racism as a Black FTM<. Während die bisher untersuchten Videos von *weißen* Vloggern erstellt wurden, ist itsGOTtobegroovy hingegen Schwarz und markiert seine Selbstidentifizierung durch den Untertitel.[37] Viele der *weißen* trans* Vlogger besprechen zumeist sehr ausführlich verschiedene körperliche und emotionale Veränderungen, die sie seit Beginn der Hormonbehandlung oder seit dem letzten Update-Video an sich beobachtet haben. Für itsGOTtobegroovy ist hingegen der erlebte Rassismus eine viel prägendere Erfahrung als die konkreten physischen Effekte von Testosteron. Statt detailreicher

---

36 Vgl. Kapitel 1.
37 Der Vlogger hat das Video mit folgenden, für die Auffindbarkeit des Videos in der plattformeigenen wie auch größeren Suchmaschinen notwendigen Schlagworten versehen: »black ftm, black transman, transgender, transition, racism, black, transman, ftm, race, race relations, African american, transsexual, perceive, perceptions, fear, whites, white, Caucasian, assumptions, prejudice, transgendered«, itsGOTtobegroovy, *Week 40 on T: Racism as a Black FTM: Quellcode*, 30. Oktober 2010 <view-source:https://www. youtube.com/watch?v=XUJIsKYyaKY&> [Zugriff: 21. Juli 2020].

Bemerkungen zu Muskelwachstum, zunehmender Körper- und Gesichtsbehaarung, einer tieferen Stimmlage oder auch Veränderungen
von Gesichtszügen und Körperform, berichtet itsGOTtobegroovy von
mehreren Situationen, in denen er innerhalb der vergangenen Wochen mit anti-Schwarzem Rassismus konfrontiert war. Er äußert sein
Erschrecken und auch seine Erschütterung angesichts der Erfahrung,
dass rassistische Übergriffe zunehmen, je öfter er nicht mehr als Frau
gelesen, sondern als Mann erkannt wird. Die hormonell beeinflusste
geschlechtliche Transition ist offenbar eine, die zwar Geschlechter-
ordnungen durchquert, dabei aber die Konfiguration noch weitaus
komplexerer Machtverhältnisse verändert. Oder genauer gesagt: Sie
führt vor Augen, dass die Geschlechterverhältnisse, in denen sich eine
Transition bewegt, nicht ohne konstitutive Verbindung zu Race und
darin verankerten Hierarchien beschrieben werden können. Das geschlechtliche Werden ist ebenfalls und stets gleichzeitig auch als ein
rassifiziertes zu verstehen und zu beschreiben.

Ausgehend von der Annahme, dass auch Medien und Geschlecht
sich gegenseitig hervorbringen, muss somit das mediale Gefüge Testo-
Vlog ebenfalls auf vergeschlechtlicht rassifizierte Vorannahmen, Implikationen und Effekte hin befragt werden.[38] So liegt es nahe zu
überprüfen, inwiefern das bisher in den Vlogs gängige Transitionsnarrativ eines aktiv gestaltenden und nahezu uneingeschränkt souveränen Subjekts ein maßgeblich *weißes* Narrativ ist. Ebenfalls stellt
sich die Frage, wie die endokrinologischen, populärkulturellen und
gesellschaftlichen Diskurse um Testosteron rassifizierte Stereotype in
das Hormon einschreiben. All diese Überlegungen differenzieren die
Perspektive auf Testosteron als einem Medium der Transition, noch
dazu einem queeren. Die leitende These dieses Kapitel ist, dass sich
hierarchische Verhältnisse eher sedimentieren, als dass sie – wie ich
im vorigen Kapitel herausgearbeitet habe – um Potenziale von Selbstermächtigung erweitert werden. Um dies zu überprüfen, möchte ich
das Video von itsGOTtobegroovy und seine medialen Besonderheiten
genauer in den Blick zu nehmen.

---

38   Vgl. Andrea Seier, *Remediatisierung: Die performative Konstitution von Gender und
     Medien* (Berlin: Lit Verlag, 2007).

itsGOTtobegroovy thematisiert kaum die konkreten körperlichen Veränderungen in seiner 40. Woche seit Beginn der Hormonbehandlung. Die einzige Beobachtung, die er ausdrücklich kommentiert, bewusst im Bild inszeniert und darüber dokumentiert, ist der Bartwuchs. Die zunehmende Gesichtsbehaarung wird unmittelbar Thema, nachdem er seine Freude darüber geäußert hat, in der Öffentlichkeit zuverlässiger als Mann erkannt und adressiert zu werden. Nahegelegt wird, dass dies mit dem Bartwuchs zusammenhängen könnte, was itsGOTtobegroovy grundsätzlich zufrieden zu stimmen scheint. Wie auch gorillashrimp begleitet itsGOTtobegroovy die verbale Kommentierung seines Bartwuchses mit dem Berühren der entsprechenden Kinn- und Halspartie. Diese Geste wirkt ebenso selbstversichernd wie sie gleichzeitig auf die Unzulänglichkeit der digital-medialen Dokumentationsform hinweist: In vielen Fällen ist die technische Bildauflösung von Digitalkameras und Webcams nicht hoch genug, um die feinen Haare im Bild sichtbar werden zu lassen, sodass die taktile Geste einen Modus stellvertretender Beglaubigung darstellt.[39] Zudem ist es auch eine lustvolle und vergnügliche Geste, eben jene Körperpartien zu berühren, deren Veränderungen dazu beitragen, gemäß dem eigenen Geschlecht adressiert zu werden und sich insgesamt wohler zu fühlen. An diesem Genuss lassen viele Vlogger die Zuschauer_innen teilhaben.

Um auch eine bildliche Evidenz für die Ursache dieses Genießens zu erzeugen, bringt itsGOTtobegroovy sein Gesicht und vor allem sein Kinn sehr nah an die Kamera heran, sodass eine möglichst gute Aufnahme der dort wachsenden Haare möglich ist. Die gleiche Geste findet sich exakt so bei gorillashrimp, wird jedoch bildtechnisch anders inszeniert (vgl. Abbildung 1). Während gorillashrimp für diesen Teil des Videos die Lichtquelle von seinem Körper wegdreht, um eine Überbelichtung zu vermeiden, die das Erkennen der Haare auf heller Haut erschweren würde,[40] scheint hingegen die Beleuchtung

---

39   Raun beschreibt diese selbstberührenden Gesten in Rückgriff auf Laura Marks Konzept der >haptischen Visualität< (haptic visuality) als Ausdruck einer physikalischen Präsenz, vgl. Raun, *Out Online*, S. 123–26.

40   Vorher möchte er bereits demonstrieren, dass die Haare auf seinen Armen dunkler geworden sind und lenkt den Lichtstrahl von seinem hell aufleuchtenden Arm weg, während er feststellt: »I don't know if you gonna see it in the video, um.. You can't

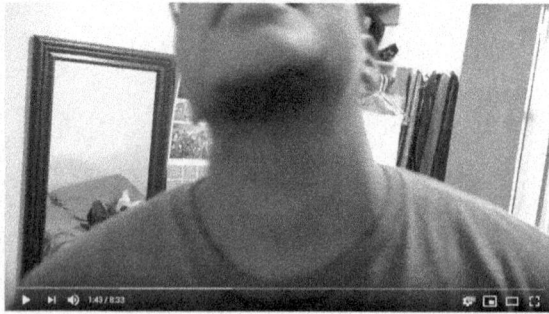

Abbildung 1: Screenshots aus Update-Videos von itsGOTtobegroovy (links: *Week 40 on T: Racism as a Black FTM*, 30. Oktober 2010 <https://www.youtube.com/watch?v=XUJIsKYyaKY&>) und gorillashrimp (rechts: *3.21.15 - 1 Year on Testosterone - FTM Transition Update - List of Changes Throughout the Past Year*, 22. März 2015 <https://www.youtube.com/watch?v=ThGxWjmVis0>.

für itsGOTtobegroovys Aufnahme nicht auszureichen: Er murmelt: »Actually, I saw [unverständlich, vermutlich ein Name, sh] do this – once...«, betätigt währenddessen offenbar einen Schalter an seiner Kamera und wechselt in einen Nachtsicht- oder Infrarotbildmodus (vgl. Abbildung 2). Erneut bringt er Mund- und Kinnpartie extrem nah an die Linse heran: »So you can see it here – a little mustache. I've been shaving it. But also...«,[41] und nun nimmt er die Kamera in die Hand und führt sie unter sein Kinn, während seine Finger über den Bart fahren, »...right here, I got so much of that [Bartwuchs, sh]«.[42] Unmittelbar darauf schaltet er die Videoaufzeichnung wieder in den Standard-Bildmodus des gewohnten Lichtspektrums und stellt die Kamera zurück. Nachdem er noch kurz erwähnt, dass er sich bald rasieren wolle, um gepflegter auszusehen, folgt eine visuelle Überblendung und itsGOTtobegroovy wechselt unvermittelt das Thema:

---

really tell«, gorillashrimp, *T-Day! March 21, 2014*, 13. August 2014 <https://www.youtube.com/watch?v=2xvlSUtFuh4> [Zugriff: 30. Mai 2025], 04:22–04:28.

41 itsGOTtobegroovy, *Week 40 on T: Racism as a Black FTM*, 01:53–01:59.

42 Ebd.

I kinda knew, going into this transition, that, you know, I might notice some differences in how people are reacting to me, *experiencing racism differently*. […] The past couple of months have just – as I've been read more and more as male […] I am getting really angry a lot of the time, over how my interactions with people are going or how I'm treated based on my being a black man or – and being read as a black man. Cause I didn't experience this pre-transition. *Or pre-testosterone, rather.*[43]

Zwar ist für itsGOTtobegroovy der materielle und sichtbare Effekt des Testosterons in Form von Bartwuchs wie für viele trans* Vlogger ein Grund zur Freude, doch hat die damit ermöglichte Sichtbarkeit als Mann in der Öffentlichkeit für ihn eine Kehrseite: Es kommt zu einer Hypervisibilität, die gleichzeitig seine Bewegungsmöglichkeiten im öffentlichen Raum auf für ihn neue Art verändert und sogar einschränkt. Als männlichem Schwarzen werden ihm in sozialen Interaktionen aggressive Haltungen zugeschrieben und unterstellt. Diese Form der Subjektivierung als *angry black man* bildet eine Trope in unterschiedlichsten medialen Sichtbarkeitsdispositiven, hängt in diesem Fall aber insbesondere mit den medialen Techniken der Transition – Vlog und Testosteron – zusammen.[44]

Die Tatsache, dass itsGOTtobegroovy unmittelbar nach der Episode im optisch veränderten Bildmodus auf seine alltäglichen Konfrontationen mit rassistischen Anfeindungen zu sprechen kommt, ist kein Zufall. Vielmehr verweist dies auf die medialen Praktiken und visuellen Archive, die mit diesen Erfahrungen in Zusammenhang stehen und die sein Video beeinflussen. Auch wenn die Episode im Nachtsichtmodus nur 15 Sekunden der insgesamt 8 Minuten Länge einnimmt, ist sie ein zentrales Moment des Videos. Für mich wird sie zum Ausgangspunkt, um die Hervorbringung rassifizierter trans* Geschlechtlichkeit, die diskursiv wie materiell mit Testosteron, Digitalkamera, Internet und sozial-medialer Video-Plattform verwoben sind, zu untersuchen. Wie bereits angedeutet, erfordert sie eine Analyse dessen, was als »Hypervisibilität von Schwarzen« (hypervisibility

---

43   Ebd., Herv. sh.
44   Auf die Trope des ›angry black man‹ und dessen Bedeutung für die Zeitlichkeiten Schwarzer Männlichkeiten werde ich in Kapitel 2.5 detaillierter eingehen.

of blacks)[45] die gesellschaftlichen wie medialen Funktionsweisen kolonialer Machttechniken und *weißer* Vorherrschaft betrifft. Diese lassen
sich nicht in eine historisch abgeschlossene Vergangenheit verlagern,
sondern es geht darum, die Fortsetzung dieser Dynamiken auch in
gegenwärtigen medialen Techniken und Praktiken zu erkennen. Was
bedeutet deren Einsatz konkret für die Konfiguration von Zeitlichkeit
für einen Schwarzen trans* Vlogger FtM?

Argumentieren werde ich im Folgenden, dass der Modus der
durchdringenden dokumentarischen Protokollierung, wie er für
(*weiße*) trans* Personen bereits ausführlich beschrieben wurde,
eine Zuspitzung erfährt, insofern die Möglichkeiten alternativer
lebbarer Zukünfte, die sich den institutionellen Regulierungs- und
Kontrollinstanzen und ihren teleologischen Rahmen entziehen, in
besonderer Weise prekär werden. Dies hängt damit zusammen, dass
die institutionelle Anerkennung als trans* Person einer paradoxen
Situation der (Un)Sichtbarkeit unterliegt. Toby Beauchamp erklärt
dies folgendermaßen:

> Medical surveillance focuses first on individuals' legibility as
> transgender, and then, following medical interventions, on
> their ability to conceal any trans status or gender deviance.
> [...] Concealing gender deviance is about much more than
> simply erasing transgender status. It also necessitates alter-
> ing one's gender presentation to conform to white, middle
> class, able-bodied, heterosexual understandings of normative
> gendering.[46]

Beauchamps Analysen, die auf eine Veränderung der diskriminierenden Beobachtungsmodi und ihrer rassifizierenden Vorannahmen und
Effekte zielen, wären allerdings noch zu erweitern. Es reicht nicht
festzustellen, dass sich die Beobachtungssituation während einer Transition insoweit ändert, also wie Beauchamp erklärt, zunächst dafür zu
sorgen, dass man als trans* erkannt wird und ab einem ungewissen

---

45   Kara Keeling, »Looking for M—: Queer Temporality, Black Political Possibility, and
      Poetry from the Future«, *GLQ: A Journal of Lesbian and Gay Studies*, 15.4 (2009),
      S. 565–82, hier S. 576. Keeling aktualisiert mit ihrer Filmanalyse die von Frantz Fanon
      beschriebenen räumlichen Machttechniken, um gegenwärtige mediale Anordnungen
      beschreiben zu können.

46   Beauchamp, »Artful Concealment and Strategic Visibility«, S. 357.

Moment peinlich genau darauf zu achten, den eigenen Körper und das geschlechtliche Sein *als* trans* unsichtbar zu machen. Auf diese Weise lassen sich zwar vielleicht geschlechtliche Erwartungen binärer Eindeutigkeit erfüllen, doch zeigen itsGOTtobegroovys Schilderungen, dass rassifizierte Erwartungen hier unmittelbar eingewoben sind: Es ist gerade seine ab einem gewissen Zeitpunkt unbezweifelte Schwarze Männlichkeit, die ihn in besonderer Weise sichtbar werden lässt und ihn mit rassistischen Vorurteilen konfrontiert. Die sozialen und technischen Modi der institutionalisierten Überwachung der Transition sind somit unter Berücksichtigung von rassifizierten Vergeschlechtlichungen in einen komplexeren Zusammenhang zu stellen.

Im Folgenden beschäftigt mich nicht der von Beauchamp, Snorton und anderen adressierte biopolitisch oder nekropolitisch machtvolle Kontrollgestus, wenngleich dieser bei der Hervorbringung wie auch Verwerfung von Schwarzen trans* und trans* of Color Lebensweisen stets mitläuft.[47] In den Vordergrund rücke ich stattdessen die Überlegung, wie eine Vervielfältigung von Zeitlichkeiten, die sich in und mit den Praktiken der Selbstdokumentation in den Vlogs während einer Transition im Gebrauch von Testosteron eröffnen und realisieren, unter der expliziten Berücksichtigung von Race reformuliert werden müssen. Statt einer Analyse der Kontrolle und Lenkung von trans* Körpern und insbesondere eben von Schwarzen bzw. Körpern of Color, geht es mir um eine erneute kritische Befragung der vermeintlichen Option einer Regulierung von Zeitlichkeit.

Zeitlichkeit bezieht sich hier insbesondere auf ein spezifisches Werden, das mit der Hormonbehandlung scheinbar bewusst und kontrolliert begonnen, beschleunigt, verlangsamt, unterbrochen – insgesamt also gesteuert – werden kann. Am Beispiel von gorillashrimps Update-Video konnte ich diese in verschiedenen Diskursen vorherrschenden Gewissheiten bezüglich einer Testosteronbehandlung be-

---

47 Institutionelle und nationalstaatliche Mechanismen der gewaltvollen Autorisierung von trans* Identitäten schreiben sich immer wieder in diese Lebensweisen ein. Eine umfassende Studie zu institutioneller Gewalt an mehrfach marginalisierten trans* Personen durch die Gesetzgebung in Deutschland und Europa hat Fütty 2019 vorlegt; vgl. Tamás Jules Fütty, *Gender und Biopolitik: Normative und intersektionale Gewalt gegen Trans*Menschen* (Bielefeld: transcript, 2019).

reits relativieren und stattdessen ein Potenzial queerer Zeitlichkeiten von trans* Testo-Vlogs feststellen. Nun muss diese Erkenntnis daraufhin geprüft werden, ob und wie ästhetische und technische Verfahren wiederum rassifizierte Zeitlichkeiten ermöglichen oder verschließen, so dass das Potenzial queerer Zeitlichkeiten nicht erneut eine implizite Normalisierung von *Weiß*sein bewirkt. Was ist nötig, damit rassifizierende Einschreibungen in diese Gefüge ebenso beschreibbar werden wie vergeschlechtlichende und sexualisierte?

Die Herausforderung besteht, wie ich bereits betont habe, darin, Geschlecht nicht als Wissenskategorie vorauszusetzen, die gleichsam nachträglich über Kontakt mit weiteren Differenzierungen entlang von Race, Klasse und Sexualität modifiziert wird. Während diese stets schon komplexen Machtverhältnisse sich immer auch in und mit medialen Techniken materialisieren, interessiert mich zugleich, wo diese Techniken und die mit ihnen verbundenen Praktiken auch Potenziale bereithalten, diese Verhältnisse zu verschieben. Wie tragen mediale Techniken dazu bei, das was wahrnehmbar und sozial verständlich ist – und damit den Bereich der Intelligibilitäten – zu verändern? Meine Fragen beziehen sich folglich auf Möglichkeiten von Zukünftigkeit für Schwarze trans* Personen mit und in den Rhythmen, Wiederholungen und Verschiebungen des Testosterons als einem queeren dokumentarischen Medium. Dabei ist dieser Beschreibungsgestus des Testosterons und der trans* Vlogs als queer nicht uneingeschränkt affirmativ zu verstehen. Insofern queere Herangehensweisen immer auch bedeuten, die eigenen Voraussetzungen und Selbstverständlichkeiten zu hinterfragen, können und müssen die ermächtigenden Potenziale dieses Gefüges aus hormonellen und digitalen Medien stets ins Verhältnis gesetzt werden zu deren ebenfalls wirksamen normalisierenden und diskriminierenden Effekten. Für Schwarze trans* Männlichkeiten entstehen aus diesen Ambivalenzen jedenfalls prekärere zeitliche Verhältnisse als für *weiße*.

itsGOTtobegroovy thematisiert in diesem wie auch in vorangehenden und folgenden Videos ausführlich, dass er im Laufe seiner geschlechtlichen Transition Veränderungen bemerkt an der Art, wie andere ihn im öffentlichen Raum und vor allem in der nächtlichen Dunkelheit beobachten. Seit auch seine Umgebung ihn als männlichen Schwarzen wahrnimmt, habe er den Eindruck, gleichsam kontrolliert oder überwacht zu werden. In Folge beobachtet und überprüft auch er selbst zunehmend seine Bewegungen und sein Verhalten. In dem 2010 hochgeladenen Video *Week 40 on T: Racism as a Black FTM* schildert er verschiedene Alltagssituationen, in denen er rassistisch diskriminiert wird: Menschen verriegeln ihre Autos, während er vorübergeht; Personen im Park beäugen ihn misstrauisch, wenn er dort im Gespräch mit einer Freundin sitzt; Krankenhauspersonal setzt in der Kommunikation ohne ersichtlichen Anlass voraus, er hätte seine schulische und akademische Laufbahn sicherlich frühzeitig abgebrochen. »It's really annoying, it's really frustrating that I am being viewed more and more as – I don't know... An oddity? A threat? I don't know.«[48] Das Unverständnis und der Ärger über dieses Verhalten nehmen in diesem Update-Video, entgegen der Erwartung vornehmlich über körperliche Veränderungen informiert zu werden wie es für Update-Videos einer Transition üblich ist, die meiste Zeit ein. itsGOTtobegroovys Alltag während der Transition ist zum Zeitpunkt der 40. Woche mit Testosteron eher indirekt von körperlichen Veränderungen geprägt, nämlich insofern diese einen Zusammenhang zu den rassistischen Anfeindungen herstellen, mit denen er im öffentlichen Raum konfrontiert wird – und das offenbar vermehrt, in jedem Fall aber anders als vor seiner Sichtbarkeit als männlicher Schwarzer oder, wie er selbst sagt, *vor Testosteron*.[49]

2015 lädt er ein weiteres Video hoch, in dem er sich unter dem Titel *Living with racism in Black FTM transition [CC]*[50] erneut und unter ausdrücklichem Bezug auf das Video *Week 40 on T* mit den Erfahrungen rassistischer Diskriminierung auseinandersetzt. Darin stellt er eine Verbindung zur 2013 gegründeten *Black Lives Matter*-Bewegung her und greift die durch deren Proteste initiierten Interventionen in öffentliche Diskurse auf bzw. setzt sie fort. Eine Episode aus diesem

---

48   itsGOTtobegroovy, *Week 40 on T: Racism as a Black FTM*, 8:03–8:15.

49   Seine Formulierung, Rassismus mittlerweile *anders* zu erfahren, impliziert eine vergeschlechtlichte und darüber auch sexualisierte Dimension von Rassismus. Die Erfahrung rassistischer Diskriminierung ist ihm seit der Transition keineswegs neu, jedoch formiert sich die Projektion einer von ihm vermeintlich ausgehenden Gefahr für eine *weiße* Mehrheitsgesellschaft um seinen Körper anders, sobald dieser männlich konnotierte Züge und Eigenschaften aufweist.

50   itsGOTtobegroovy, *Living with racism in Black FTM transition [CC]*, 13. März 2015 <https://www.youtube.com/watch?v=2hUwkC4Yuy4> [Zugriff: 30. Mai 2025].

Video möchte ich besonders hervorheben. Nachdem itsGOTtobegroovy angemerkt hat, dass er sich mit den Jahren angewöhnt habe,
bei Bewegungen im öffentlichen Raum immer den Eindruck zu erwecken, er hätte ein bestimmtes Ziel oder einen konkreten Anlass, da
er ansonsten Misstrauen auslöse, wenn er einfach nur durch die Ge-
gend schlendere, schildert er eine Situation, die im Zusammenhang
rassistischer Vorurteile und Sichtbarkeit besonders eindrücklich ist:

> So, I have a friend who is also black and trans and he was taking
> a walk in my neighborhood one night. And my neighborhood
> is primarily white. And when he got back, he told me that he got
> stopped by someone – by a resident – and asked what he was
> doing in the neighborhood. And the first thought that came
> to my mind was: >What were you doing?! You know, taking
> a walk, at night, in a white neighborhood, wearing a hoodie?<
> And of course, I didn't say that to him because I realized that
> it's not his fault and black people should be free to take walks
> like anyone else. But the fact that that was my first thought
> really shows how ingrained a lot of this has become in my sort
> of subconsciousness, in terms of behavior and certain things I
> can't do anymore or as freely, I should say, *as freely as I could
> before*.[51]

Die rassifizierte Segregation von Stadtteilen als historisch normali-
sierte Ordnung von Bevölkerungsstrukturen in (US-amerikanischen)
Großstädten wird von itsGOTtobegroovy nicht explizit kommentiert.
Doch offensichtlich bedeutet für ihn die Tatsache, in einer *weißen*
Nachbarschaft zu wohnen, eine regelmäßige Konfrontation damit, in
seiner alltäglichen Bewegungsfreiheit eingeschränkt zu sein und das
eigene Verhalten entsprechend anpassen zu müssen, um sich vor diskriminierenden, mitunter tödlichen Übergriffen zu schützen. Durch
seine Sichtbarkeit als Vlogger im digitalen Raum von YouTube kann
er diese Bewegungseinschränkungen zwar nicht überwinden, sie aber
zum Thema einer Auseinandersetzung machen. Es fragt sich, ob eine
solche Auseinandersetzung – ähnlich wie bei der *Black Lives Matter*-Bewegung – in den Raum größerer Öffentlichkeiten, und damit
möglicherweise auch in seine *weiße* Nachbarschaft, zurückwirkt. Dass
eine solche Diffusion rassistischer Kritik jedoch unwahrscheinlich

---

51   Ebd., Herv. sh.

erscheint, hängt damit zusammen, dass sich die Segregation des öffentlichen Raumes über geografische Wohngegenden hinaus auch in den
Netzwerkstrukturen des Internets wiederholt.

Segregationsverläufe, die nicht auf Vorschrift oder Gesetzmäßig-
keit basieren, sondern sich selbstständig zu realisieren scheinen, werden mit dem Konzept der Homophilie beschrieben, einem »Prinzip,
wonach Ähnlichkeit Verbindungen erzeugt«.[52] Die ›Liebe des Gleichen‹ sorge dafür, wie Wendy Chun mit Bezug auf ein zugrundeliegen-
des Modell von Thomas C. Schelling argumentiert, dass Akteur_innen
es bevorzugten, sich zumindest teilweise in Gruppen aufzuhalten, die
ihnen ähnelten, ohne dass sie mit dieser Gruppe zwangsläufig eine
Mehrheit bilden würden. Über eine gewisse Dauer entsprechender Bewegungen, die vollzogen werden, um homophile Verbindungen herzustellen, entstünde jedoch scheinbar ›natürlich‹ eine klare Segregation
der Akteur_innen in bereits vorgeformte Gruppen. Um Migrations-
prozesse von Bewohner_innen in Städten oder einzelnen Stadtvierteln
und den Effekt einer ethnischen Homogenisierung von Nachbarschaften zu erklären, ist das Prinzip der Homophilie immer wieder ange-
wandt und erweitert worden.[53] Kritik an dem Modell benennt in erster
Linie die darin vorausgesetzte und stark vereinfachende Dichotomie
von Segregation und Integration, die komplexere Lebensrealitäten und
strukturelle Vorurteile nicht einbeziehe.[54]

Neben der Anwendung in der Stadtforschung wird Homophilie gegenwärtig auch herangezogen, um die Vernetzungsbewegungen
von Akteur_innen im und durch das Internet, insbesondere durch soziale Medien, zu erfassen. Die sogenannte Filterblase (*filter bubble*)
gilt als ein Effekt dieses vermeintlich natürlichen Prozesses. Sie ent-

---

52   Wendy Hui Kyong Chun, »Queerying Homophily: Muster der Netzwerkanalyse«,
      Zeitschrift für Medienwissenschaft (ZfM), 18 (2018), S. 131–48, hier S. 131.
53   Vgl. Thomas C. Schelling, »Models of Segregation«, *The American Economic Review*,
      59.2 (1969), S. 488–93.
54   Vgl. Vi Hart und Nicky Case, *Parable of the Polygons: A Playable Post on the Shape of
      Society* <https://ncase.me/polygons/> [Zugriff: 30. Mai 2025]. Auf genannter Home-
      page lassen sich Simulationen von Schellings Modell mit unterschiedlich gesetzten
      Parametern und Ausgangssituationen testen, in denen Ausschlussmechanismen be-
      rücksichtigt werden. So ist unter anderem auch eine bereits segregierte Nachbarschaft
      als Ausgangszustand zu finden. Ob jedoch die Gründe für die Segregation z. B. rassis-
      tisch oder ökonomisch motiviert sind oder wie diese Parameter auch miteinander in
      Relation stehen, bleibt außen vor.

steht, indem mir als Akteur_in in einem sozialen Netzwerk vor allem Themen, Menschen, Gruppen, Werbeanzeigen oder Veranstaltungen präsentiert werden, die, basierend auf algorithmischen Auswertungen meines Verhaltens (der mit mir in Verbindung stehenden Accounts und Profile, meiner Teilnahmen an Events, von mir vergebener Likes und angegebener Interessen) diesen möglichst ähnlich sein sollen. Dabei entsteht Nähe angeblich dort, wo ich meine Überzeugungen, meine Interessen und meine Lebenswirklichkeit geteilt finde. Diesem Prinzip nach erhalte ich bei der YouTube-Suche in weit überwiegender Mehrzahl die Videos *weißer* Vlogger als Ergebnis, weil sie mir bzw. meinen Erfahrungen als ähnlicher berechnet werden als die von Schwarzen Vloggern. Das gleiche Prinzip gilt für die Funktion des Autoplay-Modus und die Auswahl weiterer Videos, die mir auf You-Tube am rechten Fensterrand aufgelistet werden, sobald ich ein Video zur Betrachtung ausgewählt habe.

Die Problematik dieses Erklärungsmodells liegt darin, dass es historische Umstände, alltagsprägende Sachverhalte und strukturelle Hierarchisierungen nicht nur nicht adressieren kann, sondern sie sogar verschleiert:

> Doch indem Nachbarschaften durch ihr freiwilliges und un-gesteuertes Zustandekommen aufgewertet werden, tilgt Ho-mophilie historische Kontingenzen, institutionelle Diskrimi-nierung und ökonomische Realitäten. Homophilie dient als Alibi für Ungleichheit, die sie abbildet, während sie zugleich Politik unterläuft: Homophilie und nicht Rassismus oder Se-xismus erscheinen als Quellen von Ungleichheit, wodurch Un-gerechtigkeit wiederum >natürlich< und zur >ökologischen< Eigenschaft von Systemen wird.[55]

So wie Homophilie in der Beschreibung von Stadtentwicklung nicht berücksichtigen kann, wie Gentrifizierung, (finanziell) prekäre Ar-beitsverhältnisse und allem voran das koloniale Erbe des transatlanti-schen Sklavenhandels und anhaltender Rassismus auf die Bewegungen von Bewohner_innen wirken, streicht das Modell der Sichtbarkei-ten und Aufmerksamkeitsverteilung in digitalen Räumen ebenfalls

---

55   Chun, »Queerying Homophily«, S. 139.

die Möglichkeit aus, die rassistischen Vorannahmen algorithmischer Funktionen kritisch befragen zu können.[56]

Die von itsGOTtobegroovy angemerkte Segregation von Nachbarschaften setzt sich in der Segregation des digitalen Raumes fort, in dem sein Video zur Verfügung steht. Auch YouTube präsentiert sich als eine *weiße* Nachbarschaft. Wenn ich in meiner Suche keine spezifischen Begriffe bezüglich Race oder Ethnizität mit angebe und dabei vornehmlich die Videos *weißer* Vlogger präsentiert bekomme, produziert die Auswahl der Suchergebnisse und ihre Priorisierung anhand vermeintlich bester Treffer, dass *Weiß*sein als unmarkierte Norm stabilisiert wird.[57] Die fehlende Notwendigkeit einer Markierung als *weiß* manifestiert sich schon in dem Moment, in dem das Video auf YouTube zur Verfügung gestellt wird: Tags oder Keywords, die als Metadaten diejenigen aus dem Titel bzw. der optionalen Beschreibung des Videos ergänzen und als solche notwendig sind, damit das Video in der Datenbank der Plattform aufgefunden werden kann, beinhalten in aller Regel Schlagwörter wie >ftm<, >transition<, >testosterone< oder >transgender<, nur in äußerst seltenen Ausnahmen jedoch Begriffe wie >white<, >caucasian< oder ähnliches. Vlogger of Color und Schwarze Vlogger hingegen ergänzen ethnische Kategorien in den Titeln, Beschreibungen oder Tags ihrer Transitionsvideos regelmäßig; so auch itsGOTtobegroovy, der Begriffe wie >black<, >african american< oder >black ftm< als Keywords angibt oder für die Titel seiner Videos wählt. Eine machtkritische Markierung als *weiß* über entsprechende Schlagwörter in Titeln, Beschreibungstexten oder den Tags findet sich selten. Darin wird der beanspruchte Universalismus *weißer* Lebensrealität erkennbar, der auch die Sichtbarkeit von trans* Personen auf YouTube und die Berichte ihrer Transitionserfahrungen bestimmt. Dabei setzt

---

56 Vgl. ebd., S. 144.

57 Safiya Umoja Noble hat die rassistischen Effekte der Suchfunktionen von Google – seit 2006 gehört auch YouTube zum Unternehmensnetzwerk – und der daraus entstehenden Rankings von Ergebnissen umfassend kritisiert, nachdem sie bei ihrer Suche nach >black girls< im Jahr 2011 als vermeintlich beste Treffer nur pornografische Inhalte angezeigt bekommen hat: »Is this the best information? For whom? We must ask ourselves who the intended audience is for a variety of things we find, and question the legitimacy of being in a >filter bubble< [Eli Pariser, *The Filter Bubble* (2011)], when we do not want racism and sexism, yet they still find their way to us« (Noble, *Algorithms of Oppression*, S. 5).

die Plattform diesen hierarchisierenden Effekt nicht nur fort, sie trägt auch zu dessen Selbstverständlichkeit bei, insbesondere, seit die Ver-schlagwortung der Videos nicht mehr auf den ersten Blick ersichtlich ist. Die Keywords sind aus der Bedienoberfläche von YouTube ver-schwunden und mittlerweile nur noch im programmierten Gerüst hinter dem Interface lesbar.[58]

Indem die der An- und Zuordnung der Videos zugrunde liegen-den Metadaten buchstäblich in den Hintergrund treten, stellt sich hier ebenso wie in den auf Homophilie basierenden Erklärungen des Phänomens städtischer Segregation der Effekt ein, dass die Umstände und Voraussetzungen einer Gruppierung oder Zugehörigkeit von Ac-counts und deren Videos ausgeklammert werden. Erzeugt wird eine Nähe und Verbundenheit, die auf vermeintlicher Ähnlichkeit beruht und darüber naturalisiert wird.

Die Diskriminierung, die diesen Zuordnungsprozessen voraus-geht und sich zugleich darin fortsetzt, kann nicht als solche adressiert oder auf ihre Voraussetzungen befragt werden. Zudem produziert das sich algorithmisch realisierende Vorzeichen der Ähnlichkeit hierarchi-sche Normalisierungen hinsichtlich vergeschlechtlichter und rassifi-zierter Körper, Erfahrungen und Zeitlichkeiten. Kann unter diesen Umständen das selbstdokumentarische trans* Vloggen ein emanzipa-torisches und queeres Potenzial entfalten? Können unter Berücksichti-gung dieser medialen Bedingtheiten dennoch Unterbrechungen dieser Ausschluss- und Diskriminierungsfunktionen gefunden werden?

ItsGOTtobegroovys Transitions-Update *Week 40 on T: Racism as a Black FtM* ermöglicht eine doppelte Perspektive, die einlädt, die me-diale Komplexität von Schwarzer trans* männlicher Subjektivierung zu betrachten, ohne in der Betonung einer relativen Handlungsmäch-tigkeit die Diskriminierungs- und Normierungsprozesse zu unterschla-gen. Der Vlogger thematisiert die von ihm gemachten Erfahrungen eines alltäglichen strukturellen Rassismus in den USA explizit. Darü-

---

58 Zu finden sind sie weiterhin über den Quellcode der jeweiligen Webseite: Sobald ein Video auf YouTube angeklickt wurde, kann über einen Rechtsklick auf der entspre-chenden Webseite ein Kontextmenü geöffnet und darin der Reiter >Seitenquelltext anzeigen< gewählt werden. In dem sich daraufhin öffnenden Fenster lässt sich über die Suchfunktion (mit der Tastenkombination >Strg+F<) das Stichwort >keywords< aufspüren, hinter dem die Schlagworte des jeweiligen Videos aufgeführt sind (Stand Februar 2019).

ber hinaus stellt sich aber auch ein direkter Zusammenhang zwischen diesen Erfahrungen, den technischen Bedingungen der Selbstdokumentation während der hormonellen Transition mit Testosteron und den digitalmedialen Archiven von (Schwarzer) Männlichkeit her, in den sich die Bilder der eigenen Schwarzen trans* Männlichkeit einschreiben.

»DER SCHWARZE KÖRPER« IN DIGITALER BILDPRODUKTION

Das Video *Week 40 on T: Racism as a Black FtM* wird von itsGOTtobegroovy als Update-Video in seinem Transitions-Vlog gerahmt: Während der Titel die Konvention aufnimmt, die bereits zurückliegende Zeit seit Beginn der Testosteronbehandlung zu markieren, beginnt der Vlogger sein Video – ebenfalls gängig bei der Erstellung entsprechender Vlog-Beiträge – mit der Nennung des Aufnahmedatums, um dann zu versichern, dass es sich um ein wirkliches Update handelt:

> Hey, what's up, YouTube? Today is October, 27th, and I am back – for real, this time, this is my real update. The last several videos I uploaded where made this summer, so… This is my *real* update. I am caught up to the *present*.[59]

In den folgenden gut zwei Minuten berichtet itsGOTtobegroovy davon, wie unterschiedlich stark ihm in den vergangenen Wochen die Dysphorie zugesetzt habe, und dass es ihm mittlerweile aber besser gehe.[60] Er führt diese Verbesserung auch darauf zurück, in alltäglichen

---

59   itsGOTtobegroovy, *Week 40 on T: Racism as a Black FTM*, 0:00–0:14, Herv. sh.
60   Gemeint ist vermutlich Geschlechterdysphorie, ein Begriff, der die therapeutische Klassifikation einer Geschlechtsidentitätsstörung abgelöst hat und von vielen trans* Personen als weniger pathologisierend begrüßt und teilweise auch zur Beschreibung des Unbehagens mit dem eigenen Körper bzw. dessen Vergeschlechtlichung genutzt wird, vgl. *Diagnostic and Statistical Manual of Mental Disorders: DSM-5*, hg. v. American Psychiatric Association, 5. Ausg. (Washington: American Psychiatric Publishing, 2013). Trans* Aktivist_innen wie Theoretiker_innen fordern aber weiterhin auch eine solches Unbehagen nicht zur Voraussetzung zu machen, um als trans* Person leben zu können, vgl. Katharina Jacke, »Medizinische Trans Konzepte im Wandel: Ambivalenzen von Entpathologisierung und Liberalisierung«, in *Trans & Care: Trans Personen zwischen Selbstsorge, Fürsorge und Versorgung*, hg. von Max N. Appenroth und María do Mar Castro Varela (Bielefeld: transcript, 2019), S. 55–74; Felicia Ewert, *Trans. Frau. Sein. Aspekte geschlechtlicher Marginalisierung* (Münster: edition assemblage, 2020), S. 38–43.

Interaktionen immer zuverlässiger als männlich erkannt und adressiert zu werden, folglich seltener damit konfrontiert zu sein, dass die körperliche Erscheinung nicht als seinem Geschlecht entsprechend wahrgenommen wird – was oft eine ganz wesentliche Belastung sein und zur Dysphorie beitragen kann. Nach dieser Feststellung kommt itsGOTtobegroovy auf seinen Körper zu sprechen, genauer gesagt auf seinen Bart, über dessen Wuchs er sich in der vergangenen Zeit freuen konnte. Mit der Thematisierung von psychisch belastenden Umständen, von Zufriedenheit mit Veränderungen und von konkreten Körperlichkeiten wie dem Bartwuchs finden sich damit übliche Inhalte eines Transitions-Updates auch in diesem Video. Doch ändert sich der Ton und der Gegenstand dieses Vlog-Beitrags nach nur gut zwei Minuten: Hauptanliegen sind dann nicht mehr in erster Linie die dem Testosteron zugeschriebenen Effekte auf das eigene Befinden und das körperliche Erscheinungsbild – in Form von tieferer Stimme und zunehmender Gesichtsbehaarung –, sondern der im Untertitel des Videos bereits angemerkte Rassismus, den itsGOTtobegroovy als Schwarzer trans* Mann erfährt.

Die Verlagerung des Themas von trans* Männlichkeit zu Schwarzer (trans*) Männlichkeit und deren Diskriminierung, was nun das Video für die weiteren sechs Minuten Laufzeit inhaltlich bestimmt, ist dabei weder selbstverständlich noch zufällig. Vielmehr ist es Effekt der medialen Techniken der Selbstdokumentation, genauer: des Wechsels in den Nachtsichtmodus. Dieser spezifische Einsatz einer digitalen Bildtechnik ist relevant für die weiteren Analysen der trans* Vlogs. An diesem Einsatz werden in vielerlei Weise normierend wirksame Einschreibungen in die audiovisuelle Technik selbst wie auch der mit ihnen verbundenen (selbst-)dokumentarischen Praktiken erkennbar.

Ersteres hat insbesondere mit der physikalischen Materialität digitaler Bildherstellung zu tun. Infrarotstrahlung liegt im für das menschliche Auge nicht wahrnehmbaren Lichtspektrum.[61] Ihre Wellenlänge

---

61 Die hier und im Folgenden kurz skizzierten physikalischen Phänomene der Optik und technische Funktionsweisen entsprechender Geräte und Bauteile dienen in erster Linie einem rahmenden Verständnis des Arguments. In dieser Form schließt die Darstellung *nicht* an gegenwärtige feministische Diskurse eines Neuen Materialismus an, wie er u. a. von Karen Barad vertreten wird. Barad widmet sich zwar der physikalischen Betrachtung von Licht und nimmt dessen von der Quantenphysik als Welle-Teilchen-

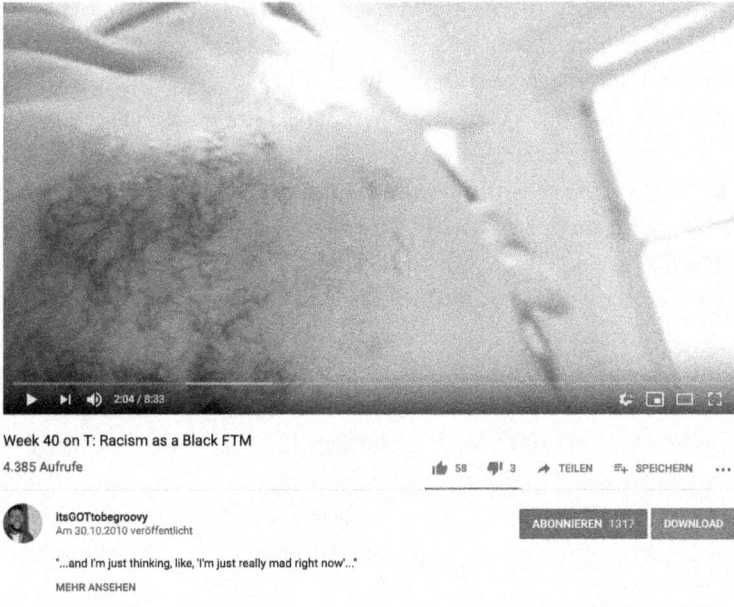

Abbildung 2: Screenshot aus itsGOTtobegroovys Update-Video im veränderten Sensormodus. itsGOTtobegroovy, *Week 40 on T: Racism as a Black FTM*, 30. Oktober 2010 <https://www.youtube.com/watch?v=XUJIsKYyaKY&> [Zugriff: 8. Juni 2018].

Dualismus beschriebenen Eigenschaften zum Ausgangspunkt, um mit der optischen Metapher der Diffraktion Materialität als intra-aktiv beschreiben zu können, vgl. Karen Barad, *Meeting the Universe Halfway: Quantum Physics and the Entanglement of Matter and Meaning* (Durham: Duke University Press, 2007). Barads ›agentieller Realismus‹ fasst damit auch den menschlichen Körper und dessen Grenzen als Entitäten, die stets aufs Neue intra-aktiv hervorgebracht werden, statt einer Inter-Aktion vorauszugehen – was für körperlich-materialistisch informierte Trans Studies methodologisch durchaus interessant sein kann, zumal Barad selbst von einer agentiellen »trans* Materialität« (trans*materiality) ausgeht, die auf subatomarer Ebene die Binarismen belebt/unbelebt, Selbst/Anderes, leer/gefüllt dekonstruiert, sie darüber, wie sie selbst schreibt, queert und dabei auch Zeit- und Raumverhältnisse umarbeitet: »Nature is agential trans*materiality/ trans-matter-reality in its ongoing re(con)figuring, where trans is not a matter of changing in time, from this to that, but an undoing of ›this‹ and ›that‹, an ongoing reconfiguring of spacetimemattering in an interative reworking of past, present, and future integral to the play of the indeterminacy of being-time«. Siehe Karen Barad, »TransMaterialities: Trans*/Matter/Realities and Queer Political Imaginings«, *GLQ: A Journal of Lesbian and Gay Studies*, 21.2–3 (2015), S. 387–422, hier S. 411, Herv. i. O. Insofern diese Argumente aber ontologische Gewissheiten produzieren, können gerade die temporalen Spezifika von geschlechtlicher Transition

ist denen des für Menschen sichtbaren Spektrums jedoch so nahe, dass die meisten Bildsensoren gängiger digitaler Kameras, die verständlicherweise Daten liefern sollen, mit denen Bilder in gewohnten Licht- und Farbverhältnissen errechnet werden können, auch auf Lichtwellen des Infrarotbereichs reagieren, die Bestandteil des Sonnenlichts sind. Damit diese sensorische Ungenauigkeit auf den mit entsprechenden Kameras aufgenommenen (Bewegt-)Bildern den menschlichen Seheindruck nicht stört, wird vor dem Sensor oder im Linsensystem ein Filter eingebaut, der dafür sorgt, dass die Lichtwellen dieses Spektralbereichs nicht aufgenommen werden.

itsGOTtobegroovy scheint an seiner Kamera per Knopf oder Schalter diesen Filter mechanisch entfernen oder über eine Software deaktivieren zu können, sodass die Sensoren in seiner Kamera auch Lichtwellen des für das menschliche Auge nicht sichtbaren Lichts aufzeichnen. Diese Funktion ist bemerkenswert, denn obwohl dieser Aufzeichnungsmodus mit der werksbedingten Sensibilität der Sensoren technisch ubiquitär verfügbar wäre, kann er an nur wenigen Endgeräten aktiv eingeschaltet und genutzt werden. Anders gesagt: Es bedarf eines *zusätzlichen* technischen Aufwands, die Sensibilität der jeweils verwendeten Bildsensoren zu verringern. Dies bedeutet, dass die reguläre Funktion der Kamera in ihrer tatsächlichen Handhabung gegenüber ihrem technischen Potenzial eingeschränkt ist.[62] Beispiels-

---

mit Testosteron und den Vlogs nicht erfasst und die sie begleitenden Zwänge wie auch die Widerständigkeiten dagegen nicht differenziert beschrieben werden. Für eine explizit medienwissenschaftliche Verortung von Einsätzen eines Neuen Materialismus vgl. Andrea Seier, »Die Macht der Materie: What else is new?«, *Zeitschrift für Medienwissenschaft (ZfM)*, 11.2 (2014), S. 186–91 <https://doi.org/10.25969/mediarep/1295>.

62   Mit dieser Feststellung möchte ich keineswegs implizieren, sämtliche mobile Geräte digitaler Bildproduktion sollten potenziell als Überwachungsgeräte eingesetzt werden können, weder in einer Geste der Surveillance noch in einer Sousveillance. Stattdessen geht es mir darum, die in die technischen Materialitäten eingetragenen Geschlechtlichkeiten und Rassifizierungen nachvollziehbar zu machen, um davon ausgehend die technischen Möglichkeiten auf ein (gegen)dokumentarisches Potenzial hin zu befragen. Die Bedeutung von Videoaufnahmen mit einem Smartphone insbesondere für eine Mobilisierung gegen Polizeigewalt und anti-Schwarzen Rassismus in den USA ist durch das Video vom Mord an George Floyd und auch dem Facebook-Livestream von Philando Castiles Tod deutlich geworden, vgl. Penelope Papailias, »Witnessing to Survive: Selfie Videos, Live Mobile Witnessing and Black Necropolitics«, in *Image Testimonies: Witnessing in Times of Social Media*, hg. v. Kerstin Schankweiler, Verena Straub und Tobias Wendl (New York: Routledge, 2019), S. 104–20.

weise bestätigt sich im alltäglichen Umgang mit digitalen Smartphone-kameras, dass dieser Aufwand der Limitierung von Sensibilität per Filter regelmäßig betrieben wird, denn die damit aufgenommenen Bilder entsprechen farblich den menschlichen Sehgewohnheiten. Die Option, diesen Filter auch deaktivieren zu können, ist seitens der Herstellerfirmen in der Entwicklung der Geräte wiederum nur selten technisch gegeben.[63]

Auch in der digitalen Bildaufzeichnung liefern folglich Seh*gewohnheiten* und Licht*normen* die Rahmenbedingungen für technische und materielle Entwicklungs- und Einsatzmöglichkeiten (oder deren Unterbindung). Richard Dyer thematisiert technisch reproduzierte Race- und Genderhierarchien in seinen umfangreichen Essays zum unmarkierten *Weiß*sein in der visuellen Kultur- und vor allem der (frühen) Filmgeschichte für analoge (Bewegt-) Bildaufnahmen: Die Auswahl und der Einsatz der jeweiligen Materialien bestimme sich danach, dass der *weiße* Körper und insbesondere das *weiße* Gesicht – beide, wie Dyer treffend bemerkt, keineswegs weiß, sondern rosa – möglichst in idealer Ausleuchtung aufgenommen werden könne.[64] Um dies im frühen Kino zu erreichen, wurden nicht nur kostspieligere, sondern bei den Dreharbeiten für alle Beteiligten auch umständlicher zu handhabende Lichtquellen eingesetzt, allein zu dem Zweck, den Effekt der optischen Verdunklung von (heller) Haut und (blonden) Haaren zu vermeiden. Dringend galt es zu verhindern, dass *weiße* Schauspieler_innen als Schwarz erschienen.[65]

---

63 Auf YouTube gibt es zahlreiche Video-Tutorials, die in als einfach angepriesenen Schritten dazu anleiten, Webcams oder Smartphones zu sogenannten Nachtsichtge-räten umzubauen, vgl. Kedar Nimbalkar, *How To Make Infrared Night Vision Camera from Any Smartphone!*, 21. Dezember 2017 <https://www.youtube.com/watch?v=S_otDBRFmGI&t=341s> [Zugriff: 30. Mai 2025]. Dazu wird der Infrarot-Filter mecha-nisch und dauerhaft aus dem jeweiligen Gerät entfernt und eine Infrarotlichtquelle, meist ein bis zwei LED, angebaut. Man braucht etwas Geduld, muss aber handwerk-lich nicht sonderlich begabt sein, um den Umbau zu bewerkstelligen, wie ich beim Selbstversuch mit einem ausgedienten Smartphone und einem Babyvideomonitor als Infrarotlichtquelle feststellte.

64 Vgl. Dyer, *White*, S. 89f.

65 »Die bevorzugte Lichtquelle, die Kohlenbogenlampe, lieferte ein steuerbares und sich gut verbreitendes Licht, leuchtete aber die Räume stark aus, wodurch es zu scharfen Kontrasten kam. Die andere Lichtquelle, die hell leuchtende Wolframglühlampe, war weicher, erzeugte weniger Kontraste und war darüber hinaus günstiger und leichter

Nun lässt sich diese kulturwissenschaftliche Analyse historischer Material- und Beleuchtungssettings nicht unmittelbar auf zeitgenössische digitale Bildherstellung übertragen. Schon die Notwendigkeit, digitale Bildinformationen algorithmisch zu verarbeiten, multipliziert die technischen Darstellungsoptionen fotografischer Aufnahmen.[66] Auffällig ist jedoch, dass trotz einer vergleichsweise viel größeren Palette an Optionen zur Einstellung von Licht- und Farbmodi bei digitalen Foto- oder Videoaufnahmen auch die darin zugrunde gelegten technischen Normierungen nicht befragt, sondern vielmehr bestärkt werden.[67]

In ihren Überlegungen zum emanzipatorischen Potenzial digitaler Foto- und Videografie stellt Ulrike Bergermann fest, dass auch heute noch die Normwerte von »Farbtemperaturen in Tabellen mit ›künstlichen und natürlichen Lichtquellen‹ in den entsprechenden Handbüchern und Online-Tutorials [...] auf nordeuropäische Lichtverhältnisse bezogen [sind].«[68] Gleichzeitig betont sie auch die Un-

---

zu handhaben. Oberflächlich betrachtet erschien die Kombination von orthochromatischem Material und Wolframglühlampe als Ideallösung: ein Material, das keine Kontraste förderte, und ein Licht, das sie nicht hervorrief (und bequemer im Gebrauch und weniger kostspielig war). Es gab aber ein Problem. Das Licht dieser Wolframglühlampe hat einen sehr hohen Anteil von Rot und Gelb (das Licht von Kohlenbogenlampen ist eher weiß). Orthochromatisches Material reagiert nicht empfindlich auf diese Farben und gibt sie daher dunkel wieder. Dies trifft sogar für rosafarbene Gesichter und Lippen mit einem dunkleren Rosaton zu, wie auch für helle und sogar blonde Haare. Kurzum, die Verwendung von orthochromatischem Material zusammen mit Wolframglühlampen ließ weiße Menschen schwarz erscheinen. Also wurden Kohlenbogenlampen verwendet, obwohl diese kostspielig und schwer zu handhaben waren«. Siehe Richard Dyer, »Das Licht der Welt«, in *Gender & Medien Reader*, hg. v. Kathrin Peters und Andrea Seier (Zürich: Diaphanes, 2016), S. 177–93, hier S. 181.

66   Unterschiedliche Algorithmen verschiedener Hersteller setzen die einzelnen Farbinformationen bestehend aus roten, grünen und blauen Anteilen unterschiedlich zu Bildern bzw. Bildpunkten zusammen und produzieren in den jeweiligen Geräten damit bereits unterschiedliche Farbwerte bei Aufnahmen unter ansonsten vergleichbaren Bedingungen, vgl. Peter Bühler, Patrick Schlaich und Dominik Sinner, *Digitale Fotografie: Fotografische Gestaltung – Optik – Kameratechnik* (Heidelberg: Springer, 2017), S. 30.

67   Beispielsweise bieten manche Kamera-Softwares eines Smartphones einen »Beauty-Modus« an, der Porträtaufnahmen weichzeichnet und die Haut damit glatter und heller aussehen lässt, vgl. Ulrike Bergermann, »Shirley and Frida: Filters, Racism, and Artificial Intelligence«, in *Filters and Frames: Developing Meaning in Photography and Beyond*, hg. v. Katja Böhlau und Elisabeth Pichler (Weimar: Jonas arts + science, 2019), S. 47–63.

68   Ulrike Bergermann, »Weißabgleich und unzuverlässige Vergleiche«, in Ulrike Bergermann, *Verspannungen: Vermischte Texte* (Braunschweig: Lit Verlag, 2013), S. 11–29, hier S. 15.

zuverlässigkeit des digitalen Weißabgleichs, der nun, statt der Auswahl von bestimmten fotosensitiven Materialien bei analogen Bildaufnahmen, dafür sorgen soll, dass das produzierte Bild nicht von einer Sehgewohnheit abweicht. Insofern dieser Abgleich unter verschiedenen Lichtverhältnissen stets neu vorgenommen werden muss, erweise er sich als zu instabil, um einen universalen Anspruch auf die Normierung von Licht- und damit Farbverhältnissen geltend machen zu können. Doch damit diese technischen Umstände auch die bestehenden Hierarchien der Repräsentation, des Sehens und angesehen Werdens aufweichen oder umarbeiten können,

> muss man sie in eine Ordnung des Wissens (eine Intelligibilität) einfügen, ein Wissen von, eine Literalität in Weißabgleichen, deren Relativität in jeder Szene neu verankert werden muss, um zu postulieren, dass sie fortwährend transformierbar sind.[69]

Meine Analyse des geänderten Bildmodus im Video von itsGOTtobegroovy zielt nicht auf die korrekte Farbgebung, nicht auf die Politisierung eines automatischen oder manuellen Weißabgleichs. Wohl aber betrifft sie eine andere fotometrische Dichotomie, jene der Reflexion oder Absorption von Licht durch spezifische materielle Körper. Deren Effekte reichen, wie sich am Video von itsGOTtobegroovy zeigt, über eine physikalisch-optische Dimension hinaus. Wie der digitale Weißabgleich lässt sich auch ein dichotom konstruiertes Verständnis von Reflexion und Absorption politisieren, indem seine technische Transformierbarkeit wie auch die stets erneut notwendige Verankerung an lediglich relativ fixen Ausgangs- und Normwerten betont wird. So fordert der von Bergermann zitierte kongolesische Filmemacher Balafu Bakupa-Kanyinda für ein post-koloniales Kino:

> Als junger Schwarzer lernt man in der Schule: Schwarz absorbiert das Licht, Weiß reflektiert es. Dann denkt man: ›Das klebt jetzt an mir. Das werde ich nie wieder los.‹ Doch irgendwann kommt die Erkenntnis, dass es sich dabei nur um chemische Formeln und Verfahren handelt, die man genauso gut ändern kann. In dieser Hinsicht ist vor ungefähr zehn Jahren eine neue, wunderbare Zeit angebrochen: der digitale Film.

---

69   Bergermann, »Weißabgleich und unzuverlässige Vergleiche«, S. 23.

> Mit einem Schlag hat er uns befreit von der Charta der Sensi-
> tometrie und von einem Filmmaterial, das für die klassische
> Schönheit, also für die Weiße Haut gemacht ist. Die klassi-
> sche Weiße Schönheit war immer zugleich ein Markt. Und
> dieser Markt verlangte auch nach einem Film aus Zelluloid und
> Emulsion. Nun können wir die ganze Last dieser Geschichte
> abschütteln und Zwiesprache mit der Kamera halten, sie mit
> unserer jeweils eigenen Farbenlehre füttern und ihr sagen: >Ich
> will, dass diese Figur grün ist. Grün ist eine schöne Farbe.<[70]

Während »der schwarze Körper« in der (optischen) Physik als Körper absoluter Lichtabsorption gilt,[71] erscheint der Schwarze Körper
von itsGOTtobegroovy in seinem Video in grünem Licht. Grün ist
in diesem Fall nicht nur, wie Bakupa-Kanyinda erklärt >eine schöne<,
sondern eine politisierte Farbe: Einerseits referiert sie visuell die
thermografische Überwachungs- und Beobachtungstechnik, die rassifizierte und insbesondere Schwarze Körper als Bedrohungen, als
Eindringlinge und Gefahren hervorbringt. Andererseits erfolgt bei
itsGOTtobegroovy eine affektive Aneignung und Umdeutung dieser
Subjektivierung.

Es lässt sich nur spekulieren, ob Bakupa-Kanyindas Idee einer
neuen Farbenlehre auf eine solche Visualisierung langwelligeren
Lichts anspielt, doch möchte ich seine Überlegungen dazu, wessen
Sichtbarkeit wie mithilfe welcher technischen Mittel und in welchen
medialen und diskursiven Settings hergestellt wird, aufgreifen.
Meine weitergehende Frage lautet, wie dies Subjektivierungen
hervorbringt, die durch rassifizierende Vergeschlechtlichung in
digitaler Bildproduktion und damit auch den trans* Vlogs auf
YouTube entstehen und wie dies wiederum mit deren medialen
Zeitlichkeiten in Verbindung steht. Bei handelsüblichen digitalen
Video- und Fotoaufnahmegeräten steht die technisch mögliche
Funktion, andere Lichtspektren aufzuzeichnen als diejenigen, die
im gewohnten Wahrnehmungsbereich liegen, praktisch oft nicht
zur Verfügung, weil sie durch spezifische Bauteile aktiv unterdrückt

---

70 Balafu Bakupa-Kanyinda 2010, zit. nach Bergermann, »Weißabgleich und unzuverläs-
    sige Vergleiche«, S. 13. Sensitometrie ist die DIN-genormte Strahlungsempfindlich-
    keit von Materialien.

71 *Pohls Einführung in die Physik: Band 2: Elektrizitätslehre und Optik*, hg. v. Klaus Lüders
    und Robert O. Pohl, 24. Aufl. (Heidelberg: Springer, 2018).

wird. Dadurch setzt sich die von Dyer beschriebene Hierarchisierung rassifizierter Körper durch den Modus der visuellen Aufnahme fort. Auch bei digital basierten Bildproduktionen ist helle Haut offenbar noch immer der Maßstab für Beleuchtungen und Farbkorrekturen, sodass Sensoren und Techniken entsprechend dieser Werte entwickelt und hergestellt werden. Eine eigene, digitale Farbenlehre oder andere technische Umgangsformen bezüglich der Wahrnehmung und Aufzeichnung von Lichtspektren sind bisher noch nicht entworfen, geschweige denn in den Geräten umfassend verfügbar gemacht worden. Eine entsprechende Notwendigkeit oder auch das Potenzial dieser Optionen findet keine Anerkennung.[72] Das Nachdenken über derartige materielle Veränderungen greift auch feministische Forderungen auf, die Selbstverständlichkeit der Verwendung von physikalischen Metaphern zu befragen und neu zu denken, um spielerisch »die Konstruktion von neuen Mustern und neuen Geschichten« für das eigene Leben und das Wissen darüber zu ermöglichen.[73]

Um solche neuen Muster und Geschichten zu entwickeln und als jeweils konkret situierte verstehen zu können, muss berücksichtigt werden, wie rassifizierte vergeschlechtlichte Normen in die jeweiligen Techniken und Diskurse eingeschrieben werden. Dies gilt insbeson-

---

72 Was unter anderem dazu führt, dass Computerspiele, deren Steuerung auf die Erfassung von Gestik oder Mimik der Spieler_innen beruht, unter Umständen nicht funktionieren, wenn die Haut der Spieler_innen als nicht hell genug hergestellt wird. Sei es, weil die Hardware der Kamera, wie oben beschrieben, dazu nicht vorgesehen ist oder die algorithmische Grundstruktur des Spiels entsprechende Signale nicht verarbeiten kann, vgl. Andy Trowers, »How We Accidentally Made a Racist Videogame«, Kotaku, 12. Januar 2017 <http://www.kotaku.co. uk/2017/01/12/how-we-accidentally-made-a-racist-videogame> [Zugriff: 28. Februar 2019]. Der Beitrag ist nicht mehr online verfügbar, zentrale Punkte werden in einem weiteren Artikel aber wiedergegeben, vgl. Chris Kerr, *Design Oversights and Accidental Racism in »You're in the Movies«*, Game Developer, 12. Januar 2017 <https://www.gamedeveloper.com/production/design-oversights-and-accidental-racism-in-i-you-re-in-the-movies-i-> [Zugriff: 30. Mai 2025].

73 Astrid Deuber-Mankowsky, »Diffraktion statt Reflexion: Zu Donna Haraways Konzept des situierten Wissens«, *Zeitschrift für Medienwissenschaft (ZfM)*, 4.1 (2011), S. 83–91, hier S. 89. In entsprechend semiotisch-materieller Perspektive werden auch die hier angebrachten Verweise auf physikalische Definitionen und Gesetzmäßigkeiten herangezogen. Haraways Konzept des ›situierten Wissens‹ wird in Kapitel 3 für die Beschreibung von Testosteron als einem Medium relevant, dessen mediale Funktion über die bisherige Darstellung als eines Botenstoffs in einem kybernetisch verstandenen System (Organismus) hinausreicht.

dere, wenn in den Untersuchungen der trans* Vlogs und vor allem den Transitions-Updates die Möglichkeit alternativer Zeitlichkeiten aufscheint und als queeres Potenzial lesbar wird. Sofern sich dieses Potenzial im selbstdokumentarischen Umgang mit den Materialien bzw. Techniken Testosteron und Videoblog eröffnet, muss es gleichzeitig daraufhin befragt werden, für wen es sich mit dem medialen Einsatz in welchem Maße wie realisiert. Eine pauschale queere Zeitlichkeit zu konstatieren, würde jedenfalls nicht dazu beitragen, die materielle wie epistemologische Bedeutung und Funktion des medialen Arrangements für trans* Personen differenziert zu beschreiben, denn die unterschiedliche Ausprägung der Ambivalenzen, Potenziale und Vulnerabilitäten sind weder gleichmäßig noch gleichbleibend verteilt.

Dies wird noch deutlicher, wenn ich einen zweiten Aspekt der Untersuchung hinzuziehe, den ich an den spezifischen Einsatz des veränderten Bildmodus im Update-Video von itsGOTtobegroovy knüpfe: die Einspeisung dieser Bilder in (visuelle) Archive sowie die Umarbeitung der in diesen Archiven sich sedimentierenden Bilder von (Schwarzen) Männlichkeiten wie auch von trans* Körpern.[74] Obwohl das veränderte Lichtspektrum und das daraus errechnete grünlich erscheinende Bild von itsGOTtobegroovys Kinn und Gesicht nicht den alltäglichen Sehgewohnheiten entspricht, ist dessen visuelle Textur in diesem Licht- und Farbmodus dennoch vertraut. Bekannt sind solche Aufnahmen durch den Einsatz entsprechender Kameras in der Naturforschung und der Industrie – vor allem aber als besonders für den nächtlichen Einsatz konzipierte Überwachungstechnologie zu privaten wie militärischen und polizeilichen Zwecken.[75] Solche visuellen

---

74 Für eine genauere Bestimmung einer archivarischen Funktion der Vlogs vgl. Kapitel 4.

75 Die physikalisch präzise Unterscheidung der Funktionsweise von Nacht- und Wärmebildkameras bleibt an dieser Stelle unbeachtet, da dies für die weitere Argumentation nicht relevant ist. Beide Bildgebungstechniken zeichnen Infrarotstrahlung auf, allerdings in verschiedenen Wellenlängen. Bei der sogenannten Nachtsicht wird nahe Infrarotstrahlung in sichtbares Licht umgewandelt. Thermografiekameras arbeiten hingegen mit der auch Wärmestrahlung genannten mittleren Infrarotstrahlung. Beide Techniken werden zur Erkundung und Überwachung im privaten wie militärisch-polizeilichen Bereich eingesetzt, vgl. Nicky Woolf, »FBI Planes that Flew over Police Protests Had Sophisticated Surveillance Cameras«, *Guardian*, 30.08.2015 <https://www.theguardian.com/us-news/2015/oct/30/fbi-surveillance-planes-ferguson-baltimore-cameras> [Zugriff: 30. Mai 2025].

Aufzeichnungen setzen eine lange Geschichte verschiedener Dokumentationspraktiken fort, die nicht-*weiße* Körper als rassifizierte Andere, als Eindringlinge und Bedrohung hervorbringen. Insbesondere
der Schwarze Körper wird in diesen Medienanordnungen hypersichtbar.

Techniken der visuellen Kontrollen, Messungen und Vergleiche
und deren Dokumentationen in unterschiedlichen Medien kamen und
kommen zum Einsatz, um hierarchisierende Differenzen zwischen
Körpern entlang ihres Geschlechts, ihrer Hautfarbe oder Physiognomie herstellen zu können.[76] Dies ist ein Archiv, dessen rassistische
Dimension in Zeiten digitaler Bildproduktion sowohl in Hypervisibilisierung als auch durch Auslassungen erweitert wird, wenn Schwarze
Körper *nicht* im Bild auftauchen, weil sie von einer Software visuell
nicht erfasst oder algorithmisch als nicht-menschliche Körper eingeordnet werden.[77] Eine übermäßige Sichtbarkeit, eine Hypervisibilität
wiederum stellt sich dort her, wo Visualisierungstechniken daran mitwirken, Körper zu kontrollieren, wie beispielsweise an nationalstaatlichen Grenzen oder auch Grenzen von privatem Eigentum, und sie
darüber als >andere< herzustellen.

Dieser Zusammenhang ist für die Selbstdokumentation nicht unerheblich, da itsGOTtobegroovy in diesem wie auch in vorangegangenen und folgenden Videos auf seinem Kanal zentral thematisiert, wie
er im Laufe seiner geschlechtlichen Transition Veränderungen beobachtet an der Art, wie andere ihn im öffentlichen Raum und vor allem
in der nächtlichen Dunkelheit kontrollieren und überwachen, seit er
als Schwarzer junger Mann gelesen und adressiert wird, und wie die-

---

76   Vgl. Simone Browne, *Dark Matters: On the Surveillance of Blackness* (Durham: Duke
     University Press, 2015); Allan Sekula, »Der Körper und das Archiv«, in *Diskurse der
     Fotografie: Fotokritik am Ende des fotografischen Zeitalters*, hg. v. Herta Wolf (Frankfurt
     a. M.: Suhrkamp, 2003), S. 269–334.

77   Zu einem Skandal wurde nicht nur Googles Gesichtserkennung, bei der 2015 ein Fall
     prominent wurde, in der der Bilderalgorithmus das Foto von zwei Schwarzen Personen
     unter dem Schlagwort >Gorilla< führte. Auch haben andere digitalbasierte Visualisierungsmedien immer wieder Probleme damit, die Mimik oder Gestik von Körpern zu
     erkennen, deren Haut weniger hell ist und deswegen Licht anders reflektiert – was
     in den jeweiligen Programmierungen, wie z. B. für das Microsoft xBox-Spiel »You're
     in the Movies«, offensichtlich allzu oft nicht bedacht wird, vgl. Noble, *Algorithms of
     Oppression*, S. 6.; Trowers, »How We Accidentally Made a Racist Videogame«.

ses Verhalten anderer auch zu einer stärkeren Selbstbeobachtung und -kontrolle führt.

Nicht nur eine vermeintlich banale Tätigkeit wie scheinbar zielloses nächtliches Spazierengehen wird in einer rassistischen und sexistischen Gesellschaft zum Anlass genommen, darin eine Provokation oder Gefährdung zu imaginieren. Auch die Bewegung im öffentlichen Räum in Nähe zu anderen Personen wird zur Herausforderung, wenn die eigene Erscheinungsweise unmittelbar als Bedrohung gelesen wird:

> Another thing I've been conscious about since transitioning, another behavior change, is being careful or, at least, conscious of how close I am walking behind someone. This is something I did not think of at all prior to transition. But since transitioning, I've noticed that I'll get nervous glances, particularly if I'm behind women, regardless of their race – white women, black women. And so now, when I'm out in public, if I'm walking behind someone and that person's a woman, often what I'll do is I'll just walk quickly and pass the woman so that she's behind me.[78]

Diese kurzen Schilderungen werden im Zusammenhang mit der technischen Auffälligkeit des eingesetzten Nachtsichtmodus besonders interessant und stellen die Komplexität der miteinander interferierenden Race- und Gender-Differenzen heraus: Im Nachtsichtmodus der Kamera wird der Bart sichtbarer, die (körperliche) Männlichkeit positiv bestätigt und verstärkt. Gleichzeitig ist es die Bildästhetik der Überwachungskamera, die daran erinnert, dass die eigene Schwarze Männlichkeit durch andere Personen und auch Institutionen (technisch) überwacht und darüber als Bedrohung konstituiert wird. Besonders in dieser letzten Szene wird deutlich, dass es dabei nicht allgemein um rassifizierte Zuschreibungen und rassistische Vorurteile geht, sondern um eine vergeschlechtlichte Rassifizierung: Es sind die Gesten und Verhaltensweisen von *Frauen* gegenüber einem Schwarzen *Mann*, die itsGOTtobegroovy beschreibt und auf die er in Bewusstsein von rassistischen ebenso wie sexistischen Strukturen einer patriarchalen Gesellschaft reagiert. Strukturen, in die er selbst mit seiner Transition

---

78   itsGOTtobegroovy, *Living with racism in Black FTM transition* [CC], 02:30-03:00.

verändert eingelassen und mit denen er nachfolgend aus veränderter Perspektive konfrontiert ist.

Testosteron modifiziert damit nicht nur physiognomische Merkmale des jeweiligen Körpers oder beeinflusst individuell emotionale Zustände. Es beeinflusst nicht nur, wie Geschlecht (von anderen Personen) wahrgenommen wird, sondern bedingt eng damit verbunden auch eine veränderte Rassifizierung.[79] Das Hormon wird in und mit den trans* Vlogs und unter Berücksichtigung der rassifizierenden Effekte von Geschlecht in zweifacher Hinsicht auch zu einem sozialen Medium. Es verschiebt als solches nicht nur die Konfiguration zwischenmenschlicher Interaktionen, wie in psycho-endokrinologischen Untersuchungen immer wieder geprüft und diskutiert wird.[80] Vielmehr verändert es sogar die Ordnung von Raum und Zeit als Koordinaten dieser sozialen Kontakte.

Die Tatsache, als Mann erkannt zu werden, was in patriarchalen Gesellschaften gleichbedeutend ist mit der Selbstverständlichkeit, öffentliche Räume problemlos(er) betreten und sich ungehindert(er) in ihnen bewegen zu können,[81] produziert hier gleichzeitig eine Auf-

---

79   Diese Beobachtung beschränkt sich nicht auf den Lebensalltag von Schwarzen trans* Männern in den USA. Eine sehr ähnliche Erfahrung macht auch der *weiße* Schriftsteller Jayrôme Robinet, der von Frankreich nach Berlin migriert und dort seine Testosteronbehandlung beginnt, woraufhin er zunehmend mit rassistischen Vorurteilen konfrontiert wird, wie sie vor allem jungen Männern widerfährt, die wegen dunklerer Haut oder dunkleren Haaren als migrantisch gelesen werden, vgl. Jayrôme C. Robinet, *Mein Weg von einer weißen Frau zu einem jungen Mann mit Migrationshintergrund* (München: Hanser, 2019), insbes. S. 175–79.

80   Auch im breiteren öffentlichen Diskurs findet sich die stets aufs Neue be- oder widerlegte Annahme eines kausalen Zusammenhangs zwischen einem hohen Testosteronlevel im Körper eines Menschen und dessen Auftreten als aggressiv und/oder dominant, vgl. Rebecca M. Jordan-Young und Katrina Karkazis, *Testosterone: An Unauthorized Biography* (Cambridge/MA: Harvard University Press, 2019), insbesondere das Kapitel ›Violence‹, S. 53–84.

81   Die Relativierung trägt dabei den von Raewyn Connell argumentierten Unterscheidungen verschiedener Männlichkeiten auch in Bezug auf Klasse, Sexualität und Race Rechnung, wonach nicht allen Männern pauschal und qua ihres Mannseins alle gesellschaftlichen Privilegien gleichermaßen zur Verfügung stehen. Sie unterscheidet eine solche hegemoniale Männlichkeit von Männlichkeiten, die sich entweder in Komplizenschaft, Marginalisierung oder Unterordnung zur ersteren befinden, vgl. Raewyn Connell, *Der gemachte Mann: Konstruktion und Krise von Männlichkeiten*, übers. v. Christian Stahl, hg. v. Ursula Müller, 4. Aufl. (Opladen: Springer, 2015), S. 129–35. Eine weitere Auseinandersetzung mit Konzepten von Männlichkeit wird in Kapitel 3 vorgenommen, allerdings nicht mit expliziter Berücksichtigung eines Hegemonieverständnisses. Mir geht es weder um die Anordnung von Männlichkeiten

hebung eines solchen Privilegs, insofern der Aufenthalt für Schwarze trans* Männlichkeiten in bestimmten Räumen zu bestimmten Zeiten gerade nicht, wie itsGOTtobegroovy in seinem Video bemerkt, »so frei wie [...] zuvor« (as freely as [...] before) stattfinden kann.[82] Wenngleich seine Selbstdokumentation eine persönliche Wahrnehmung artikuliert, ergibt sich aus der Veröffentlichung auf YouTube zugleich eine Anschlussfähigkeit für ähnliche Erfahrungen anderer Schwarzer (trans*) Männer. Die Veröffentlichung trägt dazu bei, ein Repertoire weiterer Einschreibungen junger Schwarzer Männlichkeiten in visuelle Archive zu schaffen. Diese Öffnung der persönlichen Erfahrung, die auch eine Politisierung ermöglicht, insofern strukturelle Rassismen adressierbar werden, ergibt sich dadurch, dass itsGOTtobegroovy sich mit seinem Transitions-Update in verschiedene digitale Bilderarchive einschreibt und diese darüber auch umarbeitet. Zum einen wird sein Video als ein sogenanntes Update-Video unter dem Titel *Week 40 on T* Teil des trans* Diskurses, der sich in den vergangenen Jahren maßgeblich auf YouTube und den sich dort realisierenden Sichtbarkeiten und Aushandlungen von trans* als selbstbewusster Geschlechtlichkeit entwickelt hat. Zum anderen verkompliziert das Video Ambivalenzen der trans* Vlogs durch die Berücksichtigung rassifizierender Aspekte, wodurch es auch in Bildarchive medialer Schwarzer Männlichkeiten eingeschrieben wird.

Als Teil des trans* Diskurses fordert das Video das ambivalente Verhältnis von trans* Personen zu Modi der (Selbst-)Dokumentation heraus. Wie ich bereits gezeigt habe, formulieren die trans* Vlogs einerseits einen Gegenentwurf zu den pathologisierenden Anforderungen juristischer, medizinischer und therapeutischer Institutionen, indem sie sich das Protokollieren in emanzipativem Gestus aneignen und um Erfahrungswissen erweitern. Jedoch können sie andererseits offizielle Anforderungen nicht gänzlich zurückweisen und reproduzieren selbige unter Umständen aus der vermuteten oder explizit artikulierten Notwendigkeit heraus, erforderliche Unterstützung in Form von Therapien und Gutachten nicht aufs Spiel zu setzen. Trotz dieser Rück-

---

zueinander noch um einen subversiven oder konservativen Charakter selbiger. Stattdessen interessiert mich die Wechselbeziehung von Männlichkeiten und Medien, die Vervielfältigungen und Differenzen von Geschlecht mit hervorbringt.

82   itsGOTtobegroovy, *Living with racism in Black FTM transition* [CC], 02:08–02:10.

bindung an Geschlechtlichkeit limitierende Dokumentationsformen wird trans* Männlichkeit in den Videos auch als lebbares, begehrtes, als freud- und lustvolles Sein dokumentiert. Diese Ambivalenz der Subjektivierung durch selbstdokumentarische Praktiken wird komplexer, wenn man berücksichtigt, dass die strukturellen Kontrollen und internalisierten Selbstkontrollen sich nicht nur auf eine Regulierung geschlechtlicher Uneindeutigkeit beziehen, sondern auch rassifizierende Effekte an und in den Körpern hervorbringen. In diesem Sinne rufen itsGOTtobegroovys Videos sowohl das trans* Archivs auf YouTube als auch (digitale) Bildarchive medialer Schwarzer Männlichkeiten auf und erweitern beide in dieser Verschränkung. Die Bezugnahme auf visuelle Archive Schwarzer Männlichkeiten geht weit über die konkrete Selbstbezeichnung im Untertitel des Videos *Racism as Black FtM* hinaus. Die Praktik der Selbstdokumentation und insbesondere der veränderte Bildmodus produzieren eine Subjektivierung, die mit den in den Archiven sedimentierten Bildern von Schwarzen Männlichkeiten in Beziehung tritt. Ich komme noch genauer darauf zurück, wie diese Bilder als Effekt rassistischer Einschreibungen sowohl Unsichtbarkeit als auch Hypervisibilität produzieren und als solche bereits eine lange gewaltvolle Historie, zumal in den USA, besitzen.

Unmittelbar nach der Umstellung auf den Nachtsichtmodus wechselt itsGOTtobegroovy auch das Thema seines Videos. So verbindet er das Erleben der geschlechtlichen Transition mit der Erfahrung veränderter Modi der rassistischen Übergriffe. Dies hat eine technologische Dimension, denn nicht nur die User_innen, die sein Video anschauen, nehmen den veränderten Aufzeichnungsmodus wahr, auch der Vlogger selbst sieht sich während der Aufnahme auf dem Bildschirm seines Computers oder dem Display seines Aufnahmegeräts auf neue Weise. War er zuvor Teil eines Bildarchivs, das nicht-*weiße* Körper als >andere< hervorbringt und markiert, trägt er durch den Einsatz des Nachtsichtmodus dazu bei, (selbst-)ermächtigende Darstellungsweisen Schwarzer oder nicht-*weißer* Körper zu schaffen.

Dies geschieht zum Beispiel dadurch, dass er die Funktion von digitalen Überwachungskameras, die sonst zur Kontrolle des eigenen Grundstücks oder auch der (*weißen*) Nachbarschaft an der Außenseite der Häuser hängt, in seinem Video im Innern der eigenen Wohnung einsetzt und gegen bzw. auf den eigenen Körper richtet. Dies ist gerade

nicht als Geste einer internalisierten Selbstkontrolle verstehen. Vielmehr erfolgt ein Perforieren der Grenze zwischen privaten und öffentlichen Räumen. Indem das Video auf YouTube hochgeladen wurde und
der Öffentlichkeit aller derzeitigen und zukünftigen User_innen potenziell zur Ansicht verfügbar ist, verbleiben die persönlich erfahrenen
rassistischen Anfeindungen nicht im privaten Raum und es eröffnet
sich die Möglichkeit, sie als strukturelle Gewalt sichtbar zu machen
und auch die damit verbundenen Affekte zu politisieren. Auch wenn
das Video bereits 2010 hochgeladen wurde und damit der erst 2013
als solcher ins Leben gerufenen *Black Lives Matter*-Bewegung voraus-
geht, realisiert sich darin eine mediale Praktik, die in vergleichbarer
Weise eine Anschlussfähigkeit für bürger_innenrechtliche Interventionen herstellt.

Dennoch kann nicht davon ausgegangen werden, dass itsGOTtobegroovy mit der von ihm gewählten Bildästhetik des Nachtsichtmodus deren rassistischer Prägung gänzlich entkommt. Zwar fordert er
die bestehenden Archive heraus, aber liegt in dieser Art der Mediatisie-
rung womöglich auch eine Form der Selbstüberwachung? Schließlich
ist es die gleiche Technologie, die der Kontrolle und Überwachung
von Umwelten dient und die in einem polizeilich-militärischen Kontext verstärkt gegen rassifizierte und insbesondere Schwarze Körper
eingesetzt wird, die in dem Update-Video eine ambivalente Aneignung
erfährt. Die Widerständigkeit, die darin liegt, dass der Schwarze trans*
männliche Körper sichtbar/er wird, setzt diesen zugleich dem überwachenden Blick aus und bestärkt vielleicht die Hypervisibilität.[83]

---

83 Unter dem Hashtag #iftheygunnedmedown posteten im Sommer 2014 viele junge
    Afro-Amerikaner_innen auf Tumblr oder Twitter zwei Bilder von sich: Eins zeigt sie
    in herausfordernder, überheblicher, mitunter aggressiver Pose, auf einem zweiten sind
    sie als Hochschulabsolvent_innen, Soldat_innen oder fürsorgende Bürger_innen zu
    sehen. Mit dem Hashtag stellen die User_innen die rhetorische Frage, welches die-
    ser Bilder wohl von der Polizei und/oder der Berichterstattung in den Nachrichten
    verwendet würde, sollten sie durch eine Waffe von Polizist_innen sterben. Auslöser
    für diesen Protest war der Tod des 18-jährigen Michael Brown, der unbewaffnet aber
    in angeblicher Notwehr von einem Polizisten erschossen wurde. Der virale Protest
    richtete sich gegen die rassistische Polizeigewalt ebenso wie die mediale Stereoty-
    pisierung von Schwarzen Jugendlichen als ›angry black youth‹. Die Zuschreibung
    übertriebener Schwarzer Affektierung und vor allem Wut ist nicht exklusiv männ-
    lich narrativiert, aber in der Verbindung mit Männlichkeit stärker als vermeintliche
    Bedrohung für eine als *weiß* imaginierte Mehrheitsgesellschaft gerahmt, wohingegen
    die ›angry black woman‹ in zudem sexistischer Manier stärker und besser von eben

Indem itsGOTtobegroovy (selbstdokumentarische) Bilder für die sozialen Medien produziert und sie dort verbreitet, erprobt er gleichzeitig Handlungsmächtigkeit (agency) im Erweitern und Verschieben der digital-medialen (Bild-)Archive, aber auch deren diskursive und technologische Rahmung, die durch rassistische und sexistische Herrschaft geformt ist.

Die Künstlerin Julia R. Wallace und der Schwarze Gender- und Queertheoretiker Kai M. Green fordern in ihrem gemeinsamen *Tranifest* für queere Zukünfte:

> We have seen this happen before, our stories, our spaces excavated as the cameraperson asks for something authentic, something real, something black. We must take back the camera not simply to create our own stories but to prove that there are indeed *other ways of being and knowing* that challenge the notions of a pathological native, just waiting to be understood before the dominant gaze.[84]

Es geht folglich in Bezug auf Handlungsermächtigung innerhalb von Dokumentationsvorgängen nicht allein um die »Aneignung der Dokumentationsmittel«[85] – Film-, Video- oder Fotokamera – oder darum, sich den pathologisierenden Zugriffen beglaubigter Aufzeichnungen aus marginalisierter Perspektiven entgegenzustellen. Für queere Schwarze trans* Zukünfte gilt es, sowohl das Wissen, das in die dokumentierten Geschichten eingelassen ist, als auch das, das die medialen Techniken bestimmt, zu verändern, um die etablierten

---

dieser Gesellschaft zu disziplinieren sei. Prominent thematisiert dies die Berichterstattung über die Schwarze Tennisspielerin Serena Williams, die immer wieder – zuletzt im Finale der US Open 2018 – für angeblich unangemessene Verhaltensweisen (finanziell) sanktioniert wird, vgl. Ritu Prasad, »Serena Williams and the Trope of the ›Angry Black‹«, bbc.com, 11.09.2018 <https://www.bbc.com/news/world-us-canada-45476500> [Zugriff: 30. Mai 2025]. Vom Hashtag #iftheygunnedmedown habe ich durch einen Vortrag von Tina Campt zu »Black Futurity in the Echo of Premature Death« im Rahmen des »Black Feminist Futures«-Symposiums an der Northwestern University am 20./21. Mai 2016 erfahren.

84   Julia R. Wallace und Kai M. Green, »Tranifest: Queer Futures«, *GLQ: A Journal of Lesbian and Gay Studies*, 19.4 (2013), S. 568–69, hier S. 569, Herv. sh.

85   Esra Canpalat, Maren Haffke, Sarah Horn, Felix Hüttemann und Matthias Preuss, »Einleitung: Operationen, Foren, Interventionen – Eine Annäherung an den Begriff Gegen\Dokumentation«, in *Gegen\Dokumentation: Operationen – Foren – Interventionen*, hg. v. Esra Canpalat, Maren Haffke, Sarah Horn, Felix Hüttemann und Matthias Preuss (Bielefeld: transcript, 2020), S. 7–24, hier S. 8.

Wahrheitsansprüche bisheriger Archive herauszufordern. Vlogger
wie itsGOTtobegroovy vollziehen mit den Vlogs eine solche Form
der Aneignung und Umarbeitung der Archive, erfahren aber die
eigene Sichtbarkeit *als* trans* und/oder Schwarz auch immer wieder
als Bedrohung und Prekarisierung. Sie müssen dementsprechend
mit dieser Sichtbarkeit und dem darin angelegten Versprechen von
Zukünftigkeit anders umgehen als *weiße* trans* Vlogger.

PREKÄRE SICHTBARKEITEN, PREKÄRE ZUKÜNFTIGKEITEN

Die von itsGOTtobegroovy geschilderte nächtliche Überwachung
der Nachbarschaft durch rassistische Beobachtungen *weißer* Anwoh-
ner_innen und deren Aufspüren von als verdächtig und bedrohlich
imaginierten – und das meint hier: Schwarzen, männlichen – Körpern,
produziert ebenso eine Form der Selbstkontrolle wie auch der Selbstsorge. Beide sichern im Zweifel das eigene Überleben. Im von itsGOT-
tobegroovy angesprochenen rassistischen Misstrauen bezüglich zielloser Bewegung im öffentlichen Raum schwingt ein weiterer Argwohn
mit: der gegenüber scheinbar zielloser, im Sinne von nicht auf binärer Eindeutigkeit beruhender Geschlechtlichkeit sowie der einer nicht
auf Nutzen ausgerichteten Zeitlichkeit. Die pathologisierenden Protokolle der medizinischen, therapeutischen und juristischen Institutionen sind darauf ausgelegt, eine als notwendig erachtete Eindeutigkeit
(geschlechtlicher) Identifizierung herzustellen.[86] Werden diese Vorgaben nicht eingehalten, Erwartungen anderer an den eigenen Körper
nicht erfüllt, produziert dies in sozialen Situationen eine prekäre Sichtbarkeit – ebenso wie die des Schwarzen männlichen Körpers in der
nächtlichen Umgebung einer *weißen* Nachbarschaft. Beide vermeint-

---

86   Kathrin Peters stellt in ihren epistemologischen Untersuchungen der Fotografien von
     geschlechtlich nicht-binär kategorisierbaren Personen um 1900 >das unbedingte Be-
     mühen< fest, »in Sachen Geschlecht dingfest zu machen, was nicht dingfest war,
     sichtbar zu machen, was nicht sichtbar war, zu vereindeutigen, was nicht eindeutig
     war«. Siehe Kathrin Peters, *Rätselbilder des Geschlechts: Körperwissen und Medialität
     um 1900* (Zürich: Diaphanes, 2010), S. 20. Dabei betont sie, dass sämtliche dieser
     fotografischen Visualisierungsprozesse gleichzeitig andere Unsicherheiten, Uneindeu-
     tigkeiten und Brüche produzieren, sodass der dokumentarische Modus der visuellen
     Wissensproduktion in seinen Subjektivierungseffekten ambivalent bleibt (vgl. ebd.).
     Diese Ambivalenz lässt sich auch für die Vlogs beobachten, auch wenn zu betonen ist,
     dass die Motivation für die Visualisierung hierbei nicht von einem disziplinierenden
     Interesse anderer getragen ist.

lichen Uneindeutigkeiten werden als Bedrohungen (threat) gerahmt, wie itsGOTtobegroovy frustriert anmerkt. Obwohl diese Rahmungen eine Gefahr lediglich imaginieren, werden sie dabei paradoxerweise zur Gefahr für eben diejenigen, die als Quelle des vermeintlichen Risikos besonders sichtbar werden. Die imaginierte Bedrohung bewirkt Diskriminierung und oftmals tödliche Gewalt. Mögliche Zukünfte stehen angesichts der konkreten Bedrohung des eigenen Lebens auf dem Spiel.

Die gerade in *weißen* LGBTIQ-Communities oft affirmativ begrüßte und weiterhin geforderte identitätspolitische Sichtbarkeit von Schwarzen trans* und trans* Personen of Color im medialen Alltag ist dementsprechend eine ambivalente Angelegenheit. Kara Keeling problematisiert diese Ambivalenz in ihrer Analyse des Dokumentarfilms *The Aggressives*, wobei sie auch ihre eigene Komplizinnenschaft mit kolonialen Logiken der Sichtbarmachung reflektiert. *The Aggressives* widmet sich dem von Hafterfahrungen geprägten Alltag genderqueerer, männlicher, Schwarzer Protagonist_innen, von denen eine_r, Keeling nennt die Person M—, im weiteren Verlauf des Films nicht mehr auftaucht.[87] Über Einblendungen am Ende des Films erfahren wir Zuschauer_innen, dass M— während der Invasion der USA in den Irak plötzlich das Militär verlassen hat und aktuell nicht bekannt ist, wo M— sich aufhält. Keeling spürt in ihrer Analyse des Films diesem Verschwinden von M— nach und diskutiert daran die Einsätze und Risiken einer auch politischen Notwendigkeit von Sichtbarkeit:

> In the colonial world of which Fanon writes, for example, the hypervisibility of blacks and the organizations of space that rationalize their hypervisibility are crucial techniques through which colonial power and white supremacy were maintained. Insofar as colonial logics can be said to undergird present socioeconomic relations, black people can become visible only through those logics, so danger, if not death, attends every black's appearance. Yet precisely because what is visible is caught in the struggle for hegemony and its processes of valorization, *one cannot not want* the relative security promised by visibility.[88]

---

87 *The Aggressives*, Regie: Daniel Peddle (US, 2005).
88 Keeling, »Looking for M—«, S. 576, Herv. sh.

Keeling ist sich dieses machtvollen und äußerst ambivalenten Effekts von Sichtbarkeit bewusst, der vor allem auch subjektivierende Adressierbarkeit und raumzeitliche Lokalisierbarkeit insbesondere durch staatliche, polizeiliche und militärische Institutionen bedeutet. Ihre Forderung nach einer Politisierung von Sichtbarkeit geht folglich über eine reine Repräsentationspolitik hinaus, indem sie die darin oft als gegeben vorausgesetzte Verschränkung von Sichtbarkeit und Sicherheit problematisiert. Sichtbarkeit hält nur für diejenigen einen Mehrwert in Form von Anerkennung und Schutz vor Gewalt bereit, die in den bestehenden Strukturen symbolischer Ordnungen anerkannt werden können und denen darin eine Zukunft offensteht. Diese Perspektive ist den »Figuren einer radikalen Alterität« (figures of radical alterity) – Schwarzen und Queers – nicht gegeben.[89] Statt auf eine gesicherte Zukunft hin agieren zu können, gehören sie zu denjenigen, »die die Zukunft in jedem Moment neu erringen müssen« (for whom the future remains to be won in each moment).[90] Keeling greift für ihr Argument sowohl auf queertheoretische (Edelman) als auch postkoloniale (Fanon) Theorien zurück, um eine mögliche Verbindung Schwarzer und queerer Politiken zu durchdenken und »die Spannung zu beschreiben zwischen der Hermeneutik, eine Figur radikaler Alterität innerhalb der Strukturen zu erkennen, die Zukünftigkeit garantieren, und der Determiniertheit der Politiken angesichts dieser Anerkennung«.[91]

Ohne diese Ambivalenz und die in ihr sich reproduzierende Bedrohung auflösen zu können, entwirft Keeling mittels postkolonialer und queerer Konzepte von Zeitlichkeit die Option einer alternativ lebbaren (Un)Sichtbarkeit für M—. Sie rückt dazu in ihrer Analyse des Films eine potenziell-zeitliche Dimension in den Vordergrund, die darauf verzichtet, einen möglichen *raum*zeitlichen Aufenthaltsort von M— zu *bestimmen,* an dem M— zwar sichtbar, aber damit gleichzeitig

---

89 Ebd., S. 568.
90 Ebd.
91 Ebd., i. O.: »to address the tension between the hermeneutics of recognizing a figure of radical alterity within the structures that guarantee futurity and the determination of a politics in the face of such a recognition«. Für eine Auseinandersetzung mit Edelmans Theorie einer queeren Zeitlichkeit, vgl. Kapitel 1. Fanons und weitere Zeitlichkeitskonzepte postkolonialer Theorien diskutiere ich im nächsten Unterkapitel in Verbindung mit queeren Perspektiven.

auch (militärrechtlich) verfolgbar wäre.[92] Sie schlägt stattdessen vor,
angesichts der *gegenwärtigen* Gefährdung durch strukturelle Gewalt
und sogar drohende Todesgefahr M—s Existenz in einer gewaltfreien
oder wenigstens gewaltärmeren, in jedem Fall aber *nicht-lokalisierbaren*
zukünftigen *Zeitlichkeit* zu *vermuten*. Auf diese Weise stellt sie eine
erinnernd sorgende statt einer überwachenden Sichtbarkeit her, bemerkt aber auch, an Edelman anknüpfend: »From within the logics of
reproductive futurity and colonial reality, a black future looks like no
future at all.«[93] Indem sie für M— die Möglichkeit einer Präsenz in
Absenz entwirft, trägt Keeling diesen bedrohlichen Realitäten und der
besonderen Vulnerabilität Rechnung und zeigt gleichzeitig mögliche
temporale Aus- oder Umwege auf. Diese setzen den Zwängen einer
straight Zeitlichkeit – im Sinne von linear ebenso wie heteronormativ und damit *weiß* – alternative Rhythmen einer denkbaren Zukunft
entgegen und unterbrechen so die Fortsetzung einer gewaltvollen kolonialen Vergangenheit.

Während Keeling diese Rhythmen als ein in *The Aggressives* –
und zwei weiteren Filmen des New Wave/New Queer Cinema – ent-
stehendes Surplus ausmacht, lässt sich auch an itsGOTtobegroovys
Videos die Frage stellen, inwiefern die Rhythmen des Vloggens und
der Testosteronbehandlung ebenfalls eine Art zeitlicher Durchbre-
chung ermöglichen, deren queeres Potenzial sich, so Keeling, explizit
auch als eine Verschiebung oder Umarbeitung kolonialer Zeitlichkeiten realisieren kann. Vor dem Hintergrund der Schilderungen von its-
GOTtobegroovy sowie der Prekarität von Schwarzen trans* Personen
und trans* Personen of Color ist Keelings Feststellung zu modifizie-
ren: Wenn schon eine Schwarze Zukunft (black future) aufgrund der
Vulnerabilität im Grunde *no future* bedeutet, (wie) kann dann eine
Schwarze trans* Zukünftigkeit in Anbetracht noch größerer Verletzlichkeit überhaupt entworfen werden? Und wie wirken trans* Vlogs
und Testosteron an den verschiedenen Zeitlichkeiten, die diachron
bestehen können, mit?

---

92 M— entzieht sich der US-amerikanischen Armee während der Irak-Invasion und ist
    seitdem untergetaucht.
93 Ebd., S. 578.

Testosteron wird als Hormonpräparat in erster Linie eingesetzt, um rassifizierte Geschlechterideale binär zu stabilisieren und geschlechtliche Identitäten durch Kohärenz und Linearität in eine vorgeblich gesicherte Zukunft zu überführen. Auch wenn um 1900 der Einsatz des Hormons für die Behandlung von cis Männern konzipiert wurde, realisiert sich der Vereindeutigungs- und Stabilisierungsanspruch spätestens seit den 1950er Jahren auch in den Verschreibungen für trans* Personen. Versehen mit dem Versprechen, Körper durch technologische, chirurgische und endokrinologische Errungenschaften formen zu können, stellt Halberstam für damit verbundene Fortschrittsimperative fest, dass »der trans* Körper als Zukünftigkeit selbst entstanden ist« ([t]he transgender body has emerged as futurity itself).[94] Auch die wiederholte Zuführung von Testosteron verspricht auf den ersten Blick einen anhaltenden zeitlichen Fortschritt auf eine körperliche Vermännlichung hin, bezeugt aber bei genauerer Betrachtung eher eine Geschlechterflexibilisierung. Denn der potenzielle zukünftige Körper wird zwar in eine Zukunft hinein entworfen, erweist sich letztlich jedoch als weder planbar noch vorhersehbar. Anders als Halberstams Formulierung es nahelegt, ist der trans* Körper keine Erscheinung, die sich aus einer Vergangenheit in die Gegenwart entwickelt hat (has emerged), sondern bleibt durch die Hormonbehandlung – ebenso wie deren Aussetzen oder Beenden – ein Körper im fortdauernden Werden (it keeps emerging).

Während bereits gezeigt werden konnte, dass sich das Souveränitätsversprechen des Hormons bezüglich einer spezifischen Zukunft in Form gezielter körperlicher Veränderungen nicht aufrechterhalten lässt, muss des Weiteren betont werden, dass nicht pauschal jedem trans* Körper überhaupt eine Zukünftigkeit offensteht. Die spezifische Gefährdung rassifizierter und insbesondere Schwarzer Körper aufgrund strukturell rassistischer Gewalt darf in der zeitgenössischen Diskussion um staatliche wie gesellschaftliche Anerkennung von trans* als lebbarem geschlechtlichen Sein nicht übergangen werden.

---

94   Jack Halberstam, *In a Queer Time and Place: Transgender Bodies, Subcultural Lives* (New York: New York University Press, 2005), S. 18.

Jasbir Puar analysiert die Bestrebungen vieler Mitglieder von TransJustice, einer politischen Initiative in New York, die sich vornehmlich aus afro- und lateinamerikanischen trans* Jugendlichen zusammensetzt, als Ausdruck dieser Gefährdungslage. Das von ihnen ersehnte *passing* entlang von Parametern wie schön, weiblich und sexy wirkt auf den ersten Blick vielleicht als geschlechterpolitisch konservativ, ist aber aus einer rassistisch marginalisierten Position heraus immer auch Strategie des täglichen Überlebens. Es dient dem »Vermeiden von polizeilichen Schikanen, Stigmatisierung seitens der Community und familiärer Zurückweisung« (avoiding police harassment, community stigmatization, and familial rejection).[95] Der Wunsch der in dieser Gruppe organisierten Jugendlichen nach Assimilation in Form stereotyp geschlechtlicher Körpernormen müsse folglich mit Rücksicht auf rassistische Diskriminierung komplexer diskutiert werden:

> They do not embody ›futurity itself‹; rather, their bodies can
> be read as sites of intensive struggle (medical, educational,
> employment, legal, social) over *who indeed does get to embody
> — and experience — futurity* and who as a result will be cast off
> as the collateral damages of such strivings *to capture the essence
> of the future.*[96]

Die intensiven Auseinandersetzungen um die »belasteten Verhältnisse zur Zukünftigkeit [...] in Bezug auf das tägliche Überleben« (vexed relations to futurity [...] in terms of quotidian survival)[97] und die Notwendigkeit, sich in normative, binäre Geschlechterrollen und -bilder einzupassen, verweist dementsprechend auf die (Un)Möglichkeit, in einer Gegenwart oder Zukunft überhaupt als trans* (politisch) sichtbar zu werden. Für viele ist gerade eine gewisse Unsichtbarkeit *als* trans* die einzige Chance, überhaupt eine mögliche Zukunft entwerfen zu können.

Die Annahme, Sichtbarkeit sei emanzipationspolitisch uneingeschränkt begrüßenswert, da dies ein erster Schritt zu gesellschaftlicher

---

95   Jasbir K. Puar, »Bodies with New Organs: Becoming Trans, Becoming Disabled«,
     Social Text, 33.3 (2015), S. 45–73, hier S. 55.
96   Ebd., S. 56, Herv. sh.
97   Ebd.

Anerkennung, politischer Einflussnahme und gesetzlicher Gleichstellung sei, greift in ihrer Pauschalität folglich zu kurz. Sie missachtet, dass
die Risiken für diesen Einsatz von Sichtbarkeit ungleich verteilt sind.
Mit Puar lässt sich schlussfolgern, dass die Möglichkeit, überhaupt in
Zukunft (über)leben zu können, für Schwarze trans* Personen und
trans* Personen of Color wahrscheinlicher wird, je unauffälliger der
bereits rassistisch als anders markierte Körper zumindest hinsichtlich
der Vergeschlechtlichung binäre Erwartungen erfüllt. Dies wird zumeist über die Hormonbehandlung, aber auch über operative Angleichungen des vergeschlechtlichten Körpers angestrebt. Dass derartige
Maßnahmen zur Verfügung stehen, heißt jedoch nicht, dass deren Inanspruchnahme eine rein freiwillige Entscheidung der Einzelnen wäre,
denn Gefährdungen durch (Un)Sichtbarkeit unterliegen nicht der eigenen Verfügungsmacht. Der trans* Aktivist Jamison Green bringt die
Prekarität einer (Un)Sichtbarkeit als *weißer* trans* Mann folgendermaßen auf den Punkt: »If we are visible we risk being mistreated; if
we are invisible, no one will understand what our social or medical
needs are. If we are visible, we risk being judged inferior or unreal, inauthentic; if we are invisible, we risk being discovered and cast out«.[98]
Green berücksichtigt dabei jedoch nicht, wie dieses »Dilemma der
Sichtbarkeit« (visibility dilemma)[99] trans* Personen of Color oder
Schwarze trans* Personen in besonderer Weise vulnerabel macht, da er
Diskriminierungen in Bezug auf Race und Geschlecht als miteinander
konkurrierend rahmt.[100]

Der Schwarze Schüler Blake Brockington wird 2014 als erster
trans* Jugendlicher *Homecoming King* an einer US-amerikanischen
Highschool, erfährt daraufhin breite mediale Aufmerksamkeit und
wird im Zuge dessen auch zum Ziel von Hate Speech und Mobbing.

---

98 Jamison Green, *Becoming a Visible Man* (Nashville/TN: Vanderbilt University Press,
    2004), S. 180.
99 Ebd.
100 Aus dem Austausch mit Schwarzen und of Color Teilnehmern seiner FtM-
    Selbsthilfegruppe resümiert er: »I think when transmen fail to see how they benefit
    from male privilege simply by being seen as men, they are living with a kind of blindness that may [...] be caused by racial sensitivities, which in the United States can
    be more demanding as a survival issue on a day-to-day basis than gender concerns«
    (ebd., S. 72). Statt männliche Privilegien als rassifizierte Struktur adressieren zu können, schließen sich rassistische und sexistische Hierarchisierungsprozesse in dieser
    Feststellung gegenseitig aus.

Ein Jahr später stirbt er bei einem Unfall, der als Suizid vermutet wird. C. Riley Snorton interpretiert die von Brockington erfahrene Ausgrenzung und verbale Gewalt als Ausdruck einer konstitutiven Verwebung von anti-trans* Diskriminierung und anti-Schwarzem Rassismus, in der die erzwungene Sichtbarkeit machtvolle Effekte gezeitigt hat. In einem Interview gibt Brockington die Reaktion seiner Familie auf sein Trans*sein wieder: »They think, ›You're *already black,* why would you want to draw more attention to yourself?‹«"[101] Snorton spezifiziert diese Form von Aufmerksamkeit (*attention*) als Ausdruck von strukturellem Rassismus ebenso wie Trans*feindlichkeit:

> The sensibilities expressed by Brockington's family, particularly in the use of ›already black,‹ underscore how blackness and transness are tethered in the contemporary landscape in terms of visibility, in which the form of ›attention‹ directed at black and trans people is frequently articulated through policies, such as House Bill 2 (HB2), which passed on the one-year anniversary of Brockington's death, on March 23, 2016.[102]

Die erfahrene Aufmerksamkeit ist demnach keine wertschätzende Anerkennung, sondern eine Regulierung durch politische Richtlinien und polizeiliche Kontrollen.

Die von itsGOTtobegroovy in den beiden beschriebenen Videos geschilderten Situationen bilden ebenfalls diese Verschränkung ab. Der Wunsch und die Bemühungen im Alltag unzweifelhaft als Mann erkannt zu werden, eben nicht als trans* sichtbar zu sein, manifestiert folglich nicht zwangsläufig eine affirmative Einfügung in ein

---

101 Blake Brockington, zitiert nach Snorton, *Black on Both Sides*, S. x, Herv. sh.
102 Ebd. »House Bill 2« schreibt als administrative Verordnung u. a. die Benutzung von Toiletten- und Umkleideräumen an öffentlichen Einrichtungen in North Carolina vor, wonach Personen die Räumlichkeiten nur entsprechend ihrem in der Geburtsurkunde eingetragenen Geschlecht betreten und nutzen dürfen. Die umgangssprachliche Bezeichnung *Bathroom Bill* verharmlost dabei den diskriminierenden Charakter dieser Verordnung, die offiziell als »*Privacy* and *Security* Act« firmiert und damit die Herstellung von Geschlecht in dem Moment vollzieht, wie sie es gleichzeitig als vermeintlich rein private Angelegenheit aus dem öffentlichen Diskurs ausschließt. Zudem suggeriert der Aspekt der Sicherheit ein Szenario, das all diejenigen diskriminiert und als Bedrohung inszeniert, die diesen biologistischen Voraussetzungen nicht entsprechen wollen oder können. Auf Druck eines Sportverbandes und der drohenden Absage eines Großevents in North Carolina wurden im März 2017 Teile dieser Verordnung wieder aufgehoben.

hierarchisches Zweigeschlechtersystem. Die vermeintliche Wahl, sich geschlechtlichen Normen anzupassen oder sie zu unterlaufen, ist für Schwarze trans* Personen mit einem höheren Einsatz verbunden heraus, insofern ihre Sichtbarkeit und die ihnen damit zuteilwerdende Aufmerksamkeit stets auch mit Bedrohung und Prekarisierung einhergeht. Trans* zu sein und *als* trans* sichtbar sein zu können oder zu wollen, lässt sich demnach nicht allein durch den Gegensatz von Strategien der Anpassung oder der Widerständigkeit beschreiben. Zudem machen itsGOTtobegroovys Erfahrungen auch deutlich, dass das Erfüllen von Geschlechternormen im Sinne des Passing gerade keine Garantie dafür ist, eine sichere Zukunft zu haben: Er wird diskriminiert, gerade *weil* er eindeutig als Schwarzer junger Mann erkannt wird.

Wenn ich also in den hier vorgenommenen Analysen ein queeres Potenzial medial-hormoneller Zeitlichkeiten herausstelle, kann damit weder eine geschlechtlich subversive Strategie romantisiert noch eine scheinbare Assimilation an Geschlechternormen als Vorwurf formuliert werden. Ich verstehe die queere Zeitlichkeit der trans* Vlogs vielmehr als Möglichkeit eines Werdens, dessen (un)mögliche Zukünftigkeiten zu spezifischen Vulnerabilitäten und Ungewissheiten in Beziehung stehen. Entwürfe in eine Zukünftigkeit erwachsen aus einem komplexen Verhältnis zu Bezugnahmen auf Vergangenheit. Wenn itsGOTtobegroovy beschreibt, wie sein Bart wächst, und wie er nun – zwar erwartet anders, aber unerwartet härter – rassistisch diskriminiert wird, stellt dies keinen kausalen Zusammenhang her, sondern verweist auf die komplexen Strukturen einer rassistischen Gesellschaft, in der das Auftreten als trans* Person einerseits, aber auch das Erkanntwerden als männlich und Schwarz andererseits (und/oder gleichzeitig) die Korridore möglicher Zukünfte verengen oder sogar gänzlich negieren. Insofern es in diesen Update-Vlogs somit auch um die temporär ungleiche Verteilung von Schmerz in einem nicht allein körperlichen Sinne geht, justieren sie nicht nur abstrakte Zeitlichkeiten, sondern sehr konkret auch »körperliche Mikrotemporalitäten« (the body's microtemporalities)[103] als Ausdruck der Notwendigkeit, sich stets in

---

103 Elizabeth Freeman, *Time Binds: Queer Temporalities, Queer Histories* (Durham: Duke University Press, 2010), S. 12. Freemans Bestreben, über diese Mikrotemporalitäten

Verhandlung mit auch schmerzhaften Vergangenheiten zu befinden. Zugleich zeigt sich ein Potenzial, dem Schmerz durch Unterbrechung dieser Zusammenhänge auch Widerständiges abringen zu können. Der Vlog thematisiert die schmerzhafte Erfahrung rassistischer Anfeindungen, vollzieht die Einschreibung in ein Archiv von Sichtbarkeiten, die als koloniale Machttechniken fungieren und eröffnet gleichzeitig auch die Aneignung und Umarbeitung dieser Techniken und Archive.

Das dominante Narrativ sieht für eine Geschlechtsangleichung schon vor dem Upload des ersten Videos ein verbindliches Skript vor: vom scheinbar ursprünglichen Leidensdruck zum Coming-out über psychotherapeutische Begleitung und Hormontherapie und schließlich zur Euphorie darüber, in einem passenderen Leben angekommen zu sein. Doch in Realität kennt eine Transition keinen genauen Anfang und auch ihr Ende bleibt zwangsläufig immer ein offenes. Es *kann* immer ein nächstes Update-Video geben – mitunter selbst nach sechs Jahren Inaktivität auf einem Kanal.[104] Zugleich ist die Ungewissheit darüber, *ob* es tatsächlich ein nächstes Update gibt, Bestandteil und Effekt der Rhythmen der Transition und ihrer Medien sowie deren Verschränkung mit rassifizierten Vergeschlechtlichungen. Wird eine Weile lang kein neues Video hochgeladen und hat der Vlogger eine Pause für die Online-Aktivität nicht angekündigt, entstehen auch auf Seiten der Follower_innen Ungewissheiten darüber, wie es dem Vlogger in der Zwischenzeit wohl ergangen sein mag, ob ihm etwas zugestoßen ist, ob er noch immer Testosteron nimmt oder ob er überhaupt noch, vielleicht auf einer anderen Plattform, als trans* öffentlich sichtbar ist.

Mit Rücksicht auf diese Ungewissheiten lässt sich die Praktik des trans* Vloggens sowie die Bewertung und Beschreibung von Testoste-

---

und ihre Unterbrechungen historische Zusammenhänge neu herzustellen, um die Verbindung zu Gegenwart und möglichen Zukünften damit widerständig aufladen zu können, scheint im Kontext der sehr körperlichen Zeitlichkeit einer Transition, die ebenfalls neue Verbindungen zur eigenen Vergangenheit erfordert oder ermöglicht, interessant. Allerdings wäre ihr Konzept der Chrononormativität (chrononormativity) insofern zu überdenken, als dass es zwar die normativen Narrative einer reproduktiven Zukünftigkeit aufgreift, während die individuellen Transitionen mit Testosteron in den Vlogs aber gerade als different, vielfältig und gerade nicht chrononormativ entstehen.

104 Vgl. Wish I Was Jim, *TEN YEARS ON TESTOSTERONE*, 3. Januar 2019 <https://www.youtube.com/watch?v=5ARSF7ZKAs8> [Zugriff: 30. Mai 2025]. »After 6 years away from Youtube, I'M BACK!«, schreibt Wish I Was Jim in der Beschreibung zu diesem Video, ebd.

ron und dessen Zuführung in diesem Zusammenhang medienwissen-
schaftlich differenzierter fassen. Nicht allein Medien und Geschlecht
stehen in einem wechselseitigen Verhältnis gegenseitiger Hervorbringung. Eine Analyse der reziproken und dabei aber nicht nachträglich,
sondern stets gleichzeitig verlaufenden Durchdringung ist auch unter besonderer Berücksichtigung von Race vorzunehmen. Wie ich in
diesem Kapitel verdeutlicht habe, meine ich damit keine repräsentationspolitisch argumentierte Sichtbarkeit von People of Color und
Schwarzen Vloggern auf YouTube. Vielmehr geht es um die ermöglichten wie auch verunmöglichten Zeitlichkeiten. Denn wie itsGOTtobegroovy am Ende von *Living with racism in Black FTM transition [CC]*
– und ganz im Gegensatz zu der im vorangegangenen Kapitel besprochenen optimistischen Haltung des *weißen* Vloggers gorillashrimp
– anmerkt: »I wish I could say it gets better but it doesn't«. Sein
Wunsch erinnert an das von Dan Savage 2010 angestoßene Online-
Projekt *It Gets Better*, das von Diskriminierung und/oder Suizidgedan-
ken betroffenen LGBTQI-Jugendlichen die Gewissheit einer positiven
Zukunft versprechen und darüber Mut machen möchte. Doch eine solche Gewissheit kann, wenn überhaupt, nur für *weiße* Jugendliche mit
einer gewissen Selbstverständlichkeit imaginiert werden.[105] Wo die
geschlechtliche Transition mit Testosteron und dem Vloggen auf einer
digitalen Plattform schon zu einem Wagnis mit vielen zeitlichen Unbe-
kannten wird, bricht diese Ungewissheit mit der Berücksichtigung von
Race in noch differenziertere (Un)Möglichkeiten auf.

SCHWARZE TRANS* ZUKÜNFTIGKEITEN

Hashtags wie #BlackLivesMatter oder #ThisIsWhatTransLooksLike
gehören nicht unmittelbar zur Funktionalität von YouTube. Für die
Betrachtung von Zeitlichkeit einer mit Testosteron begonnenen (rassifiziert) geschlechtlichen Transition bilden sie jedoch eine mediale wie
politische Umgebung. Die Hashtags entstehen in Beziehung zu spezifischen Historien und Genealogien. Dabei verweisen sie nicht nur auf
vergangene oder gegenwärtige Geschichte, die zumeist geprägt ist vom
Kampf gegen Gewalt, Unterdrückung, Missachtung und Diskriminie-

---

105 Vgl. Fußnote 21 auf S. 34.

rung. Als Bewegungsgeschichte verstanden schließt diese Historie in der Bezugnahme auf Vergangenheit und für die Um/Gestaltung einer Gegenwart stets auch die Frage nach der Notwendigkeit wenigstens provisorischer Zukunftsentwürfe mit ein. Dies haben schwullesbische, queere und Schwarze Bürger_innenrechtsbewegungen gemeinsam; Zukünftigkeit ist ein entscheidendes Element theoretischer Auseinandersetzungen um die Frage des eigenen Über/Lebens. Der jeweils beanspruchte oder hergestellte Zusammenhang von Vergangenheit, Gegenwart und Zukunft ist dabei weder arbiträr noch zwangsläufig kausallinear. Wie Keeling pointiert herausstellt, produziert eine post/koloniale Zeitlichkeit, folgt man Fanon, für ein Schwarzes Selbst stets einen gewaltvollen Zirkel, der seit dem transatlantischen Sklavenhandel keine Zukunft ermöglicht, die anders sein könnte als die gewaltvolle koloniale Vergangenheit:

> The temporality of the colonial world thus shackles life to the past as a way of rationalizing colonial existence. Fanon characterizes colonial temporality in terms of a >hellish cycle< or an >infernal circle< wherein the past overwhelms the present at the expense of movement toward a future that might be different from the past.[106]

Aus dieser zirkulären Zeitlichkeit gibt es aus Schwarzer Perspektive laut Fanon kein Entrinnen, denn jede Selbstkonstitution ist zwangsläufig an die Instituierung durch den *Weißen* gebunden und darüber permanent (wieder und wieder) historisch fixiert:

> As a part of this closed cycle, the Black's Black body i.e., the visible evidence of his Blackness becomes the ground for the production of what Fanon calls a >historical-racial schema< that complicates >the development of his bodily schema< in such a way that the constitution of a self proceeds via inter­action with not only other objects but also with the >thousands of details, anecdotes, stories< out of which >the Black< has been woven by the White man. The Black therefore exists as a collective subject whose governing fiction is not personal but social.[107]

---

106 Kara Keeling, »>In the Interval<: Frantz Fanon and the >Problems< of Visual Representation«, *Qui Parle*, 13.2 (2003), S. 91–117, hier S. 97. Keeling zitiert hier aus Frantz Fanon: *Black Skin, White Masks.*

107 Ebd., S. 100.

Insofern der Schwarze Körper immer schon als dem *Weiß*sein unterge-
ordnet angesehen wird, bleibt nach Fanon selbst die Auflehnung gegen
diese Gewalt Bestandteil einer solchen Projektion. Die Trope des *angry
black man* verdeutlicht dies. Schwarze Männlichkeit wird damit per
se als bedrohlich und unangemessen affektiv im Sinne von gewalttä-
tig, wütend und körperlich übergriffig figuriert, kurz, als Gegenbild zu
weißer >Zivilisiertheit<. An der Sequenz im Nachtsichtmodus von its-
GOTtobegroovys Video verdichten sich solche von Keeling mit Fanon
angeführten Anekdoten, Geschichten und visuellen Repräsentationen; der Vlogger erfährt seine Selbst- und Körperwahrnehmung als
unauflöslich mit diesen Projektionen verbunden, sodass seine Selbstkonstitution sich zwangsläufig in die (visuellen) Archive eben dieser vermeintlich bedrohlichen Schwarzen Männlichkeit einschreibt.
Gleichzeitig produziert genau diese affektiv aufgeladene Praktik der
Selbstkonstitution auch ein widerständiges Moment, worauf ich im
folgenden Kapitel genauer eingehen werde.

Anekdote und Geschichte sind euphemistische Begriffe angesichts der für itsGOTtobegroovy herablassenden und gewaltvollen
alltäglichen Konfrontationen: Autos werden verriegelt, wenn er vorübergeht, »wo ich doch so Schwarz bin, man kann nie wissen« (me
being so black and all, you never know);[108] man traut ihm nicht zu,
eine Schulausbildung abgeschlossen zu haben; fremde (*weiße*) Männer erlauben sich pubertäre Späße mit ihm, um dann mit einem »Oh,
ich mach' nur Spaß, Bruder<« (Oh, I'm just kiddin', bro)[109] den Arm
um ihn zu legen und damit auch körperliche Grenzen zu überschreiten;
ein anderer (*weißer*) Mann bremst ihn auf dem Campus absichtlich
mit dem Fahrrad aus.[110] »Das könnte einen leicht in den Wahnsinn
treiben – besonders wegen der starren Blicke« (This could easily drive
someone crazy – especially with the stares).[111] In jedem Fall machen
diese rassistischen Übergriffe, wenn nicht verrückt, so aber auf jeden
Fall wütend, wie itsGOTtobegroovy äußert:

---

108 itsGOTtobegroovy, *Week 40 on T: Racism as a Black FTM*), 0:04:57–0:04:59.
109 Ebd.
110 Diese (und weitere) Schilderungen nehmen, wie schon angemerkt, mit über vier
     Minuten, und im Vergleich zum deutlich kürzeren Bericht über die körperlichen
     Veränderungen nur zu Beginn des Videos, einen Großteil der Laufzeit ein, vgl. ebd.
111 Ebd.

The past couple of months have just – as I've been read more
and more as male [...] *I am getting really angry a lot of the time,*
over how my interactions with people are going or how I'm
treated based on my being a black man or – and being read as a
black man.[112]

Und gegen Ende des Videos erklärt er noch einmal die rassistische Strategie einer medial hergestellten sich selbsterfüllenden Prophezeiung:

I've been keeping my anger in, a lot, you know, over the past
few months, about this stuff. It is really gettin' in to my, like I
just wanna go off sometimes on people. And I don't, obviously,
cause then I'll be *that black guy on television* who are off on some
poor white person.[113]

Fanon beschreibt diesen Unterdrückungsmechanismus als »Teufelskreis« [hellish cycle][114] neo/kolonialer Zeitlichkeit. Die empfundene
Wut über die rassistischen Zuschreibungen und Übergriffe wäre, selbst
wenn sie öffentlich geäußert würde, wenn sie, in Fanons Worten, zu
einer physischen oder verbalen ›Explosion‹ führen würde, nicht in der
Lage, die ihr zugrunde liegenden Unterdrückungsmechanismen zu unterbrechen. Die temporale Schleife der permanenten Rückbindung an
die Kolonisierung ist zu stark.[115] Dem wütenden Schwarzen ist darin
eine widerständige Handlungsmacht genommen, insofern er als wütend *und* Schwarz im Stereotyp des *angry black man* stets schon medial
vorweggenommen wurde. Dieses Stereotyp ist als Effekt der Kolonisierung entworfen und als solches kolonial fixiert – in Anekdoten und
Geschichten ebenso wie in Bildern, die man von diesem Schwarzen
Typen aus dem Fernsehen, wie itsGOTtobegroovy es ausdrückt, und
seit den 2000er Jahren eben auch aus digitalen Medien kennt.

Schwarze Männlichkeit wird in den Videos von itsGOTtobegroovy ebenso durch das Testosteron und die selbstdokumentarische
Praktik hervorgebracht wie durch den Kontext dieser visuellen Archive, die Erwartungshaltungen produzieren, die itsGOTtobegroovy

---

112   Ebd., Herv. sh.
113   Ebd.
114   Frantz Fanon, *Black Skin, White Masks* (London: Pluto Press, 2008), S. 107.
115   Vgl. ebd. Die Explosion ist bei Fanon eine doppelte: Zum einen meint sie den konkre-
      ten eruptiven Ausbruch einer Wut, die aber die Trope der allein affektiv handlungsfähi-
      gen Blackness manifestiert, zum anderen steht sie für den Effekt einer Dekolonisierung,
      die unmöglich ist.

vergeblich zu brechen versucht. Auch in einem späteren Video, das er fünf Jahre nach dem ersten hier besprochenen, damit zu einem Höhepunkt der *Black Lives Matter*-Bewegung hochlädt und das den Titel *Living with racism in Black FTM transition [CC]* trägt,[116] halten diese Selbstregulierungen und -beobachtungen bei ihm an:

> I do think that black men are seen as aggressive, as predators – I think in a way that other men aren't. Blackness as a whole is stigmatized and we are all socialized into a society that stigmatizes and penalizes blackness. Another behavior change for me since beginning my transition was sort of monitoring my responses to certain things so that I'm not seen as >angry black man<.[117]

Ebenfalls ausgehend von Fanon beschreibt Judith Butler diese Zurichtung des Schwarzen männlichen Körpers als Medieneffekt weißer Überlegenheitsphantasien (white supremacy). Am Beispiel des Videos von der Polizeigewalt gegen Rodney King 1991 umreißt Butler die Wirkung eines »von Rassifizierung gesättigten Bereich der Sichtbarkeit« (racially saturated field of visibility),[118] in welchem »der Schwarze männliche Körper bereits vor der Existenz eines Videos Ort und Ursprung von Gefahr und Bedrohung ist«.[119] Indem folglich die affektive Auflehnung innerhalb dieses auch visuell rassistisch strukturierten Verhältnisses die ihr vorausgehenden Anekdoten und Narrative scheinbar lediglich bestätigt und fortsetzt, ist keine Zukunft denkbar, die die Möglichkeit bereithalten könnte, von diesem gewaltvollen Unterworfensein abzuweichen.

> A colonized and civilized society marks a condition of existence in which the Black's being is precluded by his perceptible >Blackness< because past images, stories, etc., constantly overwhelm perceptions of his present. Under these circumstances, for the Black, *the present is simply affect*; the present is a sensory perception that is *the arrested action of the past on the present.*[120]

---

116 itsGOTtobegroovy, *Living with racism in Black FTM transition [CC]*.

117 Ebd.

118 Judith Butler, »Endangered/Endangering: Schematic Racism and White Paranoia«, in *Reading Rodney King: Reading Urban Uprising*, hg. v. Robert Gooding-Williams (New York: Routledge, 1993), S. 15–22, hier S. 15.

119 Ebd., i. O.: »the black male body, prior to any video, is the site and source of danger, a threat«.

120 Keeling, »In the Interval«, S. 101, Herv. sh.

Während bei Fanon eine gegenwärtige affektive Entladung, die Explosion der Stillstellung von Schwarzer Lebensweise, einer gewaltvollen Vergangenheit nicht entkommen kann, sieht Keeling gerade in dieser Suspendierung von Aktion eine Möglichkeit, den temporalen Zirkel zu unterbrechen. Wenn die Schwarze Person schon damit rechnet, mit dem kolonialen Erbe der Repräsentation konfrontiert, d.h. in sozialen Interaktionen entsprechend beäugt, untersucht und beurteilt zu werden, entsteht ein Moment der Ungewissheit über den Ausgang dieser Begegnung: »eine Zeit, die voller Möglichkeiten und, weniger wahrnehmbar, aber nicht weniger unmittelbar, Unmöglichkeiten steckt«.[121] Für diesen Augenblick, Keeling bezeichnet ihn als ein Intervall, ist der Teufelskreis einer alles überlagernden und einnehmenden Vergangenheit suspendiert und für eine dekolonisierte Zukunft als wenigstens unmögliche Möglichkeit hin geöffnet.[122]

Diese Unterbrechung formuliert Keeling anhand einer von Fanon geschilderten Erfahrung als Filmzuschauer. Genauer gesagt, untersucht Keeling den affektiven Überschuss einer filmischen Rezeption, die eine zuvor im Kollektiv des anwesenden Publikums im Kinosaal entstandene Erwartungshaltung aufgreift. Die von Keeling vorgenommene Problematisierung der Situation im Kinosaal zielt darauf ab, »die durch Bilder sichtbar gemachten sozio-ökonomischen und raumzeitlichen Konfigurationen« nachzuvollziehen.[123] Der Affekt wird hierbei als Produkt der raumzeitlichen Anordnung einer neo/kolonialen Gegenwart beschrieben und in Auseinandersetzung mit der filmischen Repräsentation als Bestandteil einer spezifischen Zeitlichkeit erfahrbar.

Die Beobachtung eines affektiven Überschusses, den Keeling für das Kinoerleben feststellt, lässt sich sowohl in den Videos von itsGOTtobegroovy als auch in dem von gorillashrimp und denen weiterer trans* Vlogger machen. Doch muss das Verhältnis von Affekt und medialer Anordnung für die Vlogs im Vergleich zu Keelings Problematisierung der Repräsentation anders bestimmt werden. In den Vlogs

---

121 Ebd., S. 108, i. O.: »a time swimming with possibilities and, less perceptible but no-less-immediate, impossibilities«.
122 Vgl. ebd., S. 110.
123 Ebd., S. 102–03, i. O.: »the socio-economic relations and the spatio-temporal configurations made visible by images«.

dokumentiert sich kein Überschuss an Affekten, der diesen Videos vorgängig wäre. Vielmehr ist es, wie in den vorherigen Kapiteln herausgearbeitet, die Praktik der Selbstdokumentation in und mit den Vlogs, die Affekte während und mit der Transition überhaupt hervorbringt. Insofern ist Keelings Analyse zur Potenzialität des Intervalls für die trans* Vlogs dahingehend zu erweitern, dass die Möglichkeit einer alternativen Zukunft für Schwarze trans* Vlogger als Effekt eines affektiven Überschusses konstitutiv mit dem medialen Gefüge verwoben ist. Die Möglichkeit entsteht im medialen Gefüge, sie wird nicht lediglich durch dieses erkennbar. Statt die affektive Dimension einer Repräsentation sowie ihrer Rezeption als *Anlass* der Entstehung eines Intervalls zu sehen, wie Keeling es macht, fasse ich Affekte der Vlogs als *Medieneffekte* auf, die wiederum in die mediale Anordnung hinein *zurückwirken*. Sowohl Intervall als auch wechselseitige Konstitution bewirken aber, hierin liegt die Ähnlichkeit, eine zu Handlungsfähigkeit ermächtigende Zeitlichkeit.

Insbesondere die Annahme, dass, wie Keeling mit Fanon schreibt, der/die Schwarze in neo/kolonialen Gesellschaften als kollektives Subjekt existiere, eröffnet für die Untersuchung der trans* Vlogs eine gewinnbringende Perspektive. Die Feststellung eines kollektiven Subjekts wirft im Verhältnis zu einer sozial-medialen Plattform (wie z. B. YouTube) die Frage nach der Herstellung eines Kollektivs Schwarzer Vlogger und ihrer Follower_innen durch die Praktik des Vloggens auf. Mit dem Hinweis auf ein Kollektiv ziele ich nicht auf eine Ent-Individualisierung Schwarzer Subjektivierung, sondern möchte die Politisierung von Affekten und Zeitlichkeiten beschreibbar machen, die sich über die Kollektivierung von Erfahrungen in und mit den Update-Videos vollzieht.

Keeling konzipiert das Intervall als eine zeitliche Unterbrechung, innerhalb derer gewisse Erwartungen in den Vordergrund treten, deren Erfüllung jedoch vorerst aufgeschoben ist, sodass die mögliche Unmöglichkeit abweichender Eintrittsformen aufscheint. Dieses Konzept des Aufschubs und der Möglichkeit eines Ausbruchs bietet sich für eine Untersuchung der Transition mit Testosteron an, die rassifizierte Effekte explizit berücksichtigen kann. Auch in den trans* Vlogs sind alle Beteiligten, Vlogger wie Zuschauer_innen, stets mit Erwartungshaltungen konfrontiert, die sich einerseits vehement wiederholen und manifestieren wie andererseits ihr tatsächliches Eintreten unsicher und unbestimmt bleibt. Diese Ungewissheiten habe ich im ersten Kapitel als ein queeres Potenzial des Testosterons im Kontext der trans* Vlogs interpretiert und verdeutliche hier im zweiten Kapitel, dass die Berücksichtigung rassistischer Erfahrungen sowohl unterschiedliche Chancen als auch Risiken birgt.

Die zumindest temporäre Durchkreuzung heteronormativer Geschlechtervorstellungen und der mit ihnen verbundenen und durch sie stabilisierten linearen Zeitlichkeiten der (familiären) Reproduktion, der Kohärenz von Identität sowie Stabilität der Nation eröffnet ein Versprechen möglicher Zukünftigkeit, in der ungewisse Lebensweisen intelligibel und lustvoll lebbar werden könnten, die heteronormativen Stabilisierungen widersprechen. gorillashrimp freut sich über die mit dem Wirken von Testosteron in Verbindung gebrachten Veränderungen seines Körpers nicht *trotz* der Unsicherheiten dieses Prozesses, sondern der Vlog ermöglicht es ihm, Ungewissheiten zu affirmieren und damit ein lebbares Trans*sein zu erfahren, das nicht an die Einhaltung medizinischer Protokolle und die Erfüllung statistischer Normwerte gebunden ist. Mit den Videos von itsGOTtobegroovy ist deutlich geworden, dass nicht alle trans* Vlogger diesen strukturellen Optimismus teilen können, insofern die beschriebenen Zeitlichkeitseffekte von trans* Geschlechtlichkeit stets auch als Effekte rassifizierter Geschlechtlichkeit begriffen werden müssen.

Entsprechend kann für die Analyse der trans* Vlogs das Konzept des Intervalls, verstanden als Medieneffekt, als Einstieg dienen, um die rassistische Zurichtung von Zeitlichkeiten mit der ausdrücklichen Berücksichtigung von Geschlecht zu verbinden.[124] Das beschriebene queere Potenzial des Testosterons und der Vlogs begrenzt sich damit nicht auf ein Projekt *weißer* trans* Männlichkeiten. Doch die affektiven Aufladungen entfalten unterschiedliche Effekte und Bedeutungen für verschieden geschlechtlich-rassifizierte Subjektivierungen, sodass queere Politisierungen nicht pauschal als Eigenschaft der Vlogs festgehalten werden können.

---

124 Keeling selbst entwickelt bereits eine solche queere Perspektive auf rassifizierte Zeitlichkeiten für die Analyse des Films *The Aggressives*, vgl. Keeling, »Looking for M—«. Ich greife Keelings Analysen für die Untersuchung der spezifischen Zeitlichkeiten von trans* Vlogs auf YouTube auf.

itsGOTtobegroovys Videos verdeutlichen, wie Erfahrungen von Rassismus in alltäglichen Begegnungen ebenso wie in technischen Umgebungen den trans* Diskurs erweitern und die Perspektive auf Zeitlichkeiten der trans* Vlogs kaleidoskopisch vervielfachen. Die rassifizierte Segregation von Wohnraum in Nachbarschaften hängt mit diesen Zeitlichkeiten ebenso zusammen wie die rassifizierte Segregation digitaler Inhalte auf YouTube wie auch die Ambivalenz einer Sichtbarkeit auf Plattformen und in weiteren Öffentlichkeiten, die zur Hypervisibilität wird. Offen ist jedoch weiterhin die Frage, ob in diesen gesellschaftlichen und technischen Zusammenhängen, die durch Unterdrückung, Ausschluss, Verwerfung und Gewalt geprägt sind, für trans* Personen of Color oder Schwarze trans* Personen die Frage nach Zeitlichkeit überhaupt eine Perspektive auf eine mögliche Zukunft bereithalten kann.

Wenn der >angry black man< in seinem Aufbegehren gegen unterdrückende Mechanismen immer schon darin selbst mitgedacht und bereits vorweggenommen ist, sind dann nicht auch die Videos von itsGOTtobegroovy, in denen er sich wiederholt über rassistische Übergriffe ärgert und seine Wut in diesen Situationen artikuliert, in ihren Update-Rhythmen und Wiederholungen dem Teufelskreis kolonialer Zeitlichkeit unterworfen, die zudem, das sei an dieser Stelle ergänzt, immer auch eine heteronormative Zeitlichkeit bedeutet? Unterliegt seine Schwarze Männlichkeit damit restriktiveren Werdensprozessen als es zum Beispiel die jubilatorische Männlichkeit von gorillashrimp als einer *weißen* ist und erweist sich das queere Potenzial von Testosteron in den Vlogs damit als blind für diese Verschränkungen von Race und Männlichkeiten?

Ich komme noch einmal zu dem Ausschnitt des Videos *Week 40 on T: Racism as a Black FTM* von itsGOTtobegroovy zurück, den ich als Dreh- und Angelpunkt für eine Durchdringung ausgemacht habe: den Einsatz des Nachtsichtmodus und die darauf folgende Thematisierung von Rassismus, mit dem itsGOTtobegroovy anders und stärker konfrontiert ist, seit er regelmäßig als Mann erkannt wird.

Männlichkeit bedeutet für ihn persönlich nicht nur eine Errungenschaft, eine mit Freude verbundene Attribution und Identifikation, wie es sonst für viele andere – und damit meine ich die Mehrzahl *weißer* – trans* Vlogger gilt. Seine Schwarze Männlichkeit wird als

Bedrohung wahrgenommen, seinem Körper gilt die Aufmerksamkeit einer von rassistischen Vorurteilen geprägten Nachbarschaft und die Hypervisibilität seines Körpers in einem rassifizierten Feld der Sichtbarkeit geht einher mit einer hartnäckigen Zuschreibung, die sein Auftreten im öffentlichen Raum grundsätzlich als aggressiv bewertet, sobald er auf diese Verhältnisse aufmerksam macht. Seine Schwarze Männlichkeit ist dabei permanent der Gefahr ausgesetzt, lediglich über das Stereotyp des *angry black man* intelligibel zu werden. Dessen ist sich itsGOTtobegroovy bewusst, wie er in vielen seinen Videos thematisiert, und es macht ihn in der Tat wütend, immer wieder und beinahe alltäglich auf diese oder andere Weisen rassistisch angegriffen zu werden. Doch diese Wut ist nicht, wie ich zeigen möchte, allein eine Bestätigung für die bzw. Fortsetzung der von Fanon so beschriebenen kolonialen Zeitlichkeit des Teufelskreises, der keinen Ausweg aus diesen Adressierungen, Geschichten und Bildern zu erlauben scheint. Indem sich in der medialen Anordnung des trans* Vlogs ein Intervall eröffnet, kommt es zu einer Politisierung der affektiven Dimension der Wut. Wie ist diese Politisierung zu verstehen? Kann sie Bilder, Geschichten und Stereotype wie die Trope des *angry black man* erfassen? Kann deren hartnäckige Bindung an die Subjektivierung Schwarzer Männlichkeit aufgebrochen werden?

Die von itsGOTtobegroovy geschilderten rassistischen Übergriffe lassen sich mit Judith Butler als Erfahrungen verletzender Rede charakterisieren. In der Adressierung des Subjekts legen sie dieses nicht nur fest, sondern erniedrigen es zudem. In der Performativität hasserfüllter Sprechakte entstehen aber auch Widerständigkeiten, wie Butler aufzeigt:

> Doch enthält der Name auch eine andere Möglichkeit, da man durch die Benennung auch eine bestimmte Möglichkeit der gesellschaftlichen Existenz erhält und erst in ein zeitliches Leben der Sprache eingeführt wird, das die ursprünglichen Absichten, die der Namensgebung zugrunde lagen, übersteigt. Während also die verletzende Anrede ihren Adressaten scheinbar nur festschreibt und lähmt, kann sie ebenso eine unerwartete, ermächtigende Antwort hervorrufen. Denn wenn >angesprochen werden< eine Anrufung bedeutet, dann läuft die verletzende Anrede Gefahr, ein Subjekt in das Sprechen einzuführen,

das nun seinerseits die Sprache gebraucht, um der verletzen-
den Benennung entgegenzutreten.[125]

Der performative Charakter der Sprache riskiert, dass das, was als
Verwerfung geäußert wird, fehlangeeignet werden kann.[126] Ich frage
mich, ob itsGOTtobegroovy eine solche Fehlaneignung deshalb nicht
leistet, weil das rassistische Geschehen sich nicht ausschließlich auf
sprachlicher, sondern auch auf visueller und körperlicher Ebene vollzieht. Weitere Autor_innen haben Butlers Überlegungen zur Funktionsweise rassistischer Hassrede explizit auf visuelle Anrufungen übertragen und um den Aspekt der Traumatisierung ergänzt. So führt
Saidiya Hartmann anhand einer von Frederick Douglass geschilderten Szene traumatisierender visueller Zeugenschaft von Gewalt aus,
wie auch visuelle Eindrücke Subjektivierungen produzieren, die den
sprachlichen äquivalent sind:

> Douglass establishes the centrality of violence to the making
> of the slave and identifies it as an original generative act equiva-
> lent to the statement ›I was born.‹ The passage through the
> blood-stained gate is an inaugural moment in the formation of
> the enslaved. In this regard, it is a primal scene. By this I mean
> that the terrible spectacle dramatizes the origin of the subject
> and demonstrates that to be a slave is to be under the brutal
> power and authority of another [...].[127]

Diese Erfahrungen der Subjektkonstituierung durch traumatisierende
Spektakel und ihre unterschiedlich mediatisierten Erinnerungen bilden Archive kolonialer und rassistischer Gewalt gegen Schwarze. Es
sind eben diese Archive, die sich gegenwärtig fortsetzen und in die
itsGOTtobegroovys Videos intervenieren. Wenn er seinen Körper im
Bild der Kamera auf seinem Bildschirm als den Körper des rassifizierten Anderen wahrnimmt, der innerhalb eines spezifischen visuellen
Regimes als Bedrohung hergestellt wird, vollzieht sich darin eine Anrufung, die sowohl verwirft, insofern er vom Stereotyp sprachlich

---

125 Judith Butler, *Haß spricht: Zur Politik des Performativen*, übers. v. Kathrina Menke und
     Markus Krist (Berlin: Suhrkamp, 2006), S. 10.
126 Vgl. ebd., S. 70.
127 Saidiya V. Hartman, *Scenes of Subjection: Terror, Slavery, and Self-Making in Nineteenth-
     Century America* (Oxford: Oxford University Press, 1997), S. 3.

wie bildlich rassistisch adressiert wird, als auch in der spezifischen Anordnung des trans* Vlogs begehrt wird.

Ein solch paradoxes Begehren nach der Anrufung, die in spezifischer Weise Gewalt und Unterdrückung vollzieht, beschreibt Preciado als notwendige Voraussetzung einer handlungsmächtigen Selbstbestimmung als trans* Person:

> Die ontologisch-politische Dichte eines Trans- oder Migrantenkörpers ist geringer als die eines Bürgers, dessen Geschlecht und Staatsangehörigkeit von den behördlichen Konventionen ihres Nationalstaates anerkannt werden. Mit Althusser könnte man sagen, dass Trans-Menschen und Migrierte paradoxerweise darum bitten müssen, als Subjekte vom ideologischen Apparat eben jenes Staates angesprochen zu werden, der sie ausschließt. Wir bitten um Anerkennung (und damit um Unterjochung), damit wir daraufhin Handlungsmacht erlangen und anderen Formen der Subjektivierung erfinden können.[128]

Indem Preciado dabei jedoch den trans* Körper sprachlich neben dem rassistisch markierten Migrantenkörper positioniert, gerät aus dem Blick, wie sich die Rassifizierung von Geschlecht (auch) auf einen trans* Körper auswirkt. Gerade die von itsGOTtobegroovy geschilderten Erfahrungen werfen die Frage auf, worin sich der von Butler formulierte Wunsch nach Anerkennung bzw. die von Preciado artikulierte Bitte um Anerkennung durch den Staat eigentlich begründen soll? Denn für Schwarze Personen bedeutet die Anrufung durch den Staat bzw. das Reagieren auf die Anrufung, staatlicher Gewalt und nicht selten sogar tödlicher Polizeigewalt ausgesetzt zu sein.[129]

Mit dem Blick auf die Zeitlichkeiten der trans* Vlogs wird deutlich, dass es eben auch das in eine Transition eingeschrieben Versprechen, so unsicher und ungewiss seine Einlösung auch sein mag, auf die Option einer Zukünftigkeit ist, die das Begehren bedingt. Es ist ein Begehren nach Zukünftigkeit, nicht ein Begehren nach Anrufung

---

128 Paul B. Preciado, »Mein Körper existiert nicht«, in *Der documenta 14 Reader*, hg. von Quinn Latimer und Adam Szymcyk (München: Prestel, 2017), S. 117–34, hier S. 125.

129 Zu einer Kritik des rassistischen Polizierens und der Dokumentation von Racial Profiling durch antirassistische Initiativen als widerständige Methode vgl. Vanessa E. Thompson, »›There is no justice, there is just us!‹: Ansätze zu einer postkolonial-feministischen Kritik der Polizei am Beispiel von Racial Profiling«, in *Kritik der Polizei*, hg. v. Daniel Loick (Frankfurt a. M.: Campus, 2018), S. 197–219.

oder staatlicher Anerkennung. Es ist die Möglichkeit einer Zukunft, die sich in einem Wird-geworden-Sein des Subjekts manifestiert. Das Begehren danach ist ambivalent, weil es stets auch lebensbedrohliche Gewalterfahrungen bedeuten kann. Diese Ambivalenz ist verbunden mit der (Un)Sichtbarkeit, die, wie ich mit Keeling beschrieben habe, eine Teilhabe an den Auseinandersetzungen um Hegemonie ermöglicht, gleichzeitig aber unterschiedlich verteilte Risiken birgt.

Mit fortschreitendem Verlauf seiner Transition wird itsGOTtobegroovy immer öfter als männlicher Schwarzer erkannt und damit in Archive eingeschrieben, die die rassistischen Diskurse und visuellen Repräsentationen Schwarzer Männlichkeiten prägen und weiter sedimentieren. Mit seinen Update-Videos trägt er jedoch auch zur Umgestaltung dieser Archive bei, indem er diese Zuschreibungen in einer Weise aneignet, die Schwarze trans* Männlichkeit generiert, und er über den Rassismus spricht, der in diesen Prozess einfließt. Entsprechend heißt es im Titel des Videos: *als Schwarzer FtM* (as a Black FTM).[130] So fügen sich seine Videos einerseits in ein trans* Archiv ein, das sich auch durch die bisher besprochenen Videos *weißer* Vlogger und die mit diesen Vlogs verbundenen Begehren und Wünsche, Hindernisse, Zweifel und Rückschläge herstellt. Dabei erzeugt es andererseits und im Gegensatz zu den Videos von beispielsweise gorillashrimp und Jammidodger jedoch nicht vornehmlich Resonanzen mit einer trans* Community, die in ihrem *Weißsein* unmarkiert bleibt, als vielmehr mit einer Schwarzen Community. Viele der Kommentare unter diesem wie auch vielen seiner anderen Videos zeigen, wie die Äußerung und Veröffentlichung seiner eigenen Erfahrungen für andere User_innen Anlass bieten, sie ins Verhältnis zur eigenen rassistisch geprägten Lebenswirklichkeit zu setzen.[131] In den Vorder-

---

130 itsGOTtobegroovy, *Week 40 on T: Racism as a Black FTM.*

131 johnny cage schreibt: »Yeah that's what ive been going thru my whole life. I even got followed in white neighborhoods twice well visiting friends but it becomes the norm«; LordNick26: »I understand what your feelings are. trust. I gone through that too. I do believe skin color and also Class plays a big role in what you've experienced, not just with you but in life period. Not down playing what you went through or going through but this is nothing new. Just look at history. it keeps on repeating. Ugh! Keep walking tall bro!«; blckpanthurr1: »Man I hate it. I hear what you mean. I'm a senior in college, working on a thesis, with a job in a biotech company, but regardless of all that I still get profiled by the police in my predominately white town. I've gotten pulled over walking

grund treten statt der persönlichen Verletzungen durch diese Angriffe geteilte Erfahrungen, die Solidarisierungen und Kollektivität aufgrund affektiver Verbindungen ermöglichen.

Fanon schreibt 1956, dass der Schwarze Körper – für Fanon übrigens universal der männliche Schwarze Körper – in der französischen Gesellschaft seiner Gegenwart einzig durch den Affekt eines temporalen Zirkelschlusses zum Ausdruck kommt und intelligibel wird.[132] Wie bereits erwähnt, verhindert diese Reduzierung jede Form von handlungsmächtiger Veränderung der unterdrückenden Zustände, was auch Keeling betont:

> The hellish cycle wherein the past constricts the present so that the present is simply the *(re)appearance of the past, felt as affect*, restricts by anticipating in advance the range of the Black's (re)actions to his present experience.[133]

Für unsere digitale Gegenwart ergeben sich aufgrund medialer Zeitlichkeiten jedoch auch andere Effekte dieser Affizierungen: Statt in der empfundenen Wut isoliert zu sein, bietet das Video in der Reflexion der eigenen Schwarzen Männlichkeit Anknüpfungsmöglichkeiten, die medialen Bedingungen dieser Männlichkeit zu adressieren, und zwar nicht als individuelle Erfahrung, sondern als strukturelle Durchdringungen von Empfindungen, Repräsentationspolitiken und Körperlichkeiten.

In den trans* Vlogs steht die Medialität dieser Männlichkeiten in besonderer Weise im Vordergrund, wiederholen doch die Einsätze der unterschiedlichen medialen Praktiken die vielen trans* Diskursen inhärente Ambivalenz, eine geschlechtliche Wahrhaftigkeit in Anspruch nehmen zu müssen und gleichzeitig die Herstellung von Geschlecht sowohl hormonell wie performativ zu vollziehen. Nicht nur Schwarze und/oder trans* Männlichkeiten treten dabei als materiell-diskursive Effekte hervor. In diesem Zusammenhang wird auch das oftmals als mit universalem Anspruch formierte, tatsächlich aber als *weiß* und heterosexuell entworfene Konzept Männlichkeit in dieser Spezifik

---

home from the train, and a bunch of other times. It seems like it's part of the system to egg you on to MAKE the black/brown male angry and fulfill the stereotype« (ebd.).

132 Vgl. Fanon, *Black Skin, White Masks*, S. 2.

133 Keeling, »In the Interval«, S. 106, Herv. sh.

adressierbar. Die Videos der trans* Vlogger treten dabei nicht als vereinzelte Phänomene in den Blick, sondern bilden in ihrer Vielzahl ein
Teilarchiv medialer Männlichkeiten.

Genauer gesagt handelt es sich bei den trans* Vlogs um Bestandteile eines *affektiven Archivs*. Für die Videos von itsGOTtobegroovy
gilt dies nicht in erster Linie aus dem offensichtlichen Grund, dass
es um Wut geht. Vielmehr ist es die zum Teil auch gegenläufige oder
zumindest ambivalente Affizierung der eigenen Schwarzen Männlichkeit, die in ihrer Ungewissheit, Instabilität und ihrer Wahrnehmung als
Bedrohung ein affektives Archiv herstellen. Ann Cvetkovich hat dieses
Konzept für lesbische und queere Zusammenhänge entworfen: Affekte haben ihrer Auffassung nach eine immer schon auch öffentliche
Dimension und sind als solche ebenso an der Herstellung von gemeinsam genutzten Räumen und Weisen der Subjektivierung beteiligt, wie
diese nicht unabhängig voneinander betrachtet werden können.[134] Archive sind dabei nicht in erster Linie Orte der Sammlung, sondern
Praktiken der gemeinsamen Erinnerung, der Bewahrung dessen, was
in institutionalisierten Archiven aufgrund seines ephemeren Charak-
ters, seiner geringeschätzten Materialität oder seiner nicht als dokumentarisch etablierten Form nicht als bewahrenswert anerkannt wird.
Sie ermöglichen und vollziehen das Erproben eines gemeinsamen Umgangs mit kollektiven Traumata, die ebenfalls keine Anerkennung in
institutionalisierten Archivpraktiken finden (können). Das Interesse
für ein solches »Wissen von unten« (knowledge from below)[135] teilen queertheoretische Ansätze mit Critical-Race-Theorien. In beiden
Feldern geht es nicht darum, eine kohärente Gegenerzählung zu etablierten Geschichtsschreibungen zu entwerfen, sondern die Archive
und Archivierungsweisen zu verändern.

Die Anerkennung prekarisierter Wissens- und Erinnerungsfor-
men ist, wie Saidiya Hartman feststellt, nicht als Voraussetzung für die
Herstellung von radikalen Gegenentwürfen zu dominanten Erzählungen zu verstehen, sondern vielmehr als Aufruhr innerhalb bestehender

---

134 Vgl. Ann Cvetkovich, *An Archive of Feelings: Trauma, Sexuality, and Lesbian Public
     Cultures* (Durham: Duke University Press, 2003).
135 Jack Halberstam, *The Queer Art of Failure* (Durham: Duke University Press, 2011),
     S. 11.

Erzählungen und Archive.[136] Fantasievolle und exzessive Alltagspraktiken können eine solche Widerständigkeit zum Ausdruck bringen:

> *Everyday practices* rather than traditional political activity like
> the abolition movement, black conventions, the struggle for
> suffrage, electoral activities, et cetera, are the focus of my exam-
> ination because I believe that these pedestrian practices illu-
> minate inchoate and utopian expressions of freedom that are
> not and perhaps cannot be actualized elsewhere. The *desires*
> *and longings that exceed the frame of civil rights and political*
> *emancipation* find expression in quotidian acts labeled ›fan-
> ciful‹, ›exorbitant‹, and ›excessive‹ primarily because they
> express an understanding or imagination of freedom quite at
> odds with bourgeois expectations.[137]

Die Selbstdokumentation von trans* Personen auf YouTube ist eine
solche Alltagspraktik, deren Produktivität sowohl mit Blick auf einzelne Kanäle wie auch in Rücksicht auf das trans* Vlogging als popu-
läres Phänomen durchaus als exzessiv beschrieben werden kann. Die
mit den Vlogs verbundenen Begehren und Sehnsüchte, die mit Hartman als Ausdruck einer Imagination von Freiheit verstanden werden
können, sind dabei unter Umständen viel zu widersprüchlich, zu ambivalent und flüchtig, als dass sie sich wirkungsvoll in konkrete politische
Forderungen oder ein liberales Verständnis von Freiheit übersetzen ließen. Doch sind die Affekte deswegen nicht weniger bedeutsam für die
Betrachtung der Videos, ermöglichen sie gerade in dieser Ambivalenz
eine Politisierung ihres Einsatzes.

Indem itsGOTtobegroovy das Video über seine Transition mit
Testosteron auf YouTube hochlädt, es anderen User_innen dort zur
Verfügung stellt, die wiederum Kommentare hinterlassen, Erfahrungen ergänzen, Mut aussprechen oder Unterstützung und Verständnis
signalisieren können, wird die Öffentlichkeit der Affekte expliziert und
weiter politisiert. Auch die User_innen werden dabei mit ihren Profilnamen und -bildern sowie den Inhalten und Videos ihrer YouTube-
Kanäle oder Google-Konten sichtbar, werden ebenso Bestandteil dieses Archivs oder vielmehr dieser Archive von Männlichkeiten, die die
Videos ebenso bedienen, wie sie sich gegen sie stellen und eben jene

---

136 Vgl. Hartman, *Scenes of Subjection*, S. 11.
137 Ebd., S. 13.

interne Herausforderung des Archivs bewerkstelligen, die Hartman beschreibt.

itsGOTtobegroovy lädt weiterhin Videos für Updates zu seiner Transition hoch, trotz oder wegen der Rassismen, mit denen er im Alltag permanent konfrontiert ist.[138] Schon sein Verharren auf der Plattform selbst und damit in ihrer Öffentlichkeit, lässt sich als politisierte Alltagspraktik verstehen. Im Kontext der Überlegungen zu (un)möglichen Zukünftigkeiten ist dabei vor allem eine auch medial spezifische Eigenheit seiner Selbstdokumentation von besonderer Bedeutung: die Offenheit des YouTube-Kanals, die bedeutet, dass es immer ein nächstes Video geben könnte. Diese Beobachtung gilt zwar grundsätzlich für alle Kanäle in der YouTube-Architektur. Doch bei itsGOTtobegroovy wird diese Offenheit politisiert und bewirkt eine kollektive Ermöglichung des (Über-)Lebens.

itsGOTtobegroovy, und mit ihm auch die User_innen, die affirmativ affektiv an seinen Videos teilhaben, verharrt – so ließe sich mit Keeling sagen – in einem Intervall zu einem un-/möglichen nächsten Video. Dieses Intervall bedeutet, wie schon für die geschlechtliche Transition festgestellt und hier mit Blick auf die rassifizierten Implikationen dieses Prozesses spezifiziert, ein nicht zu unterschätzendes Risiko der Unsicherheit, Ungewissheit und auch Gefahr. Vielleicht wird es keine weiteren Videos von ihm geben, weil er es leid ist oder keine Kraft mehr aufbringen kann/will, über Rassismus zu sprechen; vielleicht weil er durch anhaltende Konfrontationen entmutigt worden ist, sich weiter öffentlich zu äußern, vielleicht weil er einen rassistischen und/oder transfeindlichen Übergriff nicht überlebt hat. Trotz all dieser Ungewissheiten bedeutet die Möglichkeit eines nächsten Videos zumindest einen Haarriss im Teufelskreis der neo/kolonial heteronormativen Zeitlichkeit, die an dieser Stelle brüchig wird und sich auf potenziell (un)mögliche Zukünftigkeiten als Schwarzer trans* Mann hin öffnet.

---

138 Von den Anfängen seines Kanals bis zum aktuellsten Video sind es immer wieder rassistische Übergriffe und Diskurse, die die Themen seiner Update-Videos zur Transition bestimmen: *Week 24 on T: Invisibility/Hypervisibility, Week 40 on T: Racism as a Black FTM, Living with racism in Black FTM transition [CC],* vgl. itsGOTtobegroovy, *Videos* <https://www.youtube.com/user/itsGOTtobegroovy/videos> [Zugriff: 30. Mai 2025].

3. Testosteron, Medien, Männlichkeiten

In den trans* Vlogs geht es mit dem Einsatz von Testosteron ums Überleben. Das gilt für die Videos von gorillashrimp ebenso wie für die von itsGOTtobegroovy. Das Testosteron fungiert darin als Anker- und Ausgangspunkt für das Leben als trans* Mann und die Möglichkeit, dieses Leben vorstellbar und auch lebbar zu machen. Dies zu betonen, übergeht nicht, dass auch für trans* weibliche Personen in Transition (male-to-female; MtF) der Einsatz von Hormonen mitunter (über-)lebenswichtig ist. Angesichts der massiven Gewalt gegen trans* Frauen ließe sich auch argumentieren, dass in deren Transitionen die Hormone sogar noch wichtiger seien, insofern die soziale Intelligibilität von trans* Frauen aufgrund misogyner Weiblichkeitsideale fragiler sei und somit eine andere Dringlichkeit der hormonellen Verweiblichung des Körpers entstehe, in der Hoffnung, dass mit einer weniger zweifelhaften Intelligibilität relative Sicherheit einhergehe.[1] Für trans* Frauen of Color und Schwarze trans* Frauen könne ein Drang zu eindeutiger Weiblichkeit besonders intensiv sein, da Geschlechterideale unmarkiert als *weiße* Ideale wirken.[2]

---

1 Diese ist insofern nur relativ, da Weiblichkeiten in heterosexistischen Gesellschaften strukturell Benachteiligung erfahren, vgl. Felicia Ewert, *Trans. Frau. Sein. Aspekte geschlechtlicher Marginalisierung* (Münster: edition assemblage, 2020), S. 117–22; Julia Serano, *Excluded: Making Feminist and Queer Movements More Inclusive* (Berkeley: Seal Press, 2013), S. 48–69. Beide Autorinnen betonen zurecht die signifikanten Diskriminierungsformen von Transmisogynie gegenüber einer allgemeineren Transfeindlichkeit.

2 Vgl. Kapitel 2.

Doch fügen sich die in einer weiblichen Transition zum Einsatz
kommenden Östrogene auf eine Weise in die Selbstdokumentation
der Transitions-Vlogs ein, die eine im Vergleich zu den Testosteron-
Updates andere Fokussierung der Hormone erfordert. Dies wird unter
anderem daran deutlich, dass in den Titeln der Videos von trans*
Frauen zumeist dann von HRT (*hormone replacement therapy*, dt. Hormonersatztherapie) oder Östrogenen die Rede ist, wenn die bisherige
Dauer der hormonellen Transition angeführt wird. Anders als bei
den Vlogs von trans* männlichen Vloggern, wo konkret von Testosteron und nicht von Androgenen gesprochen wird, was begrifflich das
klassifikatorische Pendant zu den Östrogenen wäre, markiert somit
nicht ein spezifischer Wirkstoff die temporale Zäsur für die Zeitlichkeit der Transition. Zudem ist in der endokrinologischen Forschung
und Praxis die sogenannte Hormonersatztherapie als Begriff für die
Behandlung von Beschwerden während der Wechseljahre und damit ausschließlich in Zusammenhang mit Weiblichkeit geprägt worden. Schon über die Art, wie über Hormonbehandlungen gesprochen
wird, findet folglich eine Vergeschlechtlichung statt. Die als solche in
den Vordergrund gestellte Hormonersatztherapie in einer trans* weiblichen Transition schreibt sich demnach unmittelbar in einen Diskurs
von cis Weiblichkeit ein. Von daher bedürfte es einer eigenen Untersuchung, diese Hormone auf ihren dokumentarischen Charakter im
Gefüge trans* Vlog zu befragen. Die Entscheidung, in der vorliegenden Arbeit allein trans* Vlogs in Zusammenhang mit Testosteron zu
untersuchen und solche Vlogs, die mit anderen Hormonen zusam-
mengehen zu vernachlässigen, beruht auf der Anerkennung dieser
Differenz der Hormone in diesem spezifischen Kontext, und zwar
ohne diese Differenz als eine antagonistische anzusehen.[3] Wenn es mit
dem Testosteron in den Vlogs explizit um eine Frage des Überlebens
geht, hebe ich auf eine spezifische Geschichtlichkeit dieses Hormons
ab, die die Frage des Lebens, der Medien und Techniken in besonderer
Weise informiert. Das impliziert nicht, dass dies für andere Hormone
nicht oder nur in geringerem Umfang gilt. Ich betone lediglich, dass

---

3   Vgl. dazu auch Heinz-Jürgen Voß, *Geschlecht: Wider die Natürlichkeit* (Stuttgart:
     Schmetterling, 2011), S. 137–39. Für eine genauere Betrachtung der Vergeschlecht-
     lichung von Hormonen in endokrinologischer Wissensproduktion, siehe das nächste
     Unterkapitel.

die anderen Hormone in diesen Gefügen gesondert untersucht werden müssten. Ihre Überlebenswichtigkeit kann jedoch in keinem Falle überschätzt werden.

Die Frage des Überlebens im Kontext von trans* Erfahrungen meint zum einen sehr konkret, nicht durch die physische oder psychische Gewalt anderer zu Tode zu kommen. Zum anderen beinhaltet sie, das eigene Leben als sinnhaft erfahren zu können, es nicht beenden zu wollen. Das setzt voraus, dass ein solches Überleben in eine Zukunft hinein – so ungewiss sie auch sein mag – überhaupt vorstellbar ist. Diese Dimension entfaltet sich in den Zeitlichkeiten der Vlogs. Für viele trans* Personen hängt eine mögliche Zukunft auch davon ab, das geschlechtliche Sein am eigenen Körper zu versichern, sodass andere dieses Geschlecht in sozialen Interaktionen tendenziell eher bestätigen denn infrage stellen.[4] Die Zuführung von Testosteron ermöglicht es, dem eigenen Körper über dessen veränderte Merkmale entsprechend näher zu kommen.

Um das Überleben geht es aber auch, wenn es mit Testosteron aufs Spiel gesetzt wird.[5] Veränderungen von Merkmalen eines Körpers,

---

[4]   Die Anerkennung des gewählten Namens sowie der Pronomen kann ebenso wichtig oder sogar wichtiger sein als körperliche Angleichungen. Die erhofften Veränderungen des Körpers, die mit der Zuführung von Testosteron einhergehen, sorgen jedoch dafür, dass diese Anerkennungen unter Umständen selbstverständlicher stattfinden und das eigene Geschlecht, die eigene Zukünftigkeit seltener in Zweifel gezogen werden. Dennoch sei noch einmal darauf hingewiesen, dass nicht alle trans* Personen dem eigenen Körper Hormone zuführen wollen oder können und dies auch, so wie trans* Geschlecht in der vorliegenden Arbeit gefasst wird, keine zwingende Voraussetzung darstellt, um als trans* anerkannt zu werden.

[5]   Damit sind an dieser Stelle keine körperlichen Verfasstheiten gemeint, in denen aufgrund von Testosteronzufuhr über einen längeren Zeitraum möglicherweise organische Beeinträchtigungen auftreten. Noch fehlen Langzeitstudien über den Einsatz von Testosteron und dessen Effekte auf die Gesundheit von trans* Personen, vgl. u. a. Giulia Gava, Ilaria Mancini, Silvia Cerpolini, Maurizio Baldassarre, Renato Seracchioli und Maria C. Meriggiola, »Testosterone Undecanoate and Testosterone Enanthate Injections Are Both Effective and Safe in Transmen over 5 years of Administration«, *Clinical Endocrinology*, 89.6 (2018), S. 878–86, die ihre Studie zur Testosteronbehandlung von trans* Männern mit 5 Jahren Laufzeit als bisher längste notieren. In verschiedenen Ländern wird in dem Zusammenhang ganz grundsätzlich um die Gestaltung einer umfassenden und anerkennenden trans* Gesundheitsversorgung (trans health care) gerungen, vgl. *Trans & Care: Trans Personen zwischen Selbstsorge, Fürsorge und Versorgung*, hg. v. Max N. Appenroth und María do Mar Castro Varela (Bielefeld: transcript, 2019); Christoph L. Hanssmann, »Care in Transit: The Political and Clinical Emergence of Trans Health« (doctoral thesis, University of California, San Francisco, 2017), escholarship <https://escholarship.org/uc/item/4j2639zb>

die kulturell als geschlechtsspezifisch verstanden werden, können dazu
führen, dass die erhoffte unzweifelhafte Erkennbarkeit des eigenen Geschlechts gerade nicht oder nicht zuverlässig gelingt. Dies geschieht
eben dann, wenn nur einige dieser körperlichen Merkmale sich verändern, andere wiederum nicht, sodass das Geschlecht vermeintlich
uneindeutig wird.[6] Damit ist innerhalb eines Zweigeschlechtermodells entweder die Intelligibilität des Körpers nicht mehr gegeben
oder das Modell selbst stößt an seine Grenzen und wird darüber
zweifelhaft. Einer derart vermeintlichen Inkongruenz von Geschlecht
begegnen viele cis Menschen noch immer irritiert oder ablehnend.
Auf diese Weise als trans* sichtbar zu werden, bedeutet daher in einem cis sexistischen Alltag nicht selten, mit verbalen wie physischen
Angriffen konfrontiert zu sein und damit das eigene Überleben als
gefährdet zu erfahren. Testosteron hängt mit dem Überleben zusammen, insofern seine Effekte auch eine solche Gefährdung bedeuten
können. Nicht nur dort, wo geschlechtliche Körper innerhalb eines
binären Geschlechtersystems unintelligibel werden, wird die fehlende
Eindeutigkeit zum Anlass für Gewalt genommen. Umgekehrt ist in
itsGOTtobegroovys Update-Video deutlich geworden, dass auch das
mit den Effekten von Testosteron gelungene, im Sinne von öfter ohne
Zweifel als Mann erkannt werden, ein Risiko bedeuten kann, insofern
Schwarze Männlichkeiten in rassistischen Gesellschaften potenziell
immer der Gewalt durch andere ausgesetzt sind.[7]

[Zugriff: 30. Mai 2025]. Eine gewisse Skepsis gegenüber neoliberalem Differenzma-
nagement und biopolitischer Zurichtung durch Gesundheitsdiskurse fordern Currah/
Stryker: »Health should not become a euphemism for the production of gender normativity through the extension of regulatory apparatuses; it must also encompass new
potentials for *unexpected becomings*, and it must accommodate the manifestation of
unforeseen, emergent potentials of bodily being« (Paisley Currah und Susan Stryker,
»Introduction«, *TSQ: Transgender Studies Quarterly*, 5.1 (2018), S. 1–8, hier S. 7,
Herv. sh).

6   Auch an dieser Stelle sei noch einmal daran erinnert: Die Testosteronbehandlung wird
     längst nicht immer mit der Erwartung oder dem Ziel einer eindeutigen körperlichen
     Vermännlichung – was auch immer das alles beinhalten sollte – verbunden. Es kann
     sich ebenso passend anfühlen, dass der Körper gerade nicht einem binärgeschlechtli-
     chen System entspricht oder zu entsprechen scheint.

7   Auch Jules Gill-Peterson betont in ihrer Analyse von ›Testosteron als Technologie‹
     die Bedeutung des Moleküls für Geschlecht und *Race*: »from the very beginning of
     endocrinology as a medical technology the body and its technical capacities have
     bound sex and gender to race through hormones« (Jules Gill-Peterson, »The Tech-

Hiermit ist schon angedeutet, dass das Testosteron die Erwartung, Geschlecht zu stabilisieren, zu versichern und somit entlang einer stringenten, auch körperlichen Zeitlichkeit auszurichten, nicht pauschal gerecht wird und gerade in rassifizierten Kontexten äußerst ambivalent ist. Dennoch wird Testosteron immer noch und in gegenwärtigen medialen Phänomenen sogar wieder verstärkt aufgerufen, um Männlichkeiten zu bestätigen. So sind auf YouTube ebenfalls Videos zu finden, die der sogenannten Manosphere zugeordnet werden können und deren Verursacher auf eine unter anderem hormonell begründete Hegemonie (*weißer*) Männlichkeit beharren. Die Manosphere umfasst dabei einen in erster Linie auf Verweisen und Verlinkungen basierenden, losen Zusammenschluss von Foren und Boards, auf denen mit antifeministischer, rassistischer und teils antisemitischer Haltung *weiße* Männlichkeit als bedroht und unterdrückt inszeniert wird, da ihr unter anderem auf unterschiedliche Weise die vermeintlich basale Substanz – Testosteron – entweder vorenthalten oder entzogen würde. So führe etwa der Genuss von Soja(produkten) zu einer hormonellen Feminisierung und die entsprechend selbstverschuldet oder unwissentlich zu >*soy boys*< gewordenen Männer trügen mit Schuld an der vom Feminismus vorangetriebenen gesellschaftlichen Benachteiligung von (*weißen*) Männern.

Diese Ideologien bleiben nicht unwidersprochen. Populäre Vlogger_innen machen sich die Mühe, die ihnen zugrunde liegenden Männlichkeitskonzepte wiederum in eigenen Videos zu demontieren.[8] Einige der Manosphere-Videos bauen auf Testosteron als einer

---

nical Capacities of the Body: Assembling Race, Technology, and Transgender«, *TSQ: Transgender Studies Quarterly*, 1.3 (2014), S. 402–18, hier S. 403).

8   Dem Vlogger hbomberguy gelingt es, diese Behauptungen besonders weitreichend zu widerlegen, vgl. hbomberguy, *SOY BOYS: A MEASURED RESPONSE*, 2. Februar 2018 <https://www.youtube.com/watch?v=C8dfiDeJeDU> [Zugriff: 30. Mai 2025]. Während die vermeintliche Bedrohung oder Benachteiligung *weißer* Männlichkeit ein gemeinsamer Nenner zeitgenössischer digitaler Phänomene von rechten und faschistischen Männlichkeiten ist, sind die ideologischen Grundierungen und die daraus abgeleiteten Männlichkeitskonzepte durchaus divers und in ihrer Verschränkung mit den medialen Bedingungen von Chans, Memes, Posts und Livestreams zu komplex, um an dieser Stelle hinreichend durchdrungen werden zu können. Zum Einstieg vgl. Simon Strick, *Rechte Gefühle: Affekte und Strategien des digitalen Faschismus* (Bielefeld: transcript, 2021). Ein besonderes Beispiel ist auch das Phänomen des Incels als ein Schauplatz, auf dem eine spezifische Männlichkeit sich gerade nicht als dem eigenen Anspruch nach hegemonial durchzusetzen vermag, vgl. Veronika Kracher, *Incels:*

Versicherung von Männlichkeit, die die Funktion habe, eine heteronormative Geschlechterordnung zu legitimieren. Genau diese wiederum ist Voraussetzung für die reproduktive Zukünftigkeit, die sich in diese Videos einschreibt und Politiken reaktiviert, die eine biopolitische Reproduktion der Nation oder eines Volkes propagieren.[9]

Es gibt folglich in unterschiedlichsten zeitgenössischen Diskursen verschiedene Inanspruchnahmen von Testosteron für ein Verständnis oder auch eine Erklärung von Geschlecht und insbesondere Männlichkeit. Zugleich definiert Testosteron in manchen Diskursen auch Weiblichkeit, insofern ein vermeintliches Zuviel dieses Stoffs in einem Körper die ihm zugeschriebene Weiblichkeit infrage stellt. Besonders deutlich wird dies in der gegenwärtig nicht mehr nur sportgerichtlich, sondern auch menschenrechtlich geführten Debatte um den Ausschluss der Leichtathletin Caster Semenya von spezifischen läuferischen Wettbewerben.[10] Hier weise ich lediglich auf die unterschiedlichen Inanspruchnahmen in verschiedenen Diskurse hin, leiste aber keine Analyse im engeren Sinn, sondern verstehe die die Diskurse selbst als ein Symptom der Unsicherheit bezüglich kausaler Zusammenhänge von Testosteron und Männlichkeiten. Allein die Tatsache, dass Testosteron und seine Funktionen wie Effekte (wieder) zu einem so stark bespielten Schauplatz für Auseinandersetzungen um Männlichkeiten werden, verweist auf die Fragilität dieser scheinbar selbstverständlichen Verbindung von Hormon und Geschlecht.[11]

Geschichte, Sprache und Ideologie eines Online-Kults (Mainz: Ventil, 2020). Eine trans*-feministische Analyse dieses Phänomens leistet die Vloggerin Natalie Wynn, vgl. ContraPoints, *Incels | ContraPoints*, 17.08.2018 <https://www.youtube.com/watch?v=fD2briZ6fB0> [Zugriff: 30. Mai 2025]. Eine umfassendere Analyse von Männlichkeiten in digitalen Umgebungen erfolgt im Unterkapitel »Mediale Männlichkeiten«.

9   Die zweckmäßige Anwendung von Hormonwissen in nationalen oder rassistischen Interessen ist nicht neu. Für eine ausführliche Besprechung politischer Interessen an Wirkstoff- und damit auch Hormonforschung insbesondere im Nationalsozialismus, vgl. Heiko Stoff, *Wirkstoffe: Eine Wissenschaftsgeschichte der Hormone, Vitamine und Enzyme, 1920–1970* (Stuttgart: Steiner, 2012), S. 64–82.

10   Siehe ausführlich dazu Fußnote 24 auf S. 126.

11   Vor diesem Hintergrund wäre es auch interessant, sich die buchstäblich geformten Körper des Bodybuildings mit Steroiden anzuschauen und die Engführung von Hormonen und Männlichkeit zu befragen. Auch dieses Interesse an ertüchtigenden Transformation von Körpern wird gegenwärtig in YouTube-Videos dokumentiert. Nicht überraschend sind dabei Überschneidungsbereiche zwischen diesen Körper- sowie Geschlechterverständnissen und denen der Manosphere festzustellen, vgl. hbomberguy.

Es zeigt sich gerade dort, wo Testosteron immer wieder als naturalisierte Begründung für die Eindeutigkeit einer ›biologischen‹ Männlichkeit herangezogen wird, dass es eben dieser permanenten Wiederholung bedarf, um eine Naturalisierung zu erzeugen. Butlers Theorie der Performativität von Geschlecht klingt hier an, dergemäß der Zwang zur Wiederholung von Gesten – sowie das Scheitern daran, die Wiederholungen perfekt auszuführen – erst dafür sorgt, dass Geschlecht als vermeintlich natürliche Kategorie entsteht, die über eine originäre, d.h. eindeutig männliche oder eindeutig weibliche Form verfügt und an deren Erfüllung alle Menschen gemessen werden.[12] Die Notwendigkeit der performativen Wiederholung verunsichere jedoch nicht nur Geschlecht, sondern vielmehr erweise sich das zugrundeliegende Konzept von Original und Kopie als obsolet. Butler betont, dieses sei schon in seiner Grundannahme »radikal instabil, da jede Position in die andere übergeht, was die Möglichkeit einer stabilen Bestimmung der zeitlichen oder logischen Priorität einer der beiden Positionen vereitelt«.[13] In die permanente Wiederholung der Versicherung von Männlichkeit über einen kausalen Zusammenhang mit Testosteron schreibt sich somit stets die Nachträglichkeit des erst in der Kopie und wiederum selbst als Kopie entworfenen Originals ein. In einem anhaltenden Zirkelschluss wird Testosteron zur Voraussetzung für Männlichkeit und Männlichkeit wiederum zur Voraussetzung und Legitimation von Testosteron, sodass weder zeitliche noch kausale Stringenzen herzustellen sind. Vielmehr werde der grundlegend vorausgesetzte Zusammenhang zwischen diesem Hormon und einer spezifischen Vergeschlechtlichung zweifelhaft. Testosteron bedeutet folglich keine Versicherung, sondern vielmehr eine Herausforderung von Männlichkeiten.

Um diese Herausforderung beschreiben zu können, die somit auch und in besonderer Weise in den trans* Vlogs als eine zeitliche erfahrbar wird, schlage ich vor, Testosteron als Medium zu begrei-

---

12 Vgl. Judith Butler, *Das Unbehagen der Geschlechter*, übers. v. Kathrina Menke (Frankfurt a. M.: Suhrkamp, 1991).

13 Judith Butler, »Imitation and Gender Insubordination«, in *inside/out: Lesbian Theories, Gay Theories*, hg. v. Diana Fuss (New York: Routledge, 1991), S. 13–31, hier S. 22, i. O.: »radically unstable as each position inverts into the other and confounds the possibility of any stable way to locate the temporal or logical priority of either of them«.

fen. Dieser Vorschlag begründet sich in zwei unterschiedlichen, aber miteinander verbundenen Aspekten. Zum einen erlaubt diese Herangehensweise, die Spezifität der Verschränkung von Testosteron und Videoblog, von Hormon und sozial-medialer Plattform als zeitliche zu beschreiben. Dafür eigne ich mir einen Medienbegriff an, der der Prozessualität von Medien Rechnung trägt und anerkennt, dass diese nicht als singuläre Entitäten erfasst und ontologisch bestimmt werden können, sondern über sich in stets komplexen medialen Gefügen herausbildenden Praktiken erst hervorgebracht werden.[14] In diesem Sinne haben Medien, und somit das Testosteron, auch eine spezifische Geschichtlichkeit, die es zu berücksichtigen gilt. Darüber hinaus unterscheidet sich das Testosteron der trans* Vlogs vom Testosteron der gedruckten trans* Autobiografie, auch wenn womöglich in beiden Kontexten ähnliche Kräfteverhältnisse auf seine Vergeschlechtlichung einwirken.

Zum anderen entstehen mediale Praktiken nicht unabhängig von den Materialitäten der jeweiligen Medien. Indem Testosteron als Medium beschrieben wird, rückt die *Materialität* des Testosterons in den Blick und damit zwangsläufig auch die *Materialität* der trans* Körper, an und in denen das Hormon angebracht wird. Die Frage des Überlebens, die in den trans* Vlogs mit dem Testosteron verbunden ist, stellt sich mithin nicht als eine rein diskursive oder sprachliche. Wo schon der Zwang zur Wiederholung der vergeschlechtlichten und vergeschlechtlichenden *Geste* – wenn auch implizit, so doch notwendigerweise – auf den Einsatz eines materiellen Körpers verweist, wird der Aspekt der Materialität über die Betrachtung von Testosteron als Medium explizit. Nur wenn sowohl die Prozessualität und Historizität von Testosteron als auch seine Materialität berücksichtigt werden, kann seine Bedeutung in den trans* Vlogs, insbesondere im Hinblick auf eine (un)mögliche Zukunft der Vlogger, beschrieben werden. Und nur so wird deutlich, dass das Überleben durch Testosteron keinesfalls garantiert ist, sondern das Hormon (auch) zum Risiko werden kann – ein Einsatz jedenfalls, der nicht leichtfertig ist.

---

14   Vgl. u. a. *Gender & Medien Reader*, hg. v. Kathrin Peters und Andrea Seier (Zürich: Diaphanes, 2016).

Bisherige Untersuchungen zu trans* Vlogs haben Testosteron als Mittel, als eindeutigen Vermittler von Männlichkeit und von als männlich konnotierten körperlichen Eigenschaften innerhalb geschlechtlicher Transitionen positioniert. Derart als Mittel zum Zweck, mithin teleologisch verstanden, lässt sich das Risiko seines Einsatzes lediglich als ein Nicht-Eintritt seiner Effekte ermessen. Hingegen hebe ich hervor, dass es statt um ein gänzliches Versagen vielmehr um die Ungewissheit über das Ausmaß und die Intensität der Effekte geht, die das Testosteron in den trans* Vlogs umgibt und Herausforderungen sowohl an Männlichkeiten als auch ans Überlebens stellt.

Testosteron ausdrücklich als Medium zu beschreiben ermöglicht in diesem Fall, das Verhältnis von Männlichkeit und Hormon anders zu bestimmen: Testosteron wird der Gleichbedeutung mit spezifischen Männlichkeiten enthoben und der Automatismus einer solchen Gleichsetzung (Synonymisierung) kann als solcher in den Blick genommen werden. Ganz aufgehoben werden kann und soll diese Verbindung offenkundig nicht, denn auch in dieser Betrachtungsweise werden Testosteron und Männlichkeit zueinander in ein Verhältnis gesetzt. Allerdings wird dabei die Qualität dieses Verhältnisses befragt: Was bedeutet es, wenn Testosteron keine biochemische und historisch stabile Essenz von Männlichkeit, sondern eine konstitutiv temporale Verbindung ist, die ich als eine andauernde Sedimentierung beschreibe?[15] Während dieser Sedimentierung lagern sich sowohl Männlichkeiten per (digitaler) Bilder, Wünsche, Begehren, Vorstellungen und Körperlichkeiten in diesem Hormon ein und manifestieren sich, wie auch umgekehrt diese Männlichkeiten wiederum aus Projektionen vom Testosteron ausgehend gespeist werden. Diese Materialitäten, Projektionen, Praktiken und Begehren sammeln sich an,

---

15   Elizabeth Freeman hebt Judith Butlers Performativität von Geschlecht als ein Konzept hervor, »dem wir die Erkenntnis verdanken, dass vermeintlich natürliche Zuschreibungen von Männlichkeit und Weiblichkeit das Ergebnis von Wiederholungen sind, die sich im Laufe der Zeit *sedimentieren*«, i. O.: »to which we owe the understanding that supposedly natural attributions of masculinity and femininity are the result of repetitions *sedimenting* over time«, vgl. Elizabeth Freeman, »Introduction to special issue: Queer Temporalities«, *GLQ: A Journal of Lesbian and Gay Studies*, 13.2–3 (2007), S. 159–76, hier S. 161, Herv. sh. Auch Andrea Seier beschreibt den Performativitätsbegriff in den Gender Studies und die Herstellung geschlechtlicher Identität als Effekt von »sedimentierenden Wiederholungen«, vgl. Andrea Seier, *Remediatisierung: Die performative Konstitution von Gender und Medien* (Berlin: Lit Verlag, 2007), S. 12.

verlangsamen, verdichten und stabilisieren sich über gewisse zeitliche
Dauern.

Die Sedimentierung im Kontext der trans* Vlogs verursacht explizit keine historisch eindeutige Konservierung von Zeit.[16] Stattdessen
verweist der Begriff auf Zeit als Materialisierungsprozess, deren Bewegungen in ihrer Informiertheit durch Praktiken und Begehren nicht
ahistorisch sind, deren Situierungen sich jedoch auch nicht zwangsläufig raumzeitlich fixieren lassen. Sedimentierung erkennt an, dass Materialisierungen mit Stabilisierungen einhergehen. Gleichzeitig hält
diese Vokabel der Prozessualität das Sediment, die Verfestigung stets
in Aufschub und somit die Partikel und Begehren immer auch noch in
der Schwebe. Die Stabilisierung ist lediglich relativ.

Eine solche relative Stabilisierung äußert sich beim Testosteron
in den trans* Vlogs und deren Verbindung mit Männlichkeiten, der
Materialität dieses Gefüges und den Vlogger-Körpern. Männlichkeiten werden darin einerseits selbstverständlich erlebt, gleichzeitig aber
auch verunsichert und herausgefordert. Geschlecht, und das heißt in
diesem Zusammenhang eben insbesondere auch der vergeschlechtlichte Körper, ist in dieses Spannungsverhältnis eingelassen. Und diese
Kräfteverhältnisse haben wiederum eine eigene Geschichtlichkeit, die
es für die Betrachtung ihrer Effekte zu berücksichtigen gilt. Darauf
weist auch Judith Butler hin, wenn they in *Körper von Gewicht* die
körperliche Materialität in einer solchen Dynamik von hartnäckigem
Fortbestand und umarbeitender Befragung situiert:

> Es muß möglich sein, ein ganzes Arsenal von ›Materialitä-
> ten‹ zuzulassen und zu bejahen, die dem Körper zukommen
> – das Arsenal, das mit den Bereichen der Biologie, Anatomie,
> Physiologie, hormonaler und chemischer Zusammensetzun-
> gen, Krankheit, Alter, Gewicht, Stoffwechsel, Leben und Tod
> bezeichnet ist. Nichts davon kann geleugnet werden. Aber

---

16 ›Sedimentierung‹ unterscheidet sich in seinen Effekten grundlegend vom geologi-
    schen Sediment. Letzteres akkumuliert zu Gesteinen, anhand deren Schichten unter
    anderem das geologische Erdzeitalter rekonstruiert wird. Im geologischen Sediment
    versammeln sich Partikel, vor allem aber manifestiert sich darin Zeit als physikalische
    Größe. Der Begriff der Sediment*ation* beschreibt diesen Vorgang der geologischen
    oder biologischen Ablagerungen, die schließlich das Sediment hervorbringen. Das
    geologische Sediment ist folglich ein kausales Phänomen, geformt von Ablagerungen
    und Abtragungen und folgt in diesem Wechsel eben einer linearen Zeitlichkeit.

> die Unleugbarkeit dieser >Materialitäten< besagt keineswegs,
> was es bedeutet, sie zu bejahen, ja, welche interpretativen
> Matrizen diese notwendige Bejahung bedingen, ermöglichen
> und beschränken. Daß jede dieser Kategorien eine Geschichte
> hat und Geschichtlichkeit besitzt, daß jede einzelne von ih-
> nen durch die sie unterscheidenden Grenzlinien konstituiert
> wird und von dem konstituiert wird, was sie ausschließt, daß
> Diskursverhältnisse und Machtbeziehungen Hierarchien und
> Überschneidungen unter den Kategorien herstellen und jene
> Grenzen herausfordern, das alles impliziert, daß es sich um
> *sowohl* beharrende *als auch* umstrittene Gebiete handelt.[17]

Mit dem Begriff der Sedimentierung kann eine solche Bejahung der
Materialitäten unter Betonung ihrer spezifischen Geschichtlichkeiten
für das Testosteron in den trans* Vlogs gedacht werden. Damit lässt
sich in der Untersuchung des Zusammenhangs von Testosteron und
Männlichkeiten sowohl erkennen, dass es sich bei den als ahistorisch
naturalisierten Annahmen in diesem Zusammenhang um Ablagerungen handelt, als auch betonen, dass selbige prozessual statt statisch
zu verstehen sind und sich in spezifischen Umgebungen auf je unterschiedliche Weisen herausbilden. Mir geht es entsprechend darum, die
in ihnen wirksamen »interpretativen Matrizen«[18] berücksichtigen zu
können.

Für die Entstehung der Hormone und das Wissen um sie sind
als entsprechende Umgebungen und Matrizen unter anderem die La-
bore, Kliniken und Industrien zu nennen, die als Orte wiederum
von pharmazeutischen Interessen und ökonomischen Überlegungen
durchdrungen und entlang auch geschlechtlich konnotierter Arbeits-
teilung organisiert sind.[19] Darüber hinaus ist die Sedimentierung als
Prozess mit einer gewissen Dauer verbunden, wobei ein mögliches

---

17 Judith Butler, *Körper von Gewicht: Die diskursiven Grenzen des Geschlechts*, übers. v. Karin Wördemann, 2. Aufl. (Frankfurt a. M.: Suhrkamp 1997), S. 102., Herv. i. O.

18 Ebd.

19 Geschlechtliche Hierarchien lassen sich auch an Publikations- und Forschungsprozes- sen erkennen: Dorothy Price entwickelt gemeinsam mit ihrem Kollegen Carl Moore das Modell eines negativen Feedbacks für die Steuerung endokriner Hormonproduk- tionen, das als Meilenstein endokrinologischer Forschung gilt und (in Erweiterung) maßgeblich die Entwicklung von hormonellen Verhütungsmitteln beeinflusst hat. Ihr Name wird jedoch sowohl im darüber zuerst veröffentlichten Artikel wie auch der Benennung dieses Modells stets nachrangig oder gar nicht genannt, so fehlt er z. B. überraschenderweise auch in Diana Long Hall, »Biology, Sex Hormones and Sexism in the 1920s«, *Philosophical Forum*, 5.1–2 (1973/74), S. 81–96, hier S. 89.

Ende stets als nur vorläufig oder spekulativ beschrieben werden muss. Können sich einerseits weitere Teilchen absetzen und dem Sediment hinzufügen, ist es andererseits ebenso möglich, dass Ablagerungen wieder aufgewirbelt werden, beispielsweise dort, wo, um Halberstams Begriff aufzugreifen, weibliche Maskulinitäten (*female masculinities*) denk- und lebbar werden, die für sich in Anspruch nehmen, dass »Maskulinität sich nicht auf den männlichen Körper und dessen Effekte reduzieren lassen kann, darf oder sollte«.[20] Es lassen sich mit der Sedimentierung folglich verschiedene zeitliche Dimensionen von stabilisierenden Ablagerungen, ihr Andauern wie auch ihre Unterbrechungen oder Dynamiken in den Blick nehmen und mit den jeweiligen Einlagerungen, d.h. Wünschen, Erwartungshaltungen oder Ideen in Beziehung setzen. Solche affektiven Aufladungen und Einlagerungen erfuhr das Testosteron bereits, als es wissenschaftlich noch nicht einmal als solches hervorgebracht war.

Noch bevor sich die Endokrinologie als wissenschaftliches Feld zu Beginn des 20. Jahrhunderts institutionalisiert, dokumentieren die Schriften zu Experimenten mit den sogenannten inneren Sekretionen aus den Gonaden von Tieren spezifische Erwartungen der Forscher_innen, mit der Injektion dieser Sekretionen als männlich oder weiblich konnotierte Eigenschaften und Fähigkeiten hervorrufen oder verstärken zu können.[21] Während der Effekt dieser Zuschreibungen eine Stasis von Geschlecht suggeriert – Männlichkeit heiße Potenz, Kraft, Jugendlichkeit und lasse sich in spezifischen Wirkstoffen organisch lokalisieren und anschließend übertragen –, beschreibt der Vorgang der Sedimentierung hingegen eine prozessuale Dynamik. Indem also auf die Prozessualität dieses Zusammenhangs von Testosteron und Geschlecht abgehoben wird, können die Umgebungen in den

---

20   Jack Halberstam, *Female Masculinity* (Durham: Duke University Press, 1998), S. 1, i. O.: »masculinity must not and cannot and should not reduce down to the male body and its effects«. Das angespannte Verhältnis von weiblichen Männlichkeiten zu trans* Männlichkeiten bei gleichzeitig oft unscharfen Rändern dieser Positionierungen wird im Unterkapitel »Mediale Männlichkeiten« vertieft. In Berücksichtigung von »Butch/FtM Grenzkonflikten« (Butch/FTM Border Wars), wie Halberstam im Anschluss an Jacob Hale schreibt, wird der Frage nachgegangen, wo und wie Männlichkeiten und Maskulinitäten synonym agieren oder zwar zusammenhängende, dabei jedoch unterschiedliche Dimensionen von Geschlecht bezeichnen.

21   Vgl. Anne Fausto-Sterling, *Sexing the Body: Gender Politics and the Construction of Sexuality* (New York: Basic Books, 2000), S. 158.

Blick gelangen, in denen diese Prozesse sich vollziehen respektive in denen sie hervorgebracht werden.[22] Die trans* Vlogs sind eine von vielen möglichen Verdichtungen dieser Relationalität von Hormon und Geschlecht, deren Umgebung mit YouTube mithin eine digital-mediale ist. Indem ich Testosteron als Teil eines digital-medialen Gefüges beschreibe, rücken gegenwärtige Männlichkeiten als Effekte auch von Begehren und Wünschen in den Blick, die mit spezifischen Körperlichkeiten wie unbestimmten Zeitlichkeiten innerhalb dieser Gefüge in Verbindung stehen.[23]

Diese Herangehensweise wirft jedoch weitere Fragen zur Relationalität des Hormons auf: Nicht nur gilt es zu untersuchen, wie Testosteron sich zu Männlichkeiten verhält, auch ist der Einsatz von Testosteron als dokumentarische Praktik hierbei auf seine mediale Dimension hin zu betrachten. Die Beschreibung von Testosteron als Medium schließt an eine lang etablierte und scheinbar selbsterklärende Verwendung hormoneller Metaphoriken in medienwissenschaftlichen und die Medienwissenschaft prägenden Analysen an. In der Endokrinologie wiederum kommen umgekehrt mediale Metaphern zum Einsatz, um physiologische Prozesse zu veranschaulichen. Nimmt man diese beide Verweisrichtungen gemeinsam in den Blick, ergibt sich ein Zirkelschluss der gegenseitigen Plausibilisierung: Das Wissen um Hormone und das Wissen um Medien stellt sich in gegenseitiger Bezugnahme aufeinander her, wobei jeweils Selbstverständlichkeiten erzeugt werden. Zugleich lässt sich in ihrer Reziprozität auch ein Ansatzpunkt finden, diese Gewissheiten infrage zu stellen.

Entsprechend geht mein Vorschlag für die Analyse über eine allein metaphorische Verbindung von Medium und Hormon hinaus. Insofern sowohl der Bereich des Medialen wie gleichzeitig und in einer

---

22   Auf die Notwendigkeit eines auf Prozessualität erweiterten Medienbegriffs unter digitalen Bedingungen und in Berücksichtigung des Zusammenhangs von Medien und Geschlecht verweisen unter anderem Kathrin Peters und Andrea Seier: »An den Auseinandersetzungen mit Digitalität lässt sich gut nachvollziehen, wie einerseits eine gewisse Ernüchterung in Anbetracht der Möglichkeiten des Neuen einsetzte und andererseits der Medienbegriff zunehmend auf Prozesse, Infrastrukturen und komplexe Gefüge erweitert werden muss« (*Gender & Medien*, hg. v. Peters und Seier, S. 16).

23   Ebenfalls interessant, aber eine gänzlich andere Arbeit wäre es, diese Affekte und Effekte in Bezug auf die Männlichkeiten in den bereits erwähnten Videos, Posts und Memes der Manosphere zu untersuchen.

Gegenbewegung die Gegenstände des Endokrinologischen als epis-
temologisch gesichert vorausgesetzt werden, damit Erkenntnisse der
jeweils anderen Disziplin veranschaulicht oder belegt werden können,
ergibt sich in unbeabsichtigter Konsequenz eine gegenseitige Befragung statt Bestätigung. Aus dieser These ergeben sich folgende Fragen
zu einer medialen Beschaffenheit von Testosteron: Wenn sowohl das
Wissen um Medien als auch das um Hormone auf eine solch relatio-
nale Versicherung bauen, werden nicht jeweils die Eigenschaften und
Effekte sowohl von Medien als auch Hormonen als letztlich ungewiss,
zumindest aber veränderlich erkennbar? Wie lassen sich die Prozessua-
litäten dieser Gefüge beschreiben, wenn deren Verschränkungen über
rein metaphorische hinausgehen? Unterlaufen die dynamischen Verbindungen von Medien und Hormonen nicht ebenfalls Transitionen
und deren ungewisse, jedenfalls komplexe und vielschichtige Zeitlichkeiten? Und welche Effekte wiederum haben diese Zeitlichkeiten auf
die Herstellung von Männlichkeiten in diesen Gefügen von Testosteron und digital-medialer Umgebung?

Für die Beantwortung der aufgeworfenen Fragen aus einer queertheoretisch informierten medienwissenschaftlichen Position kann ich
auf explizit geschlechtertheoretische Untersuchungen zur Wissensproduktion über Hormone aufbauen, wie sie unter anderem von Nelly
Oudshoorn und Anne Fausto-Sterling geleistet wurden.[24] Dabei ist
für meine Analysen jedoch insbesondere die Verzahnung von Medien
und Geschlecht von Interesse, die ich zudem auf ihre Affekte und
Begehren hin untersuchen kann. Die Frage nach dem Verhältnis von
Medien, Männlichkeiten *und* zudem auch Testosteron erweitert somit

---

24   Für frühere Untersuchungen der Wissensproduktion von Hormonen, jedoch nicht mit
      explizitem Fokus auf Testosteron, siehe Nelly Oudshoorn und Anne Fausto-Sterling,
      die dies mit explizit geschlechtertheoretischem Ansatz durchführen, vgl. Nelly Oud-
      shoorn, *Beyond the Natural Body: An Archeology of Sex Hormones* (London: Routledge,
      1994); Fausto-Sterling, *Sexing the Body*; oder auch Chandak Sengoopta, *The Most
      Secret Quintessence of Life: Sex, Glands, and Hormones, 1850–1950* (Chicago: Univer-
      sity of Chicago Press, 2006). Ebenfalls in diesem Zusammenhang sehr aufschlussreich
      sind die diskursanalytischen Arbeiten von Lea Haller zur Geschichte des Hormons
      Cortison sowie Christina Ratmokos Monografie über die industrielle Herstellung
      von ›Sexualhormonen‹, vgl. Lea Haller, *Cortison: Geschichte eines Hormons, 1900–
      1955* (Zürich: Chronos, 2012); Christina Ratmoko, *Damit die Chemie stimmt: Die
      Anfänge der industriellen Herstellung von weiblichen und männlichen Sexualhormonen
      1914–1938* (Zürich: Chronos, 2010).

die in den Gender Media Studies untersuchten Zusammenhänge von Medien und Geschlecht, um die Bedingungen und Effekte der trans* Vlogs und insbesondere ihre spezifischen digital-medialen Zeitlichkeiten beschreibbar machen zu können. Indem Testosteron *als* Medium in einem medialen Gefüge betrachtet wird, können aufschlussreiche Erkenntnisse über die mit dieser Substanz verbundenen Praktiken und ihre Effekte in der Herstellung gegenwärtiger Männlichkeiten gewonnen werden.

ENDOKRINOLOGIE UND TRANS* GESCHLECHTLICHKEIT

> It's finally T-Day! Aaaah! So, I've chosen an outfit that I wanna wear today, that makes me feel confident, like myself [...] I am excited now. I woke up kind of nervous actually, ehm... So I started watching some videos, from Benton's videos and Dave's videos and it made me feel a lot better. And then I downloaded a song from Dave's one-year-video [...] It's really good and it makes me happy. [...] Big day, woohoo.[25]

Das dritte Video auf gorillashrimps YouTube-Kanal ist *T-Day! March 21, 2014*.[26] Es handelt sich dabei offenbar um einen Zusammenschnitt von Aufzeichnungen dieses Märztages, der für gorillashrimp ein sehr besonderer ist, vom morgendlichen Aufstehen über den Besuch in einer medizinischen Praxis bis zur anschließenden Autofahrt und einem Drink in einer Bar zur Feier des Tages. An diesem 21. März bekommt er seine erste Injektion mit Testosteron. Es ist sein T-Day, den er in Anlehnung an einen B-Day, kurz für *birthday*, als einen weiteren Geburtstag feiert. Seine große (Vor-)Freude und nervöse Aufregung über dieses Ereignis äußert er verbal und sie wird auch körperlich erkennbar: Mehrmals flattert die Atmung während er spricht, seine Stimme kippt,

---

25 gorillashrimp, *T-Day! March 21, 2014*, 13. August 2014 <https://www.youtube.com/watch?v=2xvlSUtFuh4> [Zugriff: 30. Mai 2025], 00:00–00:10; 00:30–00:58; 01:12–01:15.

26 Die Zählung bezieht sich auf die vermeintliche Chronologie einer geschlechtlichen Transition, wie sie sich in der Betitelung dieses und der weiteren Videos niederschlägt, die mit *T-Day Tomorrow!, 3 Weeks on T Updates, 2 Months on Testosterone, 3 Months on Testosterone*, etc. benannt und teilweise mit fortlaufenden Daten versehen sind. Auf YouTube (wieder?) hochgeladen wurde das T-Day-Video jedoch ohne Angabe von Gründen erst im August 2014 und damit als siebtes Video, nach *4 Months on Testosterone*, vgl. gorillashrimp, *Videos*, 17. Mai 2018 <https://www.youtube.com/user/gorillashrimp/videos> [Zugriff: 30. Mai 2025].

er pustet konzentriert Luft aus, um sich zu beruhigen. Das Testosteron, auf dessen erste Verabreichung er sich so immens freut, zeitigt damit schon Effekte auf den Organismus, bevor es biochemisch dort wirken kann. Es erfüllt in diesem Moment schon die Erwartungen an Hormone, die in ihre Bezeichnung etymologisch eingelassen sind.

>Hormon< leitet sich vom griechischen ὁρμάω ab, was sich mit anregen oder antreiben übersetzen lässt – oder im Englischen eben mit »excite or arouse«.[27] An- bzw. aufgeregt ist gorillashrimp ganz offenkundig. Ernest Starling führt 1905 den Begriff des Hormons ein, um damit die Wirkung und Funktionsweise der sogenannten inneren Sekretionen eines Organismus erfassen zu können, wie sie bereits in den Jahrzehnten zuvor ausgiebig untersucht wurden:

> These *chemical messengers*, however, or >hormones< (from ὁρμάω, I excite or arouse), as we might call them, have to be carried from the organ where they are produced to the organ which they affect by means of the blood stream and the *continually* recurring physiological needs of the organism must determine their *repeated* production and circulation through the body.[28]

Starling prägt den Begriff Hormon und trägt mit seinen Experimenten und Veröffentlichungen dazu bei, dass sich zu Beginn des 20. Jahrhunderts die Endokrinologie, die Wissenschaft der inneren Sekretionen eines Organismus, als wissenschaftliches Feld zwischen verschiedenen Disziplinen wie Biologie, Physiologie, Biochemie und Medizin etabliert.

Trans* Personen sind auch gegenwärtig auf dieses endokrinologische Wissen angewiesen, sofern sie die geschlechtliche Transition mittels hormoneller Präparate beeinflussen und dafür medizinische Begleitung in Anspruch nehmen möchten oder müssen.[29] So wird

---

27 Ernest H. Starling, »The Croonian Lectures on the Chemical Correlation of the Functions of the Body«, *The Lancet*, 166.4275 (1905), S. 339–41, hier S. 339.

28 Ebd., Herv. sh.

29 Die Hormonbehandlung ist keine notwendige Bedingung einer trans* Geschlechtlichkeit und selbst für diejenigen, die eine Veränderung des Körpers mit entsprechenden Präparaten wünschen, muss der Zugang nicht zwangsläufig über eine endokrinologische Praxis mit ihren medizinischen Protokollen führen. Die Inanspruchnahme kassenärztlicher Leistungen sieht diese Zugangsbeschränkung, beispielsweise in Deutschland, jedoch vor.

auch gorillashrimp das Präparat vor seinem T-Day verschrieben und an diesem entsprechenden Tag in einer ärztlichen Praxis verabreicht bekommen haben. Er scheint sich für die Injektion dieser ersten Dosis jedenfalls, so zeigt es das Video, in einem öffentlichen medizinischen Raum aufzuhalten, in welchem entweder das Filmen nicht geduldet ist oder er den Grund für die Aufnahme nicht erklären möchte. Statt seiner Begeisterung auch akustisch über Lautstärke und Ausrufe Ausdruck zu verleihen, wie er es in der Anfangssequenz des Videos tut, die er zu Hause aufnimmt, flüstert er nun, während er auf einer Liege liegt und offenbar darauf wartet, behandelt zu werden:

> So, we're in the room. And I am pretty sure my heart's gonna burst out of my chest – I am so excited. Shh, there's people outside. I am excited. My blood pressure was high, though. That's kind of funny. Or bad? I don't know. Nervous? Excited? Makes sense.[30]

Es folgt ein Schnitt und zu sehen ist gorillashrimp, wie er ein kleines, braunes Fläschchen in der Hand hält und sich selbst leise »Happy Birthday to me« wünscht.[31] Überraschenderweise erfährt dieser so lang ersehnte, umfassend ausgemalte und freudig antizipierte Moment keine entsprechende Aufmerksamkeit und Dauer im Video. Die Sequenz, in der man ihn mit dem Präparat in der Hand vor einer sterilen Wand sitzen sieht, ist nur knappe zwei Sekunden lang. Auch hier flüstert er wieder und statt in die Kamera oder auf das Präparat zu schauen, geht sein Blick hektisch zur Seite, als müsse er aufpassen, nicht erwischt zu werden. Wieder ein Schnitt und gorillashrimp sitzt am Steuer eines Autos und berichtet davon, wie unfassbar glücklich er jetzt nach dieser ersten Dosis Testosteron ist.

An dieser unerwartet kurzen Sequenz des Glückwunsches an sich selbst lassen sich mehrere Überkreuzungen zum Verhältnis von Testosteron, Endokrinologie und geschlechtlicher Transition im Vlog herausstellen. Zum einen vollzieht die Szene eine Art indexikalische Beglaubigung: Sofern die körperlichen Effekte des Testosterons sicherlich nicht unmittelbar nach dieser ersten Verabreichung erkennbar sind, dient die Selbstdokumentation mit dem Präparat in den eigenen Händen

---

30 gorillashrimp, *T-Day! March 21, 2014*, 01:34–01:55.

31 Ebd.

als Beweis, dass gorillashrimp ganz konkret Zugang zum Testosteron erhalten hat. Er hat Testosteron bekommen und die Tatsache, dass es dem Körper noch nicht injiziert wurde, scheint beinahe nebensächlich und nur noch Formsache. Die Szene erfüllt in der narrativen Kohärenz des Videos die Funktion, den Umschlagpunkt zwischen vorfreudiger Aufregung angesichts der unmittelbar bevorstehenden Injektion und der nach diesem Ereignis anhaltenden Euphorie zu markieren, wobei das eigentliche Ereignis, die Injektion des Testosterons, nicht im Video zu sehen ist.

Im Video wird damit das Testosteronpräparat selbst zum medialen Ereignis. Es zählt nicht die körperliche Verabreichung, sondern der physische Zugang, es buchstäblich in der Hand haben zu können in Form einer öligen Lösung, ausgegeben in einem unscheinbaren, kleinen, braunen Fläschchen mit einem Etikett zum Namen des Produkts, der herstellenden Firma und den üblichen Angaben zu Chargen-Nummern und weiteren Hinweisen versehen. Diese Form der visuellen Beglaubigung darüber, Testosteron *bekommen* zu haben, ist so immens wichtig, dass die gerade einmal knapp zwei Sekunden dauernde Sequenz in das Video integriert ist, selbst wenn der Videoausschnitt in der dokumentierten Hektik und Kürze fast untergeht und somit der Bedeutung des Moments nicht angemessen erscheint.

Darüber hinaus lassen sich diese beiden kurzen Sequenzen, gorillashrimp auf der Liege wartend sowie mit dem Präparat in der Hand sitzend, als Anhaltspunkte für den endokrinologischen Diskurs um trans* und dessen Ambivalenz in Anschlag bringen: Einerseits haben mittlerweile endokrinologische Einrichtungen in Deutschland etwas routiniertere Erfahrungen im Kontakt mit und der Beratung von trans* Personen. In den USA gibt es sogenannte *gender clinics*, die schwerpunktmäßig trans* oder geschlechtsnonkonforme Menschen behandeln und beraten. Für dortiges Personal wird ein Vlogger, der seine erste Injektion auf Video aufzeichnen will, möglicherweise als lästige und zu unterbindende Unterbrechung eines eng getakteten Praxisalltags empfunden. Das könnte ein Grund dafür sein, dass gorillashrimp seine Aufzeichnung heimlich erstellt. In dieser Antizipation zeichnet sich, wenn nicht eine Gleichgültigkeit, so zumindest eine unaufgeregte Alltäglichkeit ab, in der trans* Personen als Klient_innen keine besondere Aufmerksamkeit zuteilwird.

Gleichzeitig suggeriert die Heimlichkeit von gorillashrimp, sein Flüstern und seine Vorsicht, beim Filmen nicht erwischt oder gestört zu werden, wiederum eine Art Zwielichtigkeit, als wäre das, was gerade getan wird oder unmittelbar bevorsteht, eine sanktionierte Handlung. Als sei das Filmen und/oder die Injektion ein Vergehen. Als handelte es sich beim Testosteronpräparat um eine Substanz, deren Besitz und/oder Konsum illegalisiert ist. In gewisser Weise legt der pharmazeutische Diskurs diese Interpretation nahe, denn das endokrinologische Wissen wird – in Bezug auf die Wirkung und den Einsatz der sogenannten Geschlechtshormone – eingesetzt, um die Vergeschlechtlichung von Körpern entsprechend eines binären Modells (wieder-)herzustellen und darin zu stabilisieren. Diese Logik gilt auch und insbesondere in der endokrinologischen Begleitung von trans* Personen. In vielen Ländern, so auch in Deutschland, können ihnen die jeweiligen Präparate nur verschrieben werden, sofern sie vorher von den beteiligten Institutionen als dem >einen< oder >anderen< Geschlecht zugehörig anerkannt werden, um daraufhin entsprechend einer Abweichung von als geschlechtlich normiert bestimmten Hormonspiegeln im Blut behandelt werden zu können.

Noch einmal sei an dieser Stelle auf Paul B. Preciados Lektüre eines Beipackzettels für Testogel® verwiesen, einem in Europa gängigen Präparat im Rahmen von geschlechtlichen Transitionen: »Dieses Medikament wird empfohlen bei Beschwerden, die durch einen Mangel an Testosteron verursacht werden. [...] Vorsicht: TESTOGEL sollte nicht von Frauen eingenommen werden.«[32] Auch für Preciado machen sich damit die vergeschlechtlichenden Effekte des Hormons bereits *vor* der eigentlichen Zuführung in den eigenen Körper bemerkbar:

> Synthetisches Testosteron ist nur zu erhalten, wenn man aufhört, sich als Frau zu definieren. Bevor die Wirkungen des Testosterons sich in meinem Körper bemerkbar machen, liegt die Bedingung der Möglichkeit, das Molekül anwenden zu können, darin, auf meine feminine Identität zu verzichten. Was für eine großartige politische Tautologie. Wie die Depression oder die

---

32   Paul B. Preciado, *Testo Junkie: Sex, Drogen und Biopolitik in der Ära der Pharmapornographie*, übers. v. Stephan Geene (Berlin: b_books, 2022), S. 60–61. Für eine ausführliche Analyse von Preciados Theoretisierung von Testosteron als einer Substanz mit semiotisch-materiellen Effekten vgl. Kapitel 1.

Schizophrenie sind auch Männlichkeit und Weiblichkeit medizinische Fiktionen, die retroaktiv definiert [sic] werden und
das in Bezug auf die Moleküle, mit denen man sie behandelt.[33]

Als pharmakopornografisch bezeichnet Preciado dabei »die Prozesse,
mit denen sexuelle Subjektivitäten regiert werden und [bezieht
sich] damit auf ihre molekularen (pharma-) und semiotechnischen
(porno-) Modalitäten«.[34] Ein trans* Mann kann innerhalb eines
solchen Sexualitäts- und Geschlechterregimes nur Testosteron
verschrieben bekommen, weil sein Körper im medizinischen Diskurs
als ein männlicher hergestellt wird, der offenbar ›zu wenig‹ eigenes
Testosteron produziert, sein hormoneller Zustand folglich als Mangel
pathologisiert werden kann.[35] Besteht Unsicherheit über eine solche
geschlechtlich eindeutige Zugehörigkeit oder ist eine Einordnung
in einem binärgeschlechtlichen Modell schlicht nicht möglich, kann
dies dazu führen, dass die Indikation, d.h. die Verschreibung von
Hormonen, verweigert wird. Vor diesem Hintergrund ist auch
denkbar, dass gorillashrimp seine Nervosität vor dem medizinischen
Personal verheimlicht und nur dem Video für seinen Vlog anvertraut,
um nicht das Risiko einzugehen, im letzten Moment Zweifel an
seinem Wunsch nach einer Verabreichung und damit an seiner

---

33   Ebd., S. 62–63.
34   Ebd., S. 35–36. »Diese jüngsten Transformationen setzen verschiedene mikroprothe-
      tische Einrichtungen, mit denen Subjektivität durch biomolekulare und technisch-
      mediale Protokolle kontrolliert wird, miteinander in Beziehung. Unsere globale
      Ökonomie ist von der Produktion und der Zirkulation riesiger Mengen syntheti-
      scher Steroide abhängig, von technisch transformierten Organen, *Flüssigkeiten*, Zellen
      (techno-Blut, techno-Sperma, techno-Ovarien, etc.), von der globalen Verbreitung
      pornographischer *Bilder*, der Entwicklung und Verbreitung neuer legaler und illegaler
      synthetischer psychotroper Substanzen (Lexomil, Special K, Viagra, Speed, Ecstasy,
      Poppers, Heroin, Omeprazol...), von Zeichenströmen und *digitalen Informationskreis-
      läufen*, der totalen Ausweitung diffuser urbaner planetarischer Architektur, in denen
      die Ghettos der Megacities an Knotenpunkte hochkonzentrierten Sex-Kapitals gren-
      zen« (Preciado, *Testo Junkie*, S. 35, Herv. sh). Der von Preciado betonte Aspekt
      der Kontrolle von Subjektivität wäre angesichts der ebenfalls produzierten Über-
      schüsse in diesen Zusammenhängen wie auch konkret in den trans* Vlogs allerdings
      zu relativieren.
35   In Umgehung der endokrinologisch-therapeutischen Institutionen und ihrer patho-
      logisierenden Zugangsbeschränkung lässt sich Testosteron in Form entsprechender
      Präparate auch anders bekommen, wenn es zum Beispiel freundschaftlich geteilt und
      die Behandlung darüber auch zu einer ebenso widerständigen wie solidarischen Praxis
      wird, vgl. ebd., S. 55; Jayrôme C. Robinet, *Mein Weg von einer weißen Frau zu einem
      jungen Mann mit Migrationshintergrund* (München: Hanser, 2019), S. 33.

geschlechtlichen Identität als Mann auszulösen und das Testosteron möglicherweise verweigert zu bekommen.[36] Wie sich bereits gezeigt hat, ist eine Besonderheit der Transition in und mit den Vlogs, dass dort entsprechende Sorgen, Wünsche oder auch Hoffnungen geäußert werden können, ohne Gefahr zu laufen, das eigene geschlechtliche Sein daraufhin aberkannt zu bekommen. Die Vlogs selbst vollziehen die Transition in der affektiven Dimension mit.

Während endokrinologische Befunde und deren Überführung in Rezepte folglich stets eine Vergewisserung von stabiler Zweigeschlechtlichkeit sowohl ausweisen wie auch vornehmen, ist für die hier vorgenommene Betrachtung von Testosteron, Medialität und Männlichkeit interessant, wie sich die alltägliche endokrinologische Praxis in dieser Hinsicht zur Wissensproduktion in der Forschung verhält. Denn das Feld, das sich zu Beginn des 20. Jahrhunderts als Endokrinologie formiert, produziert zwar seit gut 100 Jahren Wissen über die Zusammenhänge von Hormonen und Geschlecht, doch ist dieses Wissen alles andere als selbstverständlich oder selbstvergewissernd. In feministischer Naturwissenschaftskritik ist dies schon oftmals angemerkt worden. So stellt beispielsweise die Biologin und Technikwissenschaftlerin Nelly Oudshoorn ihren Erkenntnissen zur Naturalisierung von Körpern durch die Vergeschlechtlichung von Hormonen die Feststellung voran: »[I]n the 1920s and 1930s [...] scientists became confused by their own assumptions about sex and the body.«[37]

Bereits in den 1930er Jahren werden Forscher_innen in dem Gebiet aufgrund zahlreicher Experimente mit den inneren Sekretionen darauf aufmerksam, dass sich die Differenzierung von exklusiv zwei Geschlechtern nur aufrechterhalten lässt, sofern man ein ganzes Kontinuum von hormonellen Beschaffenheiten ignoriert oder selbige zugunsten zweigeschlechtlicher Idealtypen lediglich als zu behandelnde Probleme pathologisiert. So fasst der Historiker Chandak Sengoopta die bereits in der Mitte des 19. Jahrhunderts gewonnenen Erkennt-

---

36   Unabhängig davon, ob solch ein Szenario realistisch ist oder nicht, ist eine entsprechende Nervosität nachvollziehbar, wenn man die starke Abhängigkeit bedenkt, die seitens der trans* Personen von medizinischen Gatekeeper_innen und ihren Entscheidungen besteht.

37   Oudshoorn, Beyond the Natural Body, S. 1; vgl. a. Fausto-Sterling, Sexing the Body.

nisse zur hormonellen Veränderbarkeit und unter Umständen auch
Uneindeutigkeit binärer Geschlechter folgendermaßen zusammen:

> Glandular theories of sex, for all their uncertainties and for
> all the disagreements over mechanisms, transformed mascu-
> linity and femininity from immutable, inborn qualities into
> morphological and psychological attributes that were *variable
> in nature and malleable in practice.* [...] males could be femin-
> ized and females virilized by glandular manipulations, which,
> certainly, was a claim subversive of traditional social certainties.
> Subversion, however, was only part of the story.[38]

Diesen Erkenntnissen hormoneller Forschung, der Schlussfolgerung,
es bestünden geschlechtliche Kontinuitäten sowie der daraus entstehenden Verunsicherung einer dichotomen Geschlechterordnung und
all der konnotierten Eigenschaften widmet Nelly Oudshoorn eine gesamte Monografie: Wenngleich zwar eine grundsätzliche Veränderbarkeit von geschlechtlichen Körpern als Ergebnis diverser Experimente
festgehalten und um 1900 herum auch intensiv dazu geforscht wurde,
führte dies nicht zur Infragestellung der zweigeschlechtlich naturalisierten Ordnung. Im Gegenteil wurden die Forschungen und Experimente dahingehend vorangetrieben, mit diesem Wissen eben jene
zwei Geschlechter durch Behandlungen mit inneren Sekretionen stabilisieren und binärgeschlechtlich konnotierte körperliche (Alterungs-)
Phänomene (Hitzewallungen, Libidoverlust, Haarausfall, etc.) damit
verhindern oder abmildern zu können. Die von der damaligen Forschung zu den inneren Sekretionen entworfene ›Utopie‹ war dementsprechend die Vervollkommnung menschlichen Lebens in anhaltender Jugendlichkeit und Potenz, und zwar entlang einer hierarchisch
organisierten stabilen Geschlechterordnung, die reproduktive Sexualität und lineare Zukünftigkeit sicherstellen sollte.[39]

   Gründe dafür, dass sich geschlechterpolitisch konservative Forschungsinteressen in diesem Bereich gegenüber anderen durchsetzen
können, liegen wohl auch in damaligen politischen Entwicklungen.

---

38 Sengoopta, *The Most Secret Quintessence of Life*, S. 113, Herv. sh. Bemerkenswer-
    terweise ordnet auch Sengoopta diese Ergebnisse lediglich als herausfordernd für
    soziale Gewissheiten, nicht jedoch für *biologische* ein, die sich über diese Formulierung
    wiederum stabilisiert finden.
39 Vgl. ebd., 109ff.

Ebenso wie die Sexualwissenschaft um Magnus Hirschfeld in Berlin aufgrund politischer Verfolgung im Nationalsozialismus verunmöglicht wird, werden auch in der deutschen und österreichischen Hormonforschung vormals einschlägige Forschungseinrichtungen geschlossen, Archive werden vernichtet oder gehen verloren und jüdische Wissenschaftler_innen werden zur Emigration gezwungen.[40] Die sich durchsetzenden, in Bezug auf Geschlechterstereotype stark konservativen und binären Bestrebungen der Endokrinologie können dabei unter anderem auch als reaktionäre Antwort auf die sexualwissenschaftlich und geschlechtertheoretisch emanzipativen Bestrebungen des frühen 20. Jahrhunderts verstanden werden, wie sie unter anderem am Institut für Sexualwissenschaft zur Anerkennung von Homosexuellen und geschlechternonkonformen Personen bis dahin betrieben wurden.[41] Entgegen einer Anerkennung sexueller und geschlechtlicher Zwischenstufen sollten Hormonbehandlungen demnach nicht nur die vergeschlechtlichten Körper, sondern auch deren Begehren normieren, d.h. heterosexualisieren können.[42]

Die skeptische Haltung von trans* Aktivismus und Teilen der Trans Studies gegenüber Hormonforschung und -einsatz begründet

---

40   Zwei Jahre nach Plünderung des Instituts für Sexualwissenschaft im Mai 1933 und der Verbrennung auch seiner Bücher stirbt Magnus Hirschfeld 1935 im Exil, ohne die Forschung dort substanziell fortgesetzt haben zu können, vgl. Manfred Herzer, *Magnus Hirschfeld und seine Zeit* (München: De Gruyter Oldenbourg, 2017). Ebenso emigrierten Forscher_innen, deren Überlegungen zu chromosomalem und hormonellem Geschlecht Hirschfelds Zwischenstufentheorie ähnlich sind; vgl. Voß, *Geschlecht*, S. 142–45.; allgemeiner zu einem vorübergehenden Ende der Forschung in Deutschland zu biochemischen Wirkstoffsystemen und ihren komplexen Wechselbeziehungen während dieser Zeit vgl. Stoff, *Wirkstoffe*, S. 72–73. Zur sich entwickelnden Endokrinologie zu Beginn des 20. Jahrhunderts in Wien und für eine kritische Auseinandersetzung mit den kolonialen Verstrickungen der deutschsprachigen Sexualwissenschaft vgl. Jonah I. Garde, *Trans* Geschichten der Moderne: »Geschlechtsumwandlung« im 20. Jahrhundert und ihre kolonialen Geister* (Bielefeld: transcript, im Erscheinen). Zur ambivalenten Bezugnahme von trans* Aktivismus und Trans Studies auf nicht nur deutschsprachige Sexualwissenschaft mit den ihr zugrundeliegenden Pathologisierungen und ihrem rassistischen und kolonialen Erbe vgl. ebd., S. 38–46; Persson Perry Baumgartinger, *Trans Studies: Historische, begriffliche und aktivistische Aspekte* (Wien: Zaglossus, 2017), S. 90–99; vgl. dazu auch Voß, *Geschlecht*, S. 144–45.

41   Jonah I. Garde verweist auf eine zu Beginn des 20. Jahrhunderts grundlegendere kulturelle Krise in Bezug auf eine traditionelle Geschlechterordnung und verortet auch Eugen Steinach und seine Hormonforschung als ambivalent in Bezug auf eine mögliche Destabilisierung von Geschlecht, vgl. Garde, *Trans* Geschichten der Moderne*, S. 121–39.

42   Vgl. Sengoopta, *The Most Secret Quintessence of Life*, S. 113.

sich nicht allein in den Implikationen dieser Forschung während der
Herausbildung der Endokrinologie.[43] Während des 2. Weltkrieges
wurde bis 1945 mit hormonellen Untersuchungen verstärkt »Kriegs-
forschung«[44] betrieben, die auf die Steigerung (männlicher) Ge-
fechtstauglichkeit und Leistungsfähigkeit abzielte. In den Nachkriegs-
jahren setzte sich ein geschlechtskonservativer und pathologisierender
Einsatz der sogenannten Sexualhormone fort.[45] In den USA riefen
Psychoanalytiker_innen und Psychoendokrinolog_innen Forschungs-
zentren wie das Gender Identity Research Project an der University
of California und die Gender Identity Clinic an der Johns Hopkins
Medical School ins Leben.[46] Unter der Prämisse, biologisches und
soziales Geschlecht präzise getrennt voneinander betrachten und entsprechend beeinflussen zu können, wurden dort vor allem interge-
schlechtliche und trans* Personen ›behandelt‹. Die Verschreibung
von Hormonen diente in diesen Studien einer Stabilisierung des bei
der Geburt zugeschriebenen biologischen Geschlechts, um eine Kongruenz zum sozialen herzustellen. Dies schreibt das binäre Geschlechtersystem ebenso fest wie es auch die entsprechende Dichotomie von
Natur/Kultur unangetastet lässt.[47]

---

43   Kadji Amin entwirft diesbezüglich eine ›verstörende Genealogie‹ von Hormonthe-
      rapien und geschlechtsangleichenden Maßnahmen, insofern diese zu Beginn des 20.
      Jahrhunderts maßgeblich auch von eugenischen Diskursen hervorgebracht und ge-
      prägt waren, vgl. Kadji Amin, »Glands, Eugenics, and Rejuvenation in Man into
      Woman: A Biopolitical Genealogy of Transsexuality«, TSQ: Transgender Studies Quar-
      terly, 5.4 (2018), S. 589–605.

44   Haller, Cortison, S. 152.

45   Stoff stellt für den deutschsprachigen Raum und insbesondere in Deutschland perso-
      nelle und institutionelle Kontinuitäten in der deutschen Wirkstoffforschung nach 1945
      heraus, vgl. Stoff, Wirkstoffe, S. 82–94; 245; 280.

46   Vgl. Jules Gill-Peterson, Histories of the Transgender Child (Minneapolis: University
      of Minnesota Press, 2018), S. 132ff; Donna J. Haraway, »›Gender‹ for a Marxist
      Dictionary: The Sexual Politics of a Word«, in Haraway, Simians, Cyborgs, and Women:
      The Reinvention of Nature (London: Free Association Books, 1991), S. 127–48, hier
      S. 133.

47   Eine weitere politische Dichotomie kam in dieser Zeit zum Tragen: Die US-Ameri-
      kanerin Christine Jorgensen gelangte 1952 zu Prominenz, nachdem sie in Dänemark
      geschlechtsangleichende Maßnahmen hat durchführen lassen. Jorgensen wurde in der
      breiten, medialen Berichterstattung vor allem deshalb respektabel behandelt, weil sie
      mit ihrem chirurgisch und hormonell modifizierten Körper den – in Zeiten des Kalten
      Krieges besonders bedeutsamen – medizinisch-wissenschaftlichen Fortschritt ›westli-
      cher‹ Mediziner_innen repräsentierte. Zudem erfüllte sie in ihrem Auftreten als Frau
      eine stereotype Weiblichkeit. Für eine Analyse der Notwendigkeit, diese stereotypen

Das Versprechen der Endokrinologie, über die kontrollierte Gabe von Hormonen gezielt auf körperliche Prozesse, Entwicklungen und Effekte einzuwirken, findet Resonanzen in der ebenfalls in den 1950er Jahren populär werdenden Kybernetik. Informationstheoretisch geprägt tritt sie an, sämtliche Fragen technischer wie organischer Natur auf Basis von Wahrscheinlichkeiten beantworten zu können. Dafür setzt sie voraus, dass alle Phänomene, seien sie organisch oder maschinell, wie autopoietische Systeme funktionieren, also im Regelfall selbstregulierend einen Gleichgewichtszustand anstreben. Auch die Hormonproduktion eines Organismus scheint, so beschreibt es die Endokrinologie, nach einem homöostatischen Prinzip relativer Stabilität zu funktionieren, das durch organische Messung eines Ist-Zustands über systeminterne (Selbst-)Regulierung einen Soll-Zustand bewirke. Therapeutische Eingriffe begründen sich folglich darin, eine vermeintlich nicht oder nicht richtig funktionierende Regulierung korrigieren zu müssen – und zu können. An den trans* Vlogs ist bereits deutlich geworden, dass sich diese Annahme in einer solchen Form nicht halten lässt. Das Ideal der gezielten Formung und Beeinflussung geht an den Realitäten im Umgang mit Hormonen vorbei, die als Prozesse des Lebendigen einen Überschuss produzieren, der sich als informationstheoretische Selbstregulierung nicht erfassen lässt. Ich werde im weiteren Verlauf darauf zurückkommen.

Neben den Bestrebungen, vermeintliche Normen von hormonellen Zuständen über hormonelle Therapien herzustellen, ist weiterhin bemerkenswert, dass seit nun gut hundert Jahren nicht nur die *Verwendung* von Hormonen auf Zweigeschlechtlichkeit abzielt. Wie Christina Ratmoko hervorhebt, sind »Sexualhormone [...] wohl die einzigen chemischen Verbindungen, die sowohl in wissenschaftlichen als auch in populären Diskursen als ›weiblich‹ oder ›männlich‹ bezeichnet werden.«[48] Und dies, obwohl die damit beschriebenen Wirkstoffe in allen menschlichen Organismen lebensnotwendig sind, unabhängig von dem ihnen jeweils zugeschriebenen Geschlecht. Aus die-

---

Erwartungshaltungen an eine unkommentiert als *weiß* imaginierte Weiblichkeit zu erfüllen, an der trans* Subjektivitäten auch heute noch entsprechend geschlechtlicher wie auch rassifizierter Ideale gemessen werden, vgl. Kapitel 2.

48   Ratmoko, *Damit die Chemie stimmt*, S. 13.

sem Grund schlägt Anne Fausto-Sterling stattdessen den Oberbegriff Wachstumshormon vor.[49]

Vielfach ist bereits von Seiten feministischer Wissenschaftskritik in die endokrinologische Geschlechterstereotypie, die sich bis auf die Ebene der wissenschaftlichen Herstellung der Substanzen einschreibt, interveniert worden.[50] Zu einer grundlegenden Verschiebung medizinischer und/oder populärer Darstellungen hat dies jedoch (bisher) nicht geführt. Noch immer gelten »Geschlechtshormone als ›Boten‹ von Weiblichkeit und Männlichkeit«.[51] Wie darüber hinaus an einer Vergeschlechtlichung der Hormone mitgewirkt wird, lässt sich an einem Beispiel eindrücklich zeigen. So informiert ein mittlerweile in 7. Auflage erschienenes Lehrbuch für das Medizinstudium zur Biochemie des Menschen im Unterkapitel »Androgene – die männlichen Sexualhormone«:

> Testosteron fördert das *Wachstum* und die Differenzierung der männlichen Geschlechtsorgane während der Embryogenese und auch nach der Geburt. Es ist vor allem in der Pubertät verantwortlich für die Ausbildung der sekundären Geschlechtsmerkmale wie Bartwuchs, männlicher Körperbehaarung und einer Vergrößerung des Kehlkopfes. Es *steigert* die *Potenz* und ist für die Spermienbildung im Hoden notwendig. Daneben bewirken Androgene eine *Steigerung* der Erythropoetin-Ausschüttung und haben eine Protein-anabole Wirkung, führen also zu einer *Steigerung* der Muskelmasse. Aufgrund dieser Wirkungen werden männliche Geschlechtshormone nicht selten zum Doping im *Hochleistungs*sport missbraucht.[52]

Die Beschreibung von Testosteron als dem »wichtigste[n] Androgen«[53] lässt keinerlei Raum für Zweifel an der Effektivität und Art seiner körperlichen Wirkungen. Die Aufzählung der Merkmale wie

---

49   Vgl. Fausto-Sterling *Sexing the Body*, S. 147.

50   Vgl. Fausto-Sterling, *Sexing the Body*; Nelly Oudshoorn, »On Measuring Sex Hormones: The Role of Biological Assays in Sexualizing Chemical Substances«, *Bulletin of the History of Medicine*, 64.2 (1990), S. 243–61; Nelly Oudshoorn, »Endocrinologists and the Conceptualization of Sex, 1920–1940«, *Journal of the History of Biology*, 23.2 (1990), S. 163–86; Long Hall, »Biology, Sex Hormones and Sexism in the 1920s«.

51   Ratmoko, *Damit die Chemie stimmt*, S. 14.

52   Florian Horn, *Biochemie des Menschen: Das Lehrbuch für das Medizinstudium*, 7. Aufl. (Stuttgart: Thieme, 2018), S. 451–52, Herv. sh.

53   Ebd., S. 450.

Muskel- und Bartwachstum sind auch für die trans* Vlogs absolut üblich. Im Lehrbuch jedoch folgen nicht unmittelbar Hinweise dazu, dass diese Wirkungen organisch komplex sind, sich mitunter weniger eindeutig und teilweise durchaus an weiblich klassifizierten Körpern zeigen.

Noch interessanter wird diese Charakterisierung der Androgene, wenn man sie mit der Beschreibung der Östrogene vergleicht. Dort ist dem entsprechenden Unterkapitel zu den molekularen und physiologischen Wirkungen folgender Satz vorangestellt: »Östrogene und Gestagene besitzen vielfältige Wirkungen auf den Organismus, die sich bei weitem nicht auf die *Ausbildung* der weiblichen Geschlechtsmerkmale beschränken und zum Teil auch *noch nicht vollständig verstanden sind.*«[54]

In der anschließend vorgenommenen Unterteilung zur »Wirkung der Östrogene« heißt es:

> Das wichtigste Östrogen ist das Östradiol. Daneben gibt es noch Östron und Östriol, wobei Letzteres bereits ein Abbauprodukt darstellt und weniger wirksam ist als die anderen beiden. Die Wirkungen der Östrogene unterteilt man in solche, die direkt am Genitale angreifen und solche, die *sonst irgendwo* stattfinden. Die Wirkungen sind *stark davon abhängig, in welcher Lebensphase die Frau* sich befindet. So steht in der Pubertät die *Entwicklung* der sekundären weiblichen Geschlechtsmerkmale im Vordergrund, später eher die Wirkung auf den weiblichen Zyklus.[55]

Zum einen wird hier auf eine gewisse Zeitlichkeit hormoneller Funktionsweisen verwiesen, wie sie der Menstruation als Phänomen der Wiederholung über die Bezeichnung ›weiblicher Zyklus‹ oder ›Regel‹ permanent eingeschrieben wird. Nelly Oudshoorn legt umfassend dar, wie prägend sich diese Regelhaftigkeit in die Vorstellung von Feminität einschreibt: Sie stellt heraus, dass die Tests, die die Wirksamkeit von als weiblich deklarierten Geschlechtshormonen nachweisen sollen, auf Änderungen der Reproduktionsfähigkeit basieren und Östrogene nach eben diesem Zustand wahrscheinlicherer Reproduktivität benannt sind:

---

54   Ebd., S. 453, Herv. sh.
55   Ebd., S. 453–54, Herv. sh.

> Female sex hormones were given the name >estrogens,< a name
> that refers to the specific test method for female sex hormones:
> the cyclic changes in the vagina characteristic of estrus, the
> period of sexual activity and fertility. By choosing the name
> estrogens, scientists defined femininity in two ways. First, fem-
> ininity was specified as a quality related to reproduction; and
> second, it was associated with cyclicity. By choosing the cyclic
> changes in the genital tract as the decisive criterion for defining
> female sex hormones, endocrinologists introduced the cyclic
> nature of female reproductive function as a specific meaning
> for femininity, thus transforming femininity into cyclicity.[56]

In den Dokumentationen zum klinischen Test der Verhütung durch
synthetische Gestagene, d.h. durch >die Pille<, in den 1950er Jahren
wird Femininität übrigens nicht nur in Zyklizität überführt, sondern
werden in konsequent sexistischer Fortsetzung dieser Logik Frauen zu
Menstruationszyklen degradiert:

> In publications about the pill, women who participated in the
> trials are replaced by menstrual cycles: woman is represented
> as >cycle.< This representation strategy enabled scientists not
> only to make the most of their results, but also emphasized
> the similarities between women. The use of such categories as
> >cycle< replaces the individual subject by the group, suggesting
> a continuity that did not exist in the trials. That suggestion sim-
> ultaneously affirms continuity while obscuring discontinuity
> by framing new scientific categories for data measurement. A
> representation in terms of cycles implies an abstraction from
> the bodies of individual women to the universal category of a
> physical process.[57]

Diese   sowohl   zeitliche   wie   körperliche   Homogenisierung
(Oudshoorn) setzt sich bis heute fort, wie an dem Auszug aus
dem Lehrbuch für das Medizinstudium erkennbar ist. Dort wird
neben der zeitlichen, d.h. zyklischen Prägung der Östrogene bei
ihnen, im Gegensatz zu den Androgenen, auch betont, dass es sich um
eine Molekül*gruppe* handelt, der verschiedene Bestandteile angehören,

---

56   Oudshoorn, »On Measuring Sex Hormones«, S. 258.
57   Oudshoorn, *Beyond the Natural Body*, S. 136.

die zudem – und das ist für die >geschlechtsspezifische< Zuordnung besonders bemerkenswert – »nicht vollständig verstanden« seien.[58]

Während Testosteron als *das* Androgen vorgestellt wird, dessen Effekte auf den Körper wiederholt als Steigerung oder Potenz(ial) und Hochleistung beschrieben werden, scheinen die Östrogene diffuser zu wirken – es geht unspezifischer um Ausbildung und Entwicklung statt zielstrebiger Steigerung und Zuwachs – und in diesen Wirkungen schwerer nachvollziehbar zu sein. In diesen Beschreibungen zur Biochemie stellt sich eine Geschlechtlichkeit her, die einmal mehr die Stereotype des Weiblichen als diffus, undurchdringlich, uneindeutig, kompliziert mithin als rational schwer fassbar darstellt.[59] Dem gegenüber formiert sich eine Männlichkeit, die als eindeutig, unmissverständlich, kraftvoll und zeitlich stabil sowie linear ausgewiesen wird, zumal es dafür lediglich einer Substanz bedarf, die *allein* offenbar kraftvoll genug ist (Testosteron), wohingegen Östrogene immer als Gruppe auftreten (müssen). Diese stereotype Diskurskonstellation ist es, die, wie Oudshoorn argumentiert, eine Homogenisierung der Gruppe >Frauen< auf Kosten individueller Erfahrungen bewirkt.

Auf diese Weise werden die Hormone biochemisch zu >Boten< von Weiblichkeit und Männlichkeit. Schon ihre Erforschung und Beschreibung reproduziert und manifestiert eine dichotome Zweigeschlechtlichkeit anhand binärer Geschlechterkonnotationen. Diese Zuschreibungen erweisen sich als hartnäckig. Sie diffundieren bis in die trans* Vlogs hinein, wo einerseits von Testosteron oder T die Rede ist, nicht von Androgenen, andererseits aber vor allem von allgemeiner anmutender Hormonersatztherapie, hin und wieder (ungenau) von Östrogen, sehr selten von Östradiol gesprochen wird. Auch die Art und Weise, wie Hormone in diese medialen Gefüge eingelassen sind, ist an die mit ihnen verbundenen Vergeschlechtlichungen gekoppelt.

Scheint die Produktion von Wissen um Hormone zu Beginn des 20. Jahrhunderts einerseits die Wahrnehmung von Geschlecht als sta-

---

58 Horn, *Biochemie des Menschen*, S. 453. Der eigentlich charmante Zug, Lücken in der (bisherigen) Wissensproduktion über verschiedene biochemische Vorgänge im menschlichen Körper eben als solche zu markieren, produziert in seiner Einseitigkeit an dieser Stelle eine vergeschlechtlichte Hierarchisierung.

59 Oder auch eine zyklisch und damit unzuverlässig wie instabil attribuierte Weiblichkeit, vgl. Oudshoorn, »On Measuring Sex Hormones«, S. 259.

bil und unveränderlich radikal herauszufordern, übersetzte sich die entsprechende Forschung nur sehr vereinzelt in eine Infragestellung der Kategorie Geschlecht.[60] Ihr Einsatz zielte zumeist darauf ab, als deviant betrachtete Geschlechtlichkeiten und sexuelle Begehren über pathologisierende Therapien zu normieren. Dies hat sich bis in die Gegenwart fortgesetzt: Trans* Geschlechtlichkeit wird in der Endokrinologie auch heute noch in erster Linie als nach einem pathologisierenden Diagnoseschlüssel zu behandelndes Symptom betrachtet statt als geschlechtliches Sein und als anerkannte Lebensweise.

Eine Wissensgeschichte der Androgene und Östrogene muss und kann hier nicht (neu) geschrieben werden. An dieser Stelle sollen meine kurzen Verweise lediglich darauf hinweisen, dass die Herausbildung der Endokrinologie als wissenschaftliches Feld in einer spezifischen historischen Konstellation erfolgte, die für heutige trans* Diskurse zu berücksichtigen ist. Nicht zuletzt erklärt dies die Ambivalenz zu dem und mit ihr hervorgebrachten Wissen, die bis heute das Verhältnis vieler trans* Personen zur Endokrinologie und medizinischen Geschlechterforschung Feld prägt.[61] So bedeuten die heutzutage über die Endokrinologie zugänglichen Präparate für viele einerseits eine

---

60 In den Science and Technology Studies verorte nehmen Rebecca M. Jordan-Young und Katrina Karkazis in den Blick, wie der von ihnen sogenannte *T talk* trotz dieser Erkenntnisse nach wie vor die Debatten um Testosteron dominiert, vgl. Rebecca M. Jordan-Young und Katrina Karkazis, *Testosterone: An Unauthorized Biography* (Cambridge/MA: Harvard University Press, 2019).

61 Wie für viele Anfänge gilt auch für den der Endokrinologie, dass er sich je nach Forschungsinteresse und Gewichtung der damit gezogenen historischen Fluchtlinie unterschiedlich setzen lässt. Der Mediziner Victor C. Medvei beispielsweise beginnt seine gut 900 Seiten umfassende Geschichte der Endokrinologie gar in prähistorischen Zeiten und verweist auf die Venus von Willendorf als Beispiel eines endokrinologischen Interesses an vor allem (weiblicher) Fertilität, mithin auf die Zeit 22.000 v. Chr., vgl. Victor C. Medvei, *A History of Endocrinology* (Lancaster: MTP Press, 1993). Diana Long Hall und Thomas Glick betonen für eine Wissenschaftsgeschichte der Biologie, dass die Endokrinologie sich nicht als Disziplin etabliert, wohl aber in unterschiedlichen historischen Phasen von verschiedenen Disziplinen dominiert wird, vgl. Diana Long Hall und Thomas F. Glick, »Endocrinology: A Brief Introduction«, *Journal of the History of Biology*, 9.2 (1976), S. 229–33. Der in dieser Arbeit angesetzte Beginn der Endokrinologie als wissenschaftlichem Feld anhand von Eckdaten um 1900 nimmt besonders zur Kenntnis, dass Forschungsinteressen sich zu dieser Zeit dem vergeschlechtlichten Körper widmen und sich dafür dokumentarischer Praktiken bedienen, wobei sich die medialen Techniken erst über ihren Gebrauch als dokumentarisch herstellen, aber auch gleichzeitig die zum Gegenstand gemachte Geschlechterdifferenz (erneut) herstellen, vgl. Kathrin Peters, *Rätselbilder des Geschlechts: Körperwissen und Medialität um 1900* (Zürich: Diaphanes 2010).

immense Verbesserung der Lebensqualität, während andererseits die Gatekeeping-Funktion der beteiligten Institutionen und Personen vielfach kritisch bewertet und aufgrund der vorausgesetzten Pathologisierungen ablehnend oder höchstens zweckmäßig betrachtet wird.[62]

MEDIALE HORMONSYSTEME, HORMONALE MEDIENSYSTEME

Testosteron ist also, wie soeben argumentiert, biochemisch gesprochen organischer Bestandteil und Produkt komplexer Abläufe und Zusammenhänge. Während im 19. und beginnenden 20. Jahrhundert vermutet wird, Geschlecht bestimme sich allein über die Aktivität der Gonaden, d.h. Hoden und Eierstöcke, und der in ihnen produzierten Sekrete, die die Herausbildung entweder männlicher oder weiblicher Geschlechtsmerkmale auslösten, beruft sich die bereits erwähnte Psychoendokrinologie der 1950er Jahre auf einen Wissensstand, der ein deutlich komplexeres Bild des (menschlichen) Hormonsystems zeichnet.[63] Die als Geschlechtshormone markierten Androgene und Östrogene gelten entgegen weit verbreiteter Annahmen nicht mehr als geschlechterspezifisch exklusiv, so dass keine strikte Zweiteilung der menschlichen Spezies entlang der Produktion bestimmter Hormone vorgenommen werden kann. Heutiges trans* Gesundheitswissen baut auf der Erkenntnis auf, dass auch in Eierstöcken Androgene gebildet werden, so wie das in Hoden produzierte Testosteron biochemisch und körpereigen zu Östrogenen verarbeitet wird. Nebenbei werden Androgene auch in der – nicht vergeschlechtlichten – Nebennierenrinde hergestellt.

Zudem wird heute nicht mehr davon ausgegangen, dass eine größere Menge von Hormonen in einem Organismus eine entsprechend intensivere Ausprägung der ihnen zugeschriebenen Effekte auslöst. Dorothy Price entwickelt in den 1930er Jahren gemeinsam mit ihrem

---

62 Vgl. Katharina Jacke, »Medizinische Trans Konzepte im Wandel: Ambivalenzen von Entpathologisierung und Liberalisierung«, in *Trans & Care*, hg. von Appenroth und Castro Varela (Bielefeld: transcript, 2019), S. 55–74.

63 Um körperliche Vermännlichungen oder Verweiblichungen vorzunehmen, transplantierte man im Rahmen dessen, was ›Organotherapie‹ genannt wurde, die jeweils als konstitutiv männlich oder weiblich markierten (zumeist tierischen) Organe, d.h. Eierstöcke oder Hoden, bzw. daraus gewonnene Extrakte, um die vermuteten Effekte im Empfängerorganismus auszulösen, vgl. Oudshoorn, *Beyond the Natural Body*, S. 16–17; Long Hall, »Biology, Sex Hormones and Sexism in the 1920s«, S. 82.

Kollegen Carl Moore das Konzept reziproker Beeinflussung verschiedener endokriner Drüsen, deren Funktionsweise eine relative Stabilität hormoneller Systeme gewährleisten soll, statt eine zunehmende
Anreicherung von Hormonen im Körper zu verursachen. Heute gilt,
dass die meisten endokrinen Hormone, d.h. solche, die an den Blutkreislauf abgegeben werden, in Produktion und Zirkulation einem
solchen sogenannten negativen Feedbackmodell unterliegen, das den
Organismus in einem Zustand relativer hormoneller Stabilität halten
soll, das mithin homöostatisch funktioniert.[64]

Während also die Funktionsweise von Hormonen als Kommunikationsmittel innerhalb eines organischen Informationssystems mit
Ist- und Sollwerten beschrieben wurde, nahmen kybernetische Überlegungen in den 1940er und 1950er Jahren umgekehrt in Anspruch,
das Funktionieren sozialer, kultureller und medialer Phänomene mit
wiederum einem sowohl biologischen wie auch technischen und informationstheoretischen Modell erklären zu können. Norbert Wiener
griff 1948 das Bild eines biochemischen Informationssystems, wie
Starling es mit seinen chemischen Botenstoffen beschrieben hatte, auf,
um ein kybernetisches Kommunikationsmodell zu entwerfen, das auf
Messung, Feedbackprozessen und einer Reaktion in Form von Steuerung beruht. Das Hormonsystem diente ihm dabei als Referenz für
eine Kommunikationsform, in der Informationen nicht gezielt ausge-
sendet, sondern, eben wie Hormone in einem Blutkreislauf, ohne spe-

---

64   Ein solches endokrines Feedback-Modell wandte sich auch gegen die Annahme,
     die vermeintlich geschlechtsspezifischen Hormone wirkten antagonistisch, vgl. Stoff,
     Wirkstoffe, S. 201. Das Regelkreismodell ist noch heute in medizinischen Lehrbüchern
     maßgeblich – vgl. Horn, *Biochemie des Menschen*, S. 452–57 –, obgleich endokrinolo-
     gische Praxis in Bezug auf geschlechtliche Transitionen nicht auf solch zielgerichtete
     Weise funktioniert. Mittlerweile wird eher davon ausgegangen, dass Hormonsysteme
     insbesondere auch in ihrer Verschränkung mit dem Nervensystem so komplex und
     individuell sind, dass therapeutische Maßnahmen eher nach dem *Trial-and-Error*-
     Prinzip erfolgen. Präparate werden mal nicht vertragen, mal zeitigen sie unerwünscht
     starke oder unerwartet schwache Effekte, sodass Präparate gewechselt, Dosierungen
     verändert oder Darreichungsformen angepasst werden. Nun liegt es im Prinzip eines
     Modells begründet, dass es alltagspraktische Prozesse und Entwicklungen vereinfacht
     bzw. Vorannahmen setzen muss und Vorgänge schematisiert. Meine hier vorgebrachte
     Kritik an einem Regelkreismodell zielt folglich nicht auf die Aussagekraft eines Mo-
     dells, sondern auf die Annahme, auf Basis eines solchen Modells Normzustände von
     vergeschlechtlichten Körpern zu formulieren und Tätigkeiten daraufhin auszurichten.

zifische Adressierung verbreitet werden, um einen homöostatischen
Zustand herzustellen. Wiener schreibt:

> Many of the *messages* of the homeostatic system are carried
> by non-nervous channels – the direct anastomosis of the mus-
> cular fibers of the heart, or chemical *messengers* such as the
> hormones, the carbon dioxide content of the blood, etc.; and,
> except in the case of the heart muscle, these too are generally
> slower modes of transmission than myelinated nerve fibers.[65]

Als Beispiel, wann eine solche Art der gestreuten Kommunikation
effektiver sei als gerichtete Kommunikation via Nervenstränge, führt
er an: Wolle man im Notfall eine Mine räumen, könnte man mittels
Telefonelektronik in den Stollen anrufen und alle Personen dort an-
weisen, die Mine schnellstmöglich zu verlassen. Möglicherweise, so
überlegt Wiener, wäre eine Räumung aber schneller und im Falle einer
Gefährdung mithin effektiver, wenn man statt telefonischer und damit
gezielt adressierter, aber eben auch zeitaufwändiger, weil lokal begrenz-
ter Anweisung schlicht eine Stinkbombe in das Lüftungssystem der
Mine werfe: »Chemical messengers like this, or like the hormones are
the simplest and most effective for a message *not addressed to a specific
recipient.*«[66]

Wieners Vergleich stützt sich auf die Beobachtung, dass Hormone
im Blutkreislauf zirkulieren können und müssen, da sie von unterschiedlichen Drüsen an verschiedenen Stellen eines Organismus produziert werden, um wiederum von einer Vielzahl nicht direkt ansteu-
erbarer Rezeptoren empfangen zu werden. Testosteron beispielsweise
wird, wie bereits erwähnt, nicht nur in den Hoden gebildet, sondern
auch in der Adrenaldrüse, also der Nebenniere, und den Eierstöcken
und wirkt auf viele unterschiedliche, und nicht immer konkret lokali-
sierbare Prozesse eines Organismus, wie unter anderem das Muskel-
und Knochenwachstum, ein.

Vor einem anderen Hintergrund jedoch haben insbesondere
die sogenannten Geschlechtshormone Testosteron und Östrogen
sehr wohl spezifische Rezipient_innen – und zwar in Form von

---

65   Norbert Wiener, *Cybernetics: or Control and Communication in the Animal and the
     Machine* (Cambridge/MA: MIT Press, 1961), S. 115, Herv. sh.
66   Ebd., S. 129, Herv. sh.

Patient_innen. Die Etablierung der Kybernetik in den 1950er Jahren überlagerte sich mit der öffentlichen Wahrnehmung und Popularisierung der Endokrinologie nach dem Zweiten Weltkrieg. Neben den Gründungen der bereits erwähnten Forschungseinrichtungen zur Behandlung von trans* und inter* Personen wurde in dieser Zeit das anhaltende endokrinologisch pharmazeutische Interesse an Reproduktionssteuerung in erste Tests der sogenannten Verhütungspille übersetzt – Tests, deren Designs und Zielgruppen zeigen, wie die Effekte der Hormone Körper sowohl vergeschlechtlichen, sexualisieren als auch rassifizieren.[67] Hormone werden folglich entgegen Wieners Bild einer ungerichteten Kommunikation durchaus spezifisch adressiert, und zwar an diejenigen Körper, die den Normen *weißer*, heterosexueller und reproduktionsfähiger Zweigeschlechtlichkeit nicht entsprechen. Eine kybernetische Beschreibung hormoneller Funktionsweisen kann dies nicht berücksichtigen.

Donna Haraway formulierte bereits in den 1980er Jahren einen epistemologischen Vorbehalt gegen kybernetische Beschreibungsweisen von Organismen und Hormonen und darin eine feministischen Wissenschaftskritik, wie Astrid Deuber-Mankowsky herausgearbeitet hat.[68] Die Kybernetik basiert darauf, unterschiedliche Zusammenhänge, organische wie technische, nach den gleichen informationstheoretischen Gesetzen zu beschreiben. Eine an normierten Soll-Werten orientierte Regulierung des hormonellen Systems könne demnach mit dem Einsatz von Hormonen kontrolliert vollzogen werden. Im Gegensatz dazu zeigen die trans* Vlogs jedoch, dass sich das

---

67   Vgl. Preciado, *Testo Junkie*, S. 188–94. Alan Turing, dessen Turing-Test genanntes Denkspiel Pionierarbeit für Überlegungen zu maschinellem Lernen und kybernetischen Denkmodellen lieferte, wurde in den 1950ern Jahren nach einem gerichtlichen Urteil wegen ›Unzucht‹ genannter Homosexualität zu einer Östrogentherapie verurteilt, um seine Homosexualität wenn nicht heilen, so zumindest das sexuelle Begehren insgesamt unterdrücken zu können. Ausführlicher zu diesem Urteil und seinen Folgen vgl. Fußnote 124 auf S. 82. Ulrike Bergermann nimmt Turings Forschung zum Ausganspunkt für Überlegungen zur miteinander in Verbindung stehenden, codierenden Funktion von Gender, Hormon und computerisierten Verarbeitungsprozessen, vgl. Ulrike Bergermann, »biodrag: Turing-Test, KI-Kino und Testosteron«, in *Machine Learning: Medien, Infrastrukturen und Technologien der Künstlichen Intelligenz*, hg. v. Christoph Engemann und Andreas Sudmann (Bielefeld: transcript, 2018), S. 339–64.

68   Vgl. Astrid Deuber-Mankowsky, *Praktiken der Illusion: Kant, Nietzsche, Cohen, Benjamin bis Donna J. Haraway* (Berlin: Vorwerk 8, 2007), S. 271–345.

Testosteron einer solchen unmittelbaren Handhabung entzieht. Es entsteht ein Überschuss in den lebendigen Körpern der Vlogger, der sich nicht in der Betrachtung kodierter Information und der Berechnung von Wahrscheinlichkeiten für diese oder jene körperliche Reaktionen einholen ließe.

Mit Hinweis auf Haraways Cyborg-Figur wird deutlich, dass diese Feststellung und die Kritik an der Kybernetik nicht in einer grundsätzlichen Zurückweisung von Technik oder in der Verteidigung einer eindeutigen Grenze zwischen Organismus und Maschine mündet.[69] Vielmehr geht es darum, die technische Durchdringung der Körper sowie des Wissens um diese Körper, das heißt die Porosität und Kontingenz der Grenzen zwischen Maschine und Körper (sowie weiterer miteinander in Resonanz stehender Oppositionen wie der zwischen Öffentlichkeit und Privatheit, Männlichkeit und Weiblichkeit) anzuerkennen und die in diese Unterscheidungen eingeschriebenen Hierarchien zu politisieren.[70] Statt einer statistischen Objektivität, wie die Kybernetik sie zugrunde legt, plädiert Haraway für ein situiertes Wissen, eine »verkörperte Objektivität«,[71] die beinhaltet, »dass die Geschichte des rationalen Wissens und seine Produktion nicht unabhängig von der Materialität der Geschichte, den Verflechtungen mit der Technik und der Geschichte der technischen Medien, den Institutionen und den Prozeduren der Macht verstanden werden kann«.[72] Eben diese Verbindungen zwischen Materialitäten, Zeitlichkeiten und Medien, die ein dynamisches Gefüge bilden, gilt es für ein Verständnis des Testosterons in den trans* Vlogs zu berücksichtigen.

---

69   Vgl. Donna J. Haraway, »A Cyborg Manifesto: Science, Technology, and Socialist-Feminism in the Late Twentieth Century«, in Haraway, *Simians, Cyborgs, and Women: The Reinvention of Nature* (London: Free Association Books, 1991), S. 149–81, s. a. Fußnote 192 auf S. 113.

70   Vgl. Astrid Deuber-Mankowsky und Christoph F. Holzhey, »Einleitung: Denken mit Canguilhem und Haraway«, in *Situiertes Wissen und regionale Epistemologie: Zur Aktualität von Georges Canguilhem und Donna J. Haraway*, hg. v. Astrid Deuber-Mankowsky und Christoph F. Holzhey (Wien: Turia + Kant, 2013), S. 7–34, hier S. 18–19.

71   Donna J. Haraway, »Situated Knowledges: The Sciences Question in Feminism and the Privilege of Partial Perspective«, in *Simians, Cyborgs, and Women*, S. 183–201, hier S. 188.

72   Deuber-Mankowsky und Holzhey, »Einleitung«, S. 10.

Eine kybernetische Betrachtung kann folglich für die nachfol-
gende Argumentation nicht einschlägig sein. Der kurze Exkurs zur
Kybernetik Norbert Wieners und seinen Ausführungen zur quasi hormonellen Funktion von Information sollen an dieser Stelle Aufschluss
über die Selbstverständlichkeit geben, mit der eine (relative) Stabilität verschiedener Prozesse, die als Systeme angenommen werden,
in gegenseitigen Verweisen naturalisiert wird. Im Gegensatz zu dieser als selbstverständlich suggerierten Annahme lässt sich ebenfalls
plausibel machen, dass der Verweis von Kommunikationsmodellen
auf Hormone sowie umgekehrt die Erklärung von Hormonfunktionen
über Kommunikationsmodelle darauf hindeutet, dass keines der beiden Felder ein gesichertes Wissen bereitstellt.[73] Vielmehr wird dieses
vermeintliche Wissen durch den gegenseitigen Verweis als vorgeblich
selbsterklärend hergestellt.

Der kybernetische Ansatz, kulturelle Phänomene mit hormonellen Körperprozessen zu erklären, ist gerade deshalb erwähnenswert,
weil die darin vorgenommenen Verschaltungen von technischen mit
biologischen, von organischen mit maschinellen Entitäten auf den ersten Blick auch für die trans* Vlogs interessant sein könnte. Mein Anliegen ist es ja, digital-mediale Plattformen mit biochemischen Substanzen zusammenzudenken. Die kybernetische Annahme der (relativen)
Stabilität, Kontrollierbarkeit und Steuerung scheint Entsprechungen
in den Versprechen des Testosterons zu finden, den Körper kontrollieren, seine Entwicklung steuern und Geschlecht stabilisieren zu können. Mit kybernetischen Logiken lassen sich jedoch die für die Vlogs
bereits ausführlich analysierten Unsicherheiten, die Risiken und Unabwägbarkeiten, die Instabilitäten von Zeitlichkeit und geschlechtlichem
Sein nicht erklären. Bevor ich jedoch zu einer alternativen Betrachtung
von Testosteron, nicht als metaphorischem Botenstoff, sondern als
dokumentarischem Medium komme, führe ich einen weiteren Einsatz
der hormonellen Metapher in einem für die Medienwissenschaft ka-
nonischen Text an, um den Einsatz der Analysen noch einmal genauer
herauszustellen.

---

73   Auch Heiko Stoff notiert das Paradoxon einer jeweiligen Vorgängigkeit von kyberneti-
      schen wie hormonell-organischen Denkmodellen: »Reize, Rückwirkungen, Kontroll-
      mechanismen – es brauchte in den 1920er und 1930er Jahren keine Kybernetik für eine
      kybernetische Metaphorik!« (Stoff, *Wirkstoffe*, S. 204).

Marshall McLuhan nutzt in *Understanding Media* (1964) die Metapher des Hormons, um die Funktionsweise des Telegrafen zu charakterisieren. Im Kapitel »Telegraph: The Social Hormone« beschreibt er, wie dessen elektrische Kommunikationsform zu einer instantanen Informationsübertragung und damit gleichsam, so das Argument, zu einer biologisch-organischen Verknüpfung verschiedener gesellschaftlicher Institutionen und auch Menschen untereinander führe.[74] Interessanterweise unterschlägt McLuhan dabei jedoch eine genauere Unterscheidung des Hormonsystems und des zentralen Nervensystems (ZNS). Denn in seiner prominent gewordenen These ist es das ZNS, das er in die Elektrifizierung von Technik ausgelagert sieht.[75] Zudem nimmt er nicht zur Kenntnis, dass nur vergleichsweise wenige Hormone – im Gegensatz zu elektrischen Nervenimpulsen – als organische Botenstoffe zeitlich rasch auftretende Effekte im Organismus auslösen.[76] Ganz im Gegenteil reagiert ein Organismus durchaus träge auf hormonelle Veränderungen – und je nach der Funktionstüchtigkeit der notwendigen Rezeptoren – stets auch unterschiedlich. Wichtig ist die Metapher für McLuhan in der Hinsicht, dass ihm der Telegraf eine soziale Interaktion zu ermöglichen verspricht, die sich durch Dezentralisierung ausweist, was in Rückgriff auf das ZNS mit dem Gehirn als Zentrum weniger zu überzeugen vermag.[77]

---

74   Vgl. Marshall McLuhan, *Understanding Media: The Extensions of Man* (Cambridge/MA: MIT Press, 1994), S. 246–57.

75   »For with the telegraph, man had initiated that outering or extension of his central nervous system that is now approaching an extension of consciousness with satellite broadcasting«, ebd., S. 252. Hormon- und Nervensystem sind dabei im menschlichen Organismus nicht unabhängig voneinander und interagieren auch im Zusammenspiel mit dem Immunsystem, vgl. Clemens Marischler, *Endokrinologie* (München: Urban & Fischer, 2007), S. 1.

76   Vielleicht hatte McLuhan bei dieser Beschreibung Adrenalin vor Augen, wenn er die vermeintlich instantane Informationsübermittlung des Telegrafen mit der organischen Dissemination von Hormonen vergleicht. Zum einen kommt Adrenalin in der Funktion eines Neurotransmitters auch im Zentralnervensystem vor, zum anderen entstehen die Effekte dieses Hormons deutlich rascher als etwa bei Androgenen und Östrogenen. Es beeinflusst das Verhalten in Gefahrensituationen und muss entsprechend schnell im Körper wirken. In den trans* Vlogs hingegen sind es Wochen, Monate und sogar Jahre, die vergehen, bis mögliche Einflüsse auf den oder Effekte am Körper dokumentiert werden können.

77   Möglicherweise ist das Auftauchen des ›Hormons‹ bei McLuhan auch schlicht Ausdruck einer »nicht systematisch ausgewiesene[n], aber dennoch deutliche[n] Erbschaft von der Kybernetik«. Siehe Brigitte Weingart, »Alles (McLuhans Fernsehen

McLuhans medialer Prothesentheorie liegt an dieser Stelle ein
schiefer Vergleich zugrunde. Diese Beobachtung und die Tatsache,
dass Hormone ansonsten keine größere Rolle in seinen Thesen spielen,
legen nahe, ihren Einsatz eher zeitdiagnostisch als Indiz eines damals
wachsenden gesellschaftlichen Interesses an reproduktiver und damit
vornehmlich auf den weiblichen Körper gerichteter Endokrinologie
zu verstehen: Zu Beginn der 1960er Jahre kommt die Pille als neues
Verhütungsmittel auf den Markt und setzt sich zumindest in den USA
rasch durch.[78]

Auch an McLuhans Texten ist herausgearbeitet worden, wie sich
in Medientheorien Vorstellungen von Geschlecht und Geschlechterhierarchien einschreiben und reproduzieren.[79] Eine feministische
Medien- und Technikkritik spürt eben diesen Einschreibungen nach
und formuliert alternative Medientheorien, die diese Prozesse enthie-
rarchisieren oder zumindest kritisch reflektieren. Aus einem solchen
Interesse heraus untersuche ich mit Bezug auf das Testosteron in den
trans* Vlogs das Verhältnis von Körper, Technik und Geschlecht. Um
die Art des Zusammenspiels besser beschreiben zu können, dient der
kurze Anriss von McLuhans Extensionstheorie lediglich als Ausgangspunkt. Interessant ist diese, da sich in ihr mehrere Felder überlagern,
die auch für die Betrachtung der trans* Vlogs von zentraler Bedeutung sind: vernetzt agierende Medien, deren Zeitlichkeit und die damit
zusammenhängende Aktivität von Hormonen. McLuhan denkt den
Zusammenhang von Medien und Hormonen ausschließlich elektrisch
und damit letztlich neuronal. Entsprechend bestimmt sich für ihn die
Zeitlichkeit eines elektrischen Netzes über die Geschwindigkeit der In-

---

im global village)«, in *Medienkultur der 60er Jahre: Diskursgeschichte der Medien
nach 1945*, hg. v. Irmela Schneider, Torsten Hahn und Christina Bartz (Wiesbaden:
Westdeutscher Verlag, 2003), S. 215–40, hier S. 222. Diese Erbschaft schlägt sich in
McLuhans wiederholten Formulierungen eines durch neue Medien stets ins Wanken
gebrachten Gleichgewichtszustands von Körpern – und als deren Erweiterungen auch
Städten – nieder: »For media, as extensions of our physical and nervous systems,
constitute a world of biochemical interactions that must ever seek new equilibrium
as new extensions occur« (McLuhan, *Understanding Media*, S. 202).

78   Oder wie Heiko Stoff feststellt: »Die Sozialisierung der Hormone [...] war im Laufe
     der 1960er Jahre abgeschlossen« (Stoff, *Wirkstoffe*, S. 280).

79   Vgl. Ulrike Bergermann, »1,5 Sex Model: Die Masculinity Studies von Marshall
     McLuhan«, in *McLuhan neu lesen: Kritische Analysen zu Medien und Kultur im 21. Jahr-
     hundert*, hg. v. Derrick de Kerckhove, Martina Leeker und Kerstin Schmidt (Bielefeld:
     transcript, 2008), S. 76–94.

formationsübertragung. Unabhängig davon, ob man dieser Diagnose zustimmen möchte, sind die in den trans* Vlogs sich vervielfältigenden Zeitlichkeiten hingegen, wie bereits gezeigt werden konnte, anders beschaffen: rhythmisch, sich wiederholend, unbestimmt, zögerlich, abschweifend.

Von Interesse ist McLuhans Betrachtung jedoch für die Stichwortgebung des >sozialen Hormons<. Dieses soll im Folgenden unabhängig von seiner dortigen Metaphorik genutzt werden, um über die Funktionsweisen von Testosteron in Verbindung mit dem digitalen sozialen Medium YouTube und dessen Zeitlichkeiten unter gegenwärtigen Medienbedingungen nachzudenken. Um hierbei das Internet nicht als erneut erweiterte global-prothetische Auslagerung des ZNS zu entwerfen oder auf einer Verschaltung bzw. Ergänzung organischer Körper mit elektronischen Erweiterungen zu beharren, setze ich an dieser Unterscheidung selbst an, da diese in ihrer Konnotation stets auch vergeschlechtlichende und rassifizierende Hierarchien reproduziert. Damit nehme ich den Begriff des sozialen Hormons ernst, verschiebe ihn jedoch auf die Medialität des Testosterons in den trans* Vlogs. Die trans* Vlogs sind, wie bereits ausführlich argumentiert, nicht frei von Effekten vergeschlechtlichender Rassifizierung und rassifizierter Geschlechtlichkeit. Indem Testosteron jedoch in medialen Zusammenhängen wie diesen nicht nur als Botenstoff metaphorisiert, sondern selbst als medialer Teil eines Gefüges analysiert wird, lassen sich diese Effekte auch als mediale beschreiben. Es wird sich zeigen, dass diese Herangehensweise erlaubt, eine aktualisierte Analyse und Kritik gegenwärtiger (trans*) Männlichkeiten und ihrer digital-medialen Bedingungen zu leisten. Zunächst soll aber ein Verständnis von Testosteron als sozialem Hormon auf dessen queeres Potenzial in den spezifischen Gefügen der Vlogs durchdacht werden.

TESTOSTERON ALS SOZIALES HORMON

Testosteron funktioniert auch in den trans* Vlogs nicht als das Wundermittel, als das es in populären Diskursen imaginiert wird. Es ist keineswegs die biochemische Essenz von Männlichkeit, die innerhalb eines dichotomen Geschlechtermodells stabil verankert wäre. Vielmehr eröffnen sich mit dem Testosteron in den trans* Vlogs Werdensprozesse, die nicht im Sinne einer Vervollkommnung verlaufen, sondern vielmehr – wie im ersten Kapitel ausgeführt – als queeres Scheitern eine Dynamik auslösen, deren zeitliche Bewegungen und Effekte ungewiss, unsicher und uneindeutig bleiben können.

Wie bereits erwähnt hat Paul B. Preciado hat mit Verweis auf Donna Haraway herausgearbeitet, dass die Pille in den 1950er und 1960er Jahren als semiotisch-materieller Knoten hervorgebracht wird: ein diskursives Geflecht, das zugleich industriell hergestellte und distribuierte biochemische Kohlenstoffkette ist. Für diese Beschreibung einer materiell-diskursiven Verschränkung knüpft Preciado explizit an die Östrogene, d.h. die Gestagene und das Progesteron an, die Bestandteil der Pille (besser: Pillen, da diese keine einheitliche Zusammensetzung haben) sind und ihre reproduktionshemmende Wirkung in Körpern mit Eierstöcken entfalten sollen. Er führt aus, dass hierbei eine rassifizierte und sexualisierte »Verräumlichung der Zeit« stattfindet:[80] sei es beim Test dieser Präparate an cis Frauen of Color in Puerto Rico, der spezifischen Verpackung der einzelnen Tabletten in mit Tageszeiten und Wochentagen versehenen Folien oder ihrer Einwirkung auf unterschiedliche Körper. Der Ablauf eines einzelnen Tages, die Struktur eines Zyklus (idealisiert als 28 Tage oder vier Wochen oder ein Monat), die Zeit biologischer Reproduktion bzw. ihre Vermeidung und damit die Effekte auf eine reproduktive Zukünftigkeit der Einzelperson, der heteronormativen Kleinfamilie, der Nation – all diese zeitlichen Dimensionen implizieren soziale Verbindungen in jeweils spezifischen Räumen, die wiederum miteinander verknüpft sind: Die zeitliche Ordnung erstreckt sich von pharmazeutischen Laboren in private Wohnräume, von gynäkologischen Praxen in ökonomisch segregierte Wohnblocks und Stadtteile, von Kindertagesstätten in höchste staatliche Abläufe. Dabei sind sie nicht unabhängig von medialen Technologien und ihrer Geschichte: Das Smartphone bildet einen Knotenpunkt in diesen räumlichen und zeitlichen Erstreckungen, wenn es die Bilder vergeschlechtlichter Körper über diverse Plattformen und ihre Apps permanent bereithält und in gegenwärtiger Alltagspraxis auch dazu genutzt wird, per voreingestelltem Alarm an die Einnahme der Pille zu erinnern, die als Verhütungsmethode umso

---

80 Preciado, *Testo Junkie*, S. 198.

sicherer ist, je regelmäßiger sie eingenommen wird. Lassen sich solche Praktiken oder Relationalitäten auch für den Umgang mit Testosteron im Kontext von trans* Erfahrungen feststellen?

Preciado weist in seinen theoretischen Analysen wie auch den Beschreibungen des Selbstversuchs mit Testosteron immer wieder darauf hin, dass sogenannte Geschlechtshormone in einer gegenwärtigen pharmakopornografischen Ära sämtlich als bio-Artefakte hervorgebracht werden und als solche keine Natürlichkeit beanspruchen können. Dennoch zieht er implizite Unterscheidungen ein, die trotz dieser vermeintlich geschlechtsunspezifischen Beobachtungen eine erneute Vergeschlechtlichung der Hormone produzieren. Testosteron scheint sich auch in Preciados Analysen anders aus Kohlenstoffketten, Bildern, Kapital, Sprache und kollektivem Begehren zusammenzusetzen als die Östrogene.[81] Beinahe wie im Windschatten der Aufmerksamkeit für die vergeschlechtlichenden Diskurse und Effekte der als weiblich markierten Hormongruppe kann sich eine vermännlichende Charakterisierung von Testosteron in seinen Selbstbeobachtungen ohne kritische Reflexion fortsetzen. Dies wird insbesondere in Bezug auf die soeben beschriebene soziale Dimension des Hormons deutlich: Während die Pille – und damit synonym Gestagen und Progesteron – cis Frauen als Bevölkerungsgruppe, als Teil einer heterosexuellen Beziehung oder als Partnerin in potenziell reproduktivem Sex, jedenfalls immer in angewiesener Verbindung zu anderen Menschen herstellt, unterscheiden sich die von Preciado beschriebenen Effekte des Testosterons auf seinen Körper von solchen Vorstellungen in Bezug auf Relationalität.[82] Die Testosterondosen setzen ihn zwar auch in Verbindungen, aber weniger zu Menschen als vielmehr zur Tätigkeit des (akademischen) Schreibens, zu der Stadt, durch die er nachts nur in Begleitung seines Hundes streunt, selbst zum Streuner wird, kräftiger, wacher, potenter, klarer nach einer Dosis Testosteron:

---

81 Vgl. ebd., S. 172.

82 Dies ist umso interessanter, insofern weitere Stränge des Buches *Testo Junkie* sich sehr wohl um Relationalität dreht, nämlich die Geschichte einer queeren Liebesbeziehung sowie die Trauer um den Tod eines sehr guten Freundes: »Ich merke noch nicht, dass die Erde, die uns trägt, gerade ganz unvermittelt ins Wanken gerät. Was kommt ist dein Tod, meine Testosteronabhängigkeit und die Liebe zu V.D.« (Preciado, *Testo Junkie*, S. 93). »V.D.s Körper wird Teil des Experiments« lautet zwar ein Kapitel des Buchs, darin wiederum sind wiederum die Effekt des Testosterons weniger explizit.

Dann nichts, einen Tag lang oder zwei. Nichts. Warten. Erst
dann stellt sich nach und nach eine *außergewöhnliche Klarheit*
ein, begleitet von der *explosiven* Lust, zu ficken, nach draußen zu gehen, auszugehen, *quer durch die ganze Stadt.* Das ist
der Höhepunkt, die *spirituelle Kraft* des Testosterons mischt
sich mit meinem Blut. Alle unangenehmen Empfindungen verschwinden vollständig. Im Unterschied zu Speed hat die so
ausgelöste innere Bewegung nichts Lärmendes oder Aufgereg-
tes. *Einfach im Einklang mit dem Rhythmus der Stadt.* Im Unterschied zu Kokain gibt es keine Verzerrung der Selbstwahrnehmung, kein [sic] Redeflash, kein Gefühl der Überlegenheit.
*Nichts als ein Gefühl für die Kraft, die aus dem gesteigerten Vermö-
gen meiner Muskeln und meines Gehirns kommt. Mein Körper ist
sich selbst gegenwärtig.* Anderes als bei Kokain oder Speed gibt
es kein schnelles Abklingen. Einige Tage vergehen, die innere
Bewegung nimmt ab, aber *das Gefühl der Kraft bleibt* – wie
eine Pyramide auch dann bestehen bleibt, wenn sie von einem
Sandsturm verweht ist.[83]

An anderer Stelle notiert er über diesen Zeitraum seines anfänglichen
Testosteronkonsums:

Am Tag nächsten Abend, fast zur gleichen Zeit, nehme ich zum
zweiten Mal eine Dosis von 50 mg. Am Tag danach wieder, das
dritte Mail. In diesen Tagen und Nächten schreibe ich einen
Text [...] Ich spreche mit niemandem, ich schreibe. [...] In der
vierten Nacht schlafe ich nicht. Ich bin so luzid, so energetisch,
wach, wie in der Nacht, in der ich, selbst noch ein Kind, zum
ersten Mal mit einem anderen Mädchen geschlafen habe. Um
vier Uhr morgens schreibe ich noch, *ohne das geringste Zeichen
von Müdigkeit. Aufrecht vor dem Rechner sitzend, fühlen sich die
Muskeln meines Rückens wie kybernetische Kabel an, die aus dem
Boden der Stadt kommen, zunehmend größer werden, mein Hirn
erreichen und mich mit den Planeten verbinden, die der Erde am
weitesten entfernt liegen.* Um sechs Uhr stehe ich auf, zehn Stun-
den liegen hinter mir, in denen ich nicht von meinem Stuhl
aufgestanden bin und nur Wasser getrunken habe. Ich gehe
hinunter, nehme Justine, den Hund, mit nach draußen. [...]
Ich muss die Luft der Stadt atmen, *die Wohnung verlassen,* mich
draußen bewegen, hier fühle ich mich zu Hause. [...] Als die
Bar Les Folies öffnet, bestelle ich einen Café, *verschlinge* zwei
Croissants und gehe wieder hinauf zu mir. Ganz verschwitzt
komme ich an. Ich bemerke, dass mein Schweiß sich verändert

---

83   Ebd., S. 22–23, Herv. sh.

hat. Ich lasse mich aufs Sofa fallen, surfe im Netz und zum ersten Mal seit drei Tagen schlafe ich tief, umweht von diesem nach Testosteron riechenden Schweiß, an der Seite von Justine.[84]

Beschreibungen wie diese mögen in vielen Punkten mit den körperlichen und emotionalen Erfahrungen übereinstimmen, die andere trans* Männer mit der Zuführung dieses Hormons machen und die sie in den Vlogs auf YouTube teilen.[85] Bemerkenswert an diesen konkreten Berichten von Preciado ist aber, wie sie entgegen den sie begleitenden theoretischen Analysen zum *gender hacking* per Hormonkonsum allgemein doch wiederum Wirkungsweisen des Testosterons so rahmen, dass eine stereotype Männlichkeit sich in das Hormon einschreibt.

Preciado beschreibt den Drang, den häuslichen Raum, mithin den Raum des als weiblich konnotierten Privaten, zu verlassen, als Effekt der Testosterondosen, die er als Gel auf seine Haut aufträgt. Er fühle sich dem Rhythmus der Stadt, dem öffentlichen Raum verbunden, seine Muskeln und auch sein Gehirn würden leistungsfähiger. Er arbeite unermüdlich, sei produktiv, voller Energie und Kraft. Es wiederholen sich hierin Narrative, die Testosteron mit Jugendlichkeit verbinden, wie sie bereits die Anfänge der Endokrinologie und der ihr vorausgehenden Organotherapie geprägt haben. Die Effekte des Testosterons werden hierbei mit stereotyp männlich konnotierten Eigenschaften, Räumen und Fähigkeiten kurzgeschlossen, insofern zwischenmenschliche Dimensionen keine Erwähnung finden und das Hormon erneut als singuläre Potenz für den Eintritt von Veränderung in Erscheinung tritt.

Gleichzeitig, und das macht die Beschreibungen so interessant für die Analysen der trans* Vlogs, sind diese Einschreibungen in spezifische mediale, räumliche und zeitliche Anordnungen eingelassen. So ist es die biochemische Verbindung, die auch elektronisch zu wirken

---

84 Ebd., S. 58–59, Herv. sh.

85 Auch Preciado dokumentiert seine Transition und lädt Videos hoch, aber statt Update-Videos zu den bereits erlebten Veränderungen zu erstellen, filmt er, wie er das Testosteron aufträgt (vgl. ebd., S. 18–23). Sein Interesse gilt stärker dem geschlechterpolitisch widerständigen Konsum des Hormons ohne ärztliche Begleitung als einer spezifischen, sichtbaren Veränderung seines Körpers.

scheint, die Vernetzungen zwischen Architekturen und Räumen zu-
lässt, die geografisch unerreichbar sind. Ebenso stellt Preciado sehr
elaboriert heraus, wie auch Vernetzungen in zeitlicher Dimension
entstehen:

> Testosteron nehme ich als Gel, oder ich injiziere es in flüs-
> siger Form; in Wahrheit aber verabreiche ich mir eine Kette
> politischer Signifikanten, die sich in einem Molekül materiali-
> siert haben und so von meinem Körper aufgenommen werden
> können. Ich verabreiche mir nicht nur das Hormon, das Mo-
> lekül, sondern ebenso sehr die Idee dieses Hormons: eine
> Reihe von Zeichen, Texten und Diskursen, den Prozess, durch
> den das Hormon synthetisiert werden konnte, die technische
> Sequenz, durch die es sich im Labor materialisiert. Ich inji-
> ziere mir eine hydrophob und kristallin karbonisierte Kette
> von Steroiden und mit ihr ein Stück Geschichte der Moderne.
> Ich verabreiche mir eine Reihe ökonomischer Transaktionen,
> ein Ensemble pharmazeutischer Entscheidungen, klinischer
> Tests und Einstellungen. Ich verbinde mich mit den sonder-
> baren Tauschnetzen und den ökonomischen und politischen
> Strömen der Patentierung des Lebens. T. verbindet mich mit
> der Elektrizität, mit gentechnischen Forschungsprogrammen,
> der Hyper-Urbanisierung, dem massakrierten Wald und der
> Biosphäre, der labortechnischen Erfindung neuer Arten, dem
> Schaf Dolly, der den afrikanischen Kontinent verwüstenden
> Ausbreitung des Ebola-Virus, der Mutation des HIV-Virus
> [sic], den Anti-Personen-Minen und den *Datenhighways*. Ich
> werde so zu einer dieser körperlichen Verbindungsstellen, die
> es der Macht ermöglichen, Begehren, Freiheit, Unterwerfung,
> Kapital, Trümmer und Rebellion zirkulieren zu lassen.[86]

Einerseits holt Preciado hier ein, dass seine Erfahrungen nicht nur
durch das Hormon, sondern auch die mit ihm verbundenen Erwartungen und Wünsche, Interessen und Institutionen hervorgebracht sind.
Seine Analysen bestätigen somit die an den trans* Vlogs festgestellte
konstitutive Verbindung von Hormon, Transition, sozialen Medien
und selbstdokumentarischen Videos in diesem digital-medialen Gefüge. Deutlich wird auch, dass das Soziale nicht exklusiv auf menschliche Verbindungen zu beschränken, sondern das Nichtmenschliche,
Tierische, das Technische zu berücksichtigen und mit dem mensch-
lich Lebendigen zusammen zu denken sind. Zudem stellen seine

---

86   Preciado, *Testo Junkie*, S. 145–46, Herv. sh.

Notizen elaboriert heraus, welche Vergangenheiten sich in der wiederholten Verabreichung des Testosterons aktualisieren und welche Wissensbestände, Institutionen, Begehren, Sorgen, etc. sich darin erneut realisieren.

Dennoch ist die von Preciado beschriebene Form des Sozialen, der rhizomatischen Verbindung zu verschiedensten Kristallisationspunkten endokrinologischen Wissens, seiner Herstellung und seines biopolitischen Einsatzes, nicht hinreichend, um das zu beschreiben, was sich an den trans* Vlogs beobachten lässt. Um das darin festgestellte queere Potenzial von Testosteron in Bezug auf die (un)möglichen Zukünftigkeiten eines vergeschlechtlichten und rassifizierten Werdens fassen zu können, schlage ich einen veränderten Gebrauch des Begriffs des sozialen Mediums vor. Statt lediglich die Plattform YouTube als eine der Architekturen sozialer Medien zu beschreiben, dem für die trans* Vlogs mit Testosteron ein weiteres Medium additiv hinzugefügt wird, wird Testosteron in einem Gefüge selbst zu einem sozialen Medium, mithin zu einem sozialen Hormon. In diesem medialen Gefüge steht es in konstitutiver Verbindung sowohl zu Techniken als auch Begehren und wirkt entsprechend nicht nur in biochemischer Weise auf Körper, sondern in affektiver Weise auf Zeitlichkeiten des Lebendigen ein. Das Testosteron ist als soziales Hormon gerade in seiner Form eines synthetischen Präparats, wie es die trans* Vlogger anwenden, sowohl mit der Geschichte der Techniken als auch der Geschichte des Lebendigen verbunden.

Diesen Zusammenhang herauszustellen nimmt einerseits zur Kenntnis, wie die trans* Vlogs an einer Herstellung von Sozialität im Sinne von Community beteiligt sind.[87] Dabei stehen Aspekte der gegenseitigen Fürsorge, geteilter Freude und Sorge sowie das Teilen von Wissen und Ressourcen im Vordergrund. In der Beschreibung als >sozial< weist die Betrachtung von Testosteron im Folgenden über die zwischenmenschliche Verbindung der Vlogger untereinander, on- und offline hinaus. Dabei gehe ich, anders als McLuhan mit seinem Telegrafen als sozialem Hormon, vom sozialen

---

87 Vgl. Tobias Raun, *Out Online: Trans Self-Representation and Community Building on YouTube* (New York: Routledge, 2016); Laura Horak, »Trans on YouTube: Intimacy, Visibility, Temporality«, *TSQ: Transgender Studies Quarterly*, 1.4 (2014), S. 572–85.

Hormon Testosteron nicht als betäubender technischer Ergänzung oder Erweiterung eines biologischen Organismus aus. Die soziale Dimension des Testosterons realisiert sich in den trans* Vlogs gerade aufgrund einer vielfältigen Ausgestaltung seiner Dimensionen und Effekte, die sich nicht in einzelne Komponenten einer technischen im vermeintlichen Gegensatz zu einer natürlichen oder körperlichen Realität ausdifferenzieren lässt.

Die Vlogs sind nicht allein Ausdruck oder Dokumentation einer vorgängigen Geschlechtlichkeit. Trans* Geschlecht stellt sich in der Praktik des Vloggens und den darin entstehenden Zeitlichkeiten erst her. So sind es menschliche Bekanntschaften und Freundschaften ebenso wie algorithmische Verbindungen, von User_innen verfasste Kommentare unter einzelnen Videos wie auch die automatisierte Autoplay-Funktion weiterer vermeintlich ähnlicher Clips, die affirmative Selbstbeschreibung der Vlogger sowie der Einsatz der Tags für die technisierte Auffindbarkeit ihrer Videos in der Plattform-Architektur, die am Sozialen dieses Mediums mitwirken. Es handelt sich dabei um unterschiedliche, nicht jedoch antagonistische Arten von Verbindungen, um affektive, technische, zeitliche, die zueinander auch nicht in jeweiliger Vorgängigkeit gedacht werden können. ›Unterschiedlich‹ bedeutet in diesem Zusammenhang weder kategorial noch binär voneinander trennbar in menschliche und nicht-menschliche Verbindungen, sondern schlicht verschieden, different.

Mit dem Konzept des sozialen Hormons Testosteron braucht es folglich jene Unterscheidung nicht, wie sie die Medienwissenschaftlerin José van Dijck anhand verschiedener Begriffe digitaler Verbindungen beschreibt. Um eine spezifische Online-Sozialität in einer aus heutiger Sicht frühen Phase des Web 2.0 zu charakterisieren, führt sie die Unterscheidung von »(automatisierter) Anschlussfähigkeit und (menschlicher) Verbundenheit« ((automated) connectivity und (human) connectedness) ein, wobei ersteres eher ein kommerziell-technisches Phänomen sei, letzteres eine anthropologische Qualität beschreibe.[88] Sie stellt damit eine strukturell-technisch ermöglichte Vernetzungsfähigkeit neben eine affektive Verbundenheit und erklärt

---

88   José van Dijck, *The Culture of Connectivity: A Critical History of Social Media* (New York: Oxford University Press, 2013), S. 12.

anhand dieser von ihr vorgenommenen Trennung, wie beides in der Kapitalisierung der Aktivitäten von User_innen auf Plattformen zunehmend zusammenfalle und dadurch Sozialität verändere: »What is claimed to be ›social‹ is in fact the result of human input shaped by computed output and vice versa – a sociotechnical ensemble whose components can hardly be told apart.«[89] Indem ich Testosteron als soziales Medium verstehe, kann ich entgegenhalten, dass die jeweiligen Bereiche, die van Dijck vorläufig in menschliche und computerisierte trennt, um sie dann in Verbindung zu setzen, nicht nur jeweils gegenseitig formend aufeinander einwirken, sondern in ihrer Hervorbringung bereits konstitutiv voneinander durchdrungen sind. Sie sind nicht nur, wie van Dijck betont, kaum voneinander zu unterscheiden. Vielmehr stellt sich mit Haraway die Frage, welche Politiken sich eintragen, wenn eine solche Unterscheidung gezogen wird. So lässt sich beispielsweise argumentieren, dass Van Dijcks These einer Gleichzeitigkeit der sozialen Praktiken nicht weitreichend genug ist, um die spezifische Zeitlichkeit der trans* Vlogs erfassen: Da Differenzen entlang von Geschlecht und Race nicht in den Blick rücken, können entsprechend auch die (un)möglichen Zukünfte nicht adressiert werden.

Hingegen ist der Begriff des Sozialen gerade in Bezug auf Gender und Race für Rebecca M. Jordan-Young und Katrina Karkazis in ihren Studien zu Testosteron bedeutsam, in denen sie das Hormon als »soziales Molekül« (social molecule) kennzeichnen.[90] In den Science and Technology Studies verortet widmen sie sich in ihren Untersuchungen dem Phänomen, dass sich in den Forschungen zu Testosteron trotz widersprüchlicher Untersuchungsergebnisse doch immer nur diejenigen im öffentlichen Diskurs durchsetzen, die eine biologistische Differenzierung und damit eine Bestätigung eines hierarchischen Zweigeschlechtermodells zu bestätigen scheinen. Entsprechend nennen sie den Effekt dessen, was ich als Sedimentierung beschreibe, »T

---

89   Ebd., S. 14. Dieses Ensemble ist ihren Analysen nach stark davon geprägt, Konnektivität als Ressource ökonomisch nutzbar zu machen. Die Ambivalenz dieser Prozesse, wie sie für YouTube als Google-Unternehmen zu beobachten ist, äußert sich auch in den trans* Vlogs: Die potenzielle Reichweite und Vernetzungsfähigkeit des eigenen Kanals wird beschränkt durch strenge Nutzungsrichtlinien, die einschlägige Inhalte unter Umständen nicht zulassen und dementsprechend Normalisierungen produzieren.

90   Jordan-Young und Karkazis, *Testosterone*, S. 202. Für die Autorinnen spielen dabei jedoch soziale Medien keine Rolle.

Gerede« [»t talk«] und verweisen durch die implizite Referenz auf
den *Locker Talk* darauf, dass sich im Sprechen über Testosteron stets
eine Sexualisierung und diese wiederum in einer heteronormativen
Konfiguration vollzieht.[91]

Jordan-Young/Karkazis intervenieren in diese Wiederein-
schreibungsprozesse, indem sie unter anderem auf weiße Flecken
der Testosteron-Forschung verweisen: Sie zeigen auf, dass
Testosteron insofern ein soziales Molekül ist, als dass sich in
die es hervorbringenden Studienaufbauten und theoretischen
Vorannahmen soziale Differenzkategorien einschreiben, die nur
selten reflektiert werden. Eine hierarchische Zweigeschlechtlichkeit
ist dabei nur eine der Ordnungen, die in den Studiendesigns als
naturalisierte perpetuiert werden:

> But the way T operates in discourses of power goes beyond gen-
> der. [...] research on T naturalizes race in at least three ways.
> The strategy that stretches across the most domains and spe-
> cific studies is something we have come to think of as ›sample
> magic,‹ [...] Sample magic means that implicit assumptions
> driven by race (as well as class and gender) ideologies drive
> the selection of research subjects in particular domains. Usu-
> ally without ever even mentioning race, such studies reinforce
> racial stereotypes in a manner that might be all the more power-
> ful because it is so invisible. A second way that T research
> naturalizes race is through resonance with widely circulating
> tropes of race, and linking commonly racialized behaviors with
> differences in T. In other words, even if a study doesn't exam-
> ine racial differences, if a behavior or trait associated with
> racial stereotypes (such as aggression-as-black or leadership-as-
> white) is linked to T, then triangulation with offstage variables
> allows these studies to function as cognitive resources in the
> overall re-biologization of race. The third strategy of natur-
> alizing race as biological is specific to biosocial models, in
> which social structures are approached as essential features of
> racialized people.[92]

Race und auch Klasse werden in den kritisierten Studien zwar thematisiert, ihre Setzungen bewirken jedoch, dass gerade die Befragung der
jeweiligen Hervorbringungen verstellt wird. Dem entgegen plädieren

---

91   Ebd., S. 1.
92   Ebd., S. 215–17.

Jordan-Young/Karkazis dafür, die soziale Dimension von Testosteron im Rahmen von Forschungsdesigns zu berücksichtigen, um in den jeweiligen Arbeiten zu fundierteren Ergebnissen zu kommen und nicht aufgrund sexistischer, rassistischer und/oder klassistischer Vorannahmen die Resultate schon zu präfigurieren.[93]

Für die Analyse der trans* Vlogs und der Rolle des Testosterons dort muss jedoch festgehalten werden, dass allein die kritische Befragung und Perspektivierung der Studiendesigns nicht ausreicht. Zwar wirken diese maßgeblich an den als Sedimentierung beschriebenen Prozessen einer naturalisierten Verbindung zu (stereotyper) Männlichkeit mit. Sie erfassen jedoch nicht die für die trans* Vlogs maßgebliche Dimension der Begehren und Wünsche, der Risiken und Wagnisse, die sich ohne direkten Bezug auf empirische Einlassungen ebenfalls in das Testosteron einlagern. Nach Jordan-Young/Karkazis wird Testosteron über die Studiendesigns rassifiziert und klassistisch kategorisiert. Sie verfolgen in ihren Analysen, »wie Testosteron-Forschung Rassifizierung hormonalisiert« (how T research makes race hormonal).[94] Die von ihnen als solche hervorgehobenen sozialen Dimensionen Geschlecht, Race und Klasse werden entsprechend in der Forschung erst an das Testosteron herangetragen.

Diese Verschränkungen des Testosterons als sozialem Medium sind in zweierlei Hinsicht komplexer. Zum einen ist deutlich geworden, dass Testosteron auch dort, wo es, wie es auf den ersten Blick scheint, allein mit Geschlecht in Verbindung gebracht wird, Race nicht ausgeklammert werden kann, insofern die »Kategorien selbst als immer schon verbunden mit, abhängig von und bedingt durch andere[...] Kategorisierungen zu verstehen« sind.[95] Zum anderen sind diese Bedingtheiten wiederum nicht eindeutig zu lokalisieren und kön-

---

93   Der Einsatz von Jordan-Young und Karkazis ist für die vorliegende Arbeit insofern interessant, als dass sie von Testosteron explizit als sozialem ›Molekül‹ sprechen, mithin also nicht von einer Substanz als Singularität, sondern als einer *Gruppe* von Atomen. Sie rücken das Testosteron damit rhetorisch in die Nähe der Östrogene, die schließlich, wie bereits angemerkt wurde, stets als Mehrheit aus Gestagenen und Progesteron aufgeführt werden, wohingegen Testosteron ansonsten in aller Regel als *der* Stellvertreter für die Gruppe der Androgene aufgestellt wird. ›Sozial‹ wird es zudem darüber, dass das Wissen über Testosteron als situiertes ausgewiesen wird.

94   Ebd., S. 215, Herv. sh.

95   Vgl. Isabell Lorey, »Kritik und Kategorie: Zur Begrenzung politischer Praxis durch neuere Theoreme der Intersektionalität, Interdependenz und Kritischen Weißseins-

nen nicht allein auf die Hervorbringung in Laboren, Experimenten, Studien und Forschungen zurückverfolgt werden. Die Beschaffenheit des Testosterons als semiotisch-materiellem Knoten (Preciado) oder Gefüge setzt sich aus multiplen, diversen und nicht unbedingt kausalen Bedingtheiten zusammen, die wiederum – bei allen Sedimentierungen an dessen Grund – zumindest oberflächlich eine gewisse Dynamik dieser Zusammenhänge nicht ausschließen. So sind es zwar auch die Forschungsfragen und experimentellen Anordnungen, aber daneben ebenso die, wie Preciado herausstellt, (digitalen) Bilder, biochemischen Modelle, kollektiven Begehren und medialen Gefüge, die nicht nur Race hormonalisieren, sondern Testosteron vergeschlechtlichen *und* rassifizieren oder genauer gesagt, Testosteron vergeschlechtlicht rassifizieren (beziehungsweise rassifiziert vergeschlechtlichen). In der Analyse der trans* Vlogs sind diese konstitutiven Verbindungen deutlich geworden, die zwischen den Herstellungsprozessen und individuellen wie kollektiven Zeitlichkeiten der Vlogger entstehen. Diese Dimension muss der Begriff des sozialen Hormons und im Kontext der trans* Vlogs mithin auch der sozialen Medien mit umfassen, um die medialen Effekte dieser Vlogs beschreiben zu können.

Im Folgenden werde ich zu diesem Zwecke noch einmal eine queertheoretische Debatte zu Zeitlichkeiten aufgreifen, um in Ergänzung darin vorgebrachter Argumente ein erweitertes Verständnis von Testosteron und trans* Vlogs als medialem Gefüge zu ermöglichen. Denn wenn es, wie anhand der bisherigen Ergebnisse gezeigt werden kann, in den Vlogs um geteilte Sorgen, geteilte Risiken und die gemeinsame Erfahrung einer ungleich verteilten Verletzlichkeit geht, sind es *(un)sichere Zukünfte*, die das Gravitationszentrum dieses Gefüges ausmachen. Die Diskussion darum, für wessen Leben eine (un)sichere Zukunft potenziell ermöglicht sei oder wer überhaupt eine Zukunft habe, die aufs Spiel gesetzt werden könne, ist mit Fokus auf die Relationalität dieser Frage als Debatte um eine antisoziale These schon einmal in der Queer Theory geführt worden. Indem ich mit Blick auf soziale Verflechtungen und ihrer Zukünfte noch einmal explizit auf Konzepte queerer Zeitlichkeiten zurückkomme, kann ich verdeutlichen, wie

forschung«, transversal, 10 (2008) <http://eipcp.net/transversal/0806/lorey/de> [Zugriff: 30. Mai 2025].

im Gefüge der trans* Vlogs Testosteron (un)sichere Zukünfte und (un)mögliche Zukünftigkeit queer temporal verschaltet.

Worin also interveniert Testosteron als soziales Medium aus queertheoretischer Betrachtung, wenn wir (un)sichere Zukünfte als Gravitationszentrum ansehen? Wie situiert es sich in der Bedeutung von Relationalitäten, kollektiven Erfahrungen und Handlungsmöglichkeiten sowie den Archiven, in die diese eingelassen sind? Auf welche Weise entstehen dabei queere Zeitlichkeiten, die sich auf (un)mögliche Zukünfte hin immer wieder auch verschlingen?

QUEERE ZEITLICHKEITEN UND RELATIONALITÄTEN

Die Debatte um die sogenannte antisoziale These ist um 2000 herum im Kontext einer breiteren Diskussion queerer Zeitlichkeiten geführt worden. Bezüglich der antisozialen These prägen Queertheoretiker_innen wie Jack Halberstam, Lee Edelman, José Muñoz und Tim Dean die sich entfaltende Auseinandersetzung um die Sozialität von Queerness oder queeren Subjektivitäten.[96] Die gemeinsame Referenz bildet Leo Bersanis *Homos* (1995), worin Bersani schwule Sexualität zu einem revolutionären Akt entgegen einer heterosexualisierten Gesellschaft und ihren Zwängen erhebt.[97] Schwulem Sex wohne eine Negativität inne, die auf paradoxe Weise revolutionär, weil selbstzerstörerisch sei und als passiver (Anal-)Sex Selbstaufgabe bedeute, womit er den impliziten wie expliziten Ansprüchen einer prosperierenden Gesellschaft und der individuellen Selbstverwirklichung widerspreche. Da schwules Begehren entsprechend unfähig zu einer Einpassung in das Soziale sei, erfordere es eine »so radikale Neudefinition von Sozialität, dass es den Anschein erwecken könnte, als sei eine zwi-

---

96   Vgl. Robert L. Caserio, Lee Edelman, Jack Halberstam, José E. Muñoz und Tim Dean, »The Antisocial Thesis in Queer Theory«, *PMLA*, 121.3 (2006), S. 819–28. Vgl. a. Kapitel 1.

97   Halberstam insistiert mit Verweis auf Foucaults Repressionshypothese darauf, dass die bei Bersani vollzogene Geste des Aufbegehrens ihre historische Referenz nicht allein in einer Befreiungsbewegung der 1960er Jahre setzen kann. Ebenso müsse dafür die Homophilenbewegung der 1920er Jahre, insbesondere in Deutschland, berücksichtigt werden und somit auch eine Auseinandersetzung mit deren Sympathien für faschistische und rassistische Männlichkeitsideale stattfinden, vgl. Jack Halberstam, »The Anti-Social Turn in Queer Studies«, *Graduate Journal of Social Science*, 5.2 (2008), S. 140–56, hier S. 143–47.

schenzeitliche Aufhebung von Relationalität selbst erforderlich«.[98]
Dieser Rückzug entwirft sich als politische Geste einer Zurückwei-
sung: Während schwule oder >queere< Anerkennungspolitik zentrale
Kämpfe um Heirats- und Adoptionsrecht sowie die Affirmation ihrer
Lebensentwürfe an ökonomisch motivierten Diversity-Management-
Strategien ausrichtet und entsprechende Errungenschaften als Fort-
schritte feiert,[99] argumentiert Bersani – und im Anschluss an ihn auch
Edelman – für eine absolute Inkompatibilität von schwuler Sexualität
mit Inklusionsforderungen, die die sie formenden heteronormativen
Rahmenbedingungen und kapitalistischen Imperative der Selbstverwirklichung bestätigen. Die politische Ablehnung basiert auf einer
theoretisch-psychoanalytischen Einfassung von schwulem oder queerem Sex: Dieser sei nicht reproduktiv, sondern *jouissance* und darüber
mit dem Todestrieb verknüpft, sodass der symbolische Status von
Schwulen und Queers grundsätzlich als für den Fortbestand einer Gesellschaft sinn- und bedeutungslos, als sozial unintelligibel, mithin als
unsozial oder eben antisozial festzustellen sei.[100] Folgt man dieser Position einer antisozialen These, bedeutet der Kampf um (rechtliche)
Anerkennung eine Anbiederung an heteronormative Lebensentwürfe
und letztlich die Komplizenschaft mit deren zwanghaften Projektionen einer andauernden, mit Edelman gesprochen, reproduktiven Zu-

---

98   Leo Bersani, *Homos* (Cambridge/MA: Harvard University Press, 1995), S. 7, i. O.: »re-
     definition of sociality so radical that it may appear to require a provisional withdrawal
     from relationality itself«.

99   Ich setze >queer< hier in einfache Anführungszeichen, um darauf hinzuweisen, in
     welche Widersprüchlichkeiten der Begriff eingelassen ist. Einerseits werden mit ihm
     identitätspolitische Anforderungen formuliert, die für eine Teilhabe an institutiona-
     lisierten Politiken queer als eine Identität voraussetzen. Andererseits wird Identität
     als Versprechen einer Stabilität und Versicherung selbst durch queere Interventio-
     nen und Praktiken permanent zur Disposition gestellt. So wird der Begriff oftmals
     auch ökonomisch handhabbar gemacht, um als *umbrella term* sämtliche Lebenswei-
     sen mitzumeinen, die als nicht-heteronormative sonst auch mit dem Kürzel LSBTI
     (lesbisch, schwul, bi, trans*, inter) adressiert sind. In einem stärker queer*theoretisch*
     informierten Einsatz fordern queere Politiken jedoch stets eine Infragestellung dieser
     Kategorien und ihrer Normativierungen und politisieren die dabei sich vollziehenden
     Ausschlüsse.

100 Vgl. Lee Edelman, *No Future: Queer Theory and the Death Drive* (Durham: Duke Uni-
     versity Press, 2004); vgl. auch Carolyn Dinshaw, Lee Edelman, Roderick A. Ferguson,
     Carla Freccero, Elizabeth Freeman, Jack Halberstam, Annamarie Jagose, Christopher
     S. Nealon und Tan H. Nguyen, »Theorizing Queer Temporalities: A Roundtable
     Discussion«, *GLQ: A Journal of Lesbian and Gay Studies*, 13.2–3 (2007), S. 177–95.

künftigkeit, die das Queere in den eigenen (schwulen) Lebensweisen ausstreiche. Stattdessen gelte es, die Negativität, die Unintelligibilität, das Unsoziale des queeren/schwulen Begehrens respektive queerer/ schwuler Sexualität zu affirmieren. Sonst würde, so das Argument, queeres Leben entpolitisiert und ein weiteres Mal unsichtbar werden.

Der theoretische Einsatz einer solchen queeren Negativität wiederum ist ebenfalls kontrovers diskutiert worden. Halberstam formuliert eine wichtige Intervention in die antisoziale Wende der Queer Theory und fordert eine zwangsläufig notwendige Einbindung antirassistischer und antikapitalistischer Kritiken in queere Theoriebildung, da letztere ansonsten ihrem politischen Anspruch nicht gerecht werde.[101] Gerade eine antisoziale Queerness, wie Bersani und Edelman sie vertreten, ist Halberstams Argumentation nach apolitisch, da sie sich zwar als *weiße* ausweise, diese Situierung aber nicht für eine Befragung rassistischer Effekte nutze und zudem völlig ungeeignet sei, auch feministische Ansprüche etwa einer Adressierung der Verwicklung und Durchdringung von Politischem und Privatem bzw. eine Unschärfe dieser Trennung zu artikulieren. Im Gegenteil schließen sie derartige Politiken rigoros aus, indem das Häusliche dem Politischen gegenübergestellt, darin effeminiert und letztlich verworfen werde.[102]

Halberstam formuliert entsprechende theoretische Einwände und entwirft eine queere Negativität, die einerseits Kritik an affirmationspolitischen Einrichtungen wie der bedingungslosen Autonomie des Subjekts ermöglicht und dabei andererseits diese Kritik nicht an erneute Verwerfungen bereits marginalisierter Subjektpositionen bindet. Dafür stellt er ein »antisoziales Archiv« (anti-social archive) zusammen, das gleichermaßen aus kanonischer Literatur wie Populärkultur, Bekanntem wie Unbekanntem besteht.[103] Verbindendes Element der versammelten Gegenstände und Kriterium für die Aufnahme in das antisoziale Archiv von Halberstam ist, dass in ihnen Affekte zum Tragen kommen, die – im Gegensatz zum Ennui und der Ironie von Bersanis und Edelmans kulturellen Referenzen – entlang verschiedener Modi von Wut über Diskriminierungen und Ausschlüsse zu breiten Solidarisierungen verschiedenfach Marginalisierter einlädt:

---

101 Vgl. Halberstam, »The Anti-Social Turn in Queer Studies«.
102 Vgl. ebd., S. 145.
103 Ebd., S. 153.

rage, rudeness, anger, spite, impatience, intensity, mania, sin-
cerity, earnestness, over-investment, incivility, brutal honesty
and so on. [...] Dyke anger, anti-colonial despair, racial rage,
counter-hegemonic violences, punk pugilism, these are the
bleak and angry territories of the antisocial turn [...].[104]

Viele dieser Affekte tauchen auch im Kontext der trans* Vlogs auf:
Ungeduld, Wut, Ärger, Ernsthaftigkeit. Einem antisozialen Archiv, wie
Halberstam es entwirft, ordne ich sie dennoch nicht zu, da die mit ihnen verbundenen Affekte sich nicht allein in einer Negativität erfassen
lassen, wie in den Videos von gorillashrimp ganz besonders deutlich
wird. Testosteron selbst hat sich in und mit den Vlogs als vielfältig und
auch widersprüchlich affektiv ausgewiesen. Die sich in und mit vielen
dieser Affekte vollziehenden Einschreibungen in visuelle Archive von
Männlichkeiten und die damit verbundenen Freuden wie auch Ängste,
Sorgen und Ärgernisse habe ich bereits umfassend herausgearbeitet.

Die Bedeutung des Archivs, insbesondere eines affektiven, diskutiere ich im folgenden Kapitel ausführlich. Die Argumente der antisozialen These oder auch einer antisozialen Wende in der Queer Theory
sind an dieser Stelle erhellend für den mit Testosteron als sozialem
Medium formulierten Einsatz für die Zeitlichkeiten der trans* Vlogs:
Sie erzeugen Reibungen an genau den in diesen Debatten einander
entgegenstehenden Positionen für den Kampf um Anerkennung einerseits und andererseits der notwendigen Kritik an Institutionen, die die
Macht haben, Anerkennung zu verleihen oder zu verweigern.

Für trans* Personen in den USA hatte sich eine solche sehr konkrete Doppelbödigkeit in der Ausübung von Bürger_innenrechten
in der Diskussion um den vom damaligen US-Präsidenten Donald
Trump erlassenen *Military Ban* ergeben.[105] Dieser untersagte es trans*
Personen, für einen der US-amerikanischen militärischen Dienste zu
arbeiten. Während der Ausschluss zweifellos diskriminierte und dafür in parteipolitischen, aktivistischen und theoretischen Reaktionen
deutlich kritisiert wurde, läuft die Kritik wiederum Gefahr, in der For-

---

104 Ebd., S. 152.
105 Sein Nachfolger im Amt, Joe Biden, hat diesen Ausschluss unmittelbar nach
     Inauguration im Januar 2021 rückgängig gemacht, vgl. Kate Sullivan, »Biden Lifts
     Transgender Military Ban«, CNN, 25. Januar 2021 <https://edition.cnn.com/
     2021/01/25/politics/lloyd-austin-transgender-military-harris-biden/index.html>
     [Zugriff: 30. Mai 2025].

mulierung eines Anspruchs auf die Mitgliedschaft im Militär dessen
gewalttätige und auch neokoloniale Aktivitäten implizit zu legitimieren oder sogar zu affirmieren. Darüber normalisiert und normativiert
sich ein weiteres Mal das Konzept und damit die Zeitlichkeit der Nation, die es stets zu verteidigen gelte und deren Bestand sich über die
heteronormative Kleinfamilie sichert.

Militärische Institutionen, nationale Einheit und reproduktive
Zukünftigkeit scheinen in dieser Diskussion erneut in einem selbst-
erhaltenden Zirkel auf. Den diskriminierenden Ausschluss aus entsprechender Teilhabe an den Institutionen jedoch aus dieser Haltung
einer Kritik an ihren Zwecken zu affirmieren, würde bedeuten, weitere
Verstrickungen von Lebenswirklichkeiten in diesem Geflecht zu ver-
kennen. So weisen Paisley Currah und Susan Stryker zurecht darauf
hin, dass die Forderung nach einem Recht auf Teilnahme am Militär-
dienst für marginalisierte Personengruppen eben auch die (oft einzige)
Möglichkeit einer Teilnahme an schulischer Bildung bedeutet.[106]

Der Ablehnung eines Kampfes um Bürger_innenrechte kann folglich nicht umhin, die in diesen Auseinandersetzungen sich wieder-
holenden Ausschlüsse ebenfalls zu politisieren. Die von José Muñoz
formulierte Kritik an der antisozialen These möchte ich besonders hervorheben, da er ein komplexes Verständnis von Queerness, d.h. von
Begehren, von Sex sowie Geschlecht und Race vermittelt, wie es auch
der queertheoretischen Argumentation dieser Arbeit zugrunde liegt:

> Escaping or denouncing relationality first and foremost dis-
> tances queerness from what some theorists seem to think of
> as contamination by race, gender, or other particularities that
> taint the purity of sexuality as a singular trope of difference. In
> other words, I have been of the opinion that antirelational ap-
> proaches to queer theory were wishful thinking, investments in
> deferring various dreams of difference. [...] the antirelational
> in queer studies was the gay white man's last stand.[107]

In einer Fußnote dazu präzisiert er:

> I do not mean all gay white men in queer studies. More pre-
> cisely, I am referring to gay white male scholars who imagine

---

106 Vgl. Currah und Stryker, »Introduction«, S. 4.
107 Caserio, Edelman, Halberstam, Muñoz und Dean, »The Antisocial Thesis in Queer
     Theory«, S. 825.

> *sexuality as a discrete category* that can be abstracted and iso-
> lated from *other antagonisms in the social, which include race and*
> *gender.*[108]

In einer umfassenden Antwort auf den Einsatz einer antisozialen und
antirelationalen Queer Theory wie er sie insbesondere in der Polemik
von Lee Edelman vertreten sieht, fordert Muñoz die theoretische Berücksichtigung einer gegenseitigen Durchdringung von Sexualität und
Race. Dieser Einsatz lässt sich im Kontext der trans* Vlogs und des
Testosterons um die ebenso von Muñoz erwähnte, aber im Folgenden
stärker zu berücksichtigende Bedeutung von Geschlecht erweitern.
Denn wenn in den Vlogs immer wieder die (un)sicheren Zukünfte von
trans* Lebensweisen, *weißen* ebenso wie denen of Color und Schwarzen, wenn auch in unterschiedlicher Weise, zur Disposition stehen,
stellt sich die Frage, wie eine queere Kritik an reproduktiver Zukünftigkeit sich auch jenseits der Vlogs zur Zeitlichkeit von rassifizierter trans*
Geschlechtlichkeit verhält.[109] Wer, oder besser: wessen Sexualität und
wessen Geschlecht ist für eine solche reproduktive Zukünftigkeit überhaupt zugelassen?[110]

Mit besonderer Eindrücklichkeit werden Ausschlüsse dort deutlich, wo trans* Personen auch heute noch eine Zwangssterilisierung
vornehmen lassen müssen, um vor dem Gesetz als trans* anerkannt

---

108 Ebd., S. 826, Herv. sh. Unabhängig von den konkreten Ausfaltungen in der vorliegenden Arbeit hebe ich Muñoz' explizite Kritik besonders hervor, da es gerade
in gegenwärtigen deutschsprachigen Debatten um die antirassistische Positionierung
queerer Theorie Einsätze gibt, die Bedeutung und Berücksichtigung einer solchen
>Kontamination< von Sexualität durch *Race* und Gender eher (wieder) zu vernach-
lässigen.

109 Vgl. micha cárdenas, »Pregnancy: Reproductive Futures in Trans of Color Feminism«,
TSQ: Transgender Studies Quarterly, 3.1–2 (2016), S. 48–57; Olivia Fiorilli, »Repro-
ductive Injustice and the Politics of Trans Future in France«, *TSQ: Transgender Studies
Quarterly*, 6.4 (2019), S. 579–92.

110 Mein Zusammendenken einer theoretisch-psychoanalytisch hergeleiteten reproduktiven Zukünftigkeit mit der konkreten Auseinandersetzung um Reproduktionsrechte
ist in Bezug auf queerfeministische Theorien vertrackter und komplexer, als hier ausgeführt werden kann. Denn es stellt sich auch die Frage, auf wessen Kosten, d.h.
mit welchen erneuten Verwerfungen und Ausschlüssen, die Argumente jeweils angebracht werden, wie Penelope Deutscher umfassend darlegt, vgl. Penelope Deutscher,
Foucault's Futures: A Critique of Reproductive Reason (New York: Columbia University
Press, 2017), insbesondere S. 40–63.

zu werden.[111] In Deutschland war eine entsprechende Vorschrift noch bis Oktober 2024 gesetzlich verankert, auch wenn das Bundesverfassungsgericht 2011 festgestellt hat, dass sie mit dem Grundgesetz unvereinbar und somit nicht mehr anwendbar sei.[112] Aber selbst dann, wenn die Gesetzesvorschrift nicht mehr gültig ist, wirken Institutionen gemäß reproduktiver Zukünftigkeit auf die Körper, auf das Geschlecht und auf die Beziehungen von trans* Personen ein: Jede Person, die in Deutschland ein Kind zur Welt bringt, wird automatisch als ›Mutter‹ in die Geburtsurkunde eingetragen – ungeachtet des Namens und Personenstands dieser Person. Für einen trans* Mann wird eine Zukunft in dem Moment (un)sicherer, in welchem der Wunsch, ein Kind zu gebären, zwangsläufig die institutionelle Ausstreichung oder Ver-

---

111   Edelmans Argument baut auf Lacans Psychoanalyse auf. Er weist das Bild des KINDES als das Imaginäre aus, das das Symbolische strukturiere, sodass er in seiner Kritik einer reproduktiven Zukünftigkeit mithin gerade *nicht* die Existenz konkreter Kinder meint. Doch im Kontext der Zwangssterilisierung bzw. der verweigerten Anerkennung von trans* Elternschaft fallen die Figur des KINDES und das konkrete Kind zusammen. In dem vorgeschobenen Argument, das Kind vor der vermeintlichen Bedrohung durch binärgeschlechtliche Uneindeutigkeit von Eltern(teilen) schützen zu müssen, schützt sich die soziale (Geschlechter-)Ordnung allein selbst. Edelman schreibt: »[...] the Child has come to embody for us the telos of the social order and comes to be seen as the one for whom that order is held in perpetual trust. In its coercive universalization, however, the image of the Child, not to be confused with the lived experiences of any historical children, serves to regulate political discourse – to prescribe what will count as political discourse – by compelling such discourse to accede in advance to the reality of a collective future whose figurative status we are never permitted to acknowledge or address. [...] we are no more able to conceive of a politics without a fantasy of the future than we are able to conceive of a future without the figure of the Child. That figural Child alone embodies the citizen as an ideal, entitled to claim full rights to its future share in the nation's good, though always at the cost of limiting the rights ›real‹ citizens are allowed. For the social order exists to preserve for this universalized subject, this fantasmatic Child, a notional freedom more highly valued than the actuality of freedom itself, which might, after all, put at risk the Child to whom such a freedom falls due. Hence, whatever refuses this mandate by which our political institutions compel the collective reproduction of the Child must appear as a threat not only to the organization of a given social order but also, and far more ominously, to social order as such, insofar as it threatens the logic of futurism on which meaning always depends«. Siehe Edelman, *No Future*, S. 11, Herv. i. O.

112   Zum 1. November 2024 trat das »Gesetz über die Selbstbestimmung in Bezug auf den Geschlechtseintrag (SBGG)«, kurz: Selbstbestimmungsgesetz, in Kraft, das das sogenannten Transsexuellen-Gesetz (TSG) von 1980 ersetzt. Adrian de Silva hat eine umfassende historische Auseinandersetzung mit dem TSG vorgelegt, in der auch da Silva in dieser Vorschrift zur Zwangssterilisation überwiegend heteronormative und binärgeschlechtliche Annahmen verankert sah, vgl. Adrian de Silva, *Negotiating the Borders of the Gender Regime: Developments and Debates on Trans(sexuality) in the Federal Republic of Germany* (Bielefeld: transcript, 2018), S. 296–97.

leugnung des geschlechtlichen Seins bedeutet. Trans* elterliche, und insbesondere trans* väterliche Beziehungen zu leiblichen Kindern, die sie selber geboren haben, sind unter diesen Bedingungen nicht selbstverständlich auf eine (un)mögliche Zukünftigkeit hin denkbar.[113]

Mit einer Kritik an Anerkennungspolitiken pauschal jede Investition in eine (un)sichere Zukunft als entpolitisiert zu verwerfen, wie ich Edelman verstehe, wirkt also nicht nur zynisch mit Blick auf Schwarze oder Personen of Color, denen, so Muñoz, keine selbstverständliche Zukunft zustehe, die sie überhaupt aufs Spiel setzen oder aufgeben könnten.[114] Auch im Hinblick auf Geschlecht – und insbesondere rassifiziertes Geschlecht – sind diesbezügliche Sicherheiten keine Selbstverständlichkeit. Ganz im Gegenteil kann gerade das Beharren auf einer (un)möglichen Zukünftigkeit und der Kampf um einen Anspruch auf eine (un)sichere Zukunft, wie unwahrscheinlich oder ungewiss auch immer sie aussehen mag, Zeitlichkeiten und Beziehungen politisieren.[115] Die freundschaftlichen, sorgetragenden, begehrenden Verbindungen in und mit den trans* Vlogs mobilisieren genau diese Potenzialität.

Mit dem Begriff des sozialen Hormons Testosteron setze ich mich folglich von einer antisozialen These ab, entwerfe jedoch keine simple

---

113 Der trans* Aktivist und Gesundheitsforscher Max Appenroth bringt den Wunsch nach und die Regulierung von Reproduktion in Zusammenhang mit der noch immer bestehende Pathologisierung von trans* und merkt an: »[…] trans wurde erst 2019 von der Liste der psychischen Störungen gestrichen und ist jetzt in der Kategorie ›Sexual Health Conditions‹ vertreten. Bis der ICD hier tatsächlich angewendet wird, vier oder fünf Jahre oder so, solange gelte ich noch als psychisch kranker Mensch in Deutschland. Die Frage ist also, wer darf sich tatsächlich reproduzieren?«, in Asal Dardan, »Es gibt einen Mangel an Wissen, wie unsere Körper funktionieren«, Initiative offene Gesellschaft <https://offenegesellschaft.org/es-gibt-einen-mangel-an-wissen-wie-unsere-koerper-funktionieren/> [Zugriff: 30. Mai 2025].

114 Deutscher weist angesichts gegenwärtiger Abtreibungsdebatten in den USA unter Bezug auf Wendy Brown auf die Verkomplizierung eines Arguments mit bzw. auf Basis einer reproduktiven Zukünftigkeit hin: »For some, reproductive rights have included the right not to undergo forced, coerced, or unduly encouraged sterilization, and the calculations of pro- and antiabortion politics (»at whose expense?«) have been complicated by inequalities of race, poverty, and class«, Deutscher, *Foucault's Futures*, S. 60. Die Ungleichheiten wären, was auf den ersten Blick kontraintuitiv anmutet, um ›gender‹ zu erweitern, insofern die Auseinandersetzung um gleiche Reproduktionsrechte Gebärende jeden Geschlechts berücksichtigen müsste.

115 Dies ist völlig unabhängig davon, ob die Zukunft mit oder ohne Kind/ern gestaltet oder vorgestellt wird oder ob die Frage nach einem Kinderwunsch überhaupt eine persönliche Relevanz hat.

Durchstreichung des ›anti‹, um im Umkehrschluss zu einer sozialen These zu gelangen, die die Anpassung an eine heteronormative patriarchale (Zeit-)Ordnung einfordern würde. Eine solche Einpassung bedürfte einer in den Grundzügen gesicherten Zukünftigkeit, über die die trans* Vlogs mit Testosteron jedoch nicht verfügen. Auch sind die trans* Vlogs keine Effekte der Aktivität autonomer Subjekte, wie sie für eine derart verstandene Sozialität im Sinne einer souveränen und handlungsmächtigen Lebensgestaltung vorausgesetzt wäre. Stattdessen nimmt der Begriff des Testosterons als sozialem Hormon gerade jenes Ringen um Handlungsmächtigkeit (*agency*) mit auf und führt dabei stets auch die Verletzlichkeiten mit, die in diesen Investitionen besonders aufscheinen. Zudem lassen sich die in den Vlogs wirksamen medialen Relationalitäten berücksichtigen, d.h. sowohl die Umgebungen für zwischenmenschliche Verbindungen über die Kommunikation auf der Plattform als auch die Eingebundenheit von Subjektivierung in mediale Gefüge.

Die trans* Vlogs fügen den ungesicherten Möglichkeiten queerer Zeitlichkeiten explizit weitere trans* männliche und potenziell auch schwule Lebenswirklichkeiten hinzu. Testosteron darin als soziales Hormon zu fassen, ermöglicht es dementsprechend eben jene Relationalitäten zu adressieren, die in und mit den trans* Vlogs entstehen und an (un)sicheren Zukünften und dem offenen Potenzial (un)möglicher Zukünftigkeiten mitwirken. Insofern es sich dabei stets auch um kollektive Zukünfte handelt, die aus geteiltem Wissen, gemeinsamen Erfahrungen und einer geteilten Verletzlichkeit hervorgehen oder auch nicht – und denen das eigene Scheitern, die Frustration und die Ungewissheit stets mit eingetragen sind –, ist das soziale Hormon Testosteron in diesem digital-medialen Gefüge zwangsläufig politisiert.[116]

Mit diesem Einsatz kann sozial-mediale Relationalität in den trans* Vlogs als affektive Verbundenheit innerhalb spezifischer Zeitlichkeiten gefasst werden. Die von van Dijck beschriebene Unterscheidung von quantitativer wie qualitativer Dimension dieser Verbunden-

---

116 Über andere, ebenfalls unter Umständen unbefriedigende, beängstigende oder auch unerträgliche Formen der Relationalität, die auf der Negativität von Sex, auf queerer Negativität aufbauen, entwickeln Lauren Berlant und Lee Edelman einen schriftlichen Dialog, vgl. Lauren Berlant und Lee Edelman, *Sex, or the Unbearable* (Durham: Duke University Press, 2014).

heit fällt dabei in der zunehmenden Popularität von Web 2.0 nicht nur zusehends zusammen. Vielmehr zeigt sich, dass die Verbundenheit im Gefüge von vornherein eine komplexe Verflechtung unterschiedlicher Akteur_innen darstellt, die nicht voneinander zu trennen sind. Kollektive und damit soziale Zeitlichkeiten sind nicht denkbar ohne die Berücksichtigung sozialer Medien und des sozialen Hormons. Die gegenwärtige Praktik der Selbstdokumentation als trans* in digitalen Medien weist sich darin als queere Praktik aus.

Nun sind diese Plattformen und ihre zugrunde liegenden Architekturen alles andere als selbsterklärend queer, manifestieren sie sich doch zuvorderst heteronormativ, patriarchal, rassistisch, kolonial und kapitalistisch organisiert. Doch ebenso wie in der »Matrix kohärenter Normen der Geschlechtsidentität«,[117] die sämtliche Subjektivierungen organisiert, lassen sich auch in den sozialen Medien und ihren jeweiligen Ausbreitungen dieser Matrix queere Widerständigkeiten wahrnehmen. Diese scheinen auf, wenn risikobehaftete (un)sichere Zukünfte imaginiert und auf ihnen beharrt wird, die in heteronormativen, strikt binärgeschlechtlich und auch kolonial organisierten Zeitlichkeiten keine Vorlage finden und nicht vorgesehen sind. Dabei geht es nicht darum, allein auf den Eintritt einer besseren Zukunft, auf ein besseres Leben in Zukunft zu hoffen. Stattdessen liegt der Einsatz in der gegenwärtigen Affirmation von Begehren, die in den Vlogs zirkulieren können, wohingegen sie in therapeutischen, medizinischen und juristischen Institutionen und ihren Protokollen undenkbar sind oder nicht beachtet werden. Queere Widerständigkeiten scheinen auch dort auf, wo der Zusammenhang von Männlichkeiten und Testosteron nicht als biologistische Determinante akzeptiert, sondern danach gefragt wird, wie sich Männlichkeiten durch die Testo-Vlogs konfiguriert finden. Werden darin neben Zeitlichkeiten auch Männlichkeiten gequeert? Oder lässt sich vielmehr eine Bestärkung männlicher Stereotype beobachten? Wenn ja, stünde eine solche Feststellung quer zum queeren Potenzial der trans* Vlogs und des Testosterons?

---

117 Butler, *Das Unbehagen der Geschlechter*, S. 38.

MEDIALE MÄNNLICHKEITEN

In den vorangegangenen Analysen ist bereits deutlich geworden: Testosteron ist als Verdichtung diskursiver wie materieller Effekte mit der Herstellung von Männlichkeiten verbunden. Die Erwähnung von Testosteron impliziert Männlichkeit oder als männlich konnotierte Eigenschaften, oftmals wird es sogar synonym verwendet. »T Gerede«[118] nennen Jordan-Young/Karkazis diese Verdichtung und weisen sie als Effekte sowohl populärkultureller Annahmen als auch wissenschaftlicher Studien und deren Verzahnungen miteinander aus. Sie rekonstruieren die Herstellung und Stabilisierung einer vermeintlichen Natürlichkeit von testosteronbasierter Männlichkeit anhand verschiedener Studien zum Zusammenhang von gewissen Testosteronwerten mit körperlichen Merkmalen, emotionalen Eigenschaften oder geistigen Fähigkeiten. Wie an den trans* Vlogs deutlich wird, kommt die materiell-diskursive Hervorbringung des Hormons jedoch nicht (erst) mit solchen Studien und damit in den spezifischen Räumen und Institutionen von experimentellen Versuchsanordnungen zum Tragen. Auch darüber hinaus vollziehen sich die Verdichtungen und die stets aufs Neue wiederholte Überlagerung von Testosteron mit Männlichkeit in Alltagspraktiken.

Indem ich Testosteron als soziales Medium denke, zeigt sich eine Medialität des Hormons, die die Herstellungsprozesse von stets rassifiziertem Geschlecht auch über deren Verortung in wissenschaftlichen und journalistischen Praktiken hinaus nachverfolgen kann. Entsprechend der bisherigen Erkenntnisse und in Anbetracht dieser mehrfachen Hervorbringung von Testosteron in Relation zu Männlichkeiten erweitere ich daher die nach Konventionen der Endokrinologie gemachte Aufzählung von organischen Entstehungsorten des Hormons, um seine sowohl materielle wie zugleich diskursive Herstellung jenseits von wissenschaftlichen Institutionen nachvollziehen zu können: Testosteron wird nicht nur organisch in Hoden, Eierstöcken und Nebennierenrinden gebildet, nicht nur synthetisch in Laboren hergestellt, sondern auch in den visuellen Bildern der trans* Vlogs, den Titeln dieser Videos, ihren Beschreibungen und den Tags produziert,

---

118 Jordan-Young und Karkazis, *Testosterone*, S. 1.

mit denen sie auf YouTube versehen sind. Testosteron oder T zirkuliert dort mit den und durch die als Tags für Update-Videos fungie-
renden Keywords wie >testosterone<, >hormone<, >hormones<, aber
auch >transman<, >transmale<, >transguy<, >black transman<, >black
ftm<, >ftm<, >transguys<, >transguy<, >trans guy<, >trans men<, >trans
man<, >f2m<, >female to male<. Es zirkuliert in den quietschenden
und brechenden Stimmen einer zweiten Pubertät. Es zirkuliert in den
Gesichtern, auf den Beinen, in den Haaren. In den trans* Vlogs werden
Männlichkeiten über das Hormon zur Sprache – der geschriebenen
Texte wie auch der im Video gesprochenen Sätze –, zu den audiovisuellen Aufzeichnungen, zu den Körpern der Vlogger, zur digitalen
Video-Plattform selbst und deren Communities in konstitutive Bezie-
hung gesetzt. Dies bedeutet, dass auch die Herstellung von (trans*)
Männlichkeiten in der Untersuchung gegenwärtiger digital-medialer
Gefüge wie den trans* Vlogs mit dem sozialen Hormon Testosteron
neu in den Blick rücken kann.

In den beiden vorigen Kapiteln habe ich gezeigt, wie in den
Videos die Vermännlichung von Körpern als kausaler Effekt der Zuführung von Testosteron narrativiert wird. Entscheidend erscheint
mir jedoch, deutlich zu machen, dass gleichzeitig die Transitionsprozesse gerade mit diesen Videos als zeitlich sehr viel komplexere und
in ihren möglichen Kausalitäten eben nicht durchschaubare Vorgänge
hervorgebracht werden. Mit diesen zeitlichen Komplexitäten gehen
geschlechtliche Vervielfältigungen einher, insofern die Unbestimmtheit von (un)sicherer Zukunft und (un)möglicher Zukünftigkeit wie
auch uneindeutigen Vergangenheiten sich für verschiedene Männlichkeiten in ungleicher Verteilung von Risiken für das eigene Über/Leben
realisieren. Die Risiken äußern sich entlang von Differenzen, die für
Geschlecht konstitutiv sind, wie ich im zweiten Kapitel bezüglich der
Rassifizierung von Männlichkeiten am Beispiel Schwarzer trans* Vlogger zeigen konnte. Dabei ist aber ebenso deutlich geworden, dass die
verschiedenen Männlichkeiten innerhalb der – oder besser: mit diesen – medialen Gefügen unterschiedliche Formen der Politisierung
erzeugen, einfordern und formieren.

Stereotype Männlichkeiten werden in den trans* Vlogs sowohl
affirmiert und heroisiert wie auch umgearbeitet, problematisiert, abgelehnt und herausgefordert. Als bewusste Überlegungen beschreibt

etwa Raun sehr umfassend die Aushandlung von Männlichkeiten einzelner Vlogger: »[They] seem self-reflexively aware of and engaged in reforming certain aspects of masculinity.«[119] Diese Bearbeitungen und Umformungen von Männlichkeit schließen, wie Raun festhält, feministische Kritiken an Geschlechterhierarchien und der Ablehnung sexistischer Verhaltensweisen ebenso ein wie die Affirmation nicht-normativ männlicher Körper(bilder).[120] Dieser Anspruch formuliert sich gleichermaßen als Wagnis: »The failure or danger of not being recognizable as a man is one of the reasons for applying to or striving for hegemonic masculinity.«[121]

Wie lässt sich nun das Verhältnis von Testosteron zu trans* Männlichkeiten in den Vlogs bestimmen, wenn in den Transitions-Updates einerseits die vermännlichende Wirkung von Testosteron dokumentiert und betont, damit die Engführung von Hormon und Geschlecht erneut vollzogen wird, und gleichzeitig das Testosteron Männlichkeiten in ihrer vermeintlichen Natürlichkeit und Stabilität gerade auch herausfordert und (un)mögliche Zukünftigkeiten eröffnet?

Im Folgenden geht es nicht darum, konkrete trans* Vlogs als subversiv oder konservativ in Bezug auf die je darin artikulierte, dokumentierte und materialisierte Männlichkeit zu beurteilen und die Funktion des Testosterons zu diesen jeweils ins Verhältnis zu setzen.[122] Mein Interesse liegt darin, einen Schritt zurückzutreten, um nicht konkrete Ausformungen, sondern allgemeiner die Verschränkung von trans* Männlichkeiten mit diesen digital-medialen Gefügen in den Blick zu nehmen. Das soziale Hormon Testosteron dient dabei als Einsatz, die Relationalität von trans* männlichen Körpern und Medien in dem spezifischen Kontext von trans* Männlichkeiten auf/mit YouTube erfassen zu können. Bislang gibt es Untersuchungen, die *entweder* trans*

---

119 Raun, *Out Online*, S. 67.
120 Vgl. ebd., S. 66–67.
121 Ebd., S. 67.
122 Als konservativ ließe sich in diesem Zusammenhang mit Raewyn Connell die von ihr herausgearbeitete ›hegemoniale Männlichkeit‹ erfassen, mithin also die »Form von Männlichkeit, die in einer gegebenen Struktur des Geschlechterverhältnisses die bestimmende Position einnimmt, eine Position allerdings, die jederzeit infrage gestellt werden kann«. Siehe Raewyn Connell, *Der gemachte Mann: Konstruktion und Krise von Männlichkeiten*, übers. v. Christian Stahl, hg. v. Ursula Müller, 4. Aufl. (Opladen: Springer, 2015), S. 130).

Männlichkeiten *oder* die Medialität von (cis) Männlichkeiten *oder* die
Effekte von Testosteron für Männlichkeiten in den Blick genommen
haben – keine jedoch, die all diese Aspekte zusammenbringt.[123] So
befasst sich Josch Hoenes mit trans* Männlichkeit im Kontext von
Fotografie, Jamie Hakim betrachtet den (cis) männlichen Körper in
digitaler Kultur und Peter Rehberg analysiert schwule Männlichkeiten
in zeitgenössischen affektiven Medienkulturen. Ausgehend von diesen
Studien und über das Scharnier des sozialen Hormons Testosteron
lassen sich trans* Männlichkeiten in den Testo-Vlogs situieren.

Josch Hoenes hat die für den deutschsprachigen Raum bisher
umfassendste kulturwissenschaftliche Studie zur Visualität von trans*
Männlichkeiten erstellt.[124] In seinen Untersuchungen von Repräsentationspolitiken in Fotografien der Künstler_innen Del LaGrace Volcano und Loren Cameron zeigt er auf, wie diese Bilder in ihren Darstellungen von trans* Männlichkeiten subkulturelle Einsprüche in hegemoniale Wissensbestände und -produktionen von Geschlecht und
Sexualität formulieren. Dabei betont Hoenes die auch in den trans*
Vlogs mit Nachdruck thematisierte Bedeutung der sozialen Intelligibilität (Hoenes: Lesbarkeiten), um die trans* Männer und die Funktion
von Männlichkeit für diese Form der Sichtbarkeit ringen:

> Insofern bildet die Auseinandersetzung mit Normen und Idea-
> len von Männlichkeit, die die Möglichkeiten und Unmöglich-
> keiten von Lesbarkeiten regulieren, einen zentralen Bezugs-

---

123 Den strukturellen Grund für einen im Übrigen nur zögerlichen Austausch zwischen
 Trans und Masculinity Studies sehen der Männlichkeitsforscher Lucas Gottzén und
 die Filmwissenschaftlerin Wibke Straube in den Methoden der Masculinity Studies
 selbst und ihrem »lack of interest in trans and queer embodiments« (Lucas Gottzén und Wibke Straube, »Trans Masculinities«, NORMA: *International Journal for
 Masculinity Studies*, 11.4 (2016), S. 217–24, hier S. 219). Für einen Überblick über
 bestehende Forschungen zu trans* Männlichkeiten innerhalb von vornehmlich sozi-
 alwissenschaftlichen Masculinity Studies vgl. Miriam J. Abelson und Tristen Kade,
 »Trans Masculinities«, in *Routledge International Handbook of Masculinity Studies*,
 hg. v. Lucas Gottzén, Ulf Mellström und Tamara Shefer (London: Routledge, 2020),
 S. 165–73.
124 Vgl. Josch Hoenes, *Nicht Frosch – nicht Laborratte: Transmännlichkeiten im Bild.
 Eine kunst- und kulturwissenschaftliche Analyse visueller Politiken* (Bielefeld: transcript,
 2014). Eine breite sozialwissenschaftliche Analyse zur Visualität von Transgeschlecht-
 lichkeit hat Robin Saalfeld vorgelegt und dabei phänomenologisch die Formung und
 (Wieder-)Aneignung trans* männlicher Körper in YouTube-Videos untersucht, vgl.
 Robin K. Saalfeld, *Transgeschlechtlichkeit und Visualität: Sichtbarkeitsordnungen in
 Medizin, Subkultur und Spielfilm* (Bielefeld: transcript, 2020), S. 188–203.

punkt der Existenzweisen und Erfahrungen von Transmännern.[125]

Seiner kultur- und kunstwissenschaftlichen Analyse der Fotografien geht eine Problematisierung des Sprechens über trans* Männlichkeit als einer spezifischen, gegenüber cis Männlichkeit jedoch nicht minderwertigeren – im Sinne von erklärungsbedürftigeren oder zweifelhafteren – geschlechtlichen Formierung voraus.[126] In seinem Einsatz für eine mit Verweis auf die von Butler vorgebrachte Notwendigkeit sozialer Intelligibilität geht es darum,

> Formen der Transmännlichkeit als Formen ›echter‹ Männlichkeit anzuerkennen, die das Potenzial besitzen, die hegemoniale Kategorie der Männlichkeit als kulturell konstruierte zu sehen und sie zugleich einer grundlegenden Reartikulation zu unterziehen. Insofern ist die Verwendung des Begriffs der Transmännlichkeit auch ein *theoriepolitischer Einsatz im Spannungsfeld von wirkmächtiger Geschlechterdifferenz und transformatorischen Geschlechterpraktiken,* der darauf abzielt, *Männlichkeit als einen umkämpften und keinesfalls irgendwie gegebenen, eindeutigen oder natürlichen Signifikanten* zu etablieren.[127]

Während er mit der Anführung des Signifikanten insbesondere auf die sprachliche Verankerung von Geschlecht abhebt und zudem mit Raewyn Connells Konzept der hegemonialen Männlichkeit ausführt, dass »Männlichkeit [...] damit nicht länger als Essenz oder Eigenschaft eines biologischen Körpers gedacht werden kann, sondern [...]

---

125 Hoenes, *Nicht Frosch – nicht Laborratte: Transmännlichkeiten im Bild,* S. 86.

126 Hoenes benutzt statt des heute in Trans Studies wie trans* Aktivismus gängigen, damals noch nicht so üblichen Präfix ›cis‹ die Attribute ›wahr‹, ›echt‹ oder ›authentisch‹ für nicht-trans* Männlichkeiten – mit Verweis auf Butler und Foucault immer auch im uneigentlichen Wortsinn. Auf den auch von Hoenes darin problematisierten Authentizitätsanspruch von Männlichkeit komme ich später zurück. Die in seinen Analysen zentralen Argumente um Evidenz, Authentizität und Echtheit sind insbesondere für die Diskussion eines dokumentarischen Anspruchs der trans* Vlogs interessant, insofern selbiger sich auf die gleichen Aspekte stützt, die Hoenes hier für Männlichkeit ausweist. Für eine queerfeministische Kritik am Einsatz der Vorsilbe ›cis‹ und dessen Effekt, in der diametralen Positionierung zu ›trans‹ eine erneute Einschreibung von Geschlecht als zuverlässig und stabil vorzunehmen, vgl. Finn Enke, »The Education of Little Cis: Cisgender and the Discipline of Opposing Bodies«, in *Transfeminist Perspectives in and beyond Transgender and Gender Studies,* hg. v. Finn Enke (Philadelphia: Temple University Press, 2012), S. 60–77.

127 Hoenes, *Nicht Frosch – nicht Laborratte: Transmännlichkeiten im Bild,* S. 90, Herv. sh.

sich als eine explizit politische Frage [artikuliert]«,[128] unterstreicht
Hoenes gleichzeitig eine geschlechterkritisch wichtige Bezugnahme
auch auf die Körperlichkeit von Männlichkeit:

> Eine Betonung der körperlichen Dimension von Männlich-
> keit ist nicht zuletzt insofern wichtig, als die Differenzierung
> von mit Körperlichkeit assoziierter Weiblichkeit und mit Geis-
> tigkeit und Entkörperung assoziierter Männlichkeit selbst als
> grundlegende Struktur moderner Geschlechterhierarchien be-
> trachtet werden muss. Gleichzeitig gilt es jedoch, die fortge-
> setzte Gleichsetzung von Männlichkeit mit Männern und spe-
> zifischen biologisch-anatomisch männlich klassifizierten Kör-
> pern zu problematisieren.[129]

Hoenes stellt heraus, dass die Fotografien von Volcano und Cameron
Politiken in Hinsicht auf diese »biologisch-anatomisch männlich klassifizierten Körper« entwerfen und insbesondere auf die Auflösung
einer naturalisierten Verbindung von Männlichkeit und dem Penis
als Organ beziehungsweise auf eine kollektive Umkodierung vergeschlechtlichter Genitalien zielen.[130] Die Fotografien zeigen Körper
mit OP-Narben, tätowierte Körper, gepiercte Körper. Testosteron findet in Hoenes' Analysen der Körperbilder und für die Diskussion einer
(Selbst-)Beschreibung von Körpern als männlich oder nicht-männlich
keine Berücksichtigung, was bemerkenswert ist, da der besprochene
Bildband von Cameron den Titel *Body Alchemy* trägt und das Cover
Cameron im Selbstportrait zeigt, wie er sich – völlig unbekleidet und
in Zitation einer Bodybuilding-Pose – selbst eine Spritze in den Oberschenkel setzt, bei der davon ausgegangen werden kann, dass es sich
um eine Injektion mit Testosteron handelt.[131] Die im Titel konnotierte
Mystik der alchemistischen Veränderung durch bio/chemische Stoffe

---

128 Ebd., S. 96.
129 Ebd., S. 97.
130 Ebd. Vgl. ebd. S. 71, 205–07, 232–33. Um Hoenes' Argument hier in aller Kürze wie-
derzugeben: Widerständig gegenüber einer hegemonial männlichen Bildproduktion
sind die Fotografien insofern, als dass sie die Bedeutung eines Penis für die Herstellung
von Männlichkeit anerkennen und gleichzeitig die Abwesenheit nicht als Mangel einer
Männlichkeit ausstellen. Dies gelingt über die visuelle Umcodierung, die er in den
Arbeiten von Cameron und Volcano erkennt. Zur Umcodierung vergeschlechtlichter
Körperteile vgl. auch Paul B. Preciado, *Kontrasexuelles Manifest*, übers. v. Stephan
Geene, Katja Dieffenbach und Tara Herbst (Berlin: b_books, 2003).
131 Vgl. Loren Cameron, *Body Alchemy: Transsexual Portraits* (San Francisco: Cleiss Press,
1996). Die Portraits und Selbstportraits sind zum Teil mit kurzen Texten zu Verän-

klammert Hoenes aus.[132] In seinen Analysen weist sich Männlichkeit
als Effekt von Evidenzen aus, die jedoch nicht als unhinterfragt oder
unhintergehbare Selbstverständlichkeiten agieren, sondern gerade auf
die sie produzierenden »Darstellungs- und Wahrnehmungskonventio-
nen« hin befragt werden können.[133]

Auch in den trans* Vlogs kommt der audiovisuellen Dokumentation des Körpers eine herausragende Bedeutung zu. Allerdings sind
es hier insbesondere das Gesicht und der Oberkörper – und in signi-
fikantestem Unterschied zu den von Hoenes gewählten Gegenständen
eben auch die Stimme –, die an der Herstellung und Beglaubigung
einer körperlichen Männlichkeit mitwirken. Während Hoenes diese
am Körper vollzogene, sozusagen materielle Erdung von Männlichkeit
für die Untersuchung der Fotografien vorrangig als einen Einspruch
gegen binäre Geschlechterhierarchien konzipiert, konnte ich für die
trans* Vlogs bereits herausstellen, dass deren Verhältnis zu Männlichkeiten ein deutlich ambivalenteres ist. Einerseits setzen die Vlogs das
Narrativ eines Materie formenden Geistes fort und re-etablieren mit
der Darstellung von trans* männlicher Selbstherstellung im Rahmen
der Transition die metaphysische Differenzierung und Hierarchisierung von Weiblichkeit und Männlichkeit.[134] Andererseits stellen die
Vlogs in ihrer Medialität selbst eben diese Rahmung von Trans*sein als
geschlechtlicher Selbsterschaffung infrage, indem in ihnen die Effekte
der Transition als ungewiss und der Prozess selbst als unabgeschlos-

---

derungen während s/einer FtM-Transition versehen. In einem mit »Testosterone«
überschriebenen Kurztext beschreibt Cameron die Rhythmen seiner stets mit zweiwö-
chigem Abstand gesetzten Testosteroninjektionen und die damit in Zusammenhang
gebrachten emotionalen Instabilitäten als »peak part of *my cycle*« (ebd., S. 20). Damit
nimmt Cameron eine sprachliche Verschiebung vor, die die vermännlichende Testosteronbehandlung in ein enges Verhältnis zum Zyklus genannten Hormongeschehen
in cis weiblichen Körpern setzt.

132 Cameron selbst setzt die ›body alchemy‹ vielmehr im Kontext ganzheitlicher Körper-
     therapien an, wie ein dem Bildband vorangestelltes Zitat andeutet, vgl. ebd., S. 7.

133 Hoenes, *Nicht Frosch – nicht Laborratte: Transmännlichkeiten im Bild*, S. 241.

134 Für die Fotografien von Loren Cameron stellt auch Hoenes eine visuelle Komplizen-
     schaft zwischen dem willentlich geformten trans* Körper und dem männlichen Subjekt
     der Aufklärung heraus, die aber gleichzeitig einen Einspruch gegen das Konzept das
     autonomen Subjekts formuliere, insofern sie die Anrufung hegemonialer Männlichkeit
     mit einem vormals als deviant markierten Bildarchiv von trans* Männlichkeit über-
     kreuze, somit beide Bereiche einander näherbringe und dadurch aktualisiere, vgl. ebd.,
     S. 200–07.

sen und verletzlich machend erkennbar wird, das vloggende Subjekt folglich nicht als ein souveränes agiert. Damit wird auch das Verhältnis von Testosteron zu Männlichkeiten im Vergleich zu den fotografischen Dokumentationen uneindeutiger und gleichsam prekärer.

Aus diesem Grund kann die außerordentlich fundierte Fotografie-analyse von Hoenes nicht herangezogen werden, um die Figurationen von trans* Männlichkeiten in Bewegtbildern einer zeitgenössischen digitalen Umgebung zu erklären. Zumal mit Rücksicht auf die Umgebung der trans* Vlogs auf YouTube als einer ökonomisch gewinnorientiert strukturierten Online-Plattform zudem in Rechnung gestellt werden muss, dass der insbesondere visuelle Zugriff auf den männlichen Körper mit digitalen Medien und im Rahmen eines intensivierten neoliberalen Imperativs zur (Selbst-)Optimierung signifikant anders funktioniert als in künstlerischer Bildproduktion.

Anhand unterschiedlicher Körperpraktiken in und mit sozialen Medien zeigt Jamie Hakim auf,

> that since 2008 the *digitally mediated, feminizing male body* has been opened as a front in neoliberalism's struggle for hegemony in ways historically associated with women. What this suggests is that neoliberalism has a *feminizing axiomatic* that works on its subjects irrespective of their gendered identities (though with differential effects across genders) and which is intelligible through their bodies.[135]

Hakims Analyse ist insofern interessant für die Betrachtung der Männlichkeiten in trans* Vlogs, als seine Ausführungen zur Feminisierung – die vor allem eine Prekarisierung auch derer meint, die vermeintlich als Gewinner (sic!) aus neoliberalen Politiken hervorgehen – in der Forderung münden, via digitaler Medien eine neue Art der ermächtigenden Verbindung zwischen Körpern herzustellen und sich darüber einer neoliberalen Zurichtung zu entziehen.[136] Dieser Anspruch an eine in die Zukunft verlagerte Kollektivierung (eine (un)mögliche Zukünftigkeit) digitaler Medien lässt allerdings wenig Raum, gegenwärtig bereits

---

135 Jamie Hakim, *Work that Body: Male Bodies in Digital Culture* (New York: Rowman & Littlefield International, 2020), S. 3, Herv. sh. Hinzuzufügen wäre, dass dieses Axiom unter Berücksichtigung von Race und auch Klasse weitere differenzierte Effekte zeitigt, wenn es z. B. um die Feminisierung von Arbeitnehmer_innen durch neoliberalisierte prekäre Arbeits- und Ausbeutungsverhältnisse geht.

136 Vgl. ebd., S. 146.

stattfindende Solidarisierungs- und Vergemeinschaftungsprozesse in ihrer Bedeutung für marginalisierte Männlichkeiten beschreiben und anerkennen zu können. So sind bei Hakim trans* und Schwarze Männlichkeiten allein repräsentationspolitisch beschreibbar und werden letztlich daran gemessen, die konstatierte Selbstvermarktung zeitgenössischer Männlichkeiten (noch) nicht überwunden zu haben. Die unterschiedlichen Bedingungen von Sichtbarkeiten auch in digitalen Medien und den damit einhergehenden Praktiken werden nicht reflektiert. Auch wenn Hakim zwar Aydian Dowling als ersten trans* Mann auf dem Cover einer *Men's Health* sowie Kendrick Sampson als Schwarzen Schauspieler und Bürger_innenrechtsaktivist erwähnt, bleibt für ihn angesichts ihrer medialen Praktiken die abschließend doch eher enttäuschte Feststellung, es sei »schwierig, neben durchaus differenzierten antirassistischen politischen Statements nicht auch den Versuch der neoliberalen Selbstdarstellung zu sehen«.[137] Über das repräsentationspolitische Statement hinaus können Schwarze (und) trans* Männlichkeiten hier nicht erfasst und ihre Einbettung in digitale Praktiken nicht nachvollzogen werden.

Während bei Hakim der männliche Körper in der digitalen Kultur eine Veränderung durchläuft, die es noch kapitalismuskritisch umzuarbeiten und zu überwinden gilt, argumentiert Peter Rehberg anhand des schwulen Fanzines *Butt*, dass die seit dem Jahr 2000 veränderten medialen Bedingungen bereits Angebote machen, schwule Männlichkeiten in affektiven medialen Zusammenhängen auch zueinander neu zu situieren. Er diagnostiziert,

> dass wir einem historischen Moment beiwohnen, in dem symbolische Strukturen und visuelle Regimes an Stabilität verlieren, und wir deshalb auch neue Wege finden müssen, um über den visuell dargestellten, medialisierten Männerkörper nachzudenken. [...] Andere mediale Technologien bieten also auch veränderte Strukturen für die Artikulation von Subjektpositionen, für die Darstellung von Körpern und damit auch für neue soziale Formen an.[138]

---

137 Ebd., S. 136, i. O.: »difficult not to see an attempt at neoliberal self-branding also taking place alongside some sophisticated anti-racist political statements«.

138 Peter Rehberg, *Hipster Porn: Queere Männlichkeiten und affektive Sexualitäten im Fanzine Butt* (Berlin: b_books, 2018), S. 28.

Als solcherart veränderte Strukturen wären die Vlogs auf YouTube
sicherlich zu fassen, insofern die medialen Bedingungen neue soziale
Formen eröffnen, die sich in der geteilten Erfahrung (un)möglicher
Zukünftigkeiten realisieren. Allerdings setzt Rehberg für seine Analysen der medialisierten schwulen Männerkörper in dem konkreten
Fanzine ein gerade im Hinblick auf trans* Männlichkeiten entscheidendes Vorzeichen: Er verschiebt in einer kritischen Butler-Lektüre die
analytische Aufmerksamkeit von Gender auf Sex, sodass in *Butt* »die
Materialität von Männlichkeit zum Ort der Transgression von Maskulinität«[139] werden kann. In dieser Verschiebung und der Betonung der
Materialität des männlichen Körpers verankert Rehberg seine Analyse
schwulen Begehrens, das sich gerade auch bei *Butt* spannungsreich zu
Ansprüchen auf eine Form natürlicher Männlichkeit artikuliert. Denn,
so führt er weiter aus,

> [i]m Unterschied zur Inszenierung von Femininität/Weiblich-
> keit, bleibt die Erotisierung von Maskulinität/Männlichkeit an
> ihre kulturelle Intelligibilität durch Ernsthaftigkeit, Natürlich-
> keit und Authentizität gebunden. […] Während Feminität/
> Weiblichkeit die Frage der Künstlichkeit kulturell eingetra-
> gen ist, verliert Maskulinität/Männlichkeit damit ihren *Status
> als Männlichkeit,* was die Verhandlung von Maskulinität *und*
> Männlichkeit für das Projekt von queerer und feministischer
> Theorie zum Problem werden lässt.[140]

Sowohl bei Rehberg als auch bei Hoenes sind mit der Erwähnung
von Authentizität und Natürlichkeit gewisse Festschreibungen von
Männlichkeit eingelassen. Die Ambivalenz dieser Zuschreibung wird
für die Diskussion der trans* Vlogs unter dem Aspekt eines dokumentarischen Anspruchs im Folgenden noch relevant sein, insofern
Authentizität und Echtheit als dessen Marker gehandelt werden. An
dieser Stelle ist aber insbesondere der damit aufgerufene *Status als
Männlichkeit* von Interesse. Diesen stellt Rehberg für die in *Butt* dokumentierten Männerkörper als ambivalent gegenüber dem Projekt des
Magazins heraus. In den oszillierenden Bezugnahmen auf die Autorität eines naturalisierten, behaarten Männerkörpers und die affektive

---

139 Ebd., S. 31.
140 Ebd., S. 137, Herv. sh.

Situierung dieser Körper, die in Rehbergs Darstellung eine Reme-
dialisierung im Kontext eines postphallischen schwulen Begehrens
erzeugt, wird Männlichkeit zu einer ästhetischen Verkörperung. Einer
Ästhetik, die jenseits einer Grenze zwischen Sex/Gender liege und die
verstanden werden könne »als ein Potenzial und als ein Verfahren,
dem Körper jenseits historischer Diskursformationen neue Formen
zu geben«,[141] mithin als ein queeres Widerstandspotenzial gegen eine
»Männlichkeit determinierende[...] Maskulinität«.[142]

Wenn Rehberg bezüglich dieser neuen, vielfältigen Formen rhetorisch fragt, »[w]as bedeutet der Bart noch, wenn er ein Teil des
ästhetisierten, mutierenden Männerkörpers ist?«,[143] lässt sich in Bezug auf die Technologien der trans* Vlogs und deren Männlichkeiten
zurückfragen, was dort Bedeutung trägt, wenn nicht der langsam sichtbar werdende, lang ersehnte oder leider ausbleibende Bart(-wuchs)?
In Rehbergs Lektüre wird Männlichkeit bei *Butt* zu einer Frage der Aufteilung des Körpers in Zonen. Bart, Behaarung und Penis übernehmen
je unterschiedliche Funktionen zur Dokumentation eines schwulen
Begehrens, das sich an verkörperter Männlichkeit auf- und entlädt.
Entsprechend schlussfolgert er in den Begrifflichkeiten von Deleuze/
Guattari: »Die Materialität von Männlichkeit wird zum Ausgangspunkt eines Werdens, in dessen Prozess Männlichkeit über eine Serie
von Formen deterritorialisiert wird.«[144]

Während die Prozessualität eines unbestimmten Werdens von
Männlichkeiten auch für die trans* Vlogs bereits festgestellt werden
konnte, kommt bezüglich dieser zusätzlich und in besonderer Weise
die Frage der Zeitlichkeit eines solchen Werdens ins Spiel. Über die
Fokussierung der Ästhetik, wie Rehberg vorschlägt, lässt sich nicht
erfassen, wie das *Prozesshafte* der Transition sich zu einem Verständnis von Männlichkeiten und/oder Maskulinität verhält. Ab wann, so
heißt es in den Vlogs immer wieder, kann davon ausgegangen werden, dass sich die Männlichkeit eines trans* männlichen Körpers in
dessen Materialität eingeschrieben hätte? Kann sie erst dann deterri-

---

141   Ebd., S. 183.
142   Ebd., S. 176.
143   Ebd., S. 183.
144   Ebd., S. 184.

torialisiert werden? Ist ein Körper von dem Moment an männlich, in dem er einer männlichen Selbstidentifikation Halt gibt?[145] Ist er es ab dem Beginn der Testosteronbehandlung oder erst mit dem Auftreten der hormonellen Effekte? Oder ist ein Körper dann männlich, wenn geschlechtsangleichende Operationen inklusive eines sogenannten Aufbaus, also der Konstruktion eines Penis aus körpereigenem Fett-, Haut- und Nervengewebe vorgenommen wurden?

Mit einer an spezifische Ästhetiken gebundenen Definition von Männlichkeit als Sex lässt sich dem Paradox nicht beikommen, mit dem trans* Personen in Bezug auf Geschlecht umzugehen gefordert sind. Sie müssen sowohl die Permanenz einer bestimmten Geschlechtlichkeit für sich mit Blick auf eine bereits gelebte Dauer glaubhaft machen können als auch dieselbige zum Anlass nehmen, den Körper bezüglich eben dieser Geschlechtlichkeit auf eine vermeintlich gewisse Zukunft und/oder (un)mögliche Zukünftigkeit zu verändern. Die möglichen Veränderungen stellen immer nur, aber immerhin eine (un)sichere materialisierte Verankerung des Trans*seins her. Nichtsdestotrotz sind die einzelnen Videos eines Vlogs auch vor dem Beginn der Hormonbehandlung mit Tags versehen wie >ftm<, trans male< oder trans guy<; allerdings ohne dass dabei ein Anspruch auf die darin markierte Männlichkeit an einem (nackten) Körper verankert und darüber beglaubigt werden müsste.

Zudem ergibt sich für die trans* Körper in den Vlogs eine andere Bedeutung von Zeitlichkeit als die der von Rehberg für die in *Butt*-Fotografien beobachtete Postphallizität von männlichen Körpern. Ein Modus der Überwindung, wie Rehberg ihn als »*nicht länger* phallisch organisierte[…] Formen« formuliert,[146] wird für die Körper der trans* Vlogs nicht in Anspruch genommen. Das Verhältnis zum Phallus ist dort zeitlich komplexer als es eine dichotome Einteilung in >nicht mehr< oder >noch nicht< zuließe. So würden trans* männliche Körper permanent auf das >Haben< oder >Nicht-Haben< des Phallus reduziert. Mit dieser Aussage setze ich Penis und Phallus keineswegs gleich. Doch gerade weil in der diskursiven Rahmung der Frage nach

---

145 An Rehberg richtet sich zudem die Frage, wie trans* männliches schwules Begehren oder schwules Begehren nach trans* männlichen Körpern in seinem Modell gedacht werden könnten.

146 Ebd., S. 181, Herv. sh.

der Authentizität von trans* Männlichkeit selbige noch immer zumeist auf die Frage reduziert wird, ob man schon operiert sei, womit gemeint ist, ob man genitale Angleichungen habe vornehmen lassen, impliziert diese Frage ein ambivalenteres Verhältnis von Machtposition und Organ. Immerhin trägt jeder Gang auf öffentliche Toiletten, jeder Aufenthalt in Saunen oder Gemeinschaftsduschen das Risiko in sich, dort jeweils nicht nur als Mann ohne Penis, sondern regelmäßiger überhaupt nicht als Mann erkannt zu werden. Trans* männliche Körperlichkeit erschüttert die phallische Ordnung und wird von denjenigen als bedrohlich behauptet, die diese Ordnung für unumstößlich halten. Ganz im Gegenteil entsteht jedoch eine konkrete Bedrohung von trans* Männern, wenn deren Körperlichkeit zum Ziel trans*feindlicher Gewalt wird. Auch dies ist mitunter ein Grund, warum sich manche für einen sogenannten kleinen oder großen Aufbau – d.h. die chirurgische Herstellung eines Penis oder Penoids – entscheiden. Und mag dies für viele von großer Bedeutung sein, findet sich das Verhältnis zur Phallizität im alltäglich praktischen Umgang ebenso häufig dekonstruiert: Zum Beispiel durch die Praktik des Packings, d.h. dem Ausstopfen der Unterhose mit Socken oder der Verwendung von Penisprothesen, der Umbenennung der Genitalien, der sprachlichen wie praktischen Aneignung körperlicher Veränderungen. So beschreibt Preciado das Verhältnis von Dildo zu Penis folgendermaßen: »Am Anfang war der Dildo. Der Dildo war vor dem Penis.«[147] Statt einer auch zeitlich statischen Betrachtung des Habens oder (noch) Nicht-Habens bringt

---

147 Preciado, *Kontrasexuelles Manifest*, S. 12. Preciado versteht den Dildo als Teil einer Technologie des Sex, die sich auf eine feministische Kritik des Phallus stützt, wie sie u. a. von Judith Butler in *Körper von Gewicht* unter dem Begriff ›lesbischer Phallus‹ formuliert worden ist: »Der Dildo richtet den Penis gegen sich selbst. Er wird als natürlich gedacht, als Präsenz und ist in dieser Hinsicht selbstgenügsam. In der heterosexuellen Mythologie genügt ein Penis. Hat man zwei davon, fällt man bereits unter die Monstrosität eines lebendigen Doubles: was ist der Dildo und was der Penis? Hat man keinen Penis, fällt man gleich unter einen anderen Typ Monstrosität, unter die natürliche Monstrosität der Femininität« (ebd., S. 62). Preciados Ausführungen sind für eine queertheoretische Betrachtung von trans* Männlichkeiten in Vlogs interessant, da über den Einsatz des Dildos die Naturalisierung des vergeschlechtlichten und sexualisierten Körpers gerade in Verbindung mit Techniken und Technologien, wie sie auch die Vlogs darstellen, aufgerufen werden kann. Allerdings wäre der Umgang mit dem Dildo, der bei Preciado betont spielerisch ist, in Bezug auf trans* männliche Lebensweisen komplexer zu zeichnen und auch mit einer Ernsthaftigkeit zu versehen, die die unter Umständen existenzielle Bedeutung des ›Habens‹ anerkennt.

diese Umkehrung prozessuale Dynamiken der Hervorbringung ins
Spiel: Die Frage nach Ursprünglichkeit oder Originalität wird umge-
lenkt und in permanente Bewegung versetzt.

In Anbetracht der Prominenz von Vlog-Beiträgen zum Umgang
mit einem Packer, entsprechenden Produktbeschreibungen, Reviews
und Kaufempfehlungen durch Vlogger würde es den Vlogs und der
in ihnen dokumentierten Männlichkeiten jedoch nicht gerecht, die
Funktion des Phallus auch in diesem Kontext als überwunden zu betrachten.[148] Wenngleich die Männlichkeiten in den trans* Vlogs auch
in diesem Punkt nicht zu homogenisieren sind. Stattdessen werden die
Verhältnisse von Körper, Technik und Zeitlichkeit mit Packern und
Prothesen ein weiteres Mal in ihrer Komplexität erkennbar. Dies entspricht Elizabeth Freemans Feststellung, dass Dildos eine »räumliche
Erweiterung des Körpers [...] eine eigene zeitliche Logik« (spatial extensions of the body [...] a temporal logic of their own) aufweisen.[149]
Eine zeitliche Widerständigkeit gegen heteronormative Chrononormativität realisiere sich in der Funktion des Dildos als »Requisite
für die prothetische Erinnerung an eine Männlichkeit« (prop for
the prosthetic memory of a masculinity), über die sich die innerhalb einer weiblichen Sozialisation gelebte Vergangenheit aktualisieren könne.[150]

An dieser Stelle lässt sich festhalten, dass sich die trans* Männlichkeiten der Vlogs, wie sie in dieser Arbeit besprochen und analysiert
werden, weder als phallisch oder postphallisch, noch entlang einer

---

148 Die Videos mit entsprechenden Inhalten bedeuten den Vloggern sogar so viel, dass sie
sie hochladen, auch wenn sie damit verschiedene plattforminhärente Risiken eingehen,
da sie von YouTube dafür verwarnt oder gesperrt werden können, siehe dazu das
Unterkapitel »Mediale Männlichkeiten«.

149 Elizabeth Freeman, *Time Binds: Queer Temporalities, Queer Histories* (Durham: Duke
University Press, 2010), S. 161.

150 Ebd. Wie Preciado versetzt auch Freeman den Dildo in den Kontext lesbischer
Sexualität und Butch-Körperlichkeit. Auch wenn eine Abgrenzung zwischen trans*
männlicher und lesbischer Identifizierung manchen Personen für die Anerkennung
der eigenen Männlichkeit wichtig ist, kann bezüglich der Aneignung des Dildos als
sowohl sexueller wie auch geschlechtlicher Praktik eine Ähnlichkeit festgestellt werden, insofern jeweils ein Anspruch auf die vermeintlich auf cis männliche Körper
begrenzte ›Ressource‹ Maskulinität erhoben und vollzogen wird, vgl. dazu auch Antke
A. Engel, »Umverteilungspolitiken: Aneignung und Umarbeitung der begrenzten Ressource Maskulinität in lesbischen und transgender Subkulturen«, *Die Philosophin*,
11.22 (2000), S. 69–84.

analytischen Differenzierung von Sex und Gender verorten lassen, auch wenn Sex und Gender, Männlichkeit und Maskulinität damit nicht synonym gesetzt werden. Vielmehr macht sich die für die hier vorgenommene Setzung von Männlichkeit als Geschlecht eine Unschärfe der deutschen Sprache zu eigen. Auch Hoenes hat bereits als hilfreich für die Betrachtung von trans* Männlichkeiten hervorgehoben, dass der deutsche Begriff Geschlecht Sex und Gender nicht differenziert, was für die Betrachtung von trans* Männlichkeiten unter Berücksichtigung der (ausbleibenden) Effekte von Testosteron umso einleuchtender ist:

> Darüber hinaus vermeidet ›Transgeschlechtlichkeit‹ eine analytische Unterscheidung von *sex* und *gender*. Dies ist insofern notwendig, als die Konstitution transgeschlechtlicher Männlichkeiten eine Aushandlung, Umarbeitung und Reformulierung von Geschlecht und Männlichkeit an den Schnittstellen und Verknüpfungen beider Kategorien – *sex* und *gender* – erfordert. Der Bezug auf den Begriff Geschlecht ermöglicht eine Perspektivierung, die das Zusammen- und Gegeneinanderwirken der Konstruktionen von *sex*, Sexualität und *gender* in den Blick bekommt.[151]

Dieses Zusammen- und Gegeneinanderwirken muss zwangsläufig die Berücksichtigung von Medialität miteinschließen, wie Astrid Deuber-Mankowsky in Anlehnung an Donna Haraway für ihren Vorschlag von Gender als einem ›epistemischen Ding‹ formuliert hat:

> Statt die Spannung, die das Begriffspaar Sex/Gender erzeugt, aufzugeben, fordert sie, das biologische und das kulturelle Geschlecht als zwei unterschiedliche, miteinander verflochtene Wissenssysteme verstehen zu lernen. Dazu gehört, die vermeintlich natürlichen Gegebenheiten mit ihrer Medialität und ihrer spezifischen Geschichtlichkeit sowie ihren Ursprüngen aus Wissenschaften, Ökonomie und Technik zu konfrontieren.[152]

---

151 Hoenes, *Nicht Frosch – nicht Laborratte: Transmännlichkeiten im Bild*, S. 80, Herv. i. O.
152 Astrid Deuber-Mankowsky, »Eine Frage des Wissens: Gender als epistemisches Ding«, in *Gender goes Life: Die Lebenswissenschaften als Herausforderung für die Gender Studies*, hg. v. Marie-Luise Angerer und Christiane König (Bielefeld: transcript, 2008), S. 137–61, hier S. 158.

Preciado verweist auf die der Sex/Gender-Differenz eingelassene Unterscheidung von Essentialismus und Konstruktivismus und plädiert,
ebenfalls mit Bezug auf Haraway, für eine Position, die sich diesem
scheinbaren Widerspruch entzieht:

> Die Prothese, die *Hormone*, das Immunsystem, das *Web* etc.
> sind nur einige Beispiele für die Unmöglichkeit, den Grenzver-
> lauf zwischen >natürlichen Körpern< und >künstlichen Tech-
> nologien< festzustellen. [...] Aus kontrasexueller Perspektive
> wäre es besser, das Verhältnis Technologie/Körper zu prüfen
> und sich für die Tatsache zu interessieren, dass *Technologie eine
> Verkörperung* ist.[153]

Mit Bezug auf Haraways Konzept der Cyborg führt Preciado dazu aus,
was auch mit Blick auf die bereits erwähnte kybernetische Modellie-
rung von Hormonen und damit von Geschlecht zutrifft:

> Die mechanischen und kybernetischen Technologien sind
> keine neutralen Technologien, die in einem wissenschaftlichen
> Paradies geboren wurden, um dann, politisch zum Beispiel,
> falsch eingesetzt zu werden. Alle Technologien (von
> internet-kommunikativen HighTech-Systemen über LowTec-
> Techniken wie denen des Kusses bis zu gastronomischen
> Techniken) sind immer schon politische Systeme, die
> die Reproduktion der sozio-ökonomischen Strukturen
> sicherstellen. Donna Haraway: die Cybertechnologien sind
> das Resultat von Machtstrukturen, repräsentieren aber auch
> einen Ort des Widerstands, einen Raum der Neuerfindung
> der Natur.[154]

Trans* Vlogs sind Knotenpunkte solcher Cybertechnologien, an denen plattform-ökonomische Infrastruktur, digitale Videotechnologie,
endokrinologisches Wissen und dessen Praktiken, synthetisch hergestellte Hormone und (rassifiziert) vergeschlechtlichte Körper miteinander in Verbindung (ent-)stehen und Öffnungen für Widerständigkeiten bereithalten.

Für die Betrachtung der trans* Vlogs sei folglich noch einmal explizit festgehalten, dass das von Hoenes angeführte Zusammenspiel
geschlechtlicher Konstruktionen sowie die von Deuber-Mankowsky

---

153 Preciado, *Kontrasexuelles Manifest*, S. 118, Herv. sh.
154 Ebd., S. 126.

betonte Medialität immer auch eine zeitliche Dimension in die Betrachtung von trans* Männlichkeiten und ihren digitalen Bedingungen – insbesondere dem Testosteron als Technik – einbezieht. Es sind dabei die miteinander in Verschränkung stattfindenden Ablagerungsprozesse, die sowohl Männlichkeiten als auch Testosteron in Zusammenhang mit den medialen Praktiken stabilisieren. Die Effekte dieser Vorgänge sind Naturalisierungen, die jedoch gerade als Prozesse der gegenseitigen Selbstverständlichung durch Wiederholung (wiederholte Zuführungen des Hormons, wiederholte Aufnahmen) und die sich darin (nicht) einlösenden Erwartungen in Erscheinung treten. Insofern fordern die Vlogs über den Einsatz von Testosteron Männlichkeiten sehr wohl heraus.

In den trans* Vlogs als affektiven Medien sind Männlichkeiten mediale Effekte, die dabei jedoch auf die Materialität des Körpers angewiesen sind. Statt einer ästhetischen Deterritorialisierung, wie Rehberg sie für die schwulen *Butt*-Männlichkeiten festhält, findet mit den körperlichen Risiken, Wagnissen und Wünschen in den trans* Vlogs, so würde ich sagen, eine Re-Sedimentierung von Männlichkeiten statt. Mit diesem Begriff nehme ich die ambivalente Beziehung zu einer vermeintlichen Stabilität und Gewissheit von Männlichkeiten auf: Re-Sedimentierung meint zum einen, dass bereits verfestigte Strukturen (kurzzeitig) in Unruhe versetzt werden, um schließlich aber wieder zu ihrer vorherigen Ordnung zurückzufinden. Zum anderen kommt in der Vorsilbe Re- jedoch eine Beharrlichkeit zum Ausdruck, die den *Prozess* der Sedimentierung und Aufwirbelung fortwährend in Bewegung hält. Damit wird die entstehende Ordnung eines Sediments immer nur als eine vorläufige und potenziell instabile ausgewiesen. Darüber hinaus können eben jene Reibungen und Spannungsverhältnisse beschrieben werden, die entstehen, weil sich – wie Butler in Bezug auf das »Arsenal von ›Materialitäten‹« formuliert – die Kategorien, die diese Ordnungen ausbilden, als »*sowohl* beharrende *als auch* umstrittene Gebiete« erweisen.[155]

Mit einem Fokus auf Re-Sedimentierung ist es möglich, die Materialität des Körpers auf ihre Einlassung nicht nur in einzelne Bereiche, wie Butler festhält (und dabei unter anderem den Stoffwechsel und

---

155 Ebd.

die hormonale und chemische Zusammensetzung als Teil des materiellen Arsenals anführt), sondern insbesondere in medialen Praktiken zu untersuchen. So können trans* Vlogs, trans* Männlichkeiten und die Effekte von Testosteron beschrieben werden, ohne dabei eine dualistische Beurteilung dieses medialen Gefüges als hegemonial oder gegenhegemonial vorzunehmen. Denn die medialen Effekte der Vlogs erschöpfen sich nicht in der Bewertung, ob diese nun geschlechterpolitisch konservativ funktionieren oder eine Subversion binärer Geschlechter- und Begehrensmodelle vollziehen. Mit einer solch dualistischen Perspektive würde einhergehen, auch die Entstehung medialer Techniken und Praktiken in ein Narrativ einzubetten, das entweder die stetig fortschreitende Verbesserung zum Beispiel von Repräsentation oder Teilhabe hervorhebt oder eine Verschlechterung dieser Umstände beispielsweise durch zunehmende Monopolisierung der Plattformen oder mediale (Selbst-)Überwachung und (Selbst-)Optimierung feststellt.

Das Verhältnis der Vlogs zu Männlichkeiten ist ein ambivalentes, produzieren sie doch sowohl affirmative Aneignungen von stereotyp männlichen Merkmalen als auch ihre kritische Herausforderung. Der Begriff der Re-Sedimentierung ermöglicht es, sowohl die wiederholt stereotyp stabilisierte Bedeutung von Männlichkeiten und Testosteron für trans* Identifikationen anerkennen als auch gleichzeitig in den Blick zu nehmen, dass die trans* Vlogs in der Dynamik dieser Sedimentierung ein queeres Potenzial beinhalten. Mit der Betonung der Ablagerung gerät die zeitliche Dimension in den Blick, mit der sich Bilder, Diskurse, Wünsche und Begehren über einen unbestimmten Zeitraum anlagern und unter Umständen verfestigen, dabei aber immer auch der Möglichkeit ausgesetzt sind, in unterschiedlichen medialen Gefügen aufgewirbelt, aufgebrochen oder umgeformt zu werden – eine (un)mögliche Zukünftigkeit. In Anbetracht einer gleichzeitigen Hartnäckigkeit des Sediments lässt sich ebenso scharf stellen, wie Männlichkeiten als Sedimentierungen nicht nur auf geschlechtlichen, sondern auf geschlechtlich rassifizierten Ablagerungen aufbauen, also (unsichere) Zukünfte aufweisen. Race ist in Geschlecht eingelagert, aber offenbar schwerfälliger in Bewegung zu versetzen; denn *Weiß*sein wird in der Untersuchung von Männlichkeiten regelmäßig als gegeben vorausgesetzt.

Unter dem Aspekt der Zeitlichkeit kann mit dem Begriff der Re-Sedimentierung als einem Prozess innerhalb eines medialen Gefüges also untersucht werden, wie sich die jeweiligen Bilder, Begehren und Wünsche als Technologien von Geschlecht produzieren, distribuieren und zirkulieren. Der Begriff kann dabei sprachliche Einschreibungs-prozesse ebenso einholen wie er die Materialität der sich sedimen-tierenden Partikel in diesen Betrachtungen nicht ausschließen muss. Trans* Männlichkeiten sind entsprechend nicht allein auf einen ma-teriellen Körper beschränkt, aber auch nicht ohne ihn denk- oder lebbar.

#YOUCANTDELETEUS

Die trans* Vlogs auf YouTube fordern das vermeintlich selbstverständ-liche Verhältnis von Männlichkeiten zu Körpern, von Männlichkeiten zu Testosteron und von Männlichkeiten als Einschreibungen auch ras-sifizierter Differenzierungen heraus. Die Komplexität macht sich in den Ausfaltungen von Zeitlichkeiten bemerkbar, an denen deutlich wird, dass sie für verschiedene Vlogger die Option auf Zukunft und Zukünftigkeit in und mit dem Prozess der Transition unterschiedlich bereithalten. So mögen die Vlogs zwar auf den ersten Blick sowohl äs-thetisch konventionell als auch geschlechterpolitisch konservativ wir-ken.[156] Mit dem Argument der Re-Sedimentierung konnte jedoch ge-zeigt werden, dass zwar die festgestellte Konventionalität nicht falsch ist, aber die Effekte und Prozesse der Vlogs und des Testosterons über diese Dimension hinausweisen.

Politisch sind die trans* Vlogs dabei nicht nur in den mit ih-nen (un)möglich werdenden Zeitlichkeiten, in der Affirmation wie Umarbeitung von Männlichkeiten, in dem Bejahen eines Werdens, das mit Testosteron zwar beeinflusst, aber nicht gesteuert werden kann. Darüber hinaus sind sie allein schon in ihrem Vorhandensein auf YouTube ein Politikum, denn der im Mittelpunkt der Videos ste-hende trans* Körper mit seinen Bedürfnissen und Eigenschaften ist auf dieser Plattform eigentlich nicht vorgesehen. Dies wird besonders deutlich an den Videos, in denen der Umgang mit diesem Körper

---

156 Vgl. B. Ruby Rich, *New Queer Cinema: The Director's Cut* (Durham: Duke University Press, 2013), S. 276; Horak, »Trans on YouTube«, S. 581.

als geschlechtlich-sexuellem thematisiert wird, wie es beispielsweise in Videos geschieht, die das Packing erklären oder geeignete Produkte vorstellen.[157] Die YouTube-Videos können auf Meldung von Zuschauer_innen oder aufgrund algorithmischer Beschränkungen mit dem Status >demonetarisiert< versehen und damit faktisch der ökonomischen Verwertung entzogen werden, indem (so gut wie) keine Werbung mehr mit diesen Videos verknüpft wird. Eine für viele trans* Vlogger empfindliche Maßnahme, insofern nicht wenige einen Teil ihres Unterhalts als YouTuber bestreiten. Zudem ist es möglich, dass bei mehrmaligen (vermeintlichen) Verstößen gegen Richtlinien der Plattform letztlich der gesamte Kanal gesperrt wird. Die sehr explizite Beschreibung der eigenen Genitalien, sexueller Praktiken, der Handhabungen von Dildos, Packern und Sexspielzeug – also eine lustvolle, begehrende und begehrenswerte Erfahrung des Körpers – sowie die Injektion von Testosteron sind dabei nicht mit den von YouTube für Werbepartner_innen vorgesehenen Standards vereinbar.

Als einer von vielen produziert der Vlogger uppercaseCHASE1 regelmäßig solche Videos und thematisiert gleichzeitig, wie das darin geteilte Wissen sowohl über Meldungen durch User_innen als auch über die algorithmischen Bewertungs- und Ausschlussverfahren von YouTube erneut prekarisiert wird. Der Beschreibung seines Videos mit dem Titel *HOW TO PACK (FTM TRANSGENDER/NON BINARY)* stellt er folgenden Hinweis voran, bevor er ebenfalls in der Beschreibung Links zu Online-Shops für Packer teilt: »**THIS IS AN EDUCATIONAL VIDEO MEANT TO HELP TRANS MASCULINE INDIVIDUALS ALLEVIATE DYSPHORIA. THIS IS NOT SEXUALLY EXPLICIT. THIS IS NEEDED INFORMATION FOR THIS COMMUNITY**«.[158] Die Eindringlichkeit dieses Statements ergibt sich sowohl aus der durchgängigen Großschreibung wie den rahmenden Sternchen, die hier nicht auf den Asterisk der Schreibweise trans* verweisen, dafür aber die Ästhetik einer nachrichtlichen

---

157 Packing meint die Praktik, mithilfe von Epithesen, Socken oder anderem Equipment die Hose im Schritt auszufüllen, um auch über diesen optischen wie haptischen Eindruck eine Körperdysphorie zu verringern und/oder die Wahrscheinlichkeit sozialer Lesbarkeit als männlich zu erhöhen.

158 uppercaseCHASE1, *HOW TO PACK (FTM TRANSGENDER/NON BINARY*, 5. Mai 2018 <https://www.youtube.com/watch?v=ybZmzzobMGM> [Zugriff: 30. Mai 2025].

Eilmeldung imitieren und das Prinzip eines Warnhinweises umkeh-
ren, indem dem Video sinngemäß vorangestellt wird: >Achtung! Hier
muss nicht gewarnt werden.< Mit dieser Information reagiert er im
sehr spezifischen Wortlaut auf die Community-Guidelines von You-
Tube, in denen es heißt: »Nacktheit ist erlaubt, wenn sie hauptsächlich
pädagogischen, dokumentarischen, wissenschaftlichen oder künstlerischen Zwecken dient und ihre Darstellung nicht grundlos ist. [...]
Wenn du im Titel und der Beschreibung des Videos einen entsprechenden Kontext angibst, ist der Zweck deines Videos für uns und dein
Publikum leichter erkennbar.«[159] Der scheinbar gut gemeinte Rat,
über explizite Zuordnung einem Ausschluss entgegenzuwirken, ist für
trans* Personen perfide: YouTube formuliert damit einen Anspruch
maximaler Transparenz und Sichtbarkeit, ohne die bereits ausgeführte
Ambivalenz von und die unterschiedlich verteilten Risiken der Sichtbarkeit mitzudenken. Für die trans* Vlogger artikuliert sich darin eine
Erwartungshaltung, die eigene Nacktheit, sprich: Körperlichkeit einem implizit cis geschlechtlichen Publikum erklären zu müssen, ihm
und YouTube gegenüber zu einer Auskunft verpflichtet zu sein. Diese
Anrufung erzeugt Resonanzen mit Vorwürfen von Täuschung, mit
denen trans* Personen auch in anderen sozialen Situationen oft konfrontiert sind, was sogar zur Kriminalisierung führen kann oder dazu,
dass Verbrechen gegen sie nicht angemessen geahndet werden.[160] So
werden beispielsweise die Aufenthaltsmöglichkeiten in spezifischen
Räumen unter Reglementierungen gestellt, die den Zugang für jene
beschränken, die nicht einer cis-normativen Geschlechterzuordnung
angehören. Wer als trans* Mann in North Carolina eine öffentliche Toi-
lette für Männer betritt, verschafft sich laut einer verharmlosend auch
Bathroom Bill genannten Verordnung juristisch unberechtigten Zu-

---

159 Google, »Richtlinien zu Nacktheit und pornografischen Inhalten«, YouTube-Hilfe
<https://support.google.com/youtube/answer/2802002?hl=de> [Zugriff: 30. Mai
2025].

160 Immer wieder wird (tödliche) Gewalt gegen trans* Personen mit der Behauptung einer
geschlechtlichen Täuschung (sexual deception) in juristischen Verfahren relativiert
und die Schuldfrage dabei umgekehrt, vgl. Talia M. Bettcher, »Evil Deceivers and
Make-Believers: On Transphobic Violence and the Politics of Illusion«, *Hypatia*, 22.3
(2007), S. 43–65; vgl. auch Marie Draz, »Form Duration to Self-Identification?: The
Temporal Politics of the California Gender Recognition Act«, *TSQ: Transgender
Studies Quarterly*, 6.4 (2019), S. 593–607, hier S. 600.

tritt.[161] Eine trans* Frau wird vielerorts aus Schutzräumen für Frauen ausgeschlossen, weil sie angeblich die relative Sicherheit dieser Räume gefährde, statt dass sie sie benötigen könnte.[162]

Es ist die vermeintliche Verheimlichung von Körperlichkeit, die sich als vorgebliche Täuschung über ein vermeintlich >wahres< Geschlecht in diesen und anderen Regelungen als Vorwurf manifestiert. Dies bedeutet auch, dass eine Umkehr der Verantwortung für gewaltvolle Handlungen erfolgt: Verantwortlich ist dieser Logik folgend nicht die Person, die über physische oder psychische Übergriffigkeit Gewalt ausübt, sondern die Person, die vorgeblich Anlass zu dieser Handlung gibt. Indem YouTube festlegt, Videos sollen zur angeblich leichteren Erkennbarkeit mit einschlägigen textlichen Hinweisen versehen werden, reproduziert die Plattform eben diese als Sicherheitsmaßnahme verkaufte, letztlich aber diskriminierende Handlungsanweisung.[163] Die geforderte transparente Eindeutigkeit und, was in den Community-Richtlinien nicht expliziert wird, dieses ominöse >uns<, dem laut den Richtlinien die Einschätzung erleichtert werden soll, meint unter Umständen auch Mitarbeiter_innen des Konzerns, vor allem aber algorithmische Vorgänge, die schriftbasierte Einordnungen jedes Videos auf Basis der mit ihm verknüpften Schlagwörter, Beschreibungen und Titel vornehmen. Verärgert dokumentiert uppercaseCHASE1 seine Beobachtung, dass >transgender< offenbar als Schlüsselbegriff in einem solchen Katalog geführt wird und die Verwendung dieses Begriffs automatisch zur Demonetarisierung des entsprechend verschlagworteten Videos führt – unabhängig von dessen visuellem oder sprachlichem Inhalt.[164]

Letztlich ergibt sich daraus für die Vlogger allein die Wahl zwischen der einen oder anderen Form von Unsichtbarkeit: Geben sie

---

161 Vgl. Fußnote 102 auf S. 169.

162 Vgl. u. a. Ewert, *Trans. Frau. Sein.*

163 Im Kontext der an trans* Personen gerichteten Aufforderung zur permanenten Vereindeutigung via (Selbst-)Dokumentation wäre es interessant zu überlegen, wie ein vom postkolonialen Theoretiker Édouard Glissant formuliertes >Recht auf Opazität< (right to opacity) in Reaktion auf YouTubes Transparenzanweisungen ausgeübt werden könnte. Siehe Édouard Glissant, *Poetics of Relation* (Ann Arbor: University of Michigan Press, 2010), S. 189.

164 Vgl. uppercaseCHASE1, *ANTI-LGBT ADS ON MY TRANS VIDEOS: YOUTUBE HYPOCRISY [CC]*, 2. Juni 2018 <https://www.youtube.com/watch?v=0ZcYaoovQhw> [Zugriff: 30. Mai 2025], 00:30–01:47.

trans* nicht als Schlagwort für ihr Video an, wird es einerseits bei entsprechenden Suchen nicht gefunden. Andererseits gehen sie damit das Risiko ein, wenn das Video denn gesehen wird, dass es nicht als informativ >erkannt< und in Konsequenz als >schädlich< eingestuft oder gar entfernt wird. Umgekehrt führt die deutliche Markierung als trans* dazu, dass entsprechende Videos von vornherein einer limitierten Distribution innerhalb der marktlogisch operierenden Plattform unterliegen. So werden trans* Personen mit einem Authentizitätsanspruch konfrontiert, der konservativen Geschlechterlogiken folgt. Ihre Videos werden – entsprechend eines solchen Konservatismus – auch als schlechter vermarktbar eingestuft. Das hat den Effekt, dass die Videos nur noch einer eingeschränkten Öffentlichkeit von User_innen vorgeschlagen und lediglich bestimmten oder sogar gar keinen Werbepartner_innen zugeordnet werden.

Verstoßen Videos gegen Richtlinien, können sie nicht nur einer limitierten Reichweite unterliegen, indem sie beispielsweise mit Altersbeschränkungen versehen sind und damit nur von User_innen angesehen werden können, die ein Google-Konto haben und darin ihr bzw. ein geeignetes Geburtsdatum hinterlegen. Verstoßen sie jedoch in massiver Weise, werden einzelne Videos auch entfernt. Dieser Vorgang führt automatisch zu einer permanenten Verwarnung des Kanals, wobei mit einer dritten Verwarnung der Kanal vollständig gelöscht wird.[165]

Im Frühjahr 2018 wurden vielfach Videos von LGBTIQ-YouTuber_innen als vorgeblich unangemessen gemeldet und teilweise entfernt.[166] Ein Video von uppercaseCHASE1, in dem er seine Brust nach der Mastektomie zum ersten Mal zeigt, wird in dieser Zeit mit dem Hinweis auf Gewalt gesperrt und sein Kanal

---

165 Vgl. Google, »Verwarnungen wegen eines Verstoßes gegen die Community-Richtlinien«, YouTube-Hilfe <https://support.google.com/youtube/answer/2802032?hl=de> [Zugriff: 30. Mai 2025].

166 Auch vor 2018 gab es Phasen, in denen es verstärkt zu Meldungen und Ausschlüssen von LGBTIQ-Inhalten kam, vgl. Tobias Raun, »Interview with Blogger/Vlogger FinnTheInficible: >People Don't Like Making Themselves Public for Having Phalloplasty<«, *TSQ: Transgender Studies Quarterly*, 5.2 (2018), S. 281–89.

folglich verwarnt.[167] Abgesehen von der völlig unzutreffenden
Begründung ist der Ausschluss auch wegen des Themas in diesem
Video interessant: Am konkreten Umgang mit der Nacktheit von
Oberkörpern zeigt sich, wie Körper vergeschlechtlicht werden. Für
viele trans* männliche Vlogger ist gerade die Form des Oberkörpers
mit breiten Schultern und einer flachen Brust von großer Bedeutung
für die Selbstwahrnehmung.[168] Mit welchen Eigenschaften gilt
aber eine Brust als männlich und darf entsprechend als nackte
Brust auf YouTube gezeigt werden, wohingegen eine als weiblich
wahrgenommene Brust und insbesondere die Brustwarzen sexualisiert
werden und bedeckt sein müssen? Mit dem Upload eines Videos, das
einen nackten Oberkörper zeigt, gehen die Vlogger also nicht nur das
Risiko ein, verwarnt oder gar gesperrt zu werden. Sie riskieren zudem,
über die Meldung von unangemessener Nacktheit falsch gegendert
zu werden, wenn ihr Oberkörper als weiblich gelesen und dessen
Nacktheit als Grund für eine Meldung behauptet wird. Umgekehrt
kann ein erfolgreich bei YouTube platziertes, d.h. nicht beanstandetes
Video mit entsprechend nacktem Oberkörper im Gegenteil auch
das männliche *Passing* bestätigen: Ja, deine Brust darf nackt gezeigt
werden, denn dein Körper wird von uns als ein männlicher erkannt.

Unter den im Mai 2018 verwarnten und entfernten (zum Teil
nach Beschwerde der YouTuber wieder freigeschalteten) Videos sind
auch solche, in denen Testosteron im Kontext einer geschlechtlichen
Transition thematisiert wird. So genügte beim Vlogger Ty Turner
schon allein die visuelle Aufnahme vom Rezept für Testosteron, damit das Video als »gewaltvolle oder gefährliche Handlungen« (vio-
lent or dangerous acts) befördernd eingestuft und verwarnt wurde.[169]
Die Richtlinien zur Unterbindung solcher vermeintlich gefährdenden
Handlungen spezifizieren, wie Ty Turner über einen Screenshot der
Verwarnung ausweist, den er in sein Video montiert: »For example,
it's not okay to post videos showing drug abuse, underage drinking

---

167 Vgl. Aaron Ansuini, *Dear youtube: You Can't Delete Us (ft. Chase Ross)*, 7. Juni 2018
     <https://www.youtube.com/watch?v=MUhdKSr5n-w> [Zugriff: 30. Mai 2025],
     01:04–01:08.

168 Siehe dazu Kapitel 1.

169 Ty Turner, *Before YouTube Deletes My Channel…*, 29. April 2018 <https://www.
     youtube.com/watch?v=C02DNZqgCjI> [Zugriff: 30. Mai 2025], 01:08.

and smoking, or bomb making.«[170] Hier wird die Testosteroninjektion vermutlich als Drogenmissbrauch klassifiziert und das Video aufgrund dessen gesperrt. Erst nach einem Widerspruch wird es wieder freigeschaltet und die Verwarnung zurückgenommen. Trotzdem wird die Testosteroninjektion im Zuge einer geschlechtlichen Transition in Zusammenhang gebracht mit der Herstellung von terroristischem Material. Auch der Vlogger Aaron Ansuini erhält eine Verwarnung für ein Video, in welchem er eine Anleitung dazu gibt, wie man sich Testosteron sicher injiziert.[171]

Aaron Ansuini und uppercaseCHASE1 reagieren gemeinsam auf diese und ähnliche Vorgänge – unter anderem bemerken User_innen, dass LGBTIQ-feindliche Werbeanzeigen vor einzelne Videos von trans* und LGBT-Vlogger_innen geschaltet werden. Sie initiierten auf Twitter den Hashtag #YouCantDeleteUs, der die Ambivalenz und Komplexität des trans* Vloggens auf YouTube verdeutlicht. Der Hashtag formuliert ebenso eine Forderung nach Anerkennung wie auch eine trotzige Widerständigkeit gegen selbige.[172] Die trans* Vlogs haben queeres und emanzipatives Potenzial, das sich in den Effekten des Testosterons auch als sozialem Medium realisiert. Gleichzeitig bleibt YouTube eine ökonomisch organisierte Plattform mit enormer Marktmacht, deren Vorgaben und Richtlinien zugleich normierend und normalisierend wirken. Nicht alle Körper können gezeigt werden und nicht alle werden wiederum gleichermaßen in den Ergebnissen einer Suche angezeigt.

Eine Selbstdokumentation auf YouTube entkommt somit weder den sozialen Hierarchien, den ökonomischen Bedingungen noch dem Modus der institutionellen Dokumentation, mit der trans* Personen sich zumeist auseinandersetzen müssen, wenn sie ihren Vornamen und/oder Geschlechtseintrag ändern, sich Hormone verschreiben oder Operationen durchführen lassen wollen. Sie erweitert aber die Möglichkeiten dessen, was zur Dokumentation kommen kann. Im unbestimmten Werden, dem Eingehen von Wagnissen und dem Eingeständnis von Zweifeln werden die Zeitlichkeiten aufgefächert, die

---

170 Ebd.
171 Vgl. Ansuini, *Dear youtube: You Can't Delete Us (ft. Chase Ross)*.
172 Vgl. ChaseRoss, 6. Juni 2018 <https://twitter.com/ChaseRoss/status/1004411624936091648> [Zugriff: 30. Mai 2025].

für eine geschlechtliche Transition mit Testosteron von protokollarischer Seite vorgesehen sind. Re-Sedimentierungen finden mit und in den Gefügen statt, als die die trans* Vlogs mit Testosteron hier in Erscheinung treten und das Verhältnis von Hormon und Geschlecht, von Testosteron und Männlichkeit sowohl bestätigen als auch herausfordern. Re-Sedimentierungen finden gerade auch dann statt, wenn Videos hochgeladen und online zur Verfügung gestellt werden, die mit der Injektion von Testosteron Praktiken dokumentieren, die von YouTube als vermeintlicher Drogenmissbrauch ebenso wenig geduldet werden wie die Anleitung zum Bau einer Bombe. Mit den Richtlinien und der Sperrung von Videos werden Vorkehrungen getroffen, die eine Aufwirbelung der >Ablagerungen< verhindern sollen. Die Praktiken der Testosteroninjektion entfalten unter Umständen eine Wucht, die der Detonation einer Bombe gleichkommt – zumindest in Bezug auf eine Erschütterung des binären cis-heteronormativen Geschlechterverhältnisses. Dabei bleiben die trans* Männlichkeiten selber prekär, ihre Anwesenheit auch auf dieser Plattform herausgefordert.

Insofern trans* Körper und ihre Bedarfe mit diesen Videos in einen öffentlichen Raum eintreten und ihre Existenz dort behaupten, findet auch eine Umarbeitung dieses Raumes statt, wie Tobias Raun mit Verweis auf Michael Warner festhält: »[T]he vloggers' audiovisual presence and requests for other trans people to start vlogging can be regarded as attempts to transform not just policy, but the space of public life itself.«[173] Mit der impliziten oder sogar expliziten Einladung an andere, ebenfalls trans* Vlogs zu produzieren, entstehen aber nicht allein neue Räume und neue Öffentlichkeiten. Es entstehen dabei neue Zeitlichkeiten und zeitliche Verhältnisse, die sowohl konkrete (un)sichere Zukünfte der Einzelnen und der Community ermöglichen als auch sich in Richtung (un)mögliche Zukünftigkeiten öffnen.

Darüber hinaus aktualisieren die trans* Vlogs Vergangenheiten, die ein Sprechen über das eigene Gewordensein ermöglichen und *ermöglicht haben werden*. In Kenntnis bereits bestehender Vlogs auf YouTube produzieren neu hinzukommende Vlogger ihre Videos in Antizipation eines solchen retrospektiven Blicks – zurück von einer ebenfalls projizierten Zukunft her. Die grammatische Form des Futur

---

173 Raun, *Out Online*, S. 171.

II (wird ermöglicht haben) behauptet dabei eine vollendete Zukunft, die Abgeschlossenheit einer zukünftigen Handlung. Die Dokumentation des Werdens in und mit den trans* Vlogs wiederum erweitert diese Erwartung einer zeitlichen Dimension der sich einstellenden Abgeschlossenheit und hält sie offen: Auf die in Update-Videos dokumentierten Transitionen können sowohl der Vlogger selbst wie auch andere Zuschauer_innen zwar zurückblicken, doch lässt die Struktur der Vlogs keine Schließung, keine Vollendung der Transition zu. Auch lassen sich die Affekte darin nicht als vergangene in eine zeitliche Distanz bringen. Insofern stellt sich mit der anhaltenden Verfügbarkeit der Videos auf YouTube, mithin der Aufbewahrung der trans* Vlogs als Effekte selbstdokumentarischer Praktiken, die Frage nach archivarischen Funktionen der Vlogs und den damit verbundenen Zeitlichkeiten. Diese erschöpfen sich nicht in der Frage nach (un)möglichen Zukünftigkeiten bzw. müssen ebenfalls fragen, welche Vergangenheiten die (un)sicheren Zukünfte entwerfen – sowohl in einzelnen Kanälen wie auch in Betrachtung der kollektiv entwickelten Praktik des Vloggens.

4. (Selbst-)Dokumentarische Praktiken und trans* Archive

Bei den trans* Vlogs mit Testosteron handelt es sich mit Deleuze/Guattari um Gefüge.[1] Gefüge verbinden Begehren und Techniken, gehen aber auch aus diesen komplexen Verschränkungen von Praktiken und Begehren, Medien und Substanzen erst hervor. Somit sind auch Begehren und Techniken dem Gefüge nicht vorgängig. Auf die Vlogs übertragen heißt dies, dass Hormon und Plattform nicht vorgängig als Objekte für eine Nutzung zur Verfügung stehen oder voluntaristisch eingesetzt werden könnten. Als Gefüge entziehen sie sich einer ontologischen Bestimmung und produzieren zudem Überschüsse, die epistemisch nicht eingeholt werden können. Es entstehen Zeitlichkeiten, die z. B. mit Staunen, Verwunderung, Sorgen verbunden sind – affektive Effekte der Medien, die die Transitionen nicht deterministisch prägen, sie aber gleichwohl mit hervorbringen. Hierbei stehen Geschlecht und Medien in einem komplexen Wechselverhältnis. Bei der Analyse der trans* Vlogs ist deutlich geworden, dass diese in Bezug auf Männlichkeiten sowie die Zeitlichkeiten einer Transition von Begehren durchdrungen sind. In diesem Sinne müssen sie stets prozessual und dynamisch gedacht werden. Die Abläufe sind weder linear

---

1 Vgl. Gilles Deleuze und Félix Guattari, *Tausend Plateaus: Kapitalismus und Schizophrenie II*, übers. v. Gabriele Ricke und Ronald Voullié (Berlin: Merve 1997).

noch teleologisch und somit weder strategisch planbar noch bewusst
zu lenken.

Vor diesem Hintergrund ungewisser, aber dennoch oder gerade
deswegen begehrter Zeitlichkeiten ist es lohnenswert, nach dem bisherigen Fokus der Analysen auf Testosteron und Zeitlichkeit noch einmal
explizit auf die Praktik der (Selbst-)Dokumentation zurückzuführen.
Dies erlaubt mir, die Vlogs an die Frage nach dem Status des Dokumentarischen zurückzubinden.[2] Was bedeutet das Dokumentarische,
wenn es aus der Perspektive des Gefüges betrachtet wird? Das Dokument, beispielsweise in Form des Ausweises, des Gutachtens, der
Urkunde oder des Zertifikats, beglaubigt, verbürgt sich für die Richtigkeit von Informationen, die es sammelt und bewahrt, für die Echtheit
des Subjekts, auf das es ausgestellt ist. Es ist über die ausstellende
Institution mit einem Anspruch auf Autorität und Authentizität ausgestattet, wird jedoch seinerseits erst zum Dokument, indem es diese
Eigenschaften annimmt oder zugesprochen bekommt. Herausgefordert ist das Dokument dort, wo seine Echtheit angezweifelt wird und
diese Eigenschaften unsicher erscheinen.

Eine Herausforderung erfolgt jedoch auch dann, wenn das, was
zur Dokumentation kommen soll, die Eigenschaften der Echtheit,
des Authentischen, der Identität und der Autorität zurückweist. Geschlecht, und das meint hier insbesondere die vergeschlechtlichten
Körper, stehen demnach in einer machtvollen Dynamik von Zugriffen
und Rückzügen. Die Zweischneidigkeit von Dokumentation zwischen
Zurichtung und Anerkennung bedeutet für trans* Personen und ihre
Transitionen Konsequenzen, die anhaltend diskutiert und problematisiert werden. Diese Konsequenzen sind für trans* Männer in besonderer Weise relevant, denn »Männlichkeit ist kulturell auf andere Weise
als Weiblichkeit auf Echtheit verpflichtet«.[3]

---

2   Vgl. Friedrich Balke, Oliver Fahle und Annette Urban, »Einleitung«, in *Durchbrochene Ordnungen: Das Dokumentarische der Gegenwart*, hg. v. Friedrich Balke, Oliver Fahle und Annette Urban (Bielefeld: transcript, 2020), S. 7–19.

3   Peter Rehberg, »Post Phallus: Wie queer ist der Hipster?«, *Wespennest*, 170 (2016), S. 66–69, hier S. 67. Den verschärften Anspruch einer ›authentischen‹ Männlichkeit für die bestätigende Anerkennung von trans* Männern im Versuch einer Abgrenzung zu lesbischen Männlichkeiten vollzieht Jacob Hale nach, vgl. Jacob C. Hale, »Consuming the Living, Dis(re)membering the Dead in the Butch/Ftm Borderlands«, *GLQ: A Journal of Lesbian and Gay Studies*, 4.2 (1998), S. 311–48.

Mein erneuter Hinweis auf den immensen Dokumentationszwang für trans* Personen einerseits sowie andererseits den Wunsch, eine Transition selbstbestimmt dokumentieren zu können, dient hier dazu, den Blickwinkel auf trans* Vlogs abschließend noch einmal zu verschieben. Die bisher geleisteten Untersuchungen haben die Zeitlichkeiten des Testosterons im Kontext der trans* Vlogs auf YouTube als queere Zeitlichkeiten ausgewiesen. Demnach kann Testosteron im Gefüge mit YouTube selbst als soziales Medium beschrieben werden, das durch die zeitgleiche Erfahrung in den Vlogs Verbindungsqualitäten von unterschiedlicher Vulnerabilität und prekärer Zeitlichkeit herstellt. Im Folgenden möchte ich nun durch eine Umkehr der Perspektive auch YouTube mit Hilfe von Testosteron in einer Weise betrachten, die die Zeitlichkeiten dieser Plattform in ihrer Funktion als Sammlung und Verwahrung der trans* Vlogs verdeutlichen kann. Hierbei gehe ich davon aus, dass die trans* Vlogs als Medien der Transitionen zeitlich gefasste digital-mediale Phänomene sind, die ihr konstitutives Potenzial, (un)mögliche Zukünfte zu eröffnen, nur entfalten können, indem sie sich gleichzeitig zu verschiedenen Vergangenheiten, Erinnerungen und Tradierungen in Beziehung setzen beziehungsweise selbige überhaupt erst gestalten.

Deshalb rücke ich in diesem letzten Kapitel die zwar stets mitgeführte, aber weniger explizit adressierte Dimension der Vergangenheit(en) in den Fokus. Untersucht werden soll, wie unter Anerkennung des Begehrens *nach* wie auch der herausfordernden Umstände einer Herstellung *von* trans* Archiven und trans* Geschichte(n), die trans* Vlogs Eingang in trans* Archive finden. Diese Verschiebung des Interesses auf Vergangenheit(en) bedeutet keine Veränderung der Blick*richtung*, da sich Zeitlichkeiten bereits als nicht-linear herausgestellt haben und entsprechend nicht als eine Abfolge von Erlebtem betrachtet werden können, das entweder *vor* oder *nach* einer gegenwärtig erfahrenen Zeit läge. Vielmehr trägt dieser veränderte Fokus einer Beobachtung Rechnung, die auch die Autor_innen einer Sonderausgabe der *Somatechnics* zu »Trans Temporalities« machen:

> It should be noted that while the future may be a time/place in which trans temporality studies feels most easily ›at home,‹ trans pasts — subjective or historical — are a trickier matter. For example, what kind of trans is a person before they

understand themselves as trans? If, as Trish Salah notes in her article for this special-issue, many trans people ›cease being trans through transitioning‹ (p. xx in this issue), how do we attend to the pre-trans subject's trans embodiment, if we can call it ›trans‹ at all? We wonder whether this largely unanswered question suggests the transnormative temporality of ›born in the wrong body‹ still maintains a hold on how we consider the full lifetime of trans subjects.[4]

Bezeichnenderweise ist diese Bemerkung selbst lediglich in einer Fußnote angefügt und lagert damit die Frage nach der Beschäftigung mit ›vergangenen‹ Zeiten gewissermaßen aus. Dabei ist das Interesse an einer Suche *nach* und damit gleichzeitig der Herstellung *von* Vergangenheit(en) auch in trans* Kontexten groß und manifestiert sich insbesondere in einem Begehren nach Archiven und der Diskussion archivarischer Praktiken, die in der Lage sein könnten, Trans*sein als lebbar zu erzählen und zu bewahren. In den Trans Studies zeugen davon in den vergangenen Jahren unter anderem eine Sonderausgabe des Journals *Transgender Studies Quarterly* »Archives and Archiving« sowie drei Jahre später eine weitere zu »Trans*historicities«, deren Herausgeber_innen unter diesem Neologismus Methoden und Praktiken versammeln, die entsprechende Beobachtungen und Begegnungen ermöglichen: »providing language to describe embodiment across time, and forging a creative space in which evidentiary and imaginative gestures might meet«.[5] Die in dieser Ausgabe veröffentliche Roundtable-Diskussion befragt zudem die Geschichtlichkeit der eigenen Perspektiven und entwirft Fluchtlinien für gegenwärtig gefragte Theoriebildung in queertheoretische Debatten hinein.[6] Die beteiligten Forscher_innen aus den Trans Studies und der Queer Theory stellen ihre jeweiligen theoretischen Zugänge zur komplexen Durchdringung von trans*, Zeitlichkeiten und Geschichte explizit ins Verhältnis zu Positionen, die 2007 in einer für queertheoretische For-

---

4   Simon D. E. Fisher, Rasheedah Phillips und Ido H. Katri, »Trans Temporalities: Guest Editor's Introduction«, *Somatechnics*, 7.1 (2017), S. 1–15, hier S. 14.

5   Leah Devun und Zeb Tortorici, »Trans, Time, and History«, *TSQ: Transgender Studies Quarterly*, 5.4 (2018), S. 518–39, hier S. 534.

6   Vgl. M. W. Bychowski, Howard Chiang, Jack Halberstam, Jacob Lau, Kathleen P. Long, Marcia Ochoa und C. Riley Snorton, »›Trans*historicities‹: A Roundtable Discussion«, *TSQ: Transgender Studies Quarterly*, 5.4 (2018), S. 658–85.

schungen zu Zeitlichkeiten maßgeblichen und ebenfalls als – wenn auch schriftlichen – Roundtable-Diskussion geführten Auseinandersetzung entwickelt wurden.[7]

Ebenfalls seit 2007 bestehen die Transgender Archives an der Universität von Victoria, die, so Mitbegründer Aaron Devor, als »Grundlagen für die Zukunft« (foundations for the future) fungieren.[8] Sie sind demnach nicht nur in einer zeitlichen Ordnung sehr eindeutig und buchstäblich verankert, sondern sogar selbst als Verankerung verstehen, worauf ich später noch zurückkommen werde. In Hamburg gründete sich 2013 das Lili Elbe Archiv als »unabhängiger Ort zur Überlieferung der eigenen Geschichte nicht-normativer Geschlechtlichkeiten« innerhalb Deutschlands.[9] Es ist angeschlossen an das US-amerikanisch geprägte, aber an globalen Inhalten interessierte Dokumentations- und Recherchenetz *Digital Transgender Archive*, das seit 2015, wie es im Selbstverständnis heißt, dem Vorhaben folgt: »to increase the accessibility of transgender history by providing an online hub for digitized historical materials, born-digital materials, and information on archival holdings throughout the world«.[10]

Im Schwulen Museum in Berlin war von November 2019 bis März 2020 die Ausstellung »TransTrans – Transatlantic Transgender Histories« zu sehen, die mit Fokus auf die erste Hälfte des 20. Jahrhunderts trans* Geschichten mittels Archivarbeit erzählbar machte. Dafür spannen die Kurator_innen ein TransTrans-Netzwerk auf, das auch

---

7   Vgl. Carolyn Dinshaw, Lee Edelman, Roderick A. Ferguson, Carla Freccero, Elizabeth Freeman, Jack Halberstam, Annamarie Jagose, Christopher S. Nealon und Tan H. Nguyen, »Theorizing Queer Temporalities: A Roundtable Discussion«, *GLQ: A Journal of Lesbian and Gay Studies*, 13.2–3 (2007), S. 177–95.

8   Aaron H. Devor, *The Transgender Archives: Foundations for the Future* (Victoria: University of Victoria Libraries, 2014).

9   Lili Elbe Archiv, »Eine Bewegung braucht ein Archiv. ...oder auch: Unsere Geschichte gehört uns« (2015) <https://web.archive.org/web/20190721160519/http://www. lili-elbe-archive.org/selbstbild.html> [Zugriff: 30. Mai 2025]. Die Webseite existiert seit 2022 nicht mehr; der Link führt zum Internet Archive Wayback Machine, in der noch alte Fassungen zur Verfügung stehen.

10   Digital Transgender Archive, »Overview« <https://www.digitaltransgenderarchive. net/about/overview> [Zugriff: 30. Mai 2025]. Das Archiv problematisiert für das eigene Vorhaben, inwiefern eine trans* Geschichte, der explizit ein dem Globalen Norden entstammendes Verständnis von Geschlechtlichkeit zugrunde liegt, darüber hinausgehende Geschlechterkonzepte, Materialien und Lebenswirklichkeiten erfassen kann.

optisch interpretiert wird: Im Eingang zum Ausstellungsraum finden
sich auf einer mehrere Meter langen und hohen Wand Namen und
Fotos von trans* Personen sowie zeitgenössische Veröffentlichungen,
die für das jeweilige/damalige Selbstverständnis als trans* maßgeblich
sind/waren. Des Weiteren sind sexual- und hormonwissenschaftliche
oder medizinische Forscher (sic!) sowie deren Institutionen notiert.
Die Wand ist senkrecht in farbige Bahnen unterteilt, die Bahnen wiederum markieren jeweils spezifische, für den Entwurf dieser trans*
Geschichten einschlägige Orte und Zeiträume. Die Personen, Texte
und Institutionen sind über kleine, runde Täfelchen den verschiedenen Bahnen zugeordnet und damit räumlich und zeitlich situiert –
unter anderem Lili Elbe in »Berlin 1900–1933«, Eugen Steinach in
»Wien/Vienna 1910–1940« und Carla Erskine in »San Francisco
1904–1966«.[11] Trotz dieser konkreten Verortungen und der horizon-
talen Anordnung der örtlich markierten Zeitabschnitte ergibt sich auf
Basis dieses Netzwerks keine lineare oder kausale Erzählung von trans*
Geschichten: Zu groß und zumeist überlappend sind die jeweiligen
Zeitrahmen angegeben. Zudem sind alle Täfelchen entsprechend der
Beziehungen und Kontakte der jeweils benannten Personen und Institutionen über Fäden miteinander verbunden. Aus den vielen Fäden,
die sich zum Teil quer über die Wand spinnen, ergibt sich ein Netzwerk der Überkreuzungen und Verdichtungen. Auch wenn aufgrund
der Statik der Installation in diesem Netzwerk optisch erneut Zentren
und Peripherien entstehen und manifestiert werden, so lassen sich die

---

11   Lili Elbe war eine dänische Malerin, die in Berlin unter anderem mit Magnus Hirsch-
      feld in Kontakt trat, um geschlechtsangleichende Operationen durchführen zu lassen.
      Eugen Steinach forschte umfassend zur Wirkung sogenannter Geschlechtshormone
      und war einer der ersten, der auch bei Menschen operativ Keimdrüsengewebe ex-
      trahierte und/oder transplantierte. Carla Erskine war eine trans* Frau und zentrale
      Figur eines Freund_innenkreises, der mit Harry Benjamin als einem damals führend
      forschenden und bis weit ins 20. Jahrhundert hinein einflussreichen Endokrinologen
      in Kontakt stand. Ihr Wohnzimmer wurde für ein Filmprojekt nachgebildet, in dem
      trans* und nicht-binäre Personen aus dem heutigen Berlin unter anderem auf Aus-
      züge aus Erskines Briefen an Benjamin reagieren und ihre jeweiligen Perspektiven
      auf Geschlecht sowie ihre Erfahrungen in das »TransTrans«-Netzwerk einweben. Das
      Video ist auf YouTube verfügbar, womit sich das affektive Netzwerk einer Suche nach
      Geschichte(n) auch in das mediale Umfeld der trans* Vlogs ausstreckt, vgl. Schwules
      Museum, *Carlas Wohnzimmer*, 9. April 2020 <http://www.youtube.com/watch?v=
      5T-zfT7DZuQ> [Zugriff: 30. Mai 2025].

Verbindungen darin doch auf vielfältige Weisen nachvollziehen und erzählbar machen.

Der Name der Ausstellung »TransTrans« deutet auf den ersten Blick allein auf eine doppelte Bedeutung des Transits oder der Transition hin, in diesem Fall auf die geschlechtlichen Übergänge sowie die Bezüge zwischen Personen und Räumen, die in Europa, den USA und Nordafrika lokalisiert werden. Bei näherer Betrachtung des kuratorisch vielfältig ausgesponnenen Netzwerks ergibt sich über diese Doppelstellung der Vorsilbe trans der Eindruck einer Multiplizierung oder sogar Potenzierung dieser Übergänge und ihrer Geschichten: Ein Besuch der Ausstellung lässt sich an verschiedenen Stellen beginnen und in unterschiedliche Richtungen fortsetzen; es ist möglich, in Schleifen wieder zu vorherigen Orten oder Personen zurückkommen und von dort anderen Fluchtlinien zu folgen. Der Eindruck der Potenzierung verstärkt sich, wenn die Voraussetzungen dieses Netzwerks berücksichtigt werden: Es ist gesponnen anhand vornehmlich privater Kommunikation, von Briefen und Fotos, die freundschaftliche Verbindungen materialisieren. Aus diesem Wissen deutet sich ein affektiver Überschuss an, ein Potenzial für zukünftige Leben, das auf vielfältigen und geteilten Erfahrungen und Wissen beruht, das die Wandinstallation selbst nicht einholen kann. Wohl aber stellt sie verschiedene Formen der Dokumentation, private wie öffentliche, informative Filme sowie Fotos aus vertrauten Kontexten in ein Verhältnis zueinander und problematisiert dabei die Anerkennung von Dokumenten, die sich insbesondere aus der noch immer hegemonialen Prägung von trans* Geschichten durch pathologisierende Forschungen und Veröffentlichungen ergibt. Dieser Überschuss steht jedoch auch in Verbindung zu einem sehr wohl in der Ausstellung thematisierten, jedoch nicht in der Installation notierten Entzug: TransTrans erzählt Geschichte(n) von trans* Frauen. Trans* Männer sind in dieses versponnene Netzwerk nicht aufgenommen. Ebenfalls abwesend sind Schwarze Personen und Personen of Color.[12]

---

12   Vgl. Jonah I. Garde, *Trans* Geschichten der Moderne: »Geschlechtsumwandlung«* im *20. Jahrhundert und ihre kolonialen Geister* (Bielefeld: transcript, im Erscheinen), S. 117–21.

In der Auseinandersetzung darum, »was als ›trans‹ gilt, was als
Nachweis gilt« (what counts as ›trans‹, what counts as evidence),[13]
stellt sich einmal mehr die Frage, wie insbesondere trans* Körper in
ihrer Materialität Eingang in Dokumentationsweisen finden und in archivarischen Suchen auffindbar werden können. Diese Auffindbarkeit
zielt nicht in erster Linie darauf ab, Fotografien von oder schriftliche
Dokumente über trans* Körper aufspüren, versammeln und zugänglich zu machen. Vielmehr liegt der Einsatz darin, die Materialisierung
einer spezifischen Zeitlichkeit des lebendigen Körpers dokumentieren
zu können. Dies gilt insbesondere für die trans* Vlogs auf YouTube,
deren mediale Anordnung in besonderer Weise Möglichkeiten dieser Materialisierungen bereithält, deren archivarischer Gestus aber
im Folgenden noch zu klären ist. Eine entsprechende Herausforderung an archivarische Praktiken ist begleitet von sehr pragmatischen
Überlegungen in terminologischer und taxonomischer Hinsicht: Da
trans* als Selbstbezeichnung noch relativ jung ist, müssen zum einen ältere Dokumente und Materialien stets in Rücksicht auf die Umstände
ihrer Entstehung auf eine solche retrospektive Einordnung befragt
werden.[14] Zum anderen gilt es zu bedenken, dass ›trans*‹ kein hilf-
reicher Suchbegriff in Datenbanken ist, obgleich der Asterisk für die
aktivistische und mittlerweile auch theoretische Anerkennung einer
Offenheit von ›trans‹ gerade in Anlehnung an die Funktion eines
Platzhalters (Wildcard) aus der digitalen Datenverarbeitung übernom-
men worden ist: Dort steht er für die mögliche Ergänzung beliebiger
und beliebig vieler Zeichen, was folglich bei einer digitalen Suche zu
einer immensen Breite möglicher Ergebnistreffer führt und in dieser
fehlenden Spezifik für eine präzise Suche ungeeignet ist.

Die Popularität der trans* Vlogs auf YouTube verstehe ich ebenfalls als Ausdruck eines Begehrens nach einem trans* Archiv.[15] Wie
bereits erwähnt, gehe ich hierbei davon aus, dass die trans* Vlogs
nicht nur an bestehende (visuelle) Archive von vergeschlechtlichten

---

13   Susan Stryker und Paisley Currah, »General Editor's Introduction«, *TSQ: Trans-
      gender Studies Quarterly*, 2.4 (2015), S. 539–43, hier S. 541.

14   Vgl. K. J. Rawson, »Introduction: ›An Inevitably Political Craft‹«, *TSQ: Transgender
      Studies Quarterly*, 2.4 (2015), S. 544–52, hier S. 545.

15   Vgl. Tobias Raun, *Out Online: Trans Self-Representation and Community Building on
      YouTube* (New York: Routledge, 2016), S. 46.

und rassifizierten Körpern anknüpfen und sie umarbeiten, sondern selbst auch archivarische Praktiken entwerfen. Mein Interesse besteht also nicht darin, trans* Personen in spezifischen Vergangenheiten zu lokalisieren oder anhand historischer Biografien genealogische Verbindungen zu heutigen Lebensweisen als trans* zu entwerfen oder die Entstehung von Archiven über die Jahrhunderte hinweg zu verstehen.[16] Vielmehr interessieren mich die archivarischen Praktiken der trans* Vlogs auf YouTube insofern, als die von mir vorgenommenen Perspektivierung Fluchtlinien in die Geschichte audiovisueller Medien und deren Anspruch dokumentarischer Autorität entwirft, wie sie sich im ausgehenden 19. Jahrhundert in der Fotografie und im Film herausbilden.[17] Die geschlechtlichen und rassifizierenden Effekte dieser Medien in ihren dokumentarischen Ansprüchen sind es, die auch gegenwärtige Dokumentationszwänge für trans* Personen von Seiten medizinisch-therapeutischer sowie juristischer Institutionen bedingen und ebenfalls zeitgenössische Selbstdokumentationen mit und in den trans* Vlogs begleiten. Vor diesem Hintergrund könnte der Eindruck entstehen, dass die exzessive Selbstdokumentation der trans* Vlogger lediglich eine Ausweitung der institutionalisierten Dokumentation bedeutet. Gleichzeitig aber vollzieht die selbstdokumentarische Praktik der trans* Vlogs auf YouTube dank ihrer spezifischen me-

---

16 Eine Arbeit, die gleichwohl von signifikanter Bedeutung für Trans Studies ist, da sie sich, wie Snorton treffend formuliert, aus macht- und normativitätskritischer Perspektive unter anderem darum bemüht, »die Ursprünge von trans* aus der Klinik zu lösen« (to disarticulate the origins of transness from the clinic). S. a. Bychowski u. a., »Trans*historicities«, S. 660.

17 Vgl. u. a. Renate Wöhrer, »Die Kunst des Dokumentierens: Zur Genealogie der Kategorie ›Dokumentarisch‹«, in *Beyond Evidence: Das Dokument in den Künsten*, hg. v. Daniela Hahn (Paderborn: Fink, 2016), S. 45–57. Snorton beschreibt anhand historischer Dokumentationen von gynäkologischen Untersuchungen Schwarzer cis Frauen, wie neben der bildlichen Dokumentation ›medizinischer‹ Untersuchungen explizit auch die Untersuchungstechniken selbst daran mitwirken, als ›krank‹ markierte geschlechtliche Devianzen sichtbar zu machen und damit zugleich rassistische Subjektivierungen zu produzieren, vgl. C. Riley Snorton, *Black on Both Sides: A Racial History of Trans Identity* (Minneapolis: University of Minnesota Press, 2017), S. 17–53. Insbesondere auch durch Einsatz der Fotografie wurden solche Archive der Diskriminierung erstellt, die darin hervorgebrachten Stereotype popularisiert und damit rassistische ›Typen‹ ebenso geprägt wie soziale, gesundheitliche oder kriminologische; vgl. Allan Sekula, »Der Körper und das Archiv«, in *Diskurse der Fotografie: Fotokritik am Ende des fotografischen Zeitalters*, hg. v. Herta Wolf (Frankfurt a. M.: Suhrkamp, 2003), S. 269–334.

dialen Bedingungen auch eine gegendokumentarische Intervention, die Widerständigkeiten gegen hegemoniale institutionelle Zugriffe erzeugt.[18]

Um derartige Interventionen erklären zu können, frage ich zudem, durch welche Eigenschaften oder Effekte gewisse Archive und ihre Praktiken als trans* zu beschreiben sind. Vor dem Hintergrund meiner bisherigen Analysen der Zeitlichkeiten der trans* Vlogs formuliere ich die Hypothese, dass deren archivarische Praktiken die materialisierten Zeitlichkeiten der transitionierenden Körper sowohl dokumentieren und darüber (un)mögliche Zukünfte eröffnen als auch dafür sorgen, dass die spezifischen medialen Bedingungen dieser Selbstdokumentation einen Entzug dieser Körper und ihrer Zeitlichkeiten ermöglichen. Damit muss sich trans* als Äußerungsform und Lebensweise nicht in einer Fluchtlinie historischer Eindeutigkeit verankern oder als eindeutige Geschichte erzählen. Ebenso wie die Transitionen und die Vlogs zeitlichen Rhythmen und Wiederholungen folgen, ist auch das trans* Archiv auf YouTube auf Wiederholungen und Updates angewiesen, damit es als Archiv funktionieren kann. Von Interesse sind hierbei aber nicht zuvorderst die konkreten Videos, die in diversen Kanälen hochgeladen werden. Vielmehr zeichnet sich das Archiv durch die Affekte aus, die mit und in den Videos entstehen und die eine Art des Empfindens einrichten, die ebenso wie die Körper auf (un)mögliche Zukünfte spekuliert.

Um diese Hypothese zu überprüfen, werde ich sowohl auf die Analyse rassistischer visueller Archive Schwarzer Männlichkeiten zurückkommen als auch auf das bereits erwähnte queertheoretische »archive of feelings«.[19] Letzteres versammelt bereits Antworten auf die Frage, wie etwas Eingang in ein Archiv finden kann, das sich strukturell der katalogisierten Verwahrung oder Aufbereitung entzieht und/oder nicht als bewahrenswertes Wissen anerkannt, nicht zum Dokument wird. Dies betrifft insbesondere Objekte, Kunstwerke und auch Ephemera, die mit kollektiven wie individuellen Traumata aufgrund

---

18　Vgl. *Gegen\Dokumentation: Operationen – Foren – Interventionen*, hg. v. Esra Canpalat, Maren Haffke, Sarah Horn, Felix Hüttemann und Matthias Preuss (Bielefeld: transcript, 2020); Balke, Fahle und Urban, »Einleitung«.

19　Ann Cvetkovich, *An Archive of Feelings: Trauma, Sexuality, and Lesbian Public Cultures* (Durham: Duke University Press, 2003).

sexueller, geschlechtlicher oder rassifizierter Gewalt, Vertreibung oder Unterdrückung verbunden sind.[20] Eine solche queertheoretische Intervention in Ansprüche des Dokumentarischen möchte ich an dieser Stelle mit Testosteron als sozialem Medium verbinden, das wiederum eine leicht veränderte Perspektive auf solche emotionalen Archive erfordert und es ermöglicht, die prozessuale Materialität des Archivierens in den Blick zu nehmen. Denn das Testosteron verändert Körper *und* Zeitlichkeiten, verändert Geschlecht und das Archiv. In seiner Berücksichtigung als *soziales* Medium kann zudem adressiert werden, dass diese Veränderungen kollektiv erfolgen. Damit ist nicht gesagt, dass die Veränderungen überall immer gleich und die damit gemachten Erfahrungen homogen seien. Im Gegenteil: Die bei aller Ähnlichkeit sich immer auch realisierenden Ausbrüche, Abweichungen und Auslassungen seiner Effekte ermöglichen eine kollektive Erfahrung der Differenz, die überhaupt erst die Voraussetzung für eine solidarische Community und die politische Bedeutung der trans* Vlogs bilden.

Die kollektiven und solidarischen Praktiken des trans* Vloggens können die sich kulturell weiterhin einschreibenden Rassifizierungen und Vergeschlechtlichungen nicht ausblenden oder gar überwinden. Wenn ihre Einbettung in die digitale Umgebung YouTube dabei auf eine Weise erfolgt, die digitale Zeitlichkeiten als potenziell auch queere und sozial geteilte Zeitlichkeiten ausweist, die sich als widerständig gegenüber pathologisierenden Zuschreibungen und der vermeintlichen Notwendigkeit einer stringent linear verlaufenden Transition erweisen, soll und kann diese Queerness nicht über rassistische Ausschlüsse auch innerhalb queerer Räume und Praktiken hinwegtäuschen. Zukünfte stehen nicht zwangsläufig hierarchisch, wohl aber deutlich unterschiedlich auf dem Spiel. Die Attribuierung der Zeitlichkeiten als >ge-teilt< verweist auf diese paradoxe Erfahrung von Zeitlichkeiten in den trans* Vlogs: Meint >geteilt< einerseits die in den Vlogs mitgeteilten und anvertrauten Erfahrungen, die wiederum von weiteren ebenso oder ähnlich gemacht wurden und in diesem Sinne ein weiteres Mal geteilt und gemeinsam erfahren werden, meint es andererseits auch die Differenzen und Brüche in den Erfahrungen, die sich mit dem Erleben rassistischer, sexistischer und weiterer Gewaltformen er-

---

20 Vgl. ebd., S. 6–7.

geben. Spielt >ge-teilt< darüber hinaus zum einen auf die optionale
digitale Praktik des Teilens einzelner YouTube-Videos über Links, Ein-
bettungen und Weiterleitungen an, bedenkt diese Schreibweise zum
anderen die ebenso bestehenden Differenzen *zwischen* individuellen
Transitionen sowie die diskontinuierlichen Prozesse oder auch die
– in Rhythmen aus Verschreibung, Verabreichung und Veränderung
zerteilten – Testosteronzyklen *innerhalb* einer als Transition erzählbar
gemachten Veränderung einzelner Vlogger. Diese in mehrfacher Weise
ge-teilten Zeitlichkeiten – als gemeinschaftlich erfahrene und dennoch
auch voneinander verschiedene, als weder in individuellen Transitionen kontinuierliche noch im Vergleich zwischen ihnen synchrone – ist
konstitutiv für ein Verständnis der archivarischen Funktion von trans*
Vlogs.

TRANSITIONEN AUF DEM TRANS*PLANET

Die Vlogs von itsGOTtobegroovy, gorillashrimp, Jammidodger und
uppercaseCHASE1 sind jeweils auf Einzelpersonen bezogene Kanäle
auf YouTube. Ganz zu Beginn dieser Arbeit habe ich bereits darauf
hingewiesen, dass die Nennung der Vlogger unter dem Namen ihres
jeweiligen Kanals als Alias in Anerkennung dessen geschieht, dass die
Subjektivierung als trans* sich konstitutiv mit und in den Vlogs vollzieht. Die Wahl eines eigenen Namens für den jeweiligen Kanal ist
ein bemerkenswertes Moment der Selbstidentifizierung, sofern gerade
die Anerkennung des selbstgewählten Namens im Unterschied zu dem,
der bei der Geburt notiert wurde, für viele eine immense Veränderung
in der eigenen Lebensqualität bedeutet. Im Beharren auf diesen Profilnamen soll nun nicht behauptet werden, uppercaseCHASE1 wäre
gleichsam ein Avatar und lediglich eine digitalisierte Stellvertretung
von Chase Ross – so der Name des Vloggers.[21] Es betont im Gegenteil die konstitutive Durchdringung alltäglicher Lebenserfahrung von
trans* Vlogs als digital-medialen Gefügen. Die Subjektivierung vollzieht sich in und mit den Videos, die jeder einzelne Vlogger auf seinem
persönlichen Kanal hochlädt.

---

21   Der an dieser Stelle Erwähnung findet, weil er beide Namen in Verbindung nutzt, wenn
      er über YouTube hinaus als trans* Aktivist und Berater tätig ist.

Es gibt jedoch auch Kanäle, die als gemeinschaftliches Projekt angelegt sind und Videos verschiedener Vlogger_innen vereint. Dabei handelt es sich nicht um Videos, die bereits auf Kanälen von Einzelpersonen hochgeladen und nur verlinkt oder in anderer Zusammenstellung gesammelt würden. Die Videos werden stattdessen für einen gemeinschaftlichen Kanal produziert und dort zur Verfügung gestellt, wie zum Beispiel auf Trans*Planet, einem Kanal, der seit Februar 2016 einige Jahre lang aktiv betrieben wurde.[22] Im Mai 2025 existiert er nicht mehr. Die folgenden Überlegungen beziehen sich auf den Stand des Kanals im März 2020. In der Titelgrafik dieses deutschsprachigen Kanals steht weiß auf schwarz: »Erzähl der Community deine Geschichte«. Neben dem Schriftzug finden sich comicartige Zeichnungen eines grünen Planeten und einer bunten Rakete, die in Richtung dieses Planeten fliegt, auf dem in weißer Schrift »Trans*Planet« steht. Den Planeten scheint eine Art Atmosphäre oder heller Schein zu umgeben. *Trans*Planet* schreiben in ihrer Kanalinfo über sich selbst:

> Du hast etwas zu erzählen? Du bist vielleicht gerade frisch geoutet, seit drei Tagen auf Hormonen oder mitten in der Vornamens- und Personenstandsänderung? Perfekt! Erzähl uns und der Community deine Geschichte :) Bei und [sic] gibt es keine festen Wochentage, keine Vertreter, kein Wochenthema und keine Verpflichtung regelmäßig Videos zu machen. Dafür bieten wir dir eine sichere Plattform und viele Freiheiten:)[23]

Ohne dass genauer erkennbar wäre, wen dieses >uns< konkret umfasst, lässt sich anhand der auf diesem Kanal hochgeladenen Videos

---

22 Einige der auf solchen Kollektivvlogs vertretenen Vlogger_innen betreiben auch als Einzelperson Kanäle, für die sie aber wiederum eigenständige Videos produzieren.

23 Die grafische Darstellung des Planeten schien auf diese Charakterisierung als *Safe Space* anzuspielen: Eine helle Umrandung lag wie eine schützende Atmosphäre um den Planeten. Übertragen auf die medialen Praktiken des Vloggens könnte metaphorisch gemeint gewesen sein, dass man als Teil des Vlogging-Kollektivs den Kanal nicht, wie es bei einem eigenen wäre, selbst verwalten müsste und darüber auch nicht direkt und singulär adressierbar wäre. Auf mögliche gewaltvolle Kommentare konnte im Namen des Kanals jede*r mit entsprechenden Zugangsdaten reagieren. Die Last des Umgangs mit *Hate Speech* beispielsweise wäre so solidarisch geteilt gewesen. Auch ließ sich der helle Schein um den Planeten als Lichtquelle verstehen, die einen Ort der Aufklärung für diejenigen markiert, die Informationen zu trans* und Erfahrungen aus der Perspektive von trans* Personen suchten.

feststellen, dass es sich bei Trans*Planet um ein Kollektiv von Vlog-
ger_innen handelt. Teil dieses Kollektivs und damit gewissermaßen
Bewohner_innen des Trans*Planeten können offenbar alle werden,
die sich der Selbstbezeichnung trans* zugehörig fühlen, unabhängig
von einer expliziten geschlechtlichen Zuordnung, beispielsweise als
trans* Mann. Mit Blick auf die Playlisten, anhand derer die Videos
eines Kanals grundsätzlich thematisch sortiert werden können, zeigt
sich jedoch, dass die überwiegende Mehrzahl der Vlogger_innen sich
(eher) männlich identifiziert – sofern man die jeweiligen Vornamen
in den Titeln der jeweiligen Playlisten als Indiz dafür nehmen möchte.
Wählt man als User_in jedoch keine der auf dem Kanal angelegten
Playlisten explizit aus, werden einem unter dem Reiter »Videos«
des Kanals die Videos aller Vlogger_innen ohne weitere Sortierung
außer der absteigenden Chronologie des jeweiligen Uploaddatums
angezeigt.

Beim Scrollen durch diese Seite überrascht es nicht, dass die Vor-
schaubilder der Videos aller Vlogger_innen relativ ähnlich aussehen:
Sie zeigen die zu erwartenden Talking Heads in privaten Umgebun-
gen.[24] Die visuelle Ästhetik der Videos ist aus der Untersuchung der
von Einzelpersonen bespielten trans* Vlogs ebenso vertraut wie die
Titelgebung der Videos: Es werden Updates gepostet, Timelines der
Transitionen erstellt und trans* bezogene Themen besprochen wie
»Welcher Binder ist der richtige?«, »Woher wusste ich, dass ich trans*
bin?« oder »MEIN OUTING bei Familie & Freunden«. Bei den
Update-Videos ergibt sich jedoch nun ein aus Perspektive der Zeitlich-
keit interessanter Effekt: So steht das Video mit dem Titel *Leo | 1 Jahr
auf Testo ✎ ♥ / Voice Timeline+Update* in der Übersicht aller Uploads
direkt neben *Jamie | 7 Monate Testo und Life-Update«,* das Video *Fynn
- 6 Monate Testo | Trans*Planet* neben *Luca - 1 Monat Testo Update |
Trans*Planet.* Immer wieder tauchen zwischen den thematisch breiter
angelegten Videos solche Update-Videos verschiedener Vlogger auf,
die in bereits bekannter Weise die Dauer der Hormonbehandlung als
Zeitraum ›auf Testo‹ festhalten. In diesem Zusammenkommen der
Videos und Vlogger tritt die bereits für die Individualvlogs beschrie-

---

24   Diese Beobachtung gilt bis auf wenige Ausnahmen, in denen das Vorschaubild ein
     Hochkantformat zeigt.

bene Multiplizierung von zerstrebenden, sich verwickelnden, wieder-
holenden und abbrechenden Zeitlichkeiten auf die sichtbare Oberfläche der Plattformstruktur. Die Transitionen verlaufen auch hier nicht
linear, sie scheinen zu springen, auszusetzen, unvermittelt wieder auf-
zutauchen oder auch sich in Verschiebungen zu wiederholen: Auf *Fynn
– 3 Monate Testo Update | Trans*Planet* folgt einige Wochen später *Jason
– 3 Monate Testo Update | Trans*Planet*, darauf *Sam – 3 Monate Testo
Update | Trans*Planet*. Wobei die Zuschreibung des Aufeinanderfol-
gens hier allein der visuellen Anordnung von Vorschaubildern zuzu-
schreiben ist: Die Transitionen der Vlogger verlaufen abgesehen davon
in und mit ihren Videos neben- und durcheinander. Mit jedem weiteren Video, das auf diesem Kanal hochgeladen wird, verschiebt sich
wiederum die visuelle Anordnung, neue Nachbarschaften und Nähen
entstehen, andere Videos rücken über den optischen Zeilenumbruch
und je nach Fenstergröße des Browsers auseinander.[25]
   Damit stellen sich die Zeitlichkeiten der Vlogs in gewisser Weise
quer zur Selbstbeschreibung des Kanals: Die rhetorische Frage, mit
der dort zum Mitmachen aufgerufen wird – »Du bist vielleicht gerade frisch geoutet, seit drei Tagen auf Hormonen oder mitten in
der Vornamens- und Personenstandsänderung?« – erkennt zwar an,
dass es für verschiedene Personen in diesem Moment unterschiedliche
Fokussierungen im Zusammenhang mit ihrer geschlechtlichen Transition gibt, die Formulierung ›oder‹ suggeriert dabei jedoch (unfreiwil-
lig), die Ereignisse Coming-out, Beginn der Hormonbehandlung und
juristische Prozesse fänden in einer gewissen Reihenfolge, zumindest
aber nach- oder unabhängig voneinander statt. Die Zeitlichkeiten der
Vlogs in ihren Schleifen und Auffächerungen legen aber nahe, dass
ebenso gut eine diffuse Gleichzeitigkeit möglich wäre und der Aufruf
folgendermaßen lauten könnte: »Du bist vielleicht gerade frisch geoutet, seit drei Tagen auf Hormonen *und* mitten in der Vornamens-
und Personenstandsänderung?« Auch wenn der Kanal es in der rhe-
torischen Frage nicht so formuliert, diese Option queerer Zeitlichkeit
mit ihren nicht kategorisierbaren Effekten und ineinander zerfließen-

---

25   In der Ansicht der YouTube-App für Android sind alle Videos mit Titeln und Vorschau-
     bildern untereinander angeordnet; die übliche Scrollbewegung durch die angezeigte
     Liste verstärkt noch den Eindruck, dass die Gegenstände sich in die auch optisch
     erzwungene Chronologie nicht einfügen lassen.

den Bereichen findet sich in der zeitlichen und thematischen Offenheit
der hochgeladenen Videos wieder.

In einem weiteren Satz der Selbstbeschreibung wird der Bezug zur
Zeitstruktur explizit und wiederum offener: Es gebe auf diesem Kanal
keine Wochenthemen und keine festen Wochentage. Dieser Hinweis
wird verständlich, wenn man sich andere Kollektivvlogs anschaut, die
bereits zu einem früheren Datum auf YouTube aktiv waren. So zum
Beispiel MrThink Queer, ein ebenfalls deutschsprachiger Kanal, der
im März 2012 angelegt wurde und dem der Kanal GermanTransformers vorausging.[26] Dort ist es ein – jedenfalls über eine gewisse Zeit –
fester Kern von Vloggern, die innerhalb einer Woche regelmäßig am ihnen zugewiesenen Wochentag ein Video zu einem vorher vereinbarten
Thema erstellen und hochladen, wie zum Beispiel »Zweifel«, »FtM
ohne OP«, »Freundschaft zu cis Männern« oder »Erwartungen an
Testosteron«. Indem (zumeist) sieben Vlogger aus ihren individuellen Perspektiven zu den jeweils vereinbarten Themenschwerpunkten
sprechen, entsteht ein Eindruck davon, wie Transitionen sowohl sehr
ähnlich als auch gleichzeitig völlig unterschiedlich erlebt, beschrieben und gewünscht werden.[27] Über diese Multiplizierung ergibt sich
schon in einem einzelnen Kanal ein Effekt von Community-Bildung:
Mehrere Vlogger bespielen den Kanal in gemeinsamer Anstrengung,
in Absprache untereinander und im Austausch miteinander und sind
zum Teil auch über die Vlogs freundschaftlich miteinander verbunden.

Statt jedoch festzuhalten, die Vlogger *seien* dort aktiv, muss ich
möglicherweise schreiben, sie *waren* es vielmehr. Das jüngste Video
dort ist im Mai 2020 noch immer von Juli 2018 und das vorletzte
Video von Juni 2018 ist statt eines Update-Videos zu Testosteron ein

---

26   Vgl. MrThink Queer, *Übersicht* <https://www.youtube.com/user/MrThinkQueer>
      [Zugriff: 30. Mai 2025]; GermanTransformers, *Kanalinfo* <https://www.youtube.
      com/user/GermanTransformers/about> [Zugriff: 30. Mai 2025]. Das erste Video bei
      MrThink Queer ist ebenso als (bisher) vorletztes bei GermanTransformers hochgela-
      den. Darin teilt der Vlogger Paul die Auflösung von GermanTransformers mit, was –
      zumindest bis Mai 2025 – nicht die Löschung des Kanals bedeutete, sondern lediglich
      die Einstellung der Aktivität auf diesem Kanal erklärte.

27   Die Zahl der aktiv Beteiligten variiert mitunter, wenn Vlogger aus dem festen Kern
      – jeder Wochentag gehört einem von ihnen – sich von einem Vlogger aus einem
      erweiterten Kreis von Beteiligten vertreten lassen.

»Update-Video [...] zum Channel«,[28] nachdem dort einige Wochen zuvor bereits kein Video mehr hochgeladen worden war: Man wisse nicht, was aus MrThink Queer werde, heißt es darin, weil die Themen ausgingen und die Aktivität der einzelnen Vlogger einschlafe. Im Folgenden werde ich noch genauer auf die Begründung zum Ende dieses Kanals eingehen, denn die Bemerkung, es sei schon alles gesagt, spielt unmittelbar auf die zu untersuchende archivarische Funktion der Vlogs an. Dabei sei auch angemerkt, dass dieses vermeintliche Ende weiterhin als ein vorläufiges zu sehen ist, denn das Vloggen ist, wie bereits gezeigt werden konnte, in Entsprechung der in diesem Kanal dokumentierten Transitionen ebenfalls unabgeschlossen – ein nächstes Update-Video ist immer noch möglich.

MrThink Queer findet an dieser Stelle Erwähnung, weil daran deutlich wird, auf welche Struktur Trans*Planet mit den Wochentagen und -themen verweist, um in diesem Verweis das Selbstverständnis für das eigene Vloggen davon abzugrenzen. Interessanter als die jeweilige Organisation der Kanäle im Einzelnen ist dabei die Geste dieses Verweises selbst. Sie macht darauf aufmerksam, dass es in und mit den trans* Vlogs seit der ubiquitären Ausbreitung des Web 2.0 eine Tradierung von Ästhetiken wie auch Praktiken gibt, die konstitutiv sowohl mit den Transitionen als auch mit der Praktik des Vloggens in Verbindung stehen: Die Regelmäßigkeit von Updates erzeugt hier Resonanzen mit der wöchentlichen Struktur von Themen und der Zuordnung einzelner Vlogger zu den jeweiligen Wochentagen. Insofern auch Tradierung als eine archivarische Funktion benannt werden kann, stellt sich einmal mehr die Frage, in welcher Form und mit welchen Effekten trans* Vlogs als Archive funktionieren können. Dabei sei angemerkt, dass nicht erst die Kollektivvlogs diese Frage aufwerfen: Auch die Vlogger auf Individualvlogs beschreiben oft, dass sie sich selbst durch die Vlogs anderer zum Vloggen animiert gefühlt hätten und diese Vlogs erste Anlaufstellen auf der Suche nach Orientierung oder Informationen zu trans* gewesen seien. Auch begreifen sich Vlogger zum Teil selbst sehr explizit in dieser Funktion des Role Models, das

---

28 MrThink Queer, *Was ist hier los?! :(*, 22. Juni 2018 <https://www.youtube.com/watch?v=JH7hOvyRrXY> [Zugriff: 30. Mai 2025], 00:04–00:08.

eine solche Anlaufstelle bieten kann.[29] Auch dort finden sich demnach Tradierungen. Insofern erfolgt die Erwähnung der Kollektivvlogs nicht in Abgrenzung zu den Kanälen, die von einzelnen Vloggern bespielt werden. Vielmehr lässt sich an ihnen eine anschauliche Zusammenfassung der Erkenntnisse leisten, von denen aus ich eine archivarische Funktion von trans* Vlogs diskutieren kann.

YOUTUBE ALS ARCHIV VON GESTEN UND POSEN

Über YouTube als Archiv nachzudenken ist für eine Betrachtung der selbstdokumentarischen Praktik des trans* Vloggens aktueller und bedeutsamer, als die umfangreich vorhandene Literatur zu diesem Thema vermuten lässt. Bereits wenige Jahre nach dem Start von YouTube 2005 scheint die Frage nach dem archivarischen Status der Plattform so virulent wie auch schon überholt, wenn Pelle Snickars feststellt: »the ›archive‹ has appeared as a kind of guiding metaphor for the contemporary digital media landscape.«[30] Die in diesem Zeitraum eines ersten Höhepunkts von medien- und kulturwissenschaftlichem Interesse an YouTube entstandenen Texte könnten derweil selbst als historische befragt werden: Welche notierten Erwartungen und Sorgen, Hoffnungen und Vorbehalte wurden in den 2000er Jahren dem archivarischen Funktionieren von YouTube als »Archiv-Cloud« (archival cloud)[31] oder »digitale Wunderkammer« (digital *Wunderkammer*)[32] zugeordnet? Doch möchte ich sie an dieser Stelle nicht im Einzelnen wieder aufrufen und retrospektiv auf den Gehalt ihrer prognostischen Richtigkeit prüfen.[33] Es genügt hier festzustellen, dass

---

29   Vgl. Avery Dame, »›I'm your Hero? Like Me?‹: The Role of ›Expert‹ in the Trans Male Vlog«, *JLS*, 2.1 (2013), S. 40–69 <https://doi.org/10.1075/jls.2.1.02dam>.

30   Pelle Snickars, »The Archival Cloud«, in *The YouTube Reader*, hg. v. Pelle Snickars und Patrick Vonderau (Stockholm: National Library of Sweden, 2009), S. 292–313, hier S. 303.

31   Ebd.

32   Robert Gehl, »YouTube as Archive: Who Will Curate this Digital Wunderkammer?«, *International Journal of Cultural Studies*, 12.1 (2009), S. 43–60, hier S. 45, Herv. i. O.

33   Eine solche Begleitung der Entwicklungen leisten einschlägige Veröffentlichungen selbst, beispielhaft der mittlerweile dreibändige *Video Vortex Reader* mit jüngster Veröffentlichung im Juni 2020, vgl. *Video Vortex Reader #3: Inside the YouTube Decade*, hg. v. Geert Lovink und Andreas Treske (Amsterdam: Institute of Network Cultures, 2020) <https://doi.org/10.25969/mediarep/19280>; *Video Vortex Reader #2: Moving Images Beyond YouTube*, hg. v. Geert Lovink und Rachel S. Miles (Amsterdam:

die auch mit YouTube eingetretenen Veränderungen medialer Praktiken – vom Berufswunsch YouTuber_in über YouTube als Ort für
journalistische wie aktivistische Berichterstattung zu YouTube als An-
bieterin für kostenpflichtiges Streaming von Kinofilmen – gerade vor
dem Hintergrund eines Plattformkapitalismus weiterhin kritisch zu begleiten sind. Als signifikanter Bestandteil eines medialen Alltags wirft
die Plattform noch immer Fragen auf, die weiterhin auch für medienwissenschaftliche Überlegungen von Bedeutung sind.[34] Die Frage
nach der archivarischen Funktion von YouTube ist eine davon und von
besonderer Bedeutung für diejenigen, deren Geschichte(n) und Leben
zumeist keinen Eingang in etablierte Archive sogenannter Hochkul-
tur finden, oder nur unter gewaltvollen Bedingungen wie rassistischer
oder pathologisierender Zuschreibungen.

Trans* Subjektivierungen sind, wie Stryker bereits 2008 feststellt,
konstitutiv mit dem Internet verbunden; dies gilt umso mehr und in
noch komplexerer Weise seit der Popularisierung von sozialen Medien
und insbesondere YouTube.[35] Einzelne Texte verweisen dabei auch
auf die Archivfunktion und ihre Bedeutung für einen emanzipativen
trans* Aktivismus.[36] Allerdings ist der Begriff des Archivs in diesen
Zusammenhängen nicht konzeptionell darauf befragt worden, wie er
in ein Verhältnis tritt zum archivierten Dokument, zur Dokumenta-

---

Institute of Network Cultures, 2011) <https://doi.org/10.25969/mediarep/19286>;
Video Vortex Reader: Responses to YouTube, hg. v. Geert Lovink und Sabine Niederer (Amsterdam: Institute of Network Cultures, 2008) <https://doi.org/10.25969/
mediarep/19284>.

34   Aktuell stellen sich u. a. Herausforderungen für ein fundiertes Verständnis von
     YouTube-Videos, ihrer Strategien und Effekte als Teil eines mit Twitter, Telegram und
     weiteren Diensten weit verzweigten digitalen und affektiven Kommunikations- und In-
     formationsgeflechts in Kontexten der politischen Radikalisierung, der Desinformation
     sowie der Mobilisierung für Proteste und Demonstrationen.

35   Vgl. Susan Stryker, »(De)Subjugated Knowledges: An Introduction to Transgender
     Studies«, in *The Transgender Studies Reader*, hg. v. Susan Stryker und Stephen Whittle
     (New York: Routledge, 2006), S. 1–17; Susan Stryker, »Transsexuality: The Postmod-
     ern Body and/as Technology«, in *The Cybercultures Reader*, hg. v. David Bell und
     Barbara M. Kennedy (London: Routledge, 2000), S. 588–97.

36   Vgl. Tobias Raun, »Archiving the Wonders of Testosterone via YouTube«, *TSQ:
     Transgender Studies Quarterly*, 2.4 (2015), S. 701–09; Raun, *Out Online*; Mel Y. Chen,
     »Everywhere Archives: Transgendering, Trans Asians, and the Internet«, *Australian
     Feminist Studies*, 25.64 (2010), S. 199–208; Avery P. Dame, »*Mapping the Territory:
     Archiving the Trans Website in an Age of Search*«, *TSQ: Transgender Studies Quarterly*,
     3.3–4 (2016), S. 628–36.

tion, zur archivierenden Institution und ihren Ausschlusskriterien, zu den Affekten und Begehren des Archivs und dem Prozess des Archivierens: Was genau wird archiviert? Das Wissen um institutionalisierte Vorgänge der Transition, ihre medizinischen und juristischen Voraussetzungen? Die Erfahrungen im Umgang und der Konfrontation mit diesen Anforderungen? Kommen die Körper zur Archivierung mit all den mit Testosteron eintretenden und ausbleibenden Veränderungen?

Mit der Frage nach den archivarischen Praktiken der trans* Vlogs geht es mir folglich nicht darum, ob oder inwieweit YouTube als ein privatwirtschaftliches Unternehmen eine Architektur anbieten könnte oder sollte, um als kanonisch verstandenes Bewegtbildmaterial zu bewahren und zur Verfügung zu stellen, wie in der anfänglichen Forschung zu YouTube mitunter überlegt wurde. Auch ist für die vorliegende Betrachtung weniger interessant, ob es sich mit YouTube um ein Informationssystem handelt, das entweder Archiv oder Datenbank oder Bibliothek ist oder von allen Funktionsweisen etwas vereint.[37] Stattdessen ist nach wie vor und insbesondere für die Betrachtung von trans* Vlogs von großem Interesse, wie Selbst, Körperpraktiken und Medientechnologien mit, durch und auf YouTube zueinander ins Verhältnis kommen und was bzw. wie in eben diesen Prozessen der Referenzialität und Ko-Konstitution Momente des Aufbewahrens entstehen.

Am Beispiel von Home Dance-Videos als Phänomen der späteren 2000er Jahre arbeiten Kathrin Peters und Andrea Seier heraus:

> Self-constitution and self-transgression go hand in hand: with the help of YouTube home dancing, the individual body is both rendered open to experience and deterritorialized, and also inscribed in a general archive of gestures, poses and images through imitation and procedures of repetition.[38]

---

37 Vgl. *The YouTube Reader*, hg. v. Pelle Snickars und Patrick Vonderau (Stockholm: National Library of Sweden, 2009); *Video Vortex Reader*, hg. v. Lovink und Niederer.

38 Kathrin Peters und Andrea Seier, »Home Dance: Mediacy and Aesthetics of the Self on YouTube«, in *The YouTube Reader*, hg. v. Pelle Snickars und Patrick Vonderau (Stockholm: National Library of Sweden, 2009), S. 187–203, hier S. 196. Gerade am Beispiel der Home-Dance-Videos wird jedoch auch deutlich, dass die Einschreibung in das Archiv der benannten Gesten nicht (mehr) spezifisch an YouTube gebunden ist und heute vergleichbare popkulturelle Posen eher auf Apps wie TikTok aufgerufen, zitiert und umgearbeitet werden. Die Selbstdokumentation von trans* Personen dort

Was Peters und Seier für (damalige) Home Dance Videos feststellen, gilt in ähnlicher Weise auch für zeitgenössische trans* Vlogs: der Körper schreibt sich über Imitation und Wiederholung in ein Archiv der Posen und Gesten ein. Die in den Update-Videos gängige frontale Positionierung zur Kamera betont die Schultern im Gegensatz zu einer eher seitlichen Ansicht des Körpers, in der unter Umständen die Brust als nicht flach (genug) wahrgenommen würde, um als männliche erkannt zu werden. Die Geste wiederum, beim Sprechen die Hand auf der eigenen Brust abzulegen oder überhaupt den eigenen Oberkörper mit der Hand zu berühren, ist so beiläufig vollzogen wie bedeutsam. Da in der Öffentlichkeit die Berührung des eigenen Körpers im Bereich der Brust bei Frauen als unangemessen, weil erotisiert gilt, beansprucht und realisiert diese Geste in den trans* Vlogs eine männliche Körperlichkeit.[39] Grundsätzlich ist die visuelle Fokussierung auf den Oberkörper, wie sie der typische Bildausschnitt der Update-Videos forciert, eine solch typische Pose, die immer wieder zur Wiederholung und Imitation kommt. Das Spezifische der trans* Vlogs und ein Unterschied zu dem von Peters/Seier analysierten Archiv ist dabei, dass dieses Archiv der trans* Vlogs erst mit den Videos entsteht und es eine fundamentale Bedeutung für (un)mögliche Zukünfte, für ein Überleben annimmt. Es gibt kein vorgängiges Außen, wie es die Popkultur für die Home Dance Videos darstellt, auf das Bezug genommen und das dadurch zu einer Aktualisierung kommen könnte.[40]

---

oder auch auf Instagram wären mit Blick auf wiederum andere Zeitlichkeiten und auch Öffentlichkeiten (als denen auf YouTube) für eine Analyse interessant.

39   Für Julian Carter nimmt die Geste allgemein eine sowohl körperlich als auch theoretisch konstitutive Funktion in einer geschlechtlichen Transition ein, insofern sie es, wie er aus Perspektive der Performance Studies beschreibt, ermöglicht, komplexe und vielschichtige Zeitlichkeiten miteinander zu verbinden und auch Veränderungen (der Bewegungsrichtung) von Körpern zu veranlassen, die dadurch zeitliche Brüche anzeigen. Vgl. Julian Carter, »Embracing Transition, or Dancing in the Folds of Time«, in *The Transgender Studies Reader 2*, hg. v. Susan Stryker und Aren Z. Aizura (New York: Routledge, 2013), S. 130–43.

40   Womit nicht suggeriert werden soll, trans* Lebensweisen hätten keinerlei Berührungspunkte mit Popkultur. Trans* Vlogs haben als visuelle Praktik bereits Eingang in Spielfilme gefunden, vgl. *52 Tuesdays*, Regie: Sophie Hyde (AU, 2013); *Romeos*, Regie: Sabine Bernardi (D, 2011). Ebenso werden trans* Personen in Film- und Serienproduktionen sowie in der Modebranche zunehmend repräsentiert.

Insofern die trans* Vlogs als selbstdokumentarische Praktiken in
ein aufgrund der Medikalisierung und Pathologisierung spannungs-
reiches Verhältnis zu archivarischen wie (selbst-)dokumentarischen
Praktiken und Konventionen tritt, soll im Folgenden der Archivbegriff, wie er für die trans* Vlogs produktiv gemacht werden kann, in
Berücksichtigung dieser Umstände präzisiert werden. An ihm können
die vielschichtigen Zeitlichkeiten der trans* Vlogs mit Testosteron, das
Begehren nach einer gemeinsamen wie individuellen Vergangenheit,
der Wunsch und das Hoffen auf Zukunft, so (un)gewiss sie sein mag,
und (un)mögliche Zukünftigkeit sowie die gegenseitige Durchdringung und Vermengung auch dieser zeitlichen Dimensionen deutlich
werden. Damit lässt sich der theoretische Einsatz der vorliegenden
Arbeit für queere Trans Media Studies noch einmal kondensieren.[41]

AFFEKTIVE VLOG-KOLLEKTIVE

»Although data is scarce, there is little doubt that, today, YouTube
provides the most vivid visual culture of trans self-representation, and
is the archive that many — trans or not — turn to for information.«[42]
Tobias Raun stellt dies im Rahmen seiner Analyse zu trans* Vlogs fest,
die er von 2009 bis 2012 durchgeführt hat, und 2020 hat diese Beobachtung noch Gültigkeit: Auch wenn die mediale Repräsentation von
trans* Personen seitdem neben YouTube-Vlogs in Filmen, Serien und
Dokumentationen quantitativ weiter zugenommen hat, bilden trans*
Vlogs weiterhin ein, wenn nicht *das* Archiv für trans*, insofern dort
das Expert_innenwissen von trans* Personen versammelt und You-
Tube darüber zu *der* Anlaufstelle für Recherchen unterschiedlichster
Art wird. Es dient der Suche nach Information und Auskunft für Menschen, die selbst trans* sind, ihren Freund_innen und Angehörigen,
anderweitig Interessierten oder auch jenen, die (noch) nicht wissen,
ob sie sich in einer dieser Gruppen wiederfinden und wenn ja, in
welcher.

---

41 Vgl. Alexandra Juhasz, »Troubling Transgender Media — Fact, Fiction, and Com-
    promise«, *Jump Cut*, 57 (2016) <https://www.ejumpcut.org/archive/jc57.2016/
    -JuhaszIntroTransStudies/index.html> [Zugriff: 30. Mai 2025].
42 Raun, *Out Online*, S. 6.

Raun stellt den Aspekt der Demokratisierung und die darüber ermöglichte Herstellung von Community in den Mittelpunkt seiner Analysen zu trans* Vlogs als Archiven.[43] YouTube mit seinen vergleichsweise niedrigschwelligen Zugangsbedingungen zur Eröffnung eines eigenen Kanals ermöglicht es trans* Personen, als Vlogger_innen die eigene(n) Geschichte(n) zu erzählen und die eigene Stimme im übertragenen wie buchstäblichen Sinn hörbar zu machen.[44] Als »persönliches und kollektives Archiv auf YouTube« (personal and collective archive within YouTube)[45] tragen die Vlogs dazu bei, Lebenswirklichkeiten von trans* Personen, die abseits pathologisierender Protokollierung keinen Eingang in institutionalisierte Archive finden, zu versammeln und das darin eingeflossene Wissen sowie die dokumentierten Erfahrungen öffentlich zugänglich zu machen.[46] Dabei betont Raun unter Bezug auf Cvetkovichs ›archive of feelings‹, dass es insbesondere die Dokumentation der affektiven Dimension von trans* Erfahrungen ist, die einen gleichsam therapeutischen Charakter der Vlogs ausmache, und zwar »als *mediatisierte affektive Ausdrücke* von Offenlegung, Coming-out und Bezeugung« (the importance of the trans vlogs *as mediated affective expressions* of disclosure, coming out, and testimony).[47]

Rauns Analysen können in der Betonung einer emanzipativen Funktion der Vlogs auf Basis der von mir geleisteten Untersuchungen bestätigt werden. Allerdings muss eben vor dem Hintergrund der in diesen Betrachtungen bereits gewonnenen Erkenntnisse das spezifisch Mediale der trans* Vlogs im Vergleich zu Rauns Herangehensweise verschoben werden: Raun hebt insbesondere auf die Dokumentation und Archivierung von Affekten wie Scham, Trauer, Wut und Depres-

---

43 Vgl. ebd., S. 4.
44 Vgl. ebd., S. 14. In den trans* Vlogs als allgemeiner Versammlung von Videos zu trans* Thematiken und Lebensgeschichten gibt es oft und insbesondere im Zusammenhang mit Testosteron-Updates solche, die explizit die Veränderung der Stimme unter dem Einfluss von Hormonbehandlungen dokumentieren sollen: »Hey! It's Jamie. This is my 3 months on testosterone update«, Jammidodger, *FTM Transgender: 3.5 years on T voice comparison*, 10. Juli 2015 <https://www.youtube.com/watch?v= oRtGIaZVQvw> [Zugriff: 30. Mai 2025], 00:16–00:22.
45 Raun, *Out Online*, S. 14.
46 Vgl. ebd., S. 48.
47 Ebd., S. 142, Herv. sh.

sion sowie von Stigmatisierung und Trauma in den Vlogs ab, womit er
den Vorwurf des simplen Narzissmus an diese Form der Selbstdokumentation entkräften und demgegenüber eine Politisierung von trans*
Vlogs herausarbeiten kann. Ebenso wie bei Raun das trans* Subjekt
dem Vloggen vorzeitig ist, geht in dieser Lesart jedoch auch der Affekt
dem Archivieren voraus. Die Affekte finden *Ausdruck* in den Videoaufnahmen, die das (Selbst-)Zeugnis, die (Selbst-)Offenbarung oder
das Coming-out lediglich als Vorgängiges bezeugen. Wie durch die
Analysen der Vlogs von gorillashrimp und itsGOTtobegroovy gezeigt
werden konnte, sind es aber darüber hinaus die *mit* der Praktik des
Vloggens hervorgebrachten Affekte, die die besonderen Zeitlichkeiten der trans* Vlogs prägen und eröffnen. Vor diesem Hintergrund
erfordert es einen anderen Archivbegriff, der zwar ebenfalls an Cvetkovichs >archive of feelings< anschließt, der darüber hinaus aber die
spezifische Beteiligung der trans* Vlogs an der Hervorbringung des
affektiven Archivs erfassen kann. Die Verbindung aus Vloggen und
Testosteronbehandlung birgt spezifische Risiken und beansprucht damit andere Politiken eines Archivs von Gefühlen. Inwieweit sich der
im Folgenden entworfene Einsatz von bisherigen Perspektiven auf die
trans* Vlogs als Archive unterscheidet, lässt sich vor einer längeren
Passage von Rauns Argumentation gleichsam als Folie noch einmal
abheben. Darin beschreibt er einen weiteren Modus der Archivierung,
der sich sehr viel konkreter auf die körperlichen Effekte der Hormonbehandlung bezieht.[48] Hier spricht er den Vlogs eine performative
Beteiligung am Prozess der Transition zu; die performativen Effekte
der Kamera – und des Testosterons – entfalten sich für ihn jedoch
entlang eines selbstbestimmten Einsatzes dieser Medien:

> Because so many trans male vloggers use the camera to con-
> struct the effects of testosterone (both internally and exter-
> nally), vlogging is used to make the vlogger and viewer see its
> biomedical effects. In effect, *testosterone becomes masculinity*,
> as the biochemistry (the substance, the amount of time, and
> the dose) leads to visible signs of muscles and hair growth.
> In the vlogs, *the drug and the camera are mutually constitutive,
> instantiating and confirming maleness.* The vlog thereby allows
> the vlogger and the viewer to witness the process (the docu-

---

48 Cvetkovich, *An Archive of Feelings.*

menting effects) while also staging what should be witnessed and how it should be witnessed (the performative effects). Archiving one's transition therefore works through a kind of performative documentation, partly documenting and partly instantiating the transformation by tracking and tracing bodily changes. As Derrida states: >The archivization produces as much as it records the event< (Derrida 1995: 17). In that sense, the vlog functions interchangeably as a site for the *preservation and creation* of transition.[49]

Rauns Analyse lässt keinen Zweifel daran, dass und wie der Einsatz von Testosteron wie auch die Praktik des Vloggens an einer in erster Linie sichtbaren Vermännlichung des Vlogger-Körpers mitwirken. Mehr noch: Testosteron selbst wird, so sein Argument, in diesem Vorgang zu Maskulinität. Gemeinsam mit der Kamera bewirke es die Hervorbringung und Bestätigung von Männlichkeit. In diesem Zusammenhang ist, Raun selbst verweist darauf, Derridas Archiv in seiner performativen Funktion von Interesse: Die mediale Verfasstheit einer Dokumentation bringt erst mit hervor, was es zu dokumentieren gilt. Dem ist insoweit zuzustimmen, als auch meine Analyse zeigt, wie die Transitionen von itsGOTtobegroovy und gorillashrimp sich nicht nur in, sondern *mit* den Vlogs vollziehen. Gerade in der von Raun postulierten Eindeutigkeit dieses Zusammenhangs aber ergibt sich das Problem, dass die Unsicherheiten, Ungewissheiten und Risiken der Transition und gerade der Hormonbehandlung nicht erfasst oder erklärt werden können. Sofern beide Praktiken, Hormonzuführung wie Vloggen, ohne Ambivalenzen der Verfügung des vloggenden Subjekts unterstellt werden, lassen sich die in dieser Arbeit betrachteten Affekte – der Überraschung, Verwunderung, aber auch Wut, Ungeduld und Ungewissheit – nicht erklären. Zudem ist die Rolle des Testosterons, das in und mit den trans* Vlogs Männlichkeiten mehr herausfordert denn bestätigt, darin nicht weiter befragbar und die Affirmation gerade eines Verfehlens im Sinne einer »queeren Kunst des Scheiterns« (queer art of failure)[50] nicht verständlich.

Für eine entsprechende Betrachtung dieser Unsicherheiten habe ich vorgeschlagen, Testosteron als soziales Medium mit dokumenta-

---

49   Raun, *Out Online*, S. 120, Herv. sh.
50   Jack Halberstam, *The Queer Art of Failure* (Durham: Duke University Press, 2011).

rischem Anspruch zu beschreiben. Dieser theoretische Einsatz soll
hier noch vertieft werden. Mit Testosteron als zugleich dokumentarischem und sozialem Medium ergibt sich die Möglichkeit, auch die
Grenzen des Archivs auszuloten, indem die Frage, was darin eigentlich
wie zur Archivierung kommt, anders gestellt wird. Denn wenngleich
Derrida, wie Raun anführt, den performativen Charakter des Archivs
hervorhebt, ist dieses Archiv doch laut Derrida in dieser Performativität kein sicherer Ort, kein Garant für Stabilität oder Gewissheit. Oder
zumindest birgt jede Stabilität auch eine Gefahr, denn,

> jedes Archiv [...] ist zugleich *errichtend* und *erhaltend*. Revo
> lutionär und traditionell. Ein *öko-nomisches* Archiv in diesem
> doppelten Sinne: es bewahrt, es legt zurück, es spart, doch
> auf nicht-natürliche Weise, das heißt, indem es das Gesetz (*nó
> mos*) geltend macht oder für seine Beachtung sorgt. [...] Es
> hat Gesetzeskraft, die Kraft eines Gesetzes, welches das des
> Hauses (*oîkos*) ist, des Hauses als Ort, fester Wohnort, Familie,
> Abstammungslinie oder Institution.[51]

Demnach ließe sich mit Derrida sagen, dass auch das Testosteron,
als Teil des trans* Vlog-Archivs, sowohl revolutionär wie traditionell
ist. Als eingesetztes Präparat soll es einen festen Ort, Geschlecht als
sichere Verortung ermöglichen, produziert dabei aber stets auch die
Verunsicherung und Zweifel an dieser vermeintlich garantierten Stabilität. Testosteron sorgt für Ungewissheiten bzw. kann, wie Paul B.
Preciado im Selbstversuch dokumentiert, genutzt werden, um Gewissheiten von Geschlecht zu unterlaufen.

Der von Derrida betonten Gesetzeskraft des Archivs sind trans*
Personen in besonderer Weise ausgesetzt, wird ihnen doch abverlangt,
sich selbst permanent und buchstäblich unter dokumentarischen und
archivierbaren Beweis zu stellen, d. h., Dokumente in Form von Gutachten und Selbstauskünften beizubringen, die die eigene Existenz
beglaubigen. Gerade dann wird der feste Ort der heteronormativen
Familie, das institutionelle Beharren auf der Abstammungs*linie* als einer genealogisch, erblich, biologisch und sozial linearen sowie stabilen
Zeitlichkeit zur »Gewalt des Archivs selbst, *als Archiv, als archivarische*

---

51   Jacques Derrida, *Dem Archiv verschrieben: Eine Freudsche Impression*, übers. v. Hans-
     Dieter Gondek und Hans Naumann (Berlin: Brinkmann + Bose, 1997), S. 18, Herv.
     i. O.

Gewalt«.[52] Besonders deutlich wird diese Gewalt in der Auseinandersetzung darum, eine Geburtsurkunde und den entsprechenden Eintrag im Geburtenregister auf einen anderen, (un)bestimmten Geschlechtseintrag verändern zu lassen.[53]

Die Geburtsurkunde wird für Preciado zum Überkreuzungspunkt all dieser Ansprüche an den Dokumentationszwang und das Archivierungsbegehren des Staates gegenüber trans* Personen. Preciado bekommt im Zuge der juristischen Anerkennung seiner geschlechtlichen Transition, in diesem Falle in Spanien, mitgeteilt, dass seine Geburtsurkunde, die auf seinen weiblichen Namen ausgestellt war, vernichtet wird, damit eine neue ausgestellt und auf sein Geburtsdatum rückdatiert werden kann. Als trans* Person wird er somit von diesem Archiv zuerst seiner staatlich anerkannten Existenz vorübergehend gänzlich beraubt – zwischen der Vernichtung der alten und der Ausstellung der neuen Geburtsurkunde liegen mehrere Wochen, in der die Geburt nicht dokumentiert ist, somit nach Logik des Archivs nicht stattgefunden haben kann. Die Geburtsurkunde ist in diesem Archiv der familiären Abstammung zwar eingerichtet, macht ihn aber als trans* Person unsichtbar, denn die neue Geburtsurkunde lautet dann bereits auf seinen aktuellen Namen. Zwar ist es einerseits eine wichtige Forderung der trans* Bewegungen, dass frühere Namen und Geschlechtseinträge nicht gegen den Willen der betroffenen Person enthüllt werden dürfen. Andererseits ist auch festzuhalten, dass die Änderung des Vornamens einen Widerspruch in einem heteronormativen Archivsystem produziert, den selbiges System nicht zu prozessieren in der Lage ist und aus diesem Grund tilgt. Ebenfalls mit Verweis auf die von Derrida beschriebene Gewalt des Archivs stellt Preciado daraufhin fest:

> Um zu existieren, muss das Archiv der Macht die Erinnerungen von politischen und sexuellen Minderheiten auslöschen. Wie Derrida ausgeführt hat, enthält das Archiv das Feuer, mit dem

---

52   Ebd.

53   In Ungarn wurde 2020 ein Gesetz erlassen, das die Änderung des Geschlechtseintrags in sämtlichen Ausweisdokumenten verunmöglicht, vgl. TGEU (Trans Europe and Central Asia), »Hungarian Government Outlaws Legal Gender Recognition«, 29. Mai 2020 <https://tgeu.org/hungarian-government-outlaws-lgr/> [Zugriff: 30. Mai 2025].

das Gedächtnis des anderen zerstört wird. Jedes Archiv ist ein
Nekro-Archiv. *Ein Archiv ist ein Block komprimierter Wut.* Es
enthält den Anderen als Leiche: Es verehrt ihn – solange er
oder sie tot ist. Daher benötige ich dieses neue juristische Gedächtnis nicht. Ich habe das Recht auf meine Geburtsurkunde
als Monster. Ich habe das Recht auf mein Monsterleben. *Ich
habe das Recht auf Irrtum.* Als Monster habe ich das Recht.
Mein Trans-Körper existiert nicht. Doch die Nation existiert.
Das Gerichtswesen existiert. Das Archiv existiert. Die Land-
karte existiert. Das Dokument existiert. Die Familie existiert.
Das Gesetz existiert.[54]

Preciado münzt die Gewaltsamkeit des Archivs um: Als Block komprimierter Wut, wie er es beschreibt, beinhaltet es auch die Option eines
trotzigen Beharrens auf den Irrtum, auf die vom Körper verursachte
Störung um Zweigeschlechtersystem, darauf, nicht kategorisierbar zu
sein, den Körper als Teil von und aus Teilen einer »Somathek« zu entwerfen, die historische und kulturelle Codes der Anderen, der Verwor-
fenen versammelt, »wie verbannte Stücke aus einer utopischen Taxonomie«.[55] Als Ort des getöteten Anderen ist der Block komprimierter
Wut anschlussfähig für den Hinweis, dass Archive unter Umständen
sowohl eine Unsichtbarmachung wie auch eine Hypervisibilität produzieren, die in ihren Effekten ebenfalls einen Ausschluss und eine
Gefährdung des Über/Lebens bedeuten. itsGOTtobegroovys Videos
und deren Bearbeitungen rassistischer Bildarchive des *angry black man*
produzieren ebenfalls ein derart verdichtetes Archiv der Wut. Seine
Vlogs insistieren, dass ein trans* Archiv auch als ein rassifiziertes
verstanden und auf seine vielfältigen Resonanzen und Verbindungen
mit anderen, und das heißt, nicht in erster Linie geschlechtlich informierten Archiven, untersucht werden muss. Politiken der Sichtbarkeit
sorgen dafür, dass verschiedene Körper in ihrem Sichtbarwerden unterschiedlichen Risiken ausgesetzt werden.

Preciado beharrt auf der spezifischen Sichtbarkeit seines Monster-
lebens als trans* Person. Dieses bleibt, anders als bei den von Raun

---

54	Paul B. Preciado, »Mein Körper existiert nicht«, in *Der documenta 14 Reader*, hg. von
	Quinn Latimer und Adam Szymcyk (München: Prestel, 2017), S. 117–34, hier S. 131,
	Herv. sh.

55	Ebd.

beschriebenen Transitions- und Archivierungsprozessen, zeitlich risikoreicher und in seiner Uneindeutigkeit ein Wagnis:

> Auf meinem Körper wächst das Haar nicht so, wie es die Neuausrichtung meiner Subjektivität auf das Männliche vorsieht: In meinem Gesicht wächst das Haar an Stellen, die keine erkennbare Bedeutung haben, dafür aber nicht mehr an Stellen, an denen >korrekterweise< ein Bart sein sollte. Die Veränderungen in der Verteilung von Körper- und Muskelmasse machen mich nicht gleich viriler, sondern einfach mehr trans, ohne dass dieses Label eine unmittelbare Übersetzung in das Vokabular der binären Struktur männlich-weiblich finden würde. *Die Zeitlichkeit meines Trans-Körpers ist die nicht-repräsentierte Gegenwart:* Sie wird nicht durch das definiert, was sie vorher war oder was sie mutmaßlich werden muss. Es gibt kein Regelwerk, das auf ein Vorher oder Nachher reagiert. Die Transition ist kein reformerisches Projekt, sondern ein revolutionäres. Mein Trans-Körper ist eine aufständische Institution ohne Verfassung. Ein epistemologisches und administratives Paradoxon. Zukunft ohne Teleologie oder Bezugspunkt, seine nicht-existierende Existenz bedeutet die Absetzung sexueller Differenz und der Differenz homosexuell/heterosexuell.[56]

Die von Preciado beanspruchte Zeitlichkeit des trans* Körpers, seines trans* Körpers, reklamiert für selbigen, dass dieser weder durch ein Vorangegangenes bestimmt noch in seinem Werden determiniert ist. Sie steht jedoch in Verbindung mit kulturellen Codes anderer Queers, queerer Künstler_innen, die Körper/Bilder mit einer neuen Selbstverständlichkeit entwerfen und darüber Bezugsmomente für trans* Zeitlichkeiten ausmachen. Preciados nicht-repräsentierte Gegenwart, wie er sagt, bedeutet keinen gänzlichen Entzug aus archivarischen Zugriffen, wohl aber eine Umarbeitung des Archivs entlang einer »utopischen Taxonomie«.[57] Bilden auch die trans* Vlogs Versammlungen von Versatzstücken utopischer Taxonomien? Wie stehen sie unter den Effekten von Testosteron zu einer Vergangenheit, die als auch hormonelle dokumentierbar und archivierbar ist, oder auch nicht? Wie entwerfen und ermöglichen sie davon ausgehend Zukünftigkeiten? Wie lassen sich die Zeitlichkeiten in ihren Ausfaltungen erfassen,

---

56 Ebd., Herv. sh.
57 Ebd.

wenn sie in unvorhersehbaren Verhältnissen statt kausalen und chronologischen Ordnungen zueinander stehen? Sind auch die Vlogs auf
YouTube Blocks komprimierter Wut – weiter gefasst, als dass sie die
Wut von itsGOTtobegroovy und anderen Schwarzen trans* Vloggern
dokumentieren?

Für eine Beantwortung dieser Fragen möchte ich die affektive Dimension der Vlogs noch einmal aus anderer Richtung adressieren und
ihre Formierung als Block, wie Preciado formuliert, zum Anlass nehmen, sie mit Deleuze' und Guattaris Begriff des Empfindungsblocks
als ästhetische Prozesse zu verstehen.[58] Astrid Deuber-Mankowsky
macht dies anhand ihrer Lektüre von künstlerischen Arbeiten wie
Sharon Hayes< Ricerche: Three (USA 2013) und Yael Bartanas True
Finn – Tosi Suomalainen (FIN 2014) als Werdensprozesse aus, die
»einen Raum der Differenz [öffnen], der zugleich ein Raum des Wünschens ist, in dem sich gegenwärtige Wünsche und gegenwärtiges
Begehren und längst vergangene Wünsche und längst vergangenes Begehren durchkreuzen«.[59] Mit Blick auf die trans* Vlogs stellt sich die
Frage, wie sich diese Differenzen und Wünsche in der Durchdringung
des Testosterons einrichten.

EMPFINDUNGS-VLOGS

Trans* Vlogs sind als Gefüge stets affektiv: Die Aufregung der Vlogger
angesichts der bevorstehenden Testosteronbehandlung, die Freude
über erste sicht- und/oder hörbare Effekte, ebenso die Verwunderung
über Veränderungen des Körpers, die Frustration über ausbleibende
Effekte, Enttäuschungen, wenn Effekte anders eintreten als erwartet
und auch Wut infolge von sich permanent wiederholender rassistischer Diskriminierung. In der gemeinsamen Erfahrung dieser Affekte
von verschiedenen Vloggern sind sie bereits als auch kollektive Prozesse beschrieben worden. In der Betonung der medialen Umgebung
selbstdokumentarischer Videos als solcher, unter Berücksichtigung
des Testosterons als sozialem Medium, ist dieses Verhältnis von Indi-

---

58 Vgl. Gilles Deleuze und Félix Guattari, Was ist Philosophie?, übers. v. Bernd Schwibs
    und Joseph Vogl (Frankfurt a. M.: Suhrkamp, 2000), S. 210.
59 Astrid Deuber-Mankowsky, Queeres Post-Cinema: Yael Bartana, Su Friedrich, Todd
    Haynes, Sharon Hayes (Berlin: August Verlag, 2017), S. 70.

viduum und Kollektiv sowie in diesem Zusammenhang auch das von individueller sowie gemeinsam (un)möglicher Zukünftigkeit noch genauer zu bestimmen. Möglich wird dies durch die Beschreibung von Affekten als gleichsam ästhetischen Zuständen, oder Wesen, wie Deleuze und Guattari sie betrachten.

Affekte sind ephemer und in dieser Flüchtigkeit schwer zu erhalten oder bewahren. Gerade deshalb ist die Frage ihrer Dokumentation, die eine auch rückblickende Betrachtung ermöglicht, so interessant für diejenigen Kollektive, die über affektive Verbindungen zusammenfinden und unter Umständen selbst nur lose verbunden und nicht dauerhaft stabilisiert sind. Kunst, so schreiben Deleuze/Guattari, sei in der Lage, das Flüchtige zu bewahren und es dabei nicht in Konservierung oder Stillstand zu versetzen.[60] Denn die affektiven Erfahrungen und Empfindungen lösten sich in der Verdichtung durch Kunst vom Subjekt, ja letztlich sogar vom konkreten künstlerischen Objekt ab, sodass die Affekte »die Kräfte derer [übersteigen], die durch sie hindurchgehen.«[61] Das, was dabei zur Bewahrung kommt, bezeichnen Deleuze/Guattari als »Empfindungsblock« oder »Empfindungskomplex«.[62] Die Besonderheit eines solchen Empfindungsblocks sei es, dass die unter Umständen nur kurzzeitige Verdichtung in einem materiellen Werk »der Empfindung das Vermögen schenk[t], zu existieren und sich an sich selbst zu erhalten, *in der Ewigkeit, die zusammen mit dieser kurzen Dauer existiert*«.[63] Die Zeitlichkeit von Affekten erzeugt unmittelbar Resonanzen mit queeren Zeitlichkeiten, die Konzepte von Gegenwart, Vergangenheit und Zukunft einer chronologischen Ordnung und Fixierung entheben und dabei eine paradoxe Dauer von Flüchtigkeit ins Spiel bringen können.

Affekte sind Deleuze/Guattari zufolge mithin nicht-subjektive Gefühlszustände, keine psycho-physisch quantifizierbaren Zustände spezifischer Körper. Gleichwohl sind die Emotionen konkreter Personen

---

60 Vgl. Deleuze und Guattari, *Was ist Philosophie?*, S. 191.
61 Ebd. Dies meint nicht, dass sich Affekte gänzlich vom Material transzendieren. Sie lösen sich zwar von diesem oder jenem konkreten Video ab, nehmen aber Bezug auf die medialen und damit auch materiellen Bedingungen der trans* Vlogs und richten gerade im Zusammenhang mit den Vlogs die Möglichkeit eines anderen Denkens – und Empfindens – ein.
62 Ebd., S. 191 und 192.
63 Ebd., S. 195.

auch nicht als gegensätzlich zu dem hier vorgebrachten Affektbegriff in Anschlag zu bringen, wie es manche Affekttheorien entwerfen, in denen Affekte als Energien beschrieben werden, die vor-subjektiv zirkulieren.[64] Es ist vielmehr ein Wechselspiel, das sich im Kontakt von Empfindungskomplex und Subjekt entwickelt und das die bereits erwähnten Überkreuzungen von Begehren und Wünschen, Gegenwärtigem und Vergangenem auf eine vielfache Differenzierung hin aufspannt. In der Möglichkeit der Veränderung eröffnen sich auch Zukünftigkeit(en). Mit Deleuze/Guattari möchte ich die trans* Vlogs als Empfindungskomplexe verstehen, insofern die Affekte über die Empfindungen des einzelnen Vloggers hinausgehen: Wenn gorillashrimp seine Verwunderung und seine Freude, sein Lachen und seine Begeisterung über seine Transition mit Testosteron dokumentiert, dann *bewahrt* das Video diese Empfindung wie sie sie gleichermaßen von ihm *löst*: »Der junge Mann wird auf der Leinwand solange lächeln, wie sie besteht.«[65] Gorillashrimp wird so lange lächeln, wie die URL mich zu seinem Video führt – und noch darüber hinaus wird der Affekt bewahrt sein.

Aus dieser Perspektive werden die trans* Vlogs, wird das Testosteron darin ein weiteres Mal und in einem erweiterten Sinn zum sozialen Medium: Nicht nur kommen die Empfindungen einzelner zur Aufbewahrung, sodass sie in einem mehr oder weniger stabilen Sinn erhalten und in dieser Form geteilt, erneut erlebt und wahrgenommen werden können. Darüber hinaus, und das ist für die trans* Vlogs noch bedeutsamer, werden die Affekte und ihre Effekte aber nicht nur bewahrt, sondern vielmehr wird über die Praktik des Vloggens wie auch die Dokumentation dieser Praktik als Empfindungskomplex eine Art des Empfindens eingerichtet. Eine Art des Empfindens wird tradiert, wird überhaupt erst tradierbar. Die Testo-Vlogs als affirmative Komplexe verändern die Möglichkeiten, als trans* zu sprechen, sichtbar zu werden, zu empfinden und subjektiviert zu werden. Dabei sind eigenmächtige Entscheidungen in diesen Praktiken nicht zu trennen von Vorgängen, die sich einer Handlungsmacht entziehen. Der

---

64   Für einen Überblick entsprechender Theorien in einer queertheoretischen Auseinandersetzung vgl. Deuber-Mankowsky, *Queeres Post-Cinema*, S. 59–71.
65   Deleuze und Guattari, *Was ist Philosophie?*, S. 191.

Prozess der Subjektivierung ist stets zweischneidig, bedeutet sowohl eine Anrufung und Unterwerfung unter die anrufende Instanz als auch ein widerständiges Agieren des in Anrufung hervorgebrachten Subjekts. Als Empfindungs-Vlogs ermöglichen die trans* Vlogs es, den Zweifel, die Unsicherheit und das Wagnis zuzulassen und anzunehmen. Sie ermöglichen darüber hinaus die Öffnung des Werdens in eine – wenn auch ungewisse – Zukunft und (un)mögliche Zukünftigkeit hinein, an die andere trans* Vlogger und auch trans* Zuschauer_innen anschließen können. Als Empfindungskomplexe tradieren die Vlogs gewissermaßen Affektkulturen, die die Möglichkeiten des Wünschens und des Begehrens einrichten und auf potenzielle, potenziell queere Zukünftigkeit(en) hin öffnen. Folglich sind diese Affektkulturen in ihrer Öffnung und Potenzialität auch nicht statisch.[66] Wie die Praktiken, mit denen sie sich ausbilden, werden sie beständig umgeformt, durchlaufen sie weitere Komplexe und Gefüge und verändern sich darüber. Der kurze Exkurs zur (indirekten) Bezugnahme des Kanals Trans*Planet auf Vlogging-Praktiken älterer Kollektivkanäle ist nur ein Beispiel dafür. Auch Testosteron als dokumentarisches, queeres, soziales Medium erfährt Umformungen und ist somit ebenfalls an dessen Veränderung, der veränderten Bewahrung beteiligt. Verdeutlichen möchte ich dies mit einem weiteren Video von Jammidodger.

Jammidodger ist mit insgesamt über 40 Millionen Sichtungen seiner mehr als 400 Videos ein populärer trans* Vlogger aus Großbritannien. Seit 2011 dokumentiert er seine Transition und widmet sich im Verlauf der Jahre zunehmend auch der Bearbeitung weiterer trans*-spezifischer Themen. Im April 2019 lädt er ein Video hoch, das er gemeinsam mit NoahFinnce, einem weiteren trans* Vlogger, produziert hat. Unter dem Titel *Trans Guys Comparing Transitions ft. Noah Finnce* sprechen die beiden vor der Kamera über ihre Transitionen, ihren Umgang mit Testosteron und emotionale wie organisatorische Herausforderungen in den Transitionsprozessen und insbesondere den Kontakt mit den dafür erzwungenermaßen notwendigen medizinischen Institutionen. Das im Titel notierte >comparing< gibt es schon vor: Der Bezugspunkt des Gesprächs ist der Vergleich ihrer Erfahrungen. Das allein wäre nicht weiter erwähnenswert, insofern die

---

66   Vgl. Deuber-Mankowsky, *Queeres Post-Cinema*, S. 70.

Transitionsprozesse trotz aller vermeintlichen Ähnlichkeiten in den individuellen Biografien je spezifische Herausforderungen und Freuden, Risiken und Verwunderungen bereithalten – zumal, wenn die Transition mit Testosteron und dessen Ungewissheiten verbunden ist. Interessant ist das Video, da die beiden ihren Vergleich gleichsam entlang eines generationellen Unterschieds erzählbar machen, auch wenn sie ihrem Alter nach nur wenige Jahre trennen. Die beiden sind im April 2019, als sie das Video aufnehmen, 19 und 25 Jahre alt. Nun lässt sich darüber streiten, ob in diesem Alter sechs Jahre Differenz signifikante Unterschiede für die persönliche Entwicklung bedeuten, unabhängig davon, ob man trans* ist oder cis, vloggt oder nicht. Worum es mir aber im Folgenden geht, ist nicht die Bagatellisierung dieses Altersunterschieds, sondern die Mehrdeutigkeit der an >Alter< gebundenen Zeitlichkeit im Kontext des Vloggens: Auch wenn Jammidodger 6 Jahre älter ist, hatten er und NoahFinnce ungefähr im gleichen Alter, mit 17 bzw. 18 Jahren, ihr öffentliches Coming-out. Die vermeintlich altersbasierten Differenzen stellen sich als grundsätzliche Multiplizierung von Transitions-Zeitlichkeiten in den Testo-Vlogs heraus, die wiederum in engem Verhältnis zu in der Zwischenzeit sich verändernden trans* Vlogging-Praktiken stehen.

Trotz eines vergleichsweisen geringen Altersunterschieds von nur ungefähr 6 Jahren ist der zeitliche Aspekt der zentrale Punkt ihres Vergleichs von Transitionserfahrungen, die sie sie, in Großbritannien lebend, gemacht haben. Direkt zu Beginn begründet Jammidodger das Gespräch mit seinem Gast augenzwinkernd:

> So, today we're gonna be talking about like different trans experiences *because* Noah is *substantially* younger than me – it's not fair. And so we just transition to different times and different stages in our transition. So that we could just have a chat about like how you got on testosterone; top surgery experience; what you want to do in the future; if you're happy about that.[67]

Dieser »wesentliche« (substantially) Altersunterschied wird im Gespräch nicht explizit genannt oder einleitend vorangestellt, lediglich

---

67 Jammidodger, *Trans Guys Comparing Transitions* ft. *Noah Finnce*, 10. April 2019 <https://www.youtube.com/watch?v=_HXt6m7rvUg> [Zugriff: 30. Mai 2025], 00:05–00:23.

im Thumbnail des Videos ist wenig auffällig der Hinweis »25 vs. 19«
festgehalten. Obgleich also das unterschiedliche Alter der beiden den
inhaltlichen Fokus des Videos bildet, erwähnen die beiden ihr momen-
tanes Alter oder die Altersdifferenz im Laufe des Videos nicht. Wenn
die Zuschauer_innen keinen offensichtlichen Anlass haben, diese Behauptung eines signifikanten Unterschieds in Zweifel zu ziehen, liegt
dies an der Struktur des Videos und der Struktur des darin implizierten
Testo-Updates der beiden.

Zuallererst wirkt Jammidodger älter als NoahFinnce, denn sein
Gesicht rahmt ein dunkler Drei-Tage-Bart. NoahFinnce hingegen hat
keine erkennbare Gesichtsbehaarung, im Gegenteil, seine rosige, glatte
Haut lässt ihn besonders jugendlich aussehen. Beide nehmen Testosteron, allerdings verschiedene Präparate und Dosierungen und seit unterschiedlich langer Zeit. Während des Gesprächs – das Video dauert
übrigens gut 31 Minuten – wird erneut deutlich, dass die Effekte des
Hormons nicht prognostizierbar sind: Während Jammidodgers Bart
den Eindruck vermittelt, das Hormon ›funktioniere‹ in seinem Körper wie gewünscht, thematisiert auch er enttäuschte Erwartungen an
dessen Effekte. Diese formuliert er jedoch erst, nachdem NoahFinnce
die mit jeder Dosierungsanpassung erneut schwankenden Veränderungen seiner Gesichtsform, »it goes through stages, it goes like big
and then small«, mit der Physiognomie von Jammidodger vergleicht
und dessen Veränderungen als wünschenswerten Ausblick für die eigene Transition, »I've got that to look forward to«, ersehnt.[68] Danach
äußert er, wie schön es wäre, wenn sich bald auch sein Körperfett –
als Effekt der Testosteronbehandlung – umverteilen würde, worauf
Jammidodger reagiert: »I feel like mine still didn't do that. [Er ist zu
dem Zeitpunkt bereits über 7 Jahre auf Testosteron, Anm. sh] But I
realized that my Dad and brother both just put weight up on their hips.
So, it's not a trans thing about me, it's just a genetics thing.«[69]

In diesem kurzen Ausschnitt ihres Gesprächs bestätigt sich erneut, dass die Erwartungen von trans* Vloggern an die Wirkungen
und Effekte von Testosteron sich oftmals ähneln. Und wieder scheint
es so, als würden sich lineare Entwicklungen abzeichnen und nach-

---

68 Ebd.
69 Ebd.

vollziehen lassen, wenn NoahFinnce sich anhand von Jammidodgers
Erfahrungen eine mögliche körperliche Zukünftigkeit mit Testosteron-
Wirkungen entwirft. Gleichzeitig aber wird deutlich, wie sehr dieser
Effekt der Erwartung gerade von den älteren, im Sinne von bereits
länger auf YouTube zur Verfügung stehenden, Vlogs selbst geprägt
ist. Der von NoahFinnce geäußerte und angesichts von Jammidodgers
bereits gemachter Erfahrung erwartungsfrohe Blick in eine bärtige
Zukunft mit markanten Gesichtszügen lässt sich stellvertretend verstehen: Die Zuschauer_innen von trans* Vlogs können anhand der
Videos eben diese Eröffnungen (un)gewisser Zukünfte für sich selbst
erfahren. Das Testosteron reichert sich dabei mit all den vielfältigen
und sogar widersprüchlichen Affekten an, die über die Vlogs zur Bewahrung kommen, aber in dieser anhaltenden Anreicherung stets auch
Veränderungen produzieren. Im Sinne eines Empfindungskomplexes
eröffnen die Vlogs mit Testosteron damit einen Raum des Wünschens,
in dem sich vergangene und gegenwärtige Begehren überkreuzen.[70]
Diese Überkreuzungen und – so möchte ich für die Betrachtung der
trans* Vlogs an dieser Stelle ergänzen – *Queerungen* treten in dem
gemeinsamen Vloggen von NoahFinnce und Jammidodger besonders
eindrücklich hervor, vollziehen sich aber in sämtlichen trans* Vlogs
auf YouTube.

Die zeitlichen Auffaltungen, die hier zur Überkreuzung kommen
und Queerungen produzieren, bestehen aus Nachordnungen und Momenten der nachträglichen Versetztheit wie sie auch eine Gleichzeitigkeit erzeugen. Einerseits lassen sich zeitliche Distinktionen zwischen
den beiden Vloggern vornehmen, die sogar so weit gehen, dass der
Eindruck einer Vater-Sohn-Beziehung entsteht: Jammidodger als der
erfahrenere von beiden, sowohl was die Zeit auf Testosteron als auch
die Präsenz auf YouTube angeht, ist der Gastgeber in diesem Video.
NoahFinnce wirkt lediglich mit, wie das abgekürzte ›*featuring*‹ im
Titel angibt. Das Video ist Teil von Jammidodgers Kanals, er mo-
deriert es inhaltlich und es ist ihm strukturell zugeordnet. Daraus
ergibt sich eine Hierarchie, die angesichts des im Video betonten
Altersunterschieds und der Rahmung ihres Gesprächs als Austausch
über zeitlich ausdifferenzierte Erfahrungen Jammidodgers Einladung

---

70   Vgl. Deuber-Mankowsky, *Queeres Post-Cinema*, S. 70.

an seinen Gast als gleichsam väterliche Geste ausweist: In der Art
eines Generationengesprächs werden mit einleitender Betonung des
Altersunterschieds Erinnerungen abgeglichen, Wahrnehmungen aus-
getauscht, Wissen geteilt und Haltungen diskutiert. Unmittelbar bevor
das Video endet, hört man NoahFinnce über Jammidodgers Schluss-
gruß lachen: »You're like a dad.«[71] Unter einem am gleichen Tag
auf NoahFinnce' Kanal hochgeladenen Video, das ebenfalls in Zusam-
menarbeit der beiden und offenbar im gleichen Raum aufgenommen
wurde – der lediglich in Spiegelverkehrung ähnliche Videohintergrund
in nur leicht verändertem Bildausschnitt lässt diesen Rückschluss zu
–, findet sich der Kommentar »U TWO CAN PASS AS FATHER
AND SON OMG«.[72] Die beiden erzeugen den Eindruck einer patri-
linearen Tradierung von Trans*sein und damit verbundenem Wissen.
Die Anordnung der Videos auf ihren Kanälen, ihrer Körper in den
Videos und damit auch des Testosterons in ihren Körpern sorgt für
eine Art genealogische Reproduktion von Transitionseffekten und
-erfahrungen.[73]

Gleichzeitig aber ergeben sich Durchkreuzungen einer linearen
und solcherart paternalen, damit immer auch heteronormativen Wis-
sensweitergabe: Die beiden sprechen nicht in zeitlicher, generationel-
ler Nachordnung, sondern auf Augenhöhe miteinander. Während sie
das Video aufzeichnen, im April 2019, sind beide als trans* Vlogger
auf YouTube aktiv, sind beide daran beteiligt, sich die Praktiken des
Testo-Vloggens anzueignen, sie darin zu vervielfältigen und zu verändern. Ihre Transitionen, ihre Erfahrungen und ihr Wissen stehen
gleichberechtigt nebeneinander und durcheinander. Ihre Vlogs sind

---

71   Jammidodger, *Trans Guys Comparing Transitions ft. Noah Finnce*, 31:09–31:10.
72   NoahFinnce, *TRANS GUYS REACT TO ›BRUTAL‹ TRANS JOKES*, 10. April
      2019 <https://www.youtube.com/watch?v=B1m0zL8c_p4> [Zugriff: 30. Mai
      2025], Kommentar von 사쿠라Tyler. Dieses Video ist mit nur gut fünf Minuten
      Laufzeit deutlich kürzer als das für Jammidodgers Kanal produzierte. Auch weitere
      Zusammenarbeiten der beiden Vlogger sind in deutlich größerer Zahl auf dessen
      Kanal hochgeladen, sodass sich der Eindruck der Gastgeberschaft verstärkt.
73   Cassius Adair und Aren Aizura nehmen sexuelle Daddy/Boy-Dynamiken zum Aus-
      gangspunkt für Überlegungen zu erotischer Anziehung zwischen trans* männlichen
      Personen als »Ort der Identitätsbildung« (site of identity formation). Siehe Cassius
      Adair und Aren Aizura, »›The Transgender Craze Seducing Our [Sons]‹: or, All the
      Trans Guys Are Just Dating Each Other«, *TSQ: Transgender Studies Quarterly*, 9.1
      (2022), S. 44–64, hier S. 46.

über algorithmisch generierte wie auch manuell gesetzte Verlinkungen miteinander verbunden und, während ich im März 2020 auf YouTube recherchiere, gleichermaßen abrufbereit. Das belustigt imaginierte Vater-Sohn-Verhältnis wird gequeert, insofern sie zwar unterschiedlich lange Vlogging- und Testosteronerfahrungen haben, beide aber zur gleichen Zeit als trans* Personen mit Testosteron auf YouTube vloggen und den unberechenbaren und nicht planbaren Effekten dieser Praktiken auf (un)mögliche Zukünfte hinein in ähnlicher Weise ausgesetzt sind. Beide sind *weiß* und verfügen über finanzielle Mittel, medizinische Maßnahmen ohne größeren Aufwand oder Vorlauf eigenständig bezahlen zu können.[74] Sie erwähnen jedenfalls keine längeren Ansparungs- oder Crowdfunding-Prozesse, die durchaus nicht unüblich sind, um zum Beispiel eine Mastektomie finanzieren zu können. Ihre Transitionen entwerfen damit strukturell *mögliche*, dabei aber weiterhin ungewisse Zukünfte.

In dieser Unsicherheit der Transitionen und der medialen Anordnung ihrer Dokumentationen kommt folglich kein Wissen zur Verfestigung, das eine langfristige Gültigkeit beanspruchen könnte oder wollte. Vielmehr wird dieses Wissen, werden die Erfahrungen und auch ihre medialen Bedingungen sowie ihre Effekte permanent überprüft und in spezifischen Zeitlichkeiten neu zueinander ins Verhältnis gesetzt. Jammidodgers einleitender Hinweis – »we just transition to different times« – enthält für die Testo-Vlogs in zweifacher Hinsicht Bedeutung: Die Transitionen erfolgen zum einen auf möglicherweise ähnliche, aber dennoch unterschiedliche Zukünfte hin. Zum anderen steht das jeweilige Werden in unterschiedlichen Verhältnissen zur Gegenwart, die eine geteilte ist – um noch einmal die Gleichzeitigkeit gemeinsamer wie differenter Zeitlichkeiten einer Transition zu betonen: Im April 2019 sind beide auf Testosteron, aber das Testosteron hält für Jammidodger andere (Un)Gewissheiten bereit als für NoahFinnce – auch aufgrund der Tatsache, dass zwischen dem Beginn ihrer jeweiligen Hormonbehandlung sechs Jahre liegen, in denen mit zunehmender Selbstverständlichkeit Testo-Vlogs produziert werden.

---

74   Der staatlich finanzierte National Health Service (NHS) in Großbritannien betreibt *gender dysphoria clinics* (GDCs), in denen trans* Gesundheitsversorgung in Bezug auf Genderdysphorie geleistet wird. NoahFinnce und Jammidodger erzählen jedoch, dass sie aus unterschiedlichen Gründen zu privaten Kliniken gewechselt haben.

Mit diesem und auch allen anderen Update-Videos kommen folglich nicht nur persönliche Veränderungen zur Dokumentation, sondern werden implizit immer auch diese unterschiedlichen Zeiten erfahrbar: Was bedeutet eine Transition oder der Beginn einer Hormonbehandlung unter den deutlich veränderten Umständen nur weniger Jahre, zu denen sowohl medizinische und juristische wie mediale Bedingungen zählen? Wie verändert sich Testosteron als Teil dieser Bedingungen? Wie verschieben sich Geschlechtergrenzen, werden sie unter Umständen poröser oder wieder konservativer, welche geschlechtlichen (Selbst-)Positionierungen sind aktuell möglich und lebbar – wenn auch unter Risiko? Welche Geschlechter kennen eine Sprache, Bilder, Vorbilder? Diese Veränderungen sind nicht als konsekutive oder gar fortschrittliche Entwicklungen zu beschreiben, sondern verweisen auf zeitliche Unbestimmtheiten, die von Wünschen und Begehren durchzogen und durch selbige hervorgebracht sind.

Wenn ich von diesen Beobachtungen anhand des Videos von Jammidodger und NoahFinnce über die Empfindungs-Vlogs und der Anerkennung des Testosterons als queerem Medium zurück zur Frage nach der archivarischen Funktion der trans* Vlogs auf YouTube komme, ermöglicht mir die hiermit herausgearbeitete queere Tradierung einen vorläufig abschließenden Blick auf darin sich entfaltende Zeitlichkeiten.

QUEERE ZEITLICHKEITEN EINES DIGITALEN TESTO-ARCHIVS

Trans* Vlogs auf YouTube versammeln und sammeln Dokumentationen individueller Transitionen.[75] Als Anlaufstelle für Erfahrungsberichte und Informationen aus erster Hand erfüllen sie den archivarischen Anspruch, diese Dokumente mit ihrem Erfahrungswissen zu verwahren, für ihren Erhalt zu sorgen und sie einer potenziell großen Öffentlichkeit zugänglich zu machen, statt sie allein Personen zur Verfügung zu stellen, die sich über Qualifizierungen oder sonstige Berechtigungen als legitimiert ausweisen.[76] Allerdings bedeuten die trans* Vlogs auch eine Herausforderung des Archivs und es kann

---

75 Vgl. Raun, *Out Online*, S. 48.

76 Für-Erhalt-Sorgen ist an dieser Stelle ex negativo bestimmt: Die Videos sorgen für Erhalt, indem sie nicht gelöscht werden.

ihnen nicht unumwunden ein archivarischer Status zugesprochen werden, denn ein Archiv sorgt dafür, dass Dokumente bewahrt werden
und darüber hinaus auch auffindbar bleiben. Einer solchen Auffindbarkeit aber entziehen sich YouTube-Videos allgemein und trans* Vlogs
im Besonderen. Diese kontraintuitive Eigenschaft der Vlogs – ich habe
schließlich alle hier besprochenen Videos über einen Link ausgewiesen, *damit* sie auffindbar sind und als Beleg dienen können – möchte
ich abschließend kurz erläutern:

Alle YouTube-Videos verfügen über eine eigene URL, die sie buchstäblich adressierbar macht und auch dafür sorgt, dass ich während
meiner Recherche bereits gesehene Videos zuverlässig wiederfinde,
ohne sie über die Suchfunktion in den aufgelisteten Ergebnissen aufspüren zu müssen – vorausgesetzt, sie wurden nicht zwischenzeitlich
gelöscht.[77] Doch ermöglicht diese Praktik lediglich ein *Wieder*finden.
Ich kann hingegen nicht sämtliche Videos anzeigen lassen, die in einer gewissen Zeitspanne hochgeladen wurden und dabei älter als ein
Jahr sind. Eine zeitlich spezifische Recherche ist also nicht ohne weiteres möglich. YouTube richtet zwar eine Filterfunktion seiner Suche
ein, die es vorsieht, die Ergebnisse nach Upload-Datum sortiert zu
bekommen. Allerdings funktioniert diese Sortierung allein in umge-
kehrter Chronologie, das heißt mit den jeweils neuesten Videos zuerst.
Eine umgekehrte, in diesem Fall also chronologische Anordnung ist
nicht möglich. Die Plattform lässt den gezielten Abstieg ins Archiv
strukturell gar nicht zu und eröffnet mir nur die Option, mich auf
verschlungenen Pfaden hineinzubegeben, mich also auf die automati-
sche Wiedergabe des algorithmisch vorgeschlagenen nächsten Videos
einzulassen oder mich durch weitere vorgeschlagene Videos zu klicken.
Dieses Vorgehen bringt mich immer auch wieder zurück an die Oberfläche des Archivs, sprich: zu aktuelleren Videos jüngeren Datums.
Zudem organisiert sich das Archiv sowohl von der Bedienoberfläche
her wie auch der Sortierung der Suchergebnisse permanent um. So
wird die Ergebnisliste auf Basis bereits getätigter Eingaben auch zum
Spiegel des Begehrens der Person, die sich der Suchfunktion bedient.
Unter diesen Umständen kann ich nicht verifizieren, welches auf You-

---

77   Bis zur Drucklegung des Buchs sind manche Videos oder Kanäle in der Tat nicht mehr
     abrufbar.

Tube das erste Update-Video einer Transition mit Testosteron war und wann es hochgeladen wurde.[78] Selbst wenn ich viele vergleichsweise alte Videos finde oder Vlogger darauf verweisen, dass ihre ältesten Videos zu Zeiten entstanden sind, in denen niemand außer ihnen gevloggt habe, sind dies nur Anhaltspunkte. Auf Basis seiner als der bisher umfassendsten qualitativen Recherche zu trans* Vlogs nimmt Raun den Beginn von trans* Vlogging im Jahr 2006 an: »the same year that YouTube became the Internet's most popular visual medium«.[79] Aber auch er kann nicht auf ein erstes oder ältestes (noch verfügbares) Video verweisen.

Dieser relative Entzug durch Strukturierung der Suchfunktion trifft auf alle YouTube-Videos zu, unabhängig von ihrem Thema. Videos aus zeitlicher Distanz, so scheint es, haben für das hauptsächliche Funktionieren der Plattform und ihren Erfolg, d.h. für ihr ökonomisches Interesse keine Relevanz. Die längste Zeitspanne, die eine YouTube-Suche berücksichtigen kann, sind 12 Monate, die kürzeste umfasst Uploads der letzten Stunde.[80] Die Maßgabe der Aktualität von Uploads impliziert eine gewisse Geschwindigkeit in der Erstellung und Verbreitung neuen Materials. Diese Beschleunigung erzeugt nun für die trans* Vlogs jedoch besondere Effekte, die nach einer spezifischen Betrachtung der archivarischen Funktion von YouTube verlangen, ist doch, wie gezeigt werden konnte, die zeitliche Perspektive für die Update-Videos in vielfacher Hinsicht fundamental: Die Transition als ein zeitlicher Prozess über eine ungewisse und tendenziell unbestimmte Dauer; die Effekte des Testosterons als nicht planbar und unter Umständen Geduld erfordernd – ohne die

---

78   Nachdem YouTube die Ergebnisse lange Zeit auf separaten Seiten angezeigt hat, scrollt man sich nun durch eine ca. 600 Videos umfassende Ergebnisliste auf nur einer fortlaufenden Seite, die mit der Suche ›trans testosterone‹ generiert wird, nur um dann unter einem 10 Jahre alten Video angezeigt zu bekommen: »Keine weiteren Ergebnisse«. Dabei gibt es Videos wie die von freshlycharles aus dem Jahr 2008 oder von charlesasher von 2007, deren Verschlagwortung Treffer produzieren müssten, vgl. charlesasher, *testosterone shot july 6, 2007*, 6. April 2007 <https://www.youtube.com/watch?v=UQFvuUWbNmA> [Zugriff: 30. Mai 2025]; freshlycharles, *Vlog 1: Yes, I've joined the FTM Vlog revolution (Freshly Charles)*.

79   Raun, »Archiving the Wonders of Testosterone via YouTube«, S. 701.

80   Insgesamt enthalten die Suchfilter die Optionen der Auswahl nach Uploaddatum für ›letzte Stunde‹, ›heute‹, ›diese Woche‹, ›diesen Monat‹ oder ›dieses Jahr‹, Stand April 2020.

Gewissheit, ob die Geduld sich auszahlen wird; die risikobehaftete und manchmal äußerst prekäre bis gar nicht verfügbare Option, als trans* überhaupt auf eine Zukünftigkeit hin agieren oder hoffen zu können. Testosteron wird in den trans* Vlogs verschlagwortet, wird in den Titeln und Beschreibungen der Videos angeführt und über diese Metadaten algorithmisch auffindbar. Als dokumentarisches Medium wiederum ermöglicht Testosteron aber gerade keine Katalogisierung, keine Klassifizierung oder Verschlagwortung. Die mit dem Hormon in Verbindung gebrachten körperlichen wie emotionalen Effekte treten unzuverlässig auf, die Affekte des Testosterons sind widersprüchlich, die mit ihm angedachte geschlechtliche Veränderung ein risikoreicher Einsatz und unablässig verwickelt mit Risiken auch rassistischer Konfrontationen. Das Hormon verunklart mehr, als dass es Eindeutigkeit signalisiert. Es entzieht sich einer ontologischen Bestimmbarkeit und ist selbst stets in einem Werden begriffen, das sich mit in den Videos hervorgebrachten Geschlechtern, neu hervorgebrachtem biochemischen Wissen, den Synthetisierungs- und Distributionsprozessen sowie Verabreichungspraktiken und -bedingungen rückkoppelt und darüber Veränderungen und Verschiebungen erfährt.

Somit bilden die trans* Vlogs einerseits ein Archiv und bringen dessen Funktionieren andererseits permanent an seine Grenzen: Denn die mit YouTube verbundene Suchpraktik ist nicht dazu gedacht, spezifische Videos – zumal innerhalb einer gewissen und länger als ein Jahr zurückliegenden Zeitspanne – auffinden zu können. Die Struktur der Plattform sieht es nicht als notwendig an, dass ich gezielt herausfinde, wie sich die Testo-Vlogs selbst immer wieder verändert haben, indem ich einen Vergleich anstellen könnte zwischen den Videos von April 2020 mit denen zum Beispiel von März 2015. Sofern ich auf ältere Videos stoße, dann geschieht dies aufgrund der Tatsache, dass sie einen gewissen Referenzcharakter haben, den sie über eine hohe Anzahl von Aufrufen sowohl erhalten wie bestätigen und damit in der Funktionslogik der Plattform wahrscheinlicher als passendes Ergebnis meiner Suche oder weiteres relevantes Video vorgeschlagen werden. Bei den Vlogs handelt es sich folglich nicht um ein gesichertes Archiv mit stabiler Ordnung, so dass das Konzept Archiv selbst herausgefordert wird. Doch auf welche Praktiken hebt dann die Beschreibung von YouTube und insbesondere auch von trans* Vlogs als Archiv ab, wenn sie nicht verfehlt ist?

Die Archivfunktion der trans* Vlogs und Testosteron-Updates besteht zum einen darin, eine Tradierung zu ermöglichen, wobei der Begriff des Tradierens hier vor allem in seiner Bedeutung des Anvertrauens zu verstehen ist. Die Vlogger vertrauen den Videos und den imaginierten User_innen Sorgen, Ärger und Bedenken an. Zum anderen erfüllen sie die Funktion eines Archivs, wie Cvetkovich es begreift, als kollektive Praktiken affektiver Bewältigungen. Über die Praktik des Vloggens mit Testosteron werden Affekte bewahrt und darüber Möglichkeiten der Empfindung eingerichtet, sodass (un)mögliche Zukünftigkeiten wie Vergangenheiten darin zur Option werden können. Als Empfindungs-Vlogs bedingen sie, so mein Argument, dass sich die Affekte sowohl vom Vlogger-Subjekt lösen als auch das jeweilige Video überschreiten. Die trans* Vlogs stehen damit einer konventionellen Archivfunktion entgegen, insofern es nicht darum geht, dass User_innen bei einer Suche nach >trans< und >testosterone< das eine oder andere *spezifische* Video auf- oder vorfinden. Für die Popularität von trans* Vlogs ist es nicht wichtig, bestimmte Videos gesehen zu haben. Es geht vielmehr darum, dass sich die eingerichteten Räume des Wünschens und Begehrens immer wieder neu und durch weitere, aktuellere Videos bespielen lassen und sich dadurch verändern.[81] Aus diesem Grund tauchen in den Vlogs wiederholt die gleichen Fragen, die gleichen Themen auf, deren in unregelmäßigen Abständen erfolgende Wiederholung sie modifiziert: Wie injiziere ich mir Testosteron? Welche Effekte hat es möglicherweise auf meinen Körper? Wie gehe ich mit den körperlichen, sozialen, emotionalen Verände-

---

81   In diesem Modus der Aktualisierung weisen die Vlogs Ähnlichkeiten mit jener Institution der Macht auf, die Friedrich Balke mit Derrida und Foucault als »Aktualarchiv« bezeichnet. Siehe Friedrich Balke, »Archive der Macht: Über Polis, Politik und Polizei«, *Österreichischen Zeitschrift für Geschichtswissenschaften*, 18.3 (2007), S. 57–81, hier S. 62. Im Sinne Balkes sind auch die Vlogs Teil einer permanenten und exzessiven (Selbst-)Dokumentation der »einfachen Gesten und Haltungen des Körpers« (ebd., S. 59) und sind darüber den institutionalisierten Dokumentationsformen und Archivierungsfunktionen verbunden, die ein Trans*sein medizinisch, therapeutisch und juristisch begleiten wie hervorbringen. Jedoch bedeutet die Art der Erfassung als Vlog gerade keine Vereinzelung der dokumentierten Subjekte, wie es für ein derartiges »Archiv der Disziplinen« (ebd., S. 62) zweckmäßig wäre. Stattdessen verbindet die Praktik des Vloggens die Vlogger affektiv und solidarisch.

rungen um? Teilweise greifen Vlogger auch auf eigene bereits länger zurückliegende Videos zurück, um ein thematisches Update zu produzieren. Es tradieren sich also nicht spezifische Dokumente, spezifische (Selbst-)Dokumentationen, sondern es tradiert sich YouTube als Anlaufstelle für Informationen, Erfahrungsaustausch und Subjektivierung. Und wichtiger noch: Es tradiert sich die Selbstverständlichkeit *als* trans* Person auf YouTube zu vloggen, als trans* Person sichtbar zu werden, einen Status als Expert_in für trans* Belange einzunehmen. Die Vlogs bringen eine Selbstverständlichkeit, die eigene Geschlechtlichkeit als trans* zu artikulieren, hervor.

Damit komme ich zurück zu MrThink Queer, dem Kollektiv-Kanal, auf dem es seit Juli 2018 kein Update, kein weiteres Video mehr gegeben hat, da – wie ein Vlogger im vorletzten Video die Situation beschreibt –, die Themen ausgegangen seien. Mit dem Gefühl, alles bereits gesagt zu haben und aus diesem Grund die Produktion und den Upload weiterer Videos bewusst oder unbewusst (z. B. aus fehlendem Antrieb) einzustellen, und dennoch gleichzeitig auf eine Fortsetzung zu hoffen, kommen erneut Affekte, Begehren und Transitionen in ihren unterschiedlichen und ungewissen zeitlichen Ausfaltungen zur Überkreuzung: Das Testosteron wirkt in den Vlogger-Körpern weiter oder nicht; die Zuschauer_innen wissen es nicht. Es gibt möglicherweise andere Kanäle der Vlogger, auf denen die individuellen Transitionen weiterhin dokumentiert und damit gleichermaßen hervorgebracht werden. Dieser spezifische Kanal kommt derweil zu einer Art (vorläufigem) Stillstand: Es gibt keine Updates mehr, in den Suchanzeigen tauchen die Videos mit zunehmend weiter zurückliegendem Uploaddatum weniger wahrscheinlich auf, sie erhalten voraussichtlich mit der Zeit immer weniger Klickzahlen, verlieren dadurch weiter an algorithmischer >Relevanz<, werden entsprechend umso seltener angezeigt, erhalten wiederum geringere Aufmerksamkeit und so fort. Der Kanal gerät auf YouTube in Vergessenheit.

Die Affekte der Videos auf MrThink Queer überschreiten jedoch diesen Kanal und die einzelnen Vlogger: Aufbewahrt finden sich zwar auch die einzelnen Uploads, die mit ein bisschen Mühe oder Zufall an die Oberfläche der Suchergebnisse kommen, und die historisch als selbstdokumentarische Zeugnisse einer Transition mit Testosteron Mitte der 2010er Jahre betrachtet werden können. Möglicherweise dienen sie denen, die sie finden und anschauen, weiterhin als Quelle für Informationen in einem konservativ archivarischen Sinn, als Zeugnis vergangener Ereignisse. Darüber hinaus aber ist der Kanal, sind die Videos ein Empfindungs-Vlog: Unabhängig vom Bestand des Kanals und der Tatsache, ob die dort hochgeladenen Videos weiterhin angeschaut werden, bewahrt sich in ihm wie in allen anderen trans* Vlogs vielmehr die Selbstverständlichkeit, als trans* Person auf YouTube mit der eigenen Transition zu hadern, zu zweifeln und zu jubilieren, sich zu freuen und zu ärgern, enttäuscht oder vorfreudig zu sein. Dafür muss dieser spezifische Kanal nicht mehr gefunden werden von denen, die vielleicht jetzt zum ersten Mal auf die Suche gehen und deren Suchverläufe nicht schon wie meiner eine gewisse Prägung erfahren haben, sodass ich durchaus immer mal wieder auf diese Videos zurückkomme. In diesem Entzug bzw. dem in Vergessenheit geraten spezifischer Vlogs und Kanäle können die trans* Vlogs eben genau nicht sein, was Devor für seine Arbeit an und mit den Transgender Archives als »Grundlagen für die Zukunft« (foundations for the future) beschreibt.[82] Denn die Videos bilden kein stabiles Fundament für *eine*, für *die* Zukunft. Zukünftigkeiten stehen in und mit den Vlogs immer wieder neu auf dem Spiel oder als Einsatz darin überhaupt nicht zur Verfügung. Sie werden (un)möglich dadurch, dass mit den Empfindungs-Vlogs Affekte bewahrt sind, die ein Empfinden einrichten – und zwar nicht auf ein spezifisches Empfinden hin, sondern in Offenheit für Differenzen, Widersprüche und Veränderungen eines geschlechtlichen Werdens in Transition.

---

82   Devor, *The Transgender Archives*.

Ausblick
Transition from Nowhere to Nowhere

In der selbstdokumentarischen Praktik des trans* Vloggens mit Testosteron entstehen Zeitlichkeiten, die entgegen einem ersten Eindruck keine eindeutigen geschlechtlichen Entwicklungen vorzeichnen, sondern ungewiss und labil bleiben.[1] Das zeigt sich besonders an den (un)gewissen Zukünften und (un)möglichen Zukünftigkeiten, wie sie sich in dezidiert unterschiedlicher Weise – bedingt durch sowie mit unterschiedlichen Effekten auf prekarisierte Leben – in den Videos von itsGOTtobegroovy (Kapitel 2) und gorillashrimp (Kapitel 1) realisieren. Mit meiner Perspektive auf die digital-medial-hormonellen Zeitlichkeiten der trans* Vlogs als Testo-Techniken konnte ich der bisherigen Forschung zu trans* Vlogs eine Dimension hinzufügen, die den Einsatz der Vlogs in und mit einer Transition gerade in dieser medialen Anordnung anders fasst. Anstatt auf ihre Funktionen der Selbstherstellung und der Community-Bildung zu fokussieren, schlage ich vor, sie als komplexe Gefüge zu fassen, die sich aus Begehren, Wünschen, sozialen Beziehungen, Technologien und Techniken und nicht zuletzt dem Testosteron formieren. In ihrer Komplexität und Dynamik entziehen sich diese Gefüge der Kontrolle.

Wenn ich die besondere Verletzlichkeit von trans* Leben in heteronormativen, cis-sexistischen und rassistischen Gesellschaften betone, steht dies nicht im Widerspruch zu einem in den Vlogs festgestellten emanzipatorischen Potenzial. Dieses Potenzial erschöpft sich

---

[1] Den Titel habe ich mir von Ezra Furmans gleichnamigem Song geborgt.

jedoch nicht, wie bisher regelmäßig angenommen wurde, in einer selbstbestimmten und kontrollierten Herstellung des eigenen verge-schlechtlichten Körpers und damit einer relativen Autonomie von be-sagten Diskriminierungs- und Ausschlussmechanismen. Im Gegenteil entfalten die trans* Vlogs mit Testosteron ein queeres emanzipatives Potenzial, gerade insofern sie die Transition trotz fehlender Kontrolle affirmieren. Es ist entscheidend, dass in den Vlogs Unsicherheiten und Zweifel im Transitionsprozess artikuliert werden, ohne die Not-wendigkeit, das geschlechtliche Werden und die damit verbundenen Begehren heteronormativ und zweigeschlechtlich zu stabilisieren.

Als Empfindungs-Vlogs (Kapitel 4) richten sie Möglichkeiten des Empfindens ein, sowohl auf Vergangenheiten als auch auf Zukünfte bezogen, wobei diese Einrichtung gerade keine teleologische Zurich-tung, sondern sich vielfach durchdringende Sedimentierungen meint. Die (un)möglichen Zeitlichkeiten bleiben in ihren Ausdehnungen, Faltungen und Verschlingungen offen, erfahren Queerungen, sodass affektive wie zeitliche Widersprüche und Differenzen in Transitionen den jeweiligen Veränderungsprozess nicht aufs Spiel setzen, sondern vielmehr konstitutiv für ihn sind. Negative Affekte der Enttäuschung und Ungeduld, der Sorge sowie Depressionen haben darin ebenso einen Platz wie – und das unterscheidet sie fundamental von dokumen-tarischen Praktiken der medizinisch-therapeutischen Institutionen – Freude und Zufriedenheit – nicht *trotz*, sondern auch *angesichts* der Unsicherheiten und Ungewissheiten. Diese Unsicherheiten betreffen auch die Herstellung von Männlichkeiten, die mit Testosteron als Me-dium (Kapitel 3) eher herausgefordert als bestätigt werden. Die trans* Vlogs ermöglichen die Vorstellung einer Zukünftigkeit als trans* und mit Testosteron – sei sie auch noch so ungewiss und von Zweifeln und Sorgen begleitet.

Was aber, wenn die Zweifel zu der Überzeugung führen, die geschlechtliche Transition und die vorgenommenen angleichenden Maßnahmen wie Hormonbehandlungen oder Operationen seien ein Fehler gewesen? Was, wenn auf die Zweifel die Feststellung folgt, dass das eigene Trans*sein ein Irrtum war und nicht (mehr) auf das geschlechtliche Sein zutrifft?

Manche Menschen, die ihr geschlechtliches Werden als Transi-tion erfahren (haben), beschreiben den auf eine solche Erkenntnis

des Irrtums folgenden Prozess als Detransition. Sie brechen die mit
der Transition zusammenhängenden Maßnahmen ab, verändern unter
Umständen erneut den Namen und/oder die Pronomen und streben juristische wie körperliche Veränderungen an, die – entsprechend
der sprachlichen Logik der Vokabel Detransition – eine zeitliche Umkehrung implizieren, die die Effekte einer Transition entziehen und
sie damit sozusagen rückgängig machen soll.[2] Und ebenso, wie viele
trans* Vlogger ihre Transition selbstdokumentarisch auf YouTube aufzeichnen, setzen sich auch Vlogger_innen mit einem Abbruch dieses
Prozesses auseinander und dokumentieren dabei gleichermaßen die
Veränderungen des Körpers im Verhältnis zu Testosteron sowie Be-
weggründe und Effekte der Entscheidung, es abzusetzen.[3]

     In den vergangenen Jahren tauchen Reportagen und Berichte
über Menschen, die ihre Transitionen unterbrechen oder abbrechen,
verstärkt auch in journalistischen Medien auf.[4] Gerade deshalb, weil
trans* Lebensweisen noch immer vornehmlich in stereotyper Weise

---

2 Wobei eine (vorläufige) Beendigung der Hormonbehandlung nicht zwangsläufig eine
   Detransition bedeutet. Körperliche Merkmale mögen sich daraufhin verändern, aber
   davon bleibt das geschlechtliche Trans*sein der jeweiligen Personen unberührt. Oder
   anders gesagt: Wer trans* ist, ist es mit oder ohne geschlechtsangleichende Maßnahmen. Das Trans*sein wird jedoch unter Umständen deutlich prekärer, zumal dann,
   wenn eine Unterbrechung oder ein Abbruch der Hormonbehandlung keine selbst-
   gewählte Entscheidung ist, sondern wenn gewisse Zwangslagen dafür sorgen, dass
   der Zugang zu Hormonpräparaten (temporär) nicht mehr gegeben ist. Geschehen
   daraufhin körperliche Veränderung, die eine (binär-)geschlechtliche soziale Ordnung
   herausfordern, und erlebt man diese noch dazu in einem Umfeld, das nicht unter-
   stützend ist und Trans*sein nicht anerkennt, entstehen extreme Vulnerabilitäten. In
   solchen Situationen kann ein Leben im bei der Geburt zugewiesenen Geschlecht eine
   strategische Entscheidung sein, um das eigene Überleben zu sichern. Auch solche Veränderungen werden mitunter als Detransitionen erlebt, wobei keineswegs ein ›Irrtum‹
   über das eigene Trans*sein besteht.

3 Vgl. u. a. elle palmer, *Hormone Hangover: 6 months off T (FTM detransition)*, 19.
   Februar 2020 <https://www.youtube.com/watch?v=Xxhj6nm4pWk&> [Zugriff: 30.
   Mai 2025]; Leoaica Motanelul, *How has my body changed off of T? (bonus: a poem at
   the end) (ftm detransition)*, 25. November 2019 <https://www.youtube.com/watch?
   v=aHBY6KvH20g> [Zugriff: 22. Juli 2020] (nicht mehr verfügbar im Mai 2025);
   Nelemil, *FTM Detrans: Wieso ich nicht mehr Transgender bin*, 12. Februar 2020 <https:
   //www.youtube.com/watch?v=XDwhGVteLGc&> [Zugriff: 30. Mai 2025].

4 Vgl. BBC Newsnight, *Detransitioning: Reversing a Gender Transition*, 26. November
   2019 <https://www.youtube.com/watch?v=fDi-jFVBLA8> [Zugriff: 30. Mai
   2025]; Christine Westerhaus, *Ich bin trans. Sicher?*, 28. Juni 2020 <https://www.
   deutschlandfunk.de/transsexualitaet-ich-bin-trans-sicher-100.html>   [Zugriff:
   30. Mai 2025]; Birgit Schmid, »›Dann reisst man halt die Pissoirs raus, und fertig!‹«,
   NZZ, 13. Dezember 2019 <https://www.nzz.ch/wochenende/gesellschaft/

Repräsentation erfahren, ist diese mediale Präsenz von Zweifeln an der eigenen Transition in zweierlei Hinsicht bemerkenswert:

Zum einen berichten diese Beiträge von einer weitaus höheren Zahl von *afab* (*assigned female at birth*, bei Geburt dem weiblichen Geschlecht zugewiesenen) Personen, die ihre Transitionen hinterfragen, als im Vergleich dazu *amab* (*assigned male at birth*, bei Geburt dem männlichen Geschlecht zugewiesenen) Personen.[5] Das hebe ich deswegen hervor, weil trans* Männlichkeiten erst seit wenigen Jahren überhaupt in einer gewissen medialen Breite Sichtbarkeit und Wahrnehmung erfahren und die schnelle Zunahme der Berichte von Transitionsabbrüchen damit einen signifikanten Anteil dieser trans* Erfahrungen auszumachen scheint. Zudem ist gerade auf YouTube die Sichtbarkeit von trans* Männlichkeiten vergleichsweise groß. Als Grund für eine steigende Anzahl der Personen, die eine Transition mit Testosteron unterbrechen oder abbrechen, wird gerade auch ein intensiver Austausch mit anderen trans* Personen auf sozial-medialen Plattformen und darunter eben YouTube lanciert: Dort entstünden trans* affirmative Peer-Groups, die über die Darstellung von vor allem trans* Männlichkeiten als begehrenswerte Körperlichkeiten junge *afab* Personen dazu verführten, diesem vermeintlichen ›Hype‹ zu folgen und ebenfalls eine Transition anzustreben.[6] Der Wunsch nach einer Transition

---

transgender-immer-mehr-diagnosen-bei-kindern-und-jugendlichen-ld.1527318> [Zugriff: 30. Mai 2025].

5   Ich verwende hier diese (Selbst-)Bezeichnungen statt der bisher noch verbreiteteren FtM (female to male) bzw. MtF (male to female), da sie den Verlauf des geschlechtlichen Werdens nicht stringent vorgeben. Dies legen die Zeitlichkeiten der Transitionen in den trans* Vlogs nahe und wird im Kontext der Detransitionen noch deutlicher. Wenn ich bisher FtM geschrieben habe, dann um die Selbstbeschreibung der jeweiligen Vlogger zu berücksichtigen. Elle Palmer überschreibt ihre Detransitions-Videos auch zeitweise mit FtMtF, was insofern interessant ist, als über die Dopplung der ›Werdensrichtung‹ eine Offenheit für noch weitere Anschlüsse eines wieder anders gerichteten Werdens entsteht, vgl. elle palmer, *FtMtF Transition & Detransition Timeline*, 6. Februar 2020 <https://www.youtube.com/watch?v=Z2AIAX8-CqQ&> [Zugriff: 30. Mai 2025]. Eine Art Verweigerungshaltung gegenüber der Anforderung, das Werden in eine Richtung zu spezifizieren und zu limitieren, artikulieren auch die Protagonist_innen sowie der Titel des Films *FtWTF – Female to What the Fuck*, Regie: Katharina Lampert und Cordula Thym (Österreich, 2015).

6   Beispielhaft für die zunehmende Schärfe solcher als Debatten fehlbezeichneten Angriffe auf trans* Personen, die deren Lebenswirklichkeiten negieren vgl. Martin Spiewak, »Zwischen Kopf und Körper«, *Die Zeit*, 21. November 2018 <https://www.zeit.de/2018/48/transsexualitaet-jugend-transgender-modeerscheinung-psychologie> [Zugriff: 30. Mai 2025]; Katrin Hummel, »Einmal Mann sein –

begründe sich diesen Positionen zufolge nicht im eigenen Trans*sein, sondern im sozialen Druck des online Freund_innenkreises oder auch einer »›sozialen Ansteckung‹« (›social contagion‹).[7] Entsprechend sei die Enttäuschung über die Effekte einer Transition und der Wunsch, diese bald wieder rückgängig machen zu wollen, unausweichlich.

Zum anderen stehen die Berichte über solche vorgeblich verführerischen und als Modeerscheinung, sogar als Ideologie begriffenen Transitionen aufgrund sozialer Abhängigkeiten oft im Zusammenhang mit Debatten darum, wie aus medizinisch-therapeutischer Sicht auf das von Kindern und Jugendlichen geäußerte Trans*sein oder das Begehren trans* zu leben, reagiert werden sollte. Auch in diesen Auseinandersetzungen geht es, wie in den Vlogs, ganz fundamental um Zeit: Im Streit um das vorgebliche Wohl des Kindes steht die Legitimität des Einsatzes von sogenannten Pubertätsblockern zur Diskussion, die die geschlechtliche Entwicklung des Kindes oder Jugendlichen verzögern und damit körperliche Veränderungen aussetzen können, die zu einer Geschlechtsdysphorie beitragen und damit Lebensqualität mindern können. Für viele trans* Aktivist_innen stellt diese Option eines hormonellen Aufschubs von körperlichen Veränderungen eine immens wertvolle Intervention dar. Manche Mediziner_innen sehen in diesem Aufschub jedoch gerade die Verhinderung einer geschlechtlichen Erfahrung, die überhaupt Grundlage sei, sich der eigenen geschlechtlichen ›Identität‹ gewiss zu werden. Transitionen würden zu leichtfertig vollzogen und andere Optionen, einer (geschlechtlichen)

---

und wieder zurück«, *FAZ*, 11. Dezember 2019 <https://www.faz.net/aktuell/ gesellschaft/menschen/diagnose-transgender-immer-mehr-junge-frauen-sind- trans-16524494.html> [Zugriff: 30. Mai 2025]; Katrin Hummel, »Es gibt einen Transgender-Hype«, *FAZ*, 7. September 2019 <https://www.faz.net/aktuell/ gesellschaft/menschen/interview-mit-aerztin-ueber-den-aktuellen-transgender- hype-16371774.html> [Zugriff: 30. Mai 2025]; Chantal Louis, »Von Frau zu Mann zu Frau«, *Emma*, 27. Februar 2020 <https://www.emma.de/artikel/sam-nele-ellie- geboren-als-frauen-gelebt-als-maenner-heute-wieder-frauen-337551> [Zugriff: 30. Mai 2025].

7 Julia Serano, »Origins of ›Social Contagion‹ and ›Rapid Onset Gender Dysphoria‹«, Julia Serano's Blog, 20. Februar 2019 <https://juliaserano.blogspot.com/2019/02/ origins-of-social-contagion-and-rapid.html> [Zugriff: 30. Mai 2025]. Eine affirmative Umdeutung dieses Vorwurfs unternehmen Adair und Aizura: »Why shouldn't transness be transmissible or contagious? Why can't erotic be a site of producing trans identity or practice?«. Siehe Cassius Adair und Aren Aizura, »›The Transgender Craze Seducing Our [Sons]‹: or, All the Trans Guys Are Just Dating Each Other«, *TSQ: Transgender Studies Quarterly*, 9.1 (2022), S. 44–64, hier S. 46.

Dysphorie therapeutisch zu begegnen, vorschnell ausgeklammert. Die
geschlechtliche Transition mit Hormonen und Operationen sei ein
vermeintlich (zu) einfacher Weg.[8] Die Selbstdokumentationen und
Selbstauskünfte von detransitionierenden Personen, von denen in der
Tat manche davon berichten, dass sie ihre Dysphorie rückblickend betrachtet mitunter auch in der Erfahrung von sexualisierter Gewalt oder
anderer Traumata begründet sehen statt als Merkmal von Trans*sein
oder Trans*leben, werden in diesen Zusammenhängen oftmals als Beweis einer vermeintlich vorschnellen und letztlich scheinbar falschen
Selbsterkenntnis bzw. >Diagnose< als trans* angeführt.

Über diese Rahmung der Detransition als Ausdruck einer vorangegangenen Fahrlässigkeit deutet sich eine Diskursverschiebung in
Diskussionen um geschlechtliche Selbstbestimmung an: So wird Geschlecht hier erneut als eine >Wahrheit< angerufen, die es in ihrer Gewissheit und Kohärenz zu befragen, zu erforschen und zu (er)kennen
gelte. Denn erst die Möglichkeit oder gar Notwendigkeit des zweifelsfreien Kennenmüssens bedingt ja, dass man überhaupt >falsche<
Entscheidungen treffen kann, die sich nur als ungenügende Selbst-
befragung oder manipulative Beeinflussung durch andere erklären
lasse. Dieser Wahrheitsanspruch geht oftmals mit der Annahme einer strikten Trennung und Vorgängigkeit von *sex* als >biologischem<
Geschlecht gegenüber *gender* als Geschlechtsidentität einher. Durch
diese Setzung eines naturalisierten, >wahren< Geschlechts werden
Auseinandersetzungen um die Anerkennung von Detransitionserfah-

---

8   Für eine Entkräftung dieser Vorwürfe, die auf einer Auseinandersetzung mit einer in
diesem Zusammenhang oftmals als einschlägig angeführte Studie beruht, vgl. Julia
Serano, »Everything You Need to Know About Rapid Onset Gender Dysphoria«,
Medium, 28. Oktober 2019 <https://medium.com/@juliaserano/everything-
you-need-to-know-about-rapid-onset-gender-dysphoria-1940b8afdeba> [Zugriff:
30. Mai 2025]. Zuletzt hat Jenny Wilken die Studienlage zu Detransitionserfahrungen
auch im deutschsprachigen Raum zusammengetragen, vgl. Jenny Wilken, *Detransition,
Fakten und Studien*, dgti, 28. September 2022 <https://dgti.org/2022/09/28/
jenny-wilken-detransition-fakten-und-studien-9-2-2022/> [Zugriff: 30. Mai
2025]. Eine Übersicht leistet zudem die S3-Leitlinie zu trans* Gesundheit, vgl.
Arbeitsgemeinschaft der Wissenschaftlichen Medizinischen Fachgesellschaften
(AWMF), *Geschlechtsinkongruenz, Geschlechtsdysphorie und Trans-Gesundheit: S3-
Leitlinie zur Diagnostik, Beratung und Behandlung*, AWMF online, 9. Oktober 2018
<https://register.awmf.org/assets/guidelines/138-001l_S3_Geschlechtsdysphorie-
Diagnostik-Beratung-Behandlung_2014-07-abgelaufen.pdf> [Zugriff: 30. Mai
2025].

rungen anschlussfähig für LGBTIQ-feindliche Positionen und transphobe bzw. sogenannte trans*-exkludierende Feminismen (terf steht für trans exclusive radical feminism). Terf-Positionen beharren auf biologistischen Zugehörigkeiten zur Kategorie >Frau< und behaupten, trans* Männlichkeiten seien Verrat am Feminismus und Unterwerfung unters Patriarchat, trans* Weiblichkeiten seien Spioninnen desselben und eine vermeintliche Gefahr für weibliche Schutzräume. Entsprechend werden in Terf, sich selbst meist radikalfeministisch bezeichnenden, Aktivismen Detransitionen aus einer trans* Männlichkeit heraus besonders begrüßt. Deren biologistische Annahme lautet, man könne eine Transition buchstäblich rückgängig machen und damit das bei der Geburt zugewiesene Geschlecht, das als >biologisches< und damit eigentliches und authentisches betrachtet wird, wiederherstellen bzw. dahin zurückkehren.

Die vielfältigen und in der Tat zahlreichen Selbstdokumentationen von Detransitionen auf YouTube – und nicht nur dort – sind eine eigene Untersuchung wert. Im Sinne der hier angestellten Überlegungen wären sie hierbei ebenso selbstverständlich als Ausdruck geschlechtlicher Selbstbestimmung zu verstehen wie die versammelten trans* Erfahrungen. Entgegen instrumentalisierten und instrumentalisierenden Darstellungen von Detransitionserfahrungen möchte ich vor dem Hintergrund der in dieser Arbeit gewonnenen Erkenntnisse die These aufstellen, dass sich in den transphoben, biologistischen Konstrukten nicht zuletzt eine zeitliche Simplifizierung vollzieht: Die Behauptung einer möglichen Umkehrbarkeit von Transition oder auch einer >Rückkehr< in das ursprünglich zugewiesene Geschlecht reproduziert das lineare Narrativ geschlechtlicher Veränderung, wie es aus (juristischen und medizinischen) institutionellen Zwängen bekannt ist. Eine teleologische Zeitlichkeit bindet die soziale Verstehbarkeit (Intelligibilität) von trans* Leben an ein kohärent und konsistent erzähltes und gelebtes Geschlecht und verkennt damit die Vielfalt von trans* Erfahrungen. Die von mir für die Transitions-Updates festgestellten queeren Zeitlichkeiten hingegen können die unterschiedlichen und mitunter auch widersprüchlichen Erfahrungen einer Detransition als Erfahrung eines geschlechtlichen Werdens einschließen. Ebenso wie die im vorherigen Kapitel argumentierte Funktion der Vlogs, auf eine Vergangenheit Bezug nehmen zu können, ohne sie dabei als abgeschlossene hinter sich zu lassen, ist diese Vergangenheit auch im Modus der Detransition nicht vollendet. Vielmehr wirken die Potenziale einer (un)sicheren Zukunft und (un)möglichen Zukünftigkeit in einer Detransition weiter fort. Entsprechend ambivalent können die affektiven Bezugnahmen und das Erleben dieses Werdens sein, ohne diese Ambivalenzen automatisch als Ausdruck eines im besten Falle rückgängig zu machenden Fehlers zu begreifen.

Gerade der Aspekt des Bereuens wird vor allem dann herangezogen, wenn die geschlechtliche Selbstbestimmung insbesondere von Jugendlichen und jungen Erwachsenen eingeschränkt werden soll. 2010 erschien der doku-fiktionale Film *Regretters* über das geschlechtliche Werden zweier zur Zeit der Aufnahme über 60-jähriger Personen, die ihre trans* Erfahrungen sowohl bereuen als auch sich mit dieser arrangieren.[9] In Nicole Kandiolers Auseinandersetzung mit dem Film erscheint das »Bereuen selbst [...] als widerständiger Modus«.[10] Dieser ergebe sich aus dem »Prozess eines Nachdenkens, einer Auseinandersetzung, die nicht zu Ende ist«.[11] Interessanterweise taucht dieser Film 2019 auch auf YouTube auf, in einem Kanal hochgeladen, der sich »We need to talk« nennt und auf dem allein dieser Film als einziger Upload zur Verfügung steht. Der Titel des YouTube-Videos ist dabei noch mit einem Untertitel versehen und lautet dort: »Ångrarna (AKA Regretters) [2010] – Swedish Detransition Documentary«.[12] Die Beschreibung des hochgeladenen Videos ist in mehrfacher Hinsicht irreführend: Zum einen beansprucht der Film für sich einen dokumentarischen Modus, der allein bereits Anlass für Diskussionen bietet. Die Personen vor der Kamera sind zwar die Personen, deren Erfahrungen im Film geschildert und buchstäblich mit weiteren Dokumenten, Fotos, bebildert werden, jedoch sind sie für ihre Teilnahme am Film als Schauspieler bezahlt worden. Zudem basieren ihre Dialoge auf einem

---

9   *Regretters*, Regie: Marcus Lindeen (SE, 2010).

10   Nicole Kandioler, »Regretting Womanhood: Bereuen gegen Normalisierung«, *onlinejournal kultur & geschlecht*, 19 (2017), S. 1–10 <https://kulturundgeschlecht. blogs.ruhr-uni-bochum.de/wp-content/uploads/2017/07/Kandioler_Regretting-Womanhood.pdf> [Zugriff: 30. Mai 2025], hier S. 9.

11   Ebd.

12   We Need To Talk, *Ångrarna (AKA Regretters) [2010] – Swedish Detransition Documentary*, 27. August 2019 <https://www.youtube.com/watch?v=oiaCLLzJnpI> [Zugriff: 30. Mai 2025].

Theaterstück, das wiederum auf Basis ihrer Schilderungen entstanden ist und dem Film in verschiedenen Aufführungsmodi vorausgeht. Die im Film aufgeworfene Frage nach einer Authentizität von Geschlecht verbindet sich mit der Auseinandersetzung um den Anspruch des Dokumentarischen, Authentizität autorisieren zu können. Hinzu kommt, dass die Ergänzung um den Begriff der Detransition im Untertitel des Uploads insofern problematisch ist, als die Protagonist_innen gemeinsam mit dem Film zur Diskussion stellen, inwieweit ihre Erfahrungen und Transitionen überhaupt als Praktiken eines Trans*seins beschrieben werden können und wollen. Der Untertitel verengt also die im Film entfalteten affektiven Widersprüche und die Widerständigkeit des Erlebens und Bereuens.

Die Entscheidung für geschlechtsangleichende Maßnahmen und spätere Zweifel an der Richtigkeit daran thematisieren manche Vlogger_innen auch noch in anderen Modi als dem eines (widerständigen) Bereuens. Sie beschreiben die jeweiligen Transitionserfahrungen zwar als etwas, dass rückblickend für sie nicht das realisiert hat, was sie sich vorgestellt oder erwartet hatten – Erkenntnisse, die sich auch für die Transitions-Updates bereits feststellen ließen. Aber selbst dort, wo die Entscheidungen im Rückblick auch ein Bereuen bedingen, sind die affektiven Verstrickungen mit diesen Erfahrungen ungleich komplexer, widersprüchlicher und meist ebenfalls mit Freude, Zufriedenheit und Zuversicht verbunden. Und manchmal sind Detransitionsentscheidungen schlicht als pragmatischer, selbstbewusster Anspruch auf Selbstverständlichkeit formuliert, so bei Dylan C im Video *What Detransitioned Women Want*:

> I would like people to stop insisting that I understand my transition as a thing I regret. Because I don't. I don't regret that I did it, I just decided to stop. You know, it's like selling a car 'cause you moved to the city. It's like – it's not that I regret the time I spent driving, I just, don't need it anymore.[13]

Auf affektiver wie zeitlicher Ebene haben Transitions- und Detransitionserfahrungen in den selbstdokumentarischen Vlogs mehr gemeinsam als sie trennt. In der Auseinandersetzung um die Anerkennung

---

13 Dylan C, *What Detransitioned Women Want*, 15. Februar 2019 <https://www.youtube.com/watch?v=EvLGmwsjTP0> [Zugriff: 30. Mai 2025], 16:59–17:25.

unterschiedlicher Erfahrungen eines geschlechtlichen Werdens mit
Einsatz von Hormonen und/oder Operationen wird der Begriff der
Detransition jedoch oft auch verwendet, um im Anschluss an rechte
Rhetoriken vermeintlich bisher nicht sagbare Wahrheiten und Empfindungen gegen die als hegemonial behauptete Diskursmacht von
angeblich normierenden trans* Aktivismen Gehör zu verschaffen. Im
vorgeschobenen Anspruch, Personen vor irreversiblen Entscheidungen zu bewahren, werden therapeutische Maßnahmen eingefordert,
die nicht nur (weiterhin) einer geschlechtlichen Selbstbestimmung
entgegenstehen, sondern zudem auch Trans*sein mit Hinweis auf ›biologische‹ Geschlechtlichkeit grundsätzlich diskriminieren – es wird
eine naturgegebene Hierarchie zwischen cis und trans installiert.

Statt also erneut Geschlecht als zeitlich kohärent und konsistent auszuweisen, wäre es doch ebenso denkbar, die Vorstellung von
Trans*sein zu erweitern und Geschlecht in seiner Inkongruenz lebbar
zu machen. Denn wie meine Analysen der trans* Vlogs zeigen konn-
ten, sind die erlebten Werdensprozesse der Vlogger, sind die darin
entstehenden Zeitlichkeiten vielfältig und gerade von Brüchen, Differenzen, Zweifeln, Widersprüchlichkeiten und Spannungen geprägt.
Gerade vor dem Hintergrund von auch im deutschsprachigen Raum
schärferen Angriffen auf trans* Personen und damit einhergehenden
Instrumentalisierungen von Detransitionsberichten ist es hilfreich, die
Erfahrungen geschlechtlicher Transitionen in ihren medialen Zusammenhängen zu berücksichtigen. Damit meine ich gerade nicht den
vermeintlichen Einfluss von sozialen Medien auf die Entscheidung
einzelner, eine Transition (oder eine Detransition) anzustreben. Ganz
im Gegenteil möchte ich betonen, dass sich die Notwendigkeit, nun
auch den Prozess einer Detransition als Ausdruck einer scheinbar so
eindeutigen wie wahrhaftigen geschlechtlichen Identität legitimieren
zu müssen, erst daraus ergibt, dass die komplexen Zeitlichkeiten von
geschlechtlichen Transitionen bisher noch zu selten zur Kenntnis genommen werden. Wenn diese nämlich, wie die Analysen in dieser
Arbeit gezeigt habe, gar nicht linear und erst recht nicht teleologisch
verlaufen (können), wenn Geschlecht – zumal in Verbindung mit
Testo-Techniken – immer in einem Werden begriffen ist, das nicht vorhersagbar und nicht bestimmbar oder planbar ist, vor allem dann nicht,
wenn geschlechtliche und mediale Prozesse stets in einem komplexen

Wechselverhältnis verstanden werden müssen, dann ist die Möglichkeit von geschlechtlicher Veränderung immer schon enthalten und die
Wahrscheinlichkeit des Irrens, des Zweifelns und des Nichtwissens
darin konstitutiv.

Hierbei geht es mir explizit nicht darum, ein per se geschlechterpolitisch subversives Potenzial von trans* Erfahrungen und trans*
Vlogs gegen konservative Bestrebungen zu behaupten. Es geht darum,
(un)mögliche Zukünftigkeiten von Transitionserfahrungen auch als
mediale Effekte verstehen und das geschlechtliche Werden damit in
seiner zeitlichen Komplexität wie auch seiner affektiven Widersprüchlichkeit affirmieren und leben zu können.

Quellenangaben

LITERATURVERZEICHNIS

Abelson, Miriam J. und Tristen Kade, »Trans Masculinities«, in *Routledge International Handbook of Masculinity Studies*, hg. v. Lucas Gottzén, Ulf Mellström und Tamara Shefer (London: Routledge, 2020), S. 165–73 <https://doi.org/10.4324/9781315165165-16>

Adair, Cassius und Aren Aizura, »>The Transgender Craze Seducing Our [Sons]<: or, All the Trans Guys Are Just Dating Each Other«, *TSQ: Transgender Studies Quarterly*, 9.1 (2022), S. 44–64 <https://doi.org/10.1215/23289252-9475509>

Aizura, Aren Z., *Mobile Subjects: Transnational Imaginaries of Gender Reassignment* (Durham: Duke University Press, 2018) <https://doi.org/10.1215/9781478002642>

American Psychiatric Association (Hg.), *Diagnostic and Statistical Manual of Mental Disorders: DSM-5*, 5. Ausg. (Washington: American Psychiatric Publishing, 2013) <https://doi.org/10.1176/appi.books.9780890425596>

Amin, Kadji, »Glands, Eugenics, and Rejuvenation in *Man into Woman*: A Biopolitical Genealogy of Transsexuality«, *TSQ: Transgender Studies Quarterly*, 5.4 (2018), S. 589–605 <https://doi.org/10.1215/23289252-2400073>

——— »Temporality«, *TSQ: Transgender Studies Quarterly*, 1.1–2 (2014), S. 219–22 <https://doi.org/10.1215/23289252-2400073>

Appenroth, Max N. und María do Mar Castro Varela, »Einleitung: Trans & Care: Das Recht auf eine gute Gesundheitsversorgung, Pflege und Sorgearbeit«, in *Trans & Care: Trans Personen zwischen Selbstsorge, Fürsorge und Versorgung*, hg. v. Max N. Appenroth und María do Mar Castro Varela (Bielefeld: transcript, 2019), S. 19–31

——— (Hg.), *Trans & Care: Trans Personen zwischen Selbstsorge, Fürsorge und Versorgung* (Bielefeld: transcript, 2019) <https://doi.org/10.1515/9783839445990>

Arbeitsgemeinschaft der Wissenschaftlichen Medizinischen Fachgesellschaften (AWMF), *Geschlechtsinkongruenz, Geschlechtsdysphorie und Trans-Gesundheit: S3-Leitlinie zur Diagnostik, Beratung und Behandlung*, AWMF online, 9. Oktober 2018 <https://register.awmf.org/assets/guidelines/138-001l_S3_Geschlechtsdysphorie-Diagnostik-Beratung-Behandlung_2014-07-abgelaufen.pdf> [Zugriff: 30. Mai 2025]

Balke, Friedrich, »>Allotechniken<: Zur Medienphilologie der Droge am Beispiel Henri Michaux'«, *ZS: Sprache und Literatur*, 113.1 (2014), S. 61–76 <https://doi.org/10.1163/25890859-90000005>

—— »Archive der Macht: Über Polis, Politik und Polizei«, *Österreichischen Zeitschrift für Geschichtswissenschaften*, 18.3 (2007), S. 57–81

Balke, Friedrich, Oliver Fahle und Annette Urban, »Einleitung«, in *Durchbrochene Ordnungen: Das Dokumentarische der Gegenwart*, hg. v. Friedrich Balke, Oliver Fahle und Annette Urban (Bielefeld: transcript, 2020), S. 7–19 <https://doi.org/10.14361/9783839443101-001>

Barad, Karen, *Meeting the Universe Halfway: Quantum Physics and the Entanglement of Matter and Meaning* (Durham: Duke University Press, 2007) <https://doi.org/10.2307/j.ctv12101zq>

—— »TransMaterialities: Trans*/Matter/Realities and Queer Political Imaginings«, *GLQ: A Journal of Lesbian and Gay Studies*, 21.2–3 (2015), S. 387–422 <https://doi.org/10.1215/10642684-2843239>

Baumgartinger, Persson Perry, *Trans Studies: Historische, begriffliche und aktivistische Aspekte* (Wien: Zaglossus, 2017)

Beauchamp, Toby, »Artful Concealment and Strategic Visibility: Transgender Bodies and the U.S. State Surveillance after 9/11«, *Surveillance & Society*, 6.4 (2009), S. 356–66 <https://doi.org/10.24908/ss.v6i4.3267>

—— »The Substance of Borders: Transgender Politics, Mobility, and US State Regulation of Testosterone«, *GLQ: A Journal of Lesbian and Gay Studies*, 19.1 (2013), S. 57–78 <https://doi.org/10.1215/10642684-1729545>

Benjamin, Ruha, *Race after Technology: Abolitionist Tools for the New Jim Code* (Cambridge: Polity Press, 2019)

Bergermann, Ulrike, »1,5 Sex Model: Die Masculinity Studies von Marshall McLuhan«, in *McLuhan neu lesen: Kritische Analysen zu Medien und Kultur im 21. Jahrhundert*, hg. v. Derrick de Kerckhove, Martina Leeker und Kerstin Schmidt (Bielefeld: transcript, 2008), S. 76–94

—— »biodrag: Turing-Test, KI-Kino und Testosteron«, in *Machine Learning: Medien, Infrastrukturen und Technologien der Künstlichen Intelligenz*, hg. v. Christoph Engemann und Andreas Sudmann (Bielefeld: transcript, 2018), S. 339–64 <https://doi.org/10.1515/9783839435304-016>

—— »Hyperandrogenes Testen: Hormone brechen olympische Rekorde«, *Zeitschrift für Medienwissenschaft, ZfM Online, GAAAP_The Blog*, 18. August 2016 <https://zfmedienwissenschaft.de/online/hyperandrogenes-testen-hormone-brechen-olympische-rekorde> [Zugriff: 30. Mai 2025]

—— »Shirley and Frida: Filters, Racism, and Artificial Intelligence«, in *Filters and Frames: Developing Meaning in Photography and Beyond*, hg. v. Katja Böhlau und Elisabeth Pichler (Weimar: Jonas arts + science, 2019), S. 47–63

—— »Weißabgleich und unzuverlässige Vergleiche«, in Ulrike Bergermann, *Verspannungen: Vermischte Texte* (Braunschweig: Lit Verlag, 2013), S. 11–29

Berlant, Lauren und Lee Edelman, *Sex, or the Unbearable* (Durham: Duke University Press, 2014) <https://doi.org/10.1215/9780822377061>

Berlant, Lauren und Michael Warner, »Sex in Public«, in *Queer Studies: An Interdisciplinary Reader*, hg. v. Robert J. Corber und Stephen Valocchi (Malden: Wiley 2003), S. 170–83

Bersani, Leo, *Homos* (Cambridge/MA: Harvard University Press, 1995) <https://doi.org/10.4159/9780674020870>

Bettcher, Talia M., »Evil Deceivers and Make-Believers: On Transphobic Violence and the Politics of Illusion«, *Hypatia*, 22.3 (2007), S. 43–65 <https://doi.org/10.1111/j.1527-2001.2007.tb01090.x>

Bornstein, Kate, *Gender Outlaw: On Men, Women and the Rest of Us* (New York: Routledge, 1994)

Braun, Christina von und Inge Stephan, »Gender@Wissen«, in *Gender@Wissen: Ein Handbuch der Gender-Theorien*, hg. v. Christina von Braun und Inge Stephan, 3. Ausg. (Köln: Böhlau, 2013), S. 11–53

Browne, Simone, *Dark Matters: On the Surveillance of Blackness* (Durham: Duke University Press, 2015) <https://doi.org/10.1515/9780822375302>

Bühler, Peter, Patrick Schlaich und Dominik Sinner, *Digitale Fotografie: Fotografische Gestaltung – Optik – Kameratechnik* (Heidelberg: Springer, 2017) <https://doi.org/10.1007/978-3-662-53895-1>

Bull, Andy, »IAAF Accused of 'Blatant Racism' over New Testosterone Level Regulations«, *Guardian*, 27. April 2018 <https://www.theguardian.com/sport/2018/apr/27/iaaf-accused-blatant-racism-over-new-testosterone-regulations-caster-semenya> [Zugriff: 30. Mai 2025]

Bundesministerium der Justiz und für Verbraucherschutz, *Bundesgesetzblatt: Online-Archiv 1949–2022*, »Gesetz über die Änderung der Vornamen und die Feststellung der Geschlechtszugehörigkeit *in besonderen Fällen*«, 16. September 1980 <http://www.bgbl.de/xaver/bgbl/start.xav?startbk=Bundesanzeiger_BGBl&jumpTo=bgbl180s1654.pdf> [Zugriff: 30. Mai 2025]

Bundesverband Trans* e.V., »Bestehende Kritik am Selbstbestimmungsgesetz« <https://sbgg.info/kritik/> [Zugriff: 30. Mai 2025]

—— »Das Selbstbestimmungsgesetz ist verabschiedet!«, 12. April 2024 <https://www.bundesverband-trans.de/sbgg-verabschiedet/> [Zugriff: 30. Mai 2025]

Bundesverfassungsgericht, »Personenstandsrecht muss weiteren positiven Geschlechtseintrag zulassen«, 8. November 2017 <https://www.bundesverfassungsgericht.de/SharedDocs/Pressemitteilungen/DE/2017/bvg17-095.html> [Zugriff: 30. Mai 2025]

—— »Voraussetzungen für die rechtliche Anerkennung von Transsexuellen nach § 8 Abs. 1 Nr. 3 und 4 Transsexuellengesetz verfassungswidrig«, 28. Januar 2011 <https://www.bundesverfassungsgericht. de/SharedDocs/Pressemitteilungen/DE/2011/bvg11-007.html> [Zugriff: 30. Mai 2025]

Burgess, Jean und Joshua Green, »The Entrepreneurial Vlogger: Participatory Culture Beyond the Professional-Amateur Divide«, in *The YouTube Reader*, hg. v. Pelle Snickars und Patrick Vonderau (Stockholm: National Library of Sweden, 2009), S. 89–107

—— *YouTube: Digital Media and Society Series* (Cambridge/MA: Polity Press, 2009)

Butler, Judith, »Doing Justice to Someone: Sex Reassignment and Allegories of Transsexuality«, in Judith Butler, *Undoing Gender* (New York: Routledge, 2004), S. 57–74

—— »Endangered/Endangering: Schematic Racism and White Paranoia«, in *Reading Rodney King: Reading Urban Uprising*, hg. v. Robert Gooding-Williams (New York: Routledge, 1993), S. 15–22

—— *Haß spricht: Zur Politik des Performativen*, übers. v. Kathrina Menke und Markus Krist (Berlin: Suhrkamp, 2006)

—— »Imitation and Gender Insubordination«, in *inside/out: Lesbian Theories, Gay Theories*, hg. v. Diana Fuss (New York: Routledge, 1991), S. 13–31

—— *Körper von Gewicht: Die diskursiven Grenzen des Geschlechts*, übers. v. Karin Wördemann, 2. Aufl. (Frankfurt a. M.: Suhrkamp 1997)

—— *Das Unbehagen der Geschlechter*, übers. v. Kathrina Menke (Frankfurt a. M.: Suhrkamp, 1991)

—— *Who's Afraid of Gender?* (New York: Farrar, Straus and Giroux, 2024)

Bychowski, M. W., Howard Chiang, Jack Halberstam, Jacob Lau, Kathleen P. Long, Marcia Ochoa und C. Riley Snorton, »>Trans*historicities<: A Roundtable Discussion«, *TSQ: Transgender Studies Quarterly*, 5.4 (2018), S. 658–85 <https://doi.org/10.1215/23289252-7090129>

Cameron, Loren, *Body Alchemy: Transsexual Portraits* (San Francisco: Cleiss Press, 1996)

Canpalat, Esra, Maren Haffke, Sarah Horn, Felix Hüttemann und Matthias Preuss, »Einleitung: Operationen, Foren, Interventionen – Eine Annäherung an den Begriff Gegen\Dokumentation«, in *Gegen\Dokumentation: Operationen – Foren – Interventionen*, hg. v. Esra Canpalat, Maren Haffke, Sarah Horn, Felix Hüttemann und Matthias Preuss (Bielefeld: transcript, 2020), S. 7–24 <https://doi.org/10. 1515/9783839451670-001>

—— (Hg.), *Gegen\Dokumentation: Operationen – Foren – Interventionen* (Bielefeld: transcript, 2020) <https://doi.org/10.1515/9783839451670>

cárdenas, micha, »Pregnancy: Reproductive Futures in Trans of Color Feminism«, *TSQ: Transgender Studies Quarterly*, 3.1–2 (2016), S. 48–57 <https://doi.org/10.1215/23289252-3334187>

Carter, Julian, »Embracing Transition, or Dancing in the Folds of Time«, in *The Transgender Studies Reader 2*, hg. v. Susan Stryker und Aren Z. Aizura (New York: Routledge, 2013), S. 130–43

Caserio, Robert L., Lee Edelman, Jack Halberstam, José E. Muñoz und Tim Dean, »The Antisocial Thesis in Queer Theory«, *PMLA*, 121.3 (2006), S. 819–28 <https://doi.org/10.1632/pmla.2006.121.3.819>

Chen, Jian N., *Trans Exploits: Trans of Color Cultures and Technologies in Movement* (Durham: Duke University Press, 2019) <https://doi.org/10.1215/9781478002338>

Chen, Mel Y., »Everywhere Archives: Transgendering, Trans Asians, and the Internet«, *Australian Feminist Studies*, 25.64 (2010), S. 199–208 <https://doi.org/10.1080/08164641003762503>

Chiang, Howard, Todd A. Henry und Helen Hok-Sze Leung, »Trans-in-Asia, Asia-in-Trans: An Introduction«, *TSQ: Transgender Studies Quarterly*, 5.3 (2018), S. 298–310 <https://doi.org/10.1215/23289252-6900682>

Chun, Wendy Hui Kyong, »Introduction: Race and/as Technology; or, How to Do Things to Race«, *Camera Obscura*, 70.24 (2009), S. 7–35 <https://doi.org/10.1215/02705346-2008-013>

—— »Queerying Homophily: Muster der Netzwerkanalyse«, *Zeitschrift für Medienwissenschaft (ZfM)*, 18 (2018), S. 131–48 <https://doi.org/10.14361/zfmw-2018-0112>

Connell, Raewyn, *Der gemachte Mann: Konstruktion und Krise von Männlichkeiten*, übers. v. Christian Stahl, hg. v. Ursula Müller, 4. Aufl. (Opladen: Springer, 2015) <https://doi.org/10.1007/978-3-531-19973-3>

Crenshaw, Kimberlé, »Demarginalizing the Intersection of Race and Sex: A Black Feminist Critique of Antidiscrimination Doctrine, Feminist Theory and Antiracist Politics«, *University of Chicago Legal Forum*, 1 (1989), S. 139–67 <https://chicagounbound.uchicago.edu/uclf/vol1989/iss1/8> [Zugriff: 30. Mai 2025]

—— »Mapping the Margins: Intersectionality, Identity Politics, and Violence against Women of Color«, *Stanford Law Review*, 43.6 (1991), S. 1241–99 <https://doi.org/10.2307/1229039>

Currah, Paisley und Susan Stryker, »Introduction«, *TSQ: Transgender Studies Quarterly*, 5.1 (2018), S. 1–8 <https://doi.org/10.1215/23289252-4291492>

Cvetkovich, Ann, *An Archive of Feelings: Trauma, Sexuality, and Lesbian Public Cultures* (Durham: Duke University Press, 2003) <https://doi.org/10.2307/j.ctv113139r>

Dame, Avery, »>I'm your Hero? Like Me?<: The Role of >Expert< in the Trans Male Vlog«, *JLS*, 2.1 (2013), S. 40–69 <https://doi.org/10.1075/jls.2.1.02dam>

—— »Mapping the Territory: Archiving the Trans Website in an Age of Search«, *TSQ: Transgender Studies Quarterly*, 3.3–4 (2016), S. 628–36 <https://doi.org/10.1215/23289252-3545311>

Dardan, Asal, »Es gibt einen Mangel an Wissen, wie unsere Körper funktionieren«, Initiative offene Gesellschaft <https://offenegesellschaft.org/es-gibt-einen-mangel-an-wissen-wie-unsere-koerper-funktionieren/> [Zugriff: 30. Mai 2025]

Davis, Angela, *Women, Race, and Class* (New York: Vintage Books, 1983)

De Silva, Adrian, *Negotiating the Borders of the Gender Regime: Developments and Debates on Trans(sexuality) in the Federal Republic of Germany* (Bielefeld: transcript, 2018) <https://doi.org/10.1515/9783839444412>

Deleuze, Gilles und Félix Guattari, *Tausend Plateaus: Kapitalismus und Schizophrenie* II, übers. v. Gabriele Ricke und Ronald Voullié (Berlin: Merve 1997)

—— *Was ist Philosophie?*, übers. v. Bernd Schwibs und Joseph Vogl (Frankfurt a. M.: Suhrkamp, 2000)

Derrida, Jacques, *Dem Archiv verschrieben: Eine Freudsche Impression*, übers. v. Hans-Dieter Gondek und Hans Naumann (Berlin: Brinkmann + Bose, 1997)

Deuber-Mankowsky, Astrid, »Diffraktion statt Reflexion: Zu Donna Haraways Konzept des situierten Wissens«, *Zeitschrift für Medienwissenschaft (ZfM)*, 4.1 (2011), S. 83–91 <https://doi.org/10.1524/zfmw.2011.0008>

—— »Eine Frage des Wissens: Gender als epistemisches Ding«, in *Gender goes Life: Die Lebenswissenschaften als Herausforderung für die Gender Studies*, hg. v. Marie-Luise Angerer und Christiane König (Bielefeld: transcript, 2008), S. 137–61 <https://doi.org/10.1515/9783839408322-007>

—— *Praktiken der Illusion: Kant, Nietzsche, Cohen, Benjamin bis Donna J. Haraway* (Berlin: Vorwerk 8, 2007)

—— *Queeres Post-Cinema: Yael Bartana, Su Friedrich, Todd Haynes, Sharon Hayes* (Berlin: August Verlag, 2017)

Deuber-Mankowsky, Astrid und Christoph F. Holzhey, »Einleitung: Denken mit Canguilhem und Haraway«, in *Situiertes Wissen und regionale Epistemologie: Zur Aktualität von Georges Canguilhem und Donna J. Haraway*, hg. v. Astrid Deuber-Mankowsky und Christoph F. Holzhey (Wien: Turia + Kant, 2013), S. 7–34

Deutsche Gesellschaft für Transidentität und Intersexualität e.V., 19. August 2021 <https://dgti.org/2021/08/19/die-dgti/> [Zugriff: 30. Mai 2025]

Deutscher, Penelope, *Foucault's Futures: A Critique of Reproductive Reason* (New York: Columbia University Press, 2017) <https://doi.org/10.7312/deut17640>

Deutsches Institut für Medizinische Dokumentation und Information, *ICD-10-GM: Systematisches Verzeichnis Internationale statistische Klassifikation der Krankheiten und verwandter Gesundheitsprobleme, 10. Revision, German Modification* <http://www.icd-code.de/icd/code/F64.-.html> [Zugriff: 30. Mai 2025]

Devor, Aaron H., *The Transgender Archives: Foundations for the Future* (Victoria: University of Victoria Libraries, 2014)

Devun, Leah und Zeb Tortorici, »Trans, Time, and History«, *TSQ: Transgender Studies Quarterly*, 5.4 (2018), S. 518–39 <https://doi.org/10.1215/23289252-7090003>

DFG-Graduiertenkolleg »Das Dokumentarische. Exzess und Entzug«, *DOKUMENTWERDEN: Zeitlichkeit | Arbeit | Materialisierung*, Tagung 5.–7. Mai 2022, Kunstmuseum Bochum <https://das-dokumentarische.blogs.ruhr-uni-bochum.de/dokumentwerden/dokumentwerden-call-for-papers/> [Zugriff: 30. Mai 2025]

Digital Transgender Archive, »Overview« <https://www.digitaltransgenderarchive.net/about/overview> [Zugriff: 30. Mai 2025]

Dijck, José van, *The Culture of Connectivity: A Critical History of Social Media* (New York: Oxford University Press, 2013)

Dinshaw, Carolyn, Lee Edelman, Roderick A. Ferguson, Carla Freccero, Elizabeth Freeman, Jack Halberstam, Annamarie Jagose, Christopher S. Nealon und Tan H. Nguyen, »Theorizing Queer Temporalities: A Roundtable Discussion«, *GLQ: A Journal of Lesbian and Gay Studies*, 13.2–3 (2007), S. 177–95 <https://doi.org/10.1215/10642684-2006-030>

Doyle, Jennifer, »Capturing Semenya«, *The Sport Spectacle*, 16. August 2016 <https://thesportspectacle.com/2016/08/16/capturing-semenya/> [Zugriff: 30. Mai 2025]

Draz, Marie, »Form Duration to Self-Identification?: The Temporal Politics of the California Gender Recognition Act«, *TSQ: Transgender Studies Quarterly*, 6.4 (2019), S. 593–607 <https://doi.org/10.1215/23289252-7771751>

Dyer, Richard, »Das Licht der Welt«, in *Gender & Medien Reader*, hg. v. Kathrin Peters und Andrea Seier (Zürich: Diaphanes, 2016), S. 177–93

—— *White: Essays on Race and Culture* (London: Routledge, 1997)

Edelman, Lee, *No Future: Queer Theory and the Death Drive* (Durham: Duke University Press, 2004) <https://doi.org/10.1215/9780822385981>

Eggers, Maureen M., Grada Kilomba, Peggy Piesche und Susan Arndt, »Konzeptionelle Überlegungen«, in *Mythen, Masken und Subjekte: Kritische Weißseinsforschung in Deutschland*, hg. v. Maureen M. Eggers, Grada Kilomba, Peggy Piesche und Susan Arndt, 4. Ausg. (Münster: Unrast, 2020), S. 11–13

Eickelmann, Jennifer, ›Hate Speech‹ und Verletzbarkeit im digitalen Zeitalter: Phänomene mediatisierter Missachtung aus Perspektive der Gender Media Studies (Bielefeld: transcript, 2017) <https://doi.org/10.1515/9783839440537>

Ellison, Treva, Kai M. Green, Matt Richardson und C. Riley Snorton, »We Got Issues: Toward a Black Trans*/Studies«, *TSQ: Transgender Studies Quarterly*, 4.2 (2017), S. 162–69 <https://doi.org/10.1215/23289252-3814949>

Engel, Antke A., »Queer Temporalities and the Chronopolitics of Trans-temporal Drag«, *e-flux journal*, 28 (2011) <https://www.e-flux.com/journal/28/68031/queer-temporalities-and-the-chronopolitics-of-transtemporal-drag> [Zugriff: 30. Mai 2025]

—— »Umverteilungspolitiken: Aneignung und Umarbeitung der begrenz-ten Ressource Maskulinität in lesbischen und transgender Subkultu-ren«, *Die Philosophin*, 11.22 (2000), S. 69–84 <https://doi.org/10.5840/philosophin2000112219>

Enke, Finn, »The Education of Little Cis: Cisgender and the Discipline of Op-posing Bodies«, in *Transfeminist Perspectives in and beyond Transgender and Gender Studies*, hg. v. Finn Enke (Philadelphia: Temple University Press, 2012), S. 60–77

Ewert, Felicia, *Trans. Frau. Sein. Aspekte geschlechtlicher Marginalisierung* (Münster: edition assemblage, 2020)

Fanon, Frantz, *Black Skin, White Masks* (London: Pluto Press, 2008)

—— *Schwarze Haut, weiße Masken*, übers. v. Eva Moldenhauer (Wien: Turia + Kant, 2016)

Fausto-Sterling, Anne, *Sexing the Body: Gender Politics and the Construction of Sexuality* (New York: Basic Books, 2000)

Feinberg, Leslie, *Transgender Liberation: A Movement Whose Time Has Come* (New York: World View Forum, 1992)

—— *Transgender Warriors: Making History from Joan of Arc to Dennis Rodman* (Boston: Beacon Press, 1997)

Fine, Cordelia, *Testosterone Rex: Myths of Sex, Science, and Society* (New York: Norton, 2017)

Fiorilli, Olivia, »Reproductive Injustice and the Politics of Trans Future in France«, *TSQ: Transgender Studies Quarterly*, 6.4 (2019), S. 579–92 <https://doi.org/10.1215/23289252-7771737>

Fisher, Simon D. E., Rasheedah Phillips und Ido H. Katri, »Trans Temporal-ities: Guest Editor's Introduction«, *Somatechnics*, 7.1 (2017), S. 1–15 <https://doi.org/10.3366/soma.2017.0202>

Foucault, Michel, *Über Hermaphrodismus: Der Fall Barbin*, übers. v. Eva Erd-mann und Annette Wunschel, hg. v. Wolfgang Schäffner und Joseph Vogl (Frankfurt a. M.: Suhrkamp, 1998)

—— *Der Wille zum Wissen: Sexualität und Wahrheit 1*, übers. v. Ulrich Raulff (Frankfurt a. M., 1977)

Frankenberg, Natascha, *Queere Zeitlichkeiten in dokumentarischen Filmen: Untersuchungen an der Schnittstelle von Filmwissenschaft und Queer Studies* (Bielefeld: transcript, 2021) <https://doi.org/10.1515/9783839456767>

Freeman, Elizabeth, »Introduction to special issue: Queer Temporalities«, *GLQ: A Journal of Lesbian and Gay Studies*, 13.2–3 (2007), S. 159–76 <https://doi.org/10.1215/10642684-2006-029>

—— *Time Binds: Queer Temporalities, Queer Histories* (Durham: Duke Uni-versity Press, 2010) <https://doi.org/10.1215/9780822393184>

Fütty, Tamás Jules, *Gender und Biopolitik: Normative und intersektionale Gewalt gegen Trans*Menschen* (Bielefeld: transcript, 2019) <https://doi.org/10.1515/9783839446294>

Garde, Jonah I., *Trans* Geschichten der Moderne: »Geschlechtsumwandlung« im 20. Jahrhundert und ihre kolonialen Geister* (Bielefeld: transcript, im Erscheinen)

Gava, Giulia, Ilaria Mancini, Silvia Cerpolini, Maurizio Baldassarre, Renato Seracchioli und Maria C. Meriggiola, »Testosterone Undecanoate and Testosterone Enanthate Injections Are Both Effective and Safe in Transmen over 5 years of Administration«, *Clinical Endocrinology*, 89.6 (2018), S. 878–86 <https://doi.org/10.1111/cen.13821>

Geffen, Sasha und Annie Howard, »Quantifying Transition: A Suite of New Startups Seek to Co-opt Trans Community Care«, *The Baffler*, 22. März 2021 <https://thebaffler.com/latest/quantifying-transition-geffen-howard> [Zugriff: 30. Mai 2025]

Gehl, Robert, »YouTube as Archive: Who Will Curate this Digital Wunderkammer?«, *International Journal of Cultural Studies*, 12.1 (2009), S. 43–60 <https://doi.org/10.1177/1367877908098854>

Gill-Peterson, Jules, *Histories of the Transgender Child* (Minneapolis: University of Minnesota Press, 2018) <https://doi.org/10.5749/j.ctv75d87g>

—— »The Technical Capacities of the Body: Assembling Race, Technology, and Transgender«, *TSQ: Transgender Studies Quarterly*, 1.3 (2014), S. 402–18 <https://doi.org/10.1215/23289252-2685660>

Glissant, Édouard, *Poetics of Relation* (Ann Arbor: University of Michigan Press, 2010)

Google, »Richtlinien zu Nacktheit und pornografischen Inhalten«, YouTube-Hilfe <https://support.google.com/youtube/answer/2802002?hl=de> [Zugriff: 30. Mai 2025]

—— »Verwarnungen wegen eines Verstoßes gegen die Community-Richtlinien«, YouTube-Hilfe <https://support.google.com/youtube/answer/2802032?hl=de> [Zugriff: 30. Mai 2025]

Gottzén, Lucas und Wibke Straube, »Trans Masculinities«, *NORMA: International Journal for Masculinity Studies*, 11.4 (2016), S. 217–24 <https://doi.org/10.1080/18902138.2016.1262056>

Grafe, Jennifer, »Rechtliche Rahmenbedingungen der Gesundheitsfürsorge von Trans*-Personen«, Gesundheitsrecht.blog, 11. April 2023 <http://www.gesundheitsrecht.blog/rechtliche-rahmenbedingungen-der-gesundheitsfuersorge-von-trans-personen/> [Zugriff: 30. Mai 2025]

Green, Jamison, *Becoming a Visible Man* (Nashville/TN: Vanderbilt University Press, 2004)

Gunkel, Henriette, »Queer Times Indeed?: Südafrikas Reaktionen auf die mediale Inszenierung der 800-Meter-Läuferin Caster Semenya«, *Feministische Studien*, 30.1 (2012), S. 44–52 <https://doi.org/10.1515/fs-2012-0105>

—— »Rückwärts in Richtung queerer Zukunft«, in *Queer Cinema*, hg. v. Dagmar Brunow und Simon Dickel (Mainz: Ventil, 2018), S. 68–81

Hakim, Jamie, *Work that Body: Male Bodies in Digital Culture* (New York: Rowman & Littlefield International, 2020) <https://doi.org/10.5040/9798881816940>

Halberstam, Jack, »The Anti-Social Turn in Queer Studies«, *Graduate Journal of Social Science*, 5.2 (2008), S. 140–56

—— *Female Masculinity* (Durham: Duke University Press, 1998) <https://doi.org/10.2307/j.ctv11hpjb1>

—— *In a Queer Time and Place: Transgender Bodies, Subcultural Lives* (New York: New York University Press, 2005)

—— *The Queer Art of Failure* (Durham: Duke University Press, 2011) <https://doi.org/10.2307/j.ctv11sn283>

—— »Transgender Butch: Butch/FTM Border Wars and the Masculine Continuum«, *GLQ: A Journal of Lesbian and Gay Studies*, 4.2 (1998), S. 287–310 <https://doi.org/10.1215/10642684-4-2-287>

Hale, Jacob C., »Consuming the Living, Dis(re)membering the Dead in the Butch/Ftm Borderlands«, *GLQ: A Journal of Lesbian and Gay Studies*, 4.2 (1998), S. 311–48 <https://doi.org/10.1215/10642684-4-2-311>

Haller, Lea, *Cortison: Geschichte eines Hormons, 1900–1955* (Zürich: Chronos, 2012)

Hanssmann, Christoph L., »Care in Transit: The Political and Clinical Emergence of Trans Health« (doctoral thesis, University of California, San Francisco, 2017), escholarship <https://escholarship.org/uc/item/4j2639zb> [Zugriff: 30. Mai 2025]

Haraway, Donna J., »A Cyborg Manifesto: Science, Technology, and Socialist-Feminism in the Late Twentieth Century«, in Haraway, *Simians, Cyborgs, and Women: The Reinvention of Nature* (London: Free Association Books, 1991), S. 149–81

—— »›Gender‹ for a Marxist Dictionary: The Sexual Politics of a Word«, in Haraway, *Simians, Cyborgs, and Women: The Reinvention of Nature* (London: Free Association Books, 1991), S. 127–48

—— »Situated Knowledges: The Sciences Question in Feminism and the Privilege of Partial Perspective«, in Haraway, *Simians, Cyborgs, and Women: The Reinvention of Nature* (London: Free Association Books, 1991), S. 183–201

Hart, Vi und Nicky Case, *Parable of the Polygons: A Playable Post on the Shape of Society* <https://ncase.me/polygons/> [Zugriff: 30. Mai 2025]

Hartman, Saidiya V., *Scenes of Subjection: Terror, Slavery, and Self-Making in Nineteenth-Century America* (Oxford: Oxford University Press, 1997)

Hausman, Bernice L., Changing Sex: Transsexualism, Technology, and the Idea of Gender (Durham: Duke University Press, 1995) <https://doi.org/10.2307/j.ctv11sn6qr>

Herrmann, Steffen K., »Performing the Gap: Queere Gestalten und geschlechtliche Aneignung«, *arranca!*, 28 (2003) <http://arranca.org/ausgabe/28/performing-the-gap> [Zugriff: 30. Mai 2025]

Herzer, Manfred, *Magnus Hirschfeld und seine Zeit* (München: De Gruyter Oldenbourg, 2017) <https://doi.org/10.1515/9783110548426>

Hirschauer, Stefan, *Die soziale Konstruktion der Transsexualität: Über die Medizin und den Geschlechtswechsel* (Frankfurt a. M.: Suhrkamp, 1993)

Hoenes, Josch, *Nicht Frosch – nicht Laborratte: Transmännlichkeiten im Bild. Eine kunst- und kulturwissenschaftliche Analyse visueller Politiken* (Bielefeld: transcript, 2014) <https://doi.org/10.1515/transcript.9783839425244>

Hoenes, Josch und Michael_a Koch (Hg.), *Transfer und Interaktion: Wissenschaft und Aktivismus an den Grenzen heteronormativer Zweigeschlechtlichkeit* (Oldenburg: BIS-Verlag der Carl von Ossietzky Universität, 2017)

hooks, bell, *Ain't I a Woman: Black Women and Feminism* (London: Pluto Press, 1990)

—— »The Oppositional Gaze«, in bell hooks, *Black Looks: Race and Representation* (Boston: South End Press, 1992), S. 115–31

Horak, Laura, »Trans on YouTube: Intimacy, Visibility, Temporality«, *TSQ: Transgender Studies Quarterly*, 1.4 (2014), S. 572–85 <https://doi.org/10.1215/23289252-2815255>

Horn, Florian, *Biochemie des Menschen: Das Lehrbuch für das Medizinstudium*, 7. Aufl. (Stuttgart: Thieme, 2018)

Horn, Sarah, »Männlichkeiten queeren mit Paul B. Preciado«, *onlinejournal kultur & geschlecht*, 26 (2021), S. 1–18 <https://kulturundgeschlecht.blogs.ruhr-uni-bochum.de/wp-content/uploads/2021/02/Horn-Ma%cc%88nnlichkeiten-queeren.pdf> [Zugriff: 30. Mai 2025]

—— »Mediated Trans Futurities«, in *Future Bodies*, hg. v. Henriette Gunkel und Heiko Stoff, *Body Politics – Zeitschrift für Körpergeschichte*, 12 (2024), S. 109–23 <https://doi.org/10.12685/bp.v12i16.1562>

—— »Testosteron queeren: FtM trans* Vlogs auf YouTube«, in *Differenzen und Affirmationen: Queer/feministische Positionen zur Medialität*, hg. v. Julia Bee und Nicole Kandioler (Berlin: b_books, 2020), S. 37–61

Hummel, Katrin, »Einmal Mann sein – und wieder zurück«, *FAZ*, 11. Dezember 2019 <https://www.faz.net/aktuell/gesellschaft/menschen/diagnose-transgender-immer-mehr-junge-frauen-sind-trans-16524494.html> [Zugriff: 30. Mai 2025]

—— »Es gibt einen Transgender-Hype«, *FAZ*, 7. September 2019 <https://www.faz.net/aktuell/gesellschaft/menschen/interview-mit-aerztin-ueber-den-aktuellen-transgender-hype-16371774.html> [Zugriff: 30. Mai 2025]

It Gets Better Project <https://itgetsbetter.org/about/> [Zugriff: 30. Mai 2025]

Jacke, Katharina, »Medizinische Trans Konzepte im Wandel: Ambivalenzen von Entpathologisierung und Liberalisierung«, in *Trans & Care: Trans Personen zwischen Selbstsorge, Fürsorge und Versorgung*, hg. v. Max N. Appenroth und María do Mar Castro Varela (Bielefeld: transcript, 2019), S. 55–74 <https://doi.org/10.1515/9783839445990-005>

Johnson, E. Patrick (Hg.), *No Tea, No Shade: New Writings in Black Queer Studies* (Durham: Duke University Press, 2016) <https://doi.org/10.1515/9780822373711>

Jordan-Young, Rebecca M. und Katrina Karkazis, *Testosterone: An Unauthorized Biography* (Cambridge/MA: Harvard University Press, 2019) <https://doi.org/10.4159/9780674242647>

Juhasz, Alexandra, »Troubling Transgender Media — Fact, Fiction, and Compromise«, *Jump Cut*, 57 (2016) <https://www.ejumpcut.org/archive/jc57.2016/-JuhaszIntroTransStudies/index.html> [Zugriff: 30. Mai 2025]

Kandioler, Nicole, »Regretting Womanhood: Bereuen gegen Normalisierung«, *onlinejournal kultur & geschlecht*, 19 (2017), S. 1–10 <https://kulturundgeschlecht.blogs.ruhr-uni-bochum.de/wp-content/uploads/2017/07/Kandioler_Regretting-Womanhood.pdf> [Zugriff: 30. Mai 2025]

Karkazis, Katrina und Rebecca M. Jordan-Young, »The Powers of Testosterone: Obscuring Race and Regional Bias in the Regulation of Women Athletes«, *Feminist Formations*, 30.2 (2018), S. 1–39 <https://doi.org/10.1353/ff.2018.0017>

Keeling, Kara, »›In the Interval‹: Frantz Fanon and the ›Problems‹ of Visual Representation«, *Qui Parle*, 13.2 (2003), S. 91–117 <https://doi.org/10.1215/quiparle.13.2.91>

—— »Looking for M—: Queer Temporality, Black Political Possibility, and Poetry from the Future«, *GLQ: A Journal of Lesbian and Gay Studies*, 15.4 (2009), S. 565–82 <https://doi.org/10.1215/10642684-2009-002>

—— *Queer Times, Black Futures* (New York: New York University Press, 2019) <https://doi.org/10.18574/nyu/9780814748329.001.0001>

Kerr, Chris, *Design Oversights and Accidental Racism in »You're in the Movies«*, Game Developer, 12. Januar 2017 <https://www.gamedeveloper.com/production/design-oversights-and-accidental-racism-in-i-you-re-in-the-movies-i-> [Zugriff: 30. Mai 2025]

Köppert, Katrin, *Queer Pain: Schmerz als Solidarisierung, Fotografie als Affizierung* (Berlin: Neofelis, 2021)

Kracher, Veronika, *Incels: Geschichte, Sprache und Ideologie eines Online-Kults* (Mainz: Ventil, 2020)

Lacan, Jacques, »Das Spiegelstadium als Bildner der Ichfunktion, wie sie uns in der psychoanalytischen Erfahrung erscheint: Bericht für den 16. Internationalen Kongreß für Psychoanalyse in Zürich am 17. Juli 1949«, übers. v. Peter Stehlin, in Jacques Lacan, *Schriften 1*, hg. v. Norbert Haas (Frankfurt a. M.: Suhrkamp, 1975), S. 61–70

Lewis, Sophie und Asa Seresin, »Fascist Feminism: A Dialogue«, *TSQ: Transgender Studies Quarterly*, 9.3 (2022), S. 463–79 <https://doi.org/10.1215/23289252-9836120>

Lili Elbe Archiv, »Eine Bewegung braucht ein Archiv. …oder auch: Unsere Geschichte gehört uns« (2015) <https://web.archive.org/web/20190721160519/http://www.lili-elbe-archive.org/selbstbild.html> [Zugriff: 30. Mai 2025]

Lindemann, Gesa, *Das paradoxe Geschlecht: Transsexualität im Spannungsfeld von Körper, Leib und Gefühl* (Frankfurt a. M.: Fischer, 1993)

Long Hall, Diana, »Biology, Sex Hormones and Sexism in the 1920s«, *Philosophical Forum*, 5.1–2 (1973/74), S. 81–96

Long Hall, Diana und Thomas F. Glick, »Endocrinology: A Brief Introduction«, *Journal of the History of Biology*, 9.2 (1976), S. 229–33 <https://doi.org/10.1007/BF00209883>

Lorey, Isabell, »Kritik und Kategorie: Zur Begrenzung politischer Praxis durch neuere Theoreme der Intersektionalität, Interdependenz und Kritischen Weißseinsforschung«, transversal 10 (2008) <http://eipcp.net/transversal/0806/lorey/de> [Zugriff: 30. Mai 2025]

Louis, Chantal, »Von Frau zu Mann zu Frau«, *Emma*, 27. Februar 2020 <https://www.emma.de/artikel/sam-nele-ellie-geboren-als-frauen-gelebt-als-maenner-heute-wieder-frauen-337551> [Zugriff: 30. Mai 2025]

Love, Heather, *Feeling Backward: Loss and the Politics of Queer History* (Cambridge/MA: Harvard University Press, 2007)

Lovink, Geert und Andreas Treske (Hg.), *Video Vortex Reader #3: Inside the YouTube Decade* (Amsterdam: Institute of Network Cultures, 2020) <https://doi.org/10.25969/mediarep/19280>

Lovink, Geert und Rachel S. Miles (Hg.), *Video Vortex Reader #2: Moving Images Beyond YouTube* (Amsterdam: Institute of Network Cultures, 2011) <https://doi.org/10.25969/mediarep/19286>

Lovink, Geert und Sabine Niederer (Hg.), *Video Vortex Reader: Responses to YouTube* (Amsterdam: Institute of Network Cultures, 2008) <https://doi.org/10.25969/mediarep/19284>

Lüders, Klaus und Robert O. Pohl (Hg.), *Pohls Einführung in die Physik: Band 2: Elektrizitätslehre und Optik*, 24. Aufl. (Heidelberg: Springer, 2018)

Mader, Esto, Joris A. Gregor, Robin K. Saalfeld, René_Rain Hornstein, Paulena Müller, Marie C. Grasmeier und Toni Schadow (Hg.), *Trans* und Inter*Studien: Aktuelle Forschungsbeiträge aus dem deutschsprachigen Raum*, Forum Frauen- und Geschlechterforschung 51 (Münster: Westfälisches Dampfboot, 2021)

Malatino, Hil, »Future Fatigue: Trans Intimacies and Trans Presents (or How to Survive the Interregnum)«, *TSQ: Transgender Studies Quarterly*, 6.4 (2019), S. 635–58 <https://doi.org/10.1215/23289252-7771796>

Marischler, Clemens, *Endokrinologie* (München: Urban & Fischer, 2007)

McLuhan, Marshall, *Understanding Media: The Extensions of Man* (Cambridge/MA: MIT Press, 1994)

Medizinischer Dienst des Spitzenverbandes Bund der Krankenkassen e.V., *Geschlechtsangleichende Maßnahmen bei Transsexualismus (ICD-10, F64.0)*, 31. August 2020 <https://md-bund.de/fileadmin/dokumente/Publikationen/GKV/Begutachtungsgrundlagen_GKV/BGA_Transsexualismus_201113.pdf> [Zugriff: 30. Mai 2025]

Medvei, Victor C., *A History of Endocrinology* (Lancaster: MTP Press, 1993)

Michaelsen, Anja und Sarah Horn, »Räume öffnen, Begehren erweitern: Gespräch mit Steffen Herrmann über den Unterstrich, linke Sprachpolitik, Hate Speech und queere Leiblichkeit«, *onlinejournal kultur & geschlecht*, 18 (2017), S. 1–8 <https://kulturundgeschlecht.blogs.ruhr-uni-bochum.de/wp-content/uploads/2017/02/MichaelsenHorn_GespraechSteffenHerrmann.pdf> [Zugriff: 30. Mai 2025]

Muñoz, José E., *Cruising Utopia: The Politics and Performance of Queer Futurity* (New York: New York University Press, 2009)

—— *Disidentifications: Queers of Color and the Performance of Politics* (Minneapolis: University of Minnesota Press, 1999)

Nakamura, Lisa, *Digitizing Race: Visual Cultures of the Internet* (Minneapolis: University of Minnesota Press, 2008)

Namaste, Viviane, »Undoing Theory: The ›Transgender Question‹ and the Epistemic Violence of Anglo-American Feminist Theory«, *Hypatia*, 24.3 (2009), S. 11–29 <https://doi.org/10.1111/j.1527-2001.2009.01043.x>

Noble, Bobby J., *Masculinities without Men?: Female Masculinity in Twentieth-Century Fiction* (Vancouver: UBC Press, 2004)

Noble, Safiya Umoja, *Algorithms of Oppression: How Search Engines Reinforce Racism* (New York: New York University Press, 2018)

O'Brien, Michelle, »Tracing This Body: Transsexuality, Pharmaceuticals, and Capitalism«, in *The Transgender Studies Reader 2*, hg. v. Susan Stryker und Aren Z. Aizura (New York: Routledge 2013), S. 56–65

Oudshoorn, Nelly, *Beyond the Natural Body: An Archeology of Sex Hormones* (London: Routledge, 1994)

—— »Endocrinologists and the Conceptualization of Sex, 1920–1940«, *Journal of the History of Biology*, 23.2 (1990), S. 163–86 <https://doi.org/10.1007/BF00141469>

—— »On Measuring Sex Hormones: The Role of Biological Assays in Sexualizing Chemical Substances«, *Bulletin of the History of Medicine*, 64.2 (1990), S. 243–61

Papailias, Penelope, »Witnessing to Survive: Selfie Videos, Live Mobile Witnessing and Black Necropolitics«, in *Image Testimonies: Witnessing in Times of Social Media*, hg. v. Kerstin Schankweiler, Verena Straub und Tobias Wendl (New York: Routledge, 2019), S. 104–20 <https://doi.org/10.4324/9780429434853-8>

Peters, Kathrin, *Rätselbilder des Geschlechts: Körperwissen und Medialität um 1900* (Zürich: Diaphanes, 2010)

Peters, Kathrin und Andrea Seier, »Gender & Medien: Einleitung«, in *Gender & Medien Reader*, hg. v. Kathrin Peters und Andrea Seier (Zürich: Diaphanes, 2016), S. 9–19

—— »Home Dance: Mediacy and Aesthetics of the Self on YouTube«, in *The YouTube Reader*, hg. v. Pelle Snickars und Patrick Vonderau (Stockholm: National Library of Sweden, 2009), S. 187–203

—— (Hg.), *Gender & Medien Reader* (Zürich: Diaphanes, 2016)

Prasad, Ritu, »Serena Williams and the Trope of the ›Angry Black Woman‹«, bbc.com, 11. September 2018 <https://www.bbc.com/news/world-us-canada-45476500> [Zugriff: 30. Mai 2025]

Preciado, Paul B., *Ein Apartment auf dem Uranus: Chroniken eines Übergangs*, übers. v. Stefan Lorenzer (Frankfurt a. M.: Suhrkamp, 2020)

—— *Kontrasexuelles Manifest*, übers. v. Stephan Geene, Katja Dieffenbach und Tara Herbst (Berlin: b_books, 2003)

—— »Mein Körper existiert nicht«, in *Der documenta 14 Reader*, hg. v. Quinn Latimer und Adam Szymcyk (München: Prestel, 2017), S. 117–34

—— *Testo Junkie: Sex, Drogen und Biopolitik in der Ära der Pharmapornographie*, übers. v. Stephan Geene (Berlin: b_books, 2022)

—— *Testo Junkie: Sex, Drugs, and Biopolitics in the Pharmacopornographic Era*, übers. v. Bruce Benderson (New York: Feminist Press, 2013)

Prosser, Jay, *Second Skins: The Body Narratives of Transsexuality* (New York: Columbia University Press, 1998)

Puar, Jasbir K., »Bodies with New Organs: Becoming Trans, Becoming Disabled«, *Social Text*, 33.3 (2015), S. 45–73 <https://doi.org/10.1215/01642472-3125698>

—— »In the Wake of It Gets Better«, *Guardian*, 16. November 2010 <https://www.theguardian.com/commentisfree/cifamerica/2010/nov/16/wake-it-gets-better-campaign> [Zugriff: 30. Mai 2025]

Ratmoko, Christina, *Damit die Chemie stimmt: Die Anfänge der industriellen Herstellung von weiblichen und männlichen Sexualhormonen 1914–1938* (Zürich: Chronos, 2010)

Raun, Tobias, »Archiving the Wonders of Testosterone via YouTube«, *TSQ: Transgender Studies Quarterly*, 2.4 (2015), S. 701–09 <https://doi.org/10.1215/23289252-3151646>

—— »Interview with Blogger/Vlogger FinnTheInficible: ›People Don't Like Making Themselves Public for Having Phalloplasty‹«, *TSQ: Transgender Studies Quarterly*, 5.2 (2018), S. 281–89 <https://doi.org/10.1215/23289252-4348722>

—— *Out Online: Trans Self-Representation and Community Building on YouTube* (New York: Routledge, 2016)

—— »Video Blogging as a Vehicle of Transformation: Exploring the Intersection between Trans Identity and Information Technology«, *Inter-*

national Journal of Cultural Studies, 18.3 (2015), S. 365–78 <https://doi.org/10.1177/1367877913513696>

Rawson, K. J., »Introduction: >An Inevitably Political Craft<«, TSQ: Transgender Studies Quarterly, 2.4 (2015), S. 544–52 <https://doi.org/10.1215/23289252-3151475>

Regener, Susanne und Katrin Köppert, »Medienamateure in der homosexuellen Kultur«, in privat / öffentlich: Mediale Selbstentwürfe von Homosexualität, hg. v. Susanne Regener und Katrin Köppert (Wien: Turia + Kant 2013), S. 7–17

Regh, Alexander, »Transgender in Deutschland zwischen Transsexuellen-Selbsthilfe und Kritik an der Zweigeschlechterordnung: Quo Vadis, Trans(wasauchimmer)?«, in (K)ein Geschlecht oder viele?: Transgender in politischer Perspektive, hg. v. polymorph (Berlin: Querverlag, 2002), S. 185–203

Rehberg, Peter, Hipster Porn: Queere Männlichkeiten und affektive Sexualitäten im Fanzine Butt (Berlin: b_books, 2018)

—— »Post Phallus: Wie queer ist der Hipster?«, Wespennest, 170 (2016), S. 66–69

Rich, B. Ruby, New Queer Cinema: The Director's Cut (Durham: Duke University Press, 2013) <https://doi.org/10.1215/9780822399698>

Robinet, Jayrôme C., Mein Weg von einer weißen Frau zu einem jungen Mann mit Migrationshintergrund (München: Hanser, 2019)

Royale, Tucké, »Neue Selbstverständlichkeit«, ruakooperative.de <https://backend.ruakooperative.de/storage/uploads/2019/11/03/5dbed23b225e4Neue-Selbstverstndlichkeit.pdf> [Zugriff: 30. Mai 2025]

Saalfeld, Robin K., Transgeschlechtlichkeit und Visualität: Sichtbarkeitsordnungen in Medizin, Subkultur und Spielfilm (Bielefeld: transcript, 2020) <https://doi.org/10.1515/9783839450765>

Schaffer, Johanna, Ambivalenzen der Sichtbarkeit: Über die visuellen Strukturen der Anerkennung (Bielefeld: transcript, 2008) <https://doi.org/10.1515/9783839409930>

Schelling, Thomas C., »Models of Segregation«, The American Economic Review, 59.2 (1969), S. 488–93

Schmid, Birgit, »>Dann reisst man halt die Pissoirs raus, und fertig!<«, NZZ, 13. Dezember 2019 <https://www.nzz.ch/wochenende/gesellschaft/transgender-immer-mehr-diagnosen-bei-kindern-und-jugendlichen-ld.1527318> [Zugriff: 30. Mai 2025]

Sedgwick, Eve K., »>Gosh, Boy George, You Must Be Awfully Secure in your Masculinity<«, in Constructing Masculinity, hg. v. Maurice Berger, Brian Wallis und Simon Watson (New York: Routledge, 1995), S. 11–20

Seier, Andrea, »Die Macht der Materie: What else is new?«, Zeitschrift für Medienwissenschaft (ZfM), 11.2 (2014), S. 186–91 https://doi.org/10.25969/mediarep/1295

—— *Remediatisierung: Die performative Konstitution von Gender und Medien* (Berlin: Lit Verlag, 2007)

Seier, Andrea und Eva Warth, »Perspektivverschiebungen: Zur Geschlechterdifferenz in Film- und Medienwissenschaft«, in *Genus: Geschlechterforschung/Gender Studies in den Kultur- und Sozialwissenschaften*, hg. v. Hadumod Bußmann und Renate Hof (Stuttgart: Kröner, 2005), S. 81–111

Sekula, Allan, »Der Körper und das Archiv«, in *Diskurse der Fotografie: Fotokritik am Ende des fotografischen Zeitalters*, hg. v. Herta Wolf (Frankfurt a. M.: Suhrkamp, 2003), S. 269–334

Sengoopta, Chandak, *The Most Secret Quintessence of Life: Sex, Glands, and Hormones, 1850–1950* (Chicago: University of Chicago Press, 2006)

Serano, Julia, »Everything You Need to Know About Rapid Onset Gender Dysphoria«, Medium, 28. Oktober 2019 <https://medium.com/@juliaserano/everything-you-need-to-know-about-rapid-onset-gender-dysphoria-1940b8afdeba> [Zugriff: 30. Mai 2025]

—— *Excluded: Making Feminist and Queer Movements More Inclusive* (Berkeley: Seal Press, 2013)

—— »Origins of ›Social Contagion‹ and ›Rapid Onset Gender Dysphoria‹«, Julia Serano's Blog, 20. Februar 2019 <https://juliaserano.blogspot.com/2019/02/origins-of-social-contagion-and-rapid.html> [Zugriff: 30. Mai 2025]

—— *Whipping Girl: A Transsexual Woman on Sexism and the Scapegoating of Femininity* (Emeryville, CA: Seal Press, 2007)

Skidmore, Emily, »Constructing the ›Good Transsexual‹: Christine Jorgensen, Whiteness, and Heteronormativity in the Mid-Twentieth-Century Press«, *Feminist Studies*, 37.2 (2011), S. 270–300 <https://doi.org/10.1353/fem.2011.0043>

Snickars, Pelle, »The Archival Cloud«, in *The YouTube Reader*, hg. v. Pelle Snickars und Patrick Vonderau (Stockholm: National Library of Sweden, 2009), S. 292–313

Snickars, Pelle und Patrick Vonderau (Hg.), *The YouTube Reader* (Stockholm: National Library of Sweden, 2009)

Snorton, C. Riley, *Black on Both Sides: A Racial History of Trans Identity* (Minneapolis: University of Minnesota Press, 2017) <https://doi.org/10.5749/minnesota/9781517901721.001.0001>

Spade, Dean, *Normal Life: Administrative Violence, Critical Trans Politics, and the Limits of Law* (Durham: Duke University Press, 2011)

Spade, Dean und Sel Wahng, »Transecting the Academy«, *GLQ: A Journal of Lesbian and Gay Studies*, 10.2 (2004), S. 240–53 <https://doi.org/10.1215/10642684-10-2-240>

Spiewak, Martin, »Zwischen Kopf und Körper«, *Die Zeit*, 21. November 2018 <https://www.zeit.de/2018/48/transsexualitaet-jugend-transgender-modeerscheinung-psychologie> [Zugriff: 30. Mai 2025]

Spillers, Hortense J., »Mama's Baby, Papa's Maybe: An American Grammar Book«, *diacritics*, 17.2 (1987), S. 65–81 <https://doi.org/10.2307/464747>

Starling, Ernest H., »The Croonian Lectures on the Chemical Correlation of the Functions of the Body«, *The Lancet*, 166.4275 (1905), S. 339–41 <https://doi.org/10.1016/S0140-6736(01)11877-5>

State of California, »Senate Bill No. 179: CHAPTER 853«, California Legislative Information, 16. Oktober 2017 <https://leginfo.legislature.ca.gov/faces/billTextClient.xhtml?bill_id=201720180SB179> [Zugriff: 30. Mai 2025]

Steinmetz, Katy, »America's Transition«, *TIME*, 183.22, 9. Juni 2014, S. 38–46

—— »The Transgender Tipping Point: America's Next Civil Rights Frontier«, *TIME*, 183.22, 9. Juni 2014 <http://time.com/magazine/us/135460/june-9th-2014-vol-183-no-22-u-s/>

Stockton, Kathryn B., *The Queer Child: or Growing Sideways in the Twentieth Century* (Durham: Duke University Press, 2009) <https://doi.org/10.1215/9780822390268>

Stoff, Heiko, *Wirkstoffe: Eine Wissenschaftsgeschichte der Hormone, Vitamine und Enzyme, 1920–1970* (Stuttgart: Steiner, 2012) <https://doi.org/10.25162/9783515105538>

Stone, Sandy, »The Empire Strikes Back: A Posttranssexual Manifesto«, in *The Transgender Studies Reader*, hg. v. Susan Stryker und Stephen Whittle (New York: Routledge, 2006), S. 221–35

—— »Würde sich der wirkliche Körper bitte erheben? Grenzgeschichten über virtuelle Kulturen«, in *Gender & Medien Reader*, hg. v. Kathrin Peters und Andrea Seier (Zürich: Diaphanes, 2016), S. 225–47

Strick, Simon, *Rechte Gefühle: Affekte und Strategien des digitalen Faschismus* (Bielefeld: transcript, 2021) <https://doi.org/10.1515/9783839454954>

Stryker, Susan, »Biopolitics«, *TSQ: Transgender Studies Quarterly*, 1.1–2 (2014), S. 38–42 <https://doi.org/10.1215/23289252-2399542>

—— »(De)Subjugated Knowledges: An Introduction to Transgender Studies«, in *The Transgender Studies Reader*, hg. v. Susan Stryker und Stephen Whittle (New York: Routledge, 2006), S. 1–17

—— »Kaming Mga Talyada (We Who Are Sexy): The Transsexual Whiteness of Christine Jorgensen in the (Post)colonial Philippines«, in *The Transgender Studies Reader 2*, hg. v. Susan Stryker und Aren Z. Aizura (New York: Routledge, 2013), S. 543–53

—— »Transsexuality: The Postmodern Body and/as Technology«, in *The Cybercultures Reader*, hg. v. David Bell und Barbara M. Kennedy (London: Routledge, 2000), S. 588–97

Stryker, Susan und Aren Z. Aizura, »Introduction: Transgender Studies 2.0«, in *The Transgender Studies Reader 2*, hg. v. Stryker und Aizura (New York: Routledge, 2013), S. 1–12

Stryker, Susan und Nikki Sullivan, »King's Member, Queen's Body: Transsexual Surgery, Self-Demand Amputation and the Somatechnics of Sovereign Power«, in *Somatechnics: Queering the Technologisation of Bodies*, hg. v. Nikki Sullivan und Samantha Murray (Farnham: Ashgate, 2009), S. 49–63

Stryker, Susan und Paisley Currah, »General Editor's Introduction«, *TSQ: Transgender Studies Quarterly*, 2.4 (2015), S. 539–43 <https://doi.org/10.1215/23289252-3151466>

Stryker, Susan und Aren Z. Aizura (Hg.), *The Transgender Studies Reader 2* (New York: Routledge, 2013)

Stryker, Susan und Stephen Whittle (Hg.), *The Transgender Studies Reader* (New York: Routledge, 2006)

Sullivan, Kate, »Biden Lifts Transgender Military Ban«, CNN, 25. Januar 2021 <https://edition.cnn.com/2021/01/25/politics/lloyd-austin-transgender-military-harris-biden/index.html> [Zugriff: 30. Mai 2025]

Surma, Hanna, »Broadcast your Self!: Videoblogs als mediale Symptome kultureller Transformationsprozesse«, *Spiel*, 26.2 (2007), S. 231–44

TAS / CAS, »Caster Semenya, Athletics South Africa (ASA) and International Association of Athletics Federations (IAAF): Decision«, 1. Mai 2019 <https://www.tas-cas.org/fileadmin/user_upload/Media_Release_Semenya_ASA_IAAF_decision.pdf> [Zugriff: 30. Mai 2025]

TGEU (Trans Europe and Central Asia), »Hungarian Government Outlaws Legal Gender Recognition«, 29. Mai 2020 <https://tgeu.org/hungarian-government-outlaws-lgr/> [Zugriff: 30. Mai 2025]

—— *Trans Rights Index & Map 2025: The New Trans Tipping Point and Europe's Struggle for Self-determination*, 13. Mai 2025 <https://www.tgeu.org/trans-rights-index-map-2025/> [Zugriff: 30. Mai 2025]

Thieme, Katja und Mary A. S. Saunders, »How Do You Wish to Be Cited?: Citation Practices and a Scholarly Community of Care in Trans Studies Research Articles«, *Journal of English for Academic Purposes*, 32 (2018), S. 80–90 <https://doi.org/10.1016/j.jeap.2018.03.010>

Thompson, Vanessa E., »>There is no justice, there is just us!<: Ansätze zu einer postkolonial-feministischen Kritik der Polizei am Beispiel von Racial Profiling«, in *Kritik der Polizei*, hg. v. Daniel Loick (Frankfurt a. M.: Campus, 2018), S. 197–219

Trowers, Andy, »How We Accidentally Made a Racist Videogame«, Kotaku, 12. Januar 2017 <http://www.kotaku.co.uk/2017/01/12/how-we-accidentally-made-a-racist-videogame> [Zugriff: 28. Februar 2019]

Ulrichs, Karl H., *Forschungen über das Räthsel der mannmännlichen Liebe I–V*, hg. v. Hubert Kennedy (Berlin: Rosa Winkel, 1994 [1864])

Valerio, Max W., *The Testosterone Files: My Hormonal and Social Transformation from Female to Male* (Emeryville: Seal Press, 2006)

Voß, Heinz-Jürgen, *Geschlecht: Wider die Natürlichkeit* (Stuttgart: Schmetterling, 2011)

Wallace, Julia R. und Kai M. Green, »Tranifest: Queer Futures«, *GLQ: A Journal of Lesbian and Gay Studies*, 19.4 (2013), S. 568–69

Weingart, Brigitte, »Alles (McLuhans Fernsehen im global village)«, in *Medienkultur der 60er Jahre: Diskursgeschichte der Medien nach 1945*, hg. v. Irmela Schneider, Torsten Hahn und Christina Bartz (Wiesbaden: Westdeutscher Verlag, 2003), S. 215–40

Westerhaus, Christine, *Ich bin trans. Sicher?*, 28. Juni 2020 <https://www.deutschlandfunk.de/transsexualitaet-ich-bin-trans-sicher-100.html> [Zugriff: 30. Mai 2025]

Wiener, Norbert, Cybernetics: or Control and Communication in the Animal and the Machine (Cambridge/MA: MIT Press, 1961) <https://doi.org/10.1037/13140-000>

Wilken, Jenny, *Detransition, Fakten und Studien*, dgti, 28. September 2022 <https://dgti.org/2022/09/28/jenny-wilken-detransition-fakten-und-studien-9-2-2022/> [Zugriff: 30. Mai 2025]

Wöhrer, Renate, »Die Kunst des Dokumentierens: Zur Genealogie der Kategorie ›Dokumentarisch‹«, in *Beyond Evidence: Das Dokument in den Künsten*, hg. v. Daniela Hahn (Paderborn: Fink, 2016), S. 45–57 <https://doi.org/10.30965/9783846757475_004>

Woolf, Nicky, »FBI Planes that Flew over Police Protests Had Sophisticated Surveillance Cameras«, *Guardian*, 30.08.2015 <https://www.theguardian.com/us-news/2015/oct/30/fbi-surveillance-planes-ferguson-baltimore-cameras> [Zugriff: 30. Mai 2025]

FILM- UND VIDEOVERZEICHNIS

52 Tuesdays, Regie: Sophie Hyde (AU, 2013)

The Aggressives, Regie: Daniel Peddle (US, 2005)

Ansuini, Aaron, *Dear youtube: You Can't Delete Us (ft. Chase Ross)*, 7. Juni 2018 <https://www.youtube.com/watch?v=MUhdKSr5n-w> [Zugriff: 30. Mai 2025]

Ashton Colby, *Off Testosterone for 6 months After 3.5 Years | FTM Transition | Ashton Colby*, 14. Juni 2016 <https://www.youtube.com/watch?v=bb9tvVoJUN8> [Zugriff: 30. Mai 2025]

BBC Newsnight, *Detransitioning: Reversing a Gender Transition*, 26. November 2019 <https://www.youtube.com/watch?v=fDi-jFVBLA8> [Zugriff: 30. Mai 2025]

charlesasher, *FTM 9 Years on Testosterone: 5 Things I Did Not Expect Before I Transitioned*, 17. November 2014 <https://www.youtube.com/watch?v=FvUajZ-Lfgs> [Zugriff: 30. Mai 2025]

—— *testosterone shot july 6, 2007*, 6. April 2007 <https://www.youtube.com/watch?v=UQFvuUWbNmA> [Zugriff: 30. Mai 2025]

ChaseRoss, 6. Juni 2018 <https://twitter.com/ChaseRoss/status/1004411624936091648> [Zugriff: 30. Mai 2025]

Circle A Tattoo, *NB Transition: Changes on Low-Dose Testosterone*, 24. September 2015 <https://www.youtube.com/watch?v=mKhO85ONjek> [Zugriff: 30. Mai 2025]

ContraPoints, *Incels | ContraPoints*, 17.08.2018 <https://www.youtube.com/watch?v=fD2briZ6fB0> [Zugriff: 30. Mai 2025]

Dallas Buyers Club, Regie: Jean-Marc Vallée (USA, 2013)

Dylan C, *What Detransitioned Women Want*, 15. Februar 2019 <https://www.youtube.com/watch?v=EvLGmwsjTP0> [Zugriff: 30. Mai 2025], 16:59–17:25

Eine neue Freundin, Regie: François Ozon (F, 2014)

elle palmer, *FtMtF Transition & Detransition Timeline*, 6. Februar 2020 <https://www.youtube.com/watch?v=Z2AIAX8-CqQ&> [Zugriff: 30. Mai 2025]

—— *Hormone Hangover: 6 months off T (FTM detransition)*, 19. Februar 2020 <https://www.youtube.com/watch?v=Xxhj6nm4pWk&> [Zugriff: 30. Mai 2025]

freshlycharles, *3 Years on/off/on/off/on T*, 28. März 2012 <https://www.youtube.com/watch?v=QVm4AWm9OYo> [Zugriff: 14. März 2019]

—— *Vlog 1: Yes, I've joined the FTM Vlog revolution (Freshly Charles)*, 20. Dezember 2008 <https://www.youtube.com/watch?v=MGOYundJxN0> [Zugriff: 14. März 2019]

FtWTF – Female to What the Fuck, Regie: Katharina Lampert und Cordula Thym (Österreich, 2015)

Genderation, Regie: Monika Treut (Deutschland, 2021)

Gendernauts – Eine Reise durch die Geschlechter, Regie: Monika Treut (USA, Deutschland, 1999)

GermanTransformers, *Kanalinfo* <https://www.youtube.com/user/GermanTransformers/about> [Zugriff: 30. Mai 2025]

gorillashrimp, *3.21.15 - 1 Year on Testosterone - FTM Transition Update - List of Changes Throughout the Past Year*, 22. März 2015 <https://www.youtube.com/watch?v=ThGxWjmVis0 [Zugriff: 30. Mai 2025]

—— *T-Day! March 21, 2014*, 13. August 2014 <https://www.youtube.com/watch?v=2xvlSUtFuh4> [Zugriff: 30. Mai 2025]

—— *Videos*, 17. Mai 2018 <https://www.youtube.com/user/gorillashrimp/videos> [Zugriff: 30. Mai 2025]

hbomberguy, *SOY BOYS: A MEASURED RESPONSE*, 2. Februar 2018 <https://www.youtube.com/watch?v=C8dfiDeJeDU> [Zugriff: 30. Mai 2025]

In the Turn, Regie: Erica Tremblay (US/CDN, 2014)

itsGOTtobegroovy, *Living with racism in Black FTM transition [CC]*, 13. März 2015 <https://www.youtube.com/watch?v=2hUwkC4Yuy4> [Zugriff: 30. Mai 2025]

—— *Videos* <https://www.youtube.com/user/itsGOTtobegroovy/videos> [Zugriff: 30. Mai 2025]

—— *Week 40 on T: Racism as a Black FTM*, 30. Oktober 2010 <https://www.youtube.com/watch?v=XUJIsKYyaKY&> [Zugriff: 30. Mai 2025]

—— *Week 40 on T: Racism as a Black FTM: Quellcode*, 30. Oktober 2010 <view-source:https://www.youtube.com/watch?v=XUJIsKYyaKY&> [Zugriff: 21. Juli 2020]

Jammidodger, *FTM Transgender: 3.5 years on T voice comparison*, 10. Juli 2015 <https://www.youtube.com/watch?v=oRtGIaZVQvw> [Zugriff: 30. Mai 2025]

—— *FTM Transgender: Photo a Day 5 Years on Testosterone*, 25. Januar 2017 <https://www.youtube.com/watch?v=3Mjb6pxlELs> [Zugriff: 30. Mai 2025]

—— *Trans Guys Comparing Transitions ft. Noah Finnce*, 10. April 2019 <https://www.youtube.com/watch?v=_HXt6m7rvUg> [Zugriff: 30. Mai 2025]

Kedar Nimbalkar, *How To Make Infrared Night Vision Camera from Any Smartphone!*, 21. Dezember 2017 <https://www.youtube.com/watch?v=S_otDBRFmGI&t=341s> [Zugriff: 30. Mai 2025]

Laurence Anyways, Regie: Xavier Dolan (CDN/F, 2012)

Mateus, Leo, *Testosterone Complications | FTM*, 11. März 2016 <https://www.youtube.com/watch?v=24pE6Xtiw4Q> [Zugriff: 14. März 2019]

megemiko, *Trans* / Non-Binary: Low Dose Testosterone for ~1 Year!*, 20. Juli 2019 <https://www.youtube.com/watch?v=qe4VAvr35mY> [Zugriff: 30. Mai 2025], 0:11:31–0:11:39

Motanelul, Leoaica, *How has my body changed off of T? (bonus: a poem at the end) (ftm detransition)*, 25. November 2019 <https://www.youtube.com/watch?v=aHBY6KvH20g> [Zugriff: 22. Juli 2020]

MrThink Queer, *Emil | Haar update :-)*, 6. Dezember 2016 <https://www.youtube.com/watch?v=r11eZaW6_r0> [Zugriff: 30. Mai 2025]

—— *Übersicht* <https://www.youtube.com/user/MrThinkQueer> [Zugriff: 30. Mai 2025]

—— *Was ist hier los?! :(*, 22. Juni 2018 <https://www.youtube.com/watch?v=JH7hOvyRrXY> [Zugriff: 30. Mai 2025]

Nelemil, *FTM Detrans: Wieso ich nicht mehr Transgender bin*, 12. Februar 2020 <https://www.youtube.com/watch?v=XDwhGVteLGc&> [Zugriff: 30. Mai 2025]

NoahFinnce, *TRANS GUYS REACT TO >BRUTAL< TRANS JOKES*, 10. April 2019 <https://www.youtube.com/watch?v=B1m0zL8c_p4> [Zugriff: 30. Mai 2025]

Orange Is The New Black, Creator: Jenji Kohan und Liz Friedman (Netflix, 2013–2019)

Pose, Creator: Ryan Murphy (FX, 2018–2021)

Regretters, Regie: Marcus Lindeen (SE, 2010)

Richards, Jamie, *1 year on T || nonbinary*, 18. Oktober 2016 <https://www.youtube.com/watch?v=O4IPuHa2rAc> [Zugriff: 30. Mai 2025]

Romeos, Regie: Sabine Bernardi (D, 2011)

Schwules Museum, *Carlas Wohnzimmer*, 9. April 2020 <http://www.youtube.com/watch?v=5T-zfT7DZuQ> [Zugriff: 30. Mai 2025]

Screaming Queens: The Riot at Compton's Cafeteria, Regie: Susan Stryker und Victor Silverman (US, 2005)

Tales of the City, Creator: Lauren Morelli (Netflix, 2019)

The Danish Girl, Regie: Tom Hooper (GB/US/D/DK/B, 2015)

The OA, Creator: Zal Batmanglij und Brit Marling (Netflix, 2016–2019)

Transparent, Creator: Jill Soloway (Amazon, 2014–2019)

Transtastic, *Übersicht*, 15. Juni 2019 <https://www.youtube.com/user/FTMtranstastic> [Zugriff: 30. Mai 2025]; uppercaseCHASE1, *FIRST MighTMen Video! (MTM:1)*, 16. April 2010 <https://www.youtube.com/watch?v=9vNBxcuVj34> [Zugriff: 30. Mai 2025]

Turner, Ty, *Before YouTube Deletes My Channel…*, 29. April 2018 <https://www.youtube.com/watch?v=C02DNZqgCjI> [Zugriff: 30. Mai 2025]

uppercaseCHASE1, *9 YEARS ON TESTOSTERONE | FTM TRANSGENDER*, 16. Juni 2019 <https://www.youtube.com/watch?v=LdBcdQAfVyg> [Zugriff: 30. Mai 2025]

—— *ANTI-LGBT ADS ON MY TRANS VIDEOS: YOUTUBE HYPOCRISY [CC]*, 2. Juni 2018 <https://www.youtube.com/watch?v=0ZcYaoovQhw> [Zugriff: 30. Mai 2025]

—— *HOW TO PACK (FTM TRANSGENDER/NON BINARY*, 5. Mai 2018 <https://www.youtube.com/watch?v=ybZmzzobMGM> [Zugriff: 30. Mai 2025]

—— *NEW CHANNEL!! (again!)*, 13. April 2010 <https://www.youtube.com/watch?v=tMtjNDmQTM0> [Zugriff: 30. Mai 2025]

—— *WHY I STOPPED T*, 21. Mai 2016 <https://www.youtube.com/watch?v=zmCEbI9IpSA> [Zugriff: 30. Mai 2025]

—— *why i stopped t.*, 5. Juli 2011 <https://www.youtube.com/watch?v=FSAqVa-NltQ> [Zugriff: 30. Mai 2025]

We Need To Talk, *Ångrarna (AKA Regretters) [2010] – Swedish Detransition Documentary*, 27. August 2019 <https://www.youtube.com/watch?v=oiaCLLzJnpI> [Zugriff: 30. Mai 2025]

Wish I Was Jim, *TEN YEARS ON TESTOSTERONE*, 3. Januar 2019 <https://www.youtube.com/watch?v=5ARSF7ZKAs8> [Zugriff: 30. Mai 2025]

YouTube <https://www.youtube.com/results?search_query=ftm+transition+black> [Zugriff: 1. Oktober 2018]

—— https://www.youtube.com/results?search_query=ftm+transition> [Zugriff: 6. November 2018]

—— https://www.youtube.com/results?search_query=ftm+transition> [Zugriff: 8. März 2018]

Index

Cultural Inquiry

EDITED BY CHRISTOPH F. E. HOLZHEY
AND MANUELE GRAGNOLATI